高职教育创新系列教材

国际贸易理论与实务

主　编　朱　蕾

副主编　杨春华　崔欣欣　刘　超

参　编　陈　思　韩蓉卿

中国财富出版社

图书在版编目（CIP）数据

国际贸易理论与实务/朱蕾主编．—北京：中国财富出版社，2013.2
（高职教育创新系列教材）
ISBN 978-7-5047-4590-3

Ⅰ.①国…　Ⅱ.①朱…　Ⅲ.①国际贸易理论—高等职业教育—教材②国际贸易—贸易实务—高等职业教育—教材　Ⅳ.①F740

中国版本图书馆 CIP 数据核字（2012）第 316384 号

策划编辑　寇俊玲　　**责任印制**　方朋远
责任编辑　徐文涛　李瑞清　　**责任校对**　杨小静

出版发行　中国财富出版社（原中国物资出版社）
社　　址　北京市丰台区南四环西路 188 号 5 区 20 楼　　**邮政编码**　100070
电　　话　010-52227568（发行部）　　010-52227588 转 307（总编室）
　　　　　　010-68589540（读者服务部）　　010-52227588 转 305（质检部）
网　　址　http://www.clph.cn
经　　销　新华书店
印　　刷　北京京都六环印刷厂
书　　号　ISBN 978-7-5047-4590-3/F·1910
开　　本　787mm×1092mm　1/16
印　　张　20.25　　**版　　次**　2013 年 2 月第 1 版
字　　数　468 千字　　**印　　次**　2013 年 2 月第 1 次印刷
印　　数　0001—3000 册　　**定　　价**　38.00 元

前 言

在经济全球化背景下，我国对外贸易发展迅速。2011 年我国进出口总额 3.64 万亿美元，增长 22.5%，全年进出口规模再创新高。其中出口 1.9 万亿美元，增长 20.3%；进口 1.74 万亿美元，增长 24.9%。根据世界贸易组织统计，从贸易额看，2011 年中国货物出口额占全球比重 10.4%，连续三年居全球之首；进口额占全球比重 9.5%，连续三年居全球第二。从贸易量看，2011 年中国货物贸易出口量增长全球第二；进口量增长全球第一。这充分说明，中国外贸的发展不仅对国内经济“十二五”良好开局发挥了重要作用，也继续为推动全球经济贸易平衡增长和世界经济复苏作出积极贡献。《国家中长期教育改革和发展规划纲要（2010—2020 年）》中明确提出“职业教育要以服务为宗旨，以就业为导向，以切实提高教学质量为重点，推进教育教学改革，实施工学结合、校企合作、顶岗实习的人才培养模式，满足经济社会对高素质劳动者和技能型人才的需求”。

《国际贸易理论与实务》一书旨在贯彻新形势下职业教育理念，培养学生的国际贸易基本理论素养和实际操作技能，理论与实践紧密结合，力求对提高学生职业素质、职业能力和就业能力起到重要作用。本书编写围绕“工学结合”“能力本位”的职业教育理念，本着理论必需够用、实务重在能力、操作贴近实际的原则，以国际贸易实际应用为主线进行编写，通过走进国际贸易、出口贸易实务、进口贸易实务三大部分，系统阐述了国际贸易理论与实务的基本理论、基本知识和实践技能。每个项目设有若干任务，各任务项下通过情境案例、任务情境、任务小结、拓展阅读等多种形式，将学习、探究、实训、拓展有机结合，提高学生的学习兴趣和自主学习能力，使学生能够理论联系实际，提高分析问题和实际操作能力，达到易教易学、学以致用的目的。本书的编写突出以下特色：

第一，体系创新，重组教学内容。本书理论部分以“必需、够用”为原则，实务部分按照国际贸易进出口业务流程重组教材内容以及职业岗位的实际工作任务进行编写，构建新的教材体系，教学内容模块化、任务化。内容上力求精练，突出重点，新颖实用。

第二，情境教学，重在能力培养。第一部分采用情境案例导入教学内容，理实结合设计教学内容；第二、第三部分以培养职业能力为核心，采用任务情境导入教学内容，把岗位工作任务作为教学载体，突出学生职业素质和职业能力培养。从任务驱动到项目化教学设计，符合从简单到复杂的学生认知理解和职业成长规律，强化学生对于工作过程和业务技能的掌握。

第三，与时俱进，引用最新惯例。本书注重吸取国际贸易领域的新情况、新规则，引用最新的国际贸易惯例，如《2010年国际贸易术语解释通则》和《UCP600》，确保内容与时俱进。

本书由天津国土资源和房屋职业学院的朱蕾担任主编，主持本书的思路框架、内容选定、特色创新与整体把关。天津国土资源和房屋职业学院的杨春华、崔欣欣、刘超担任副主编，陈思、韩蓉卿参与编写。编写组成员具有丰富的教学实践经验，主编、副主编均多次指导学生参加全国外贸技能大赛及全国外贸从业能力大赛并取得佳绩。编写分工如下：朱蕾（导论、项目十一、项目十二），崔欣欣（项目七、项目八、项目十、项目十四），杨春华（项目一、项目二、项目五、项目六），刘超（项目九、项目十三），陈思（项目四），韩蓉卿（项目三）。天津财经大学王淑敏教授在本书的编写过程中给予精心指导和审阅，同时也得到了学院领导、行业专家、职教同行及中国财富出版社的大力支持，在此一并表示感谢。另外，在编写过程中参阅了许多专著、教材等资料，在此向作者表示诚挚的谢意。

随着国际贸易的发展变化，国际贸易理论与实务处于不断完善、创新和丰富之中。鉴于编者能力水平，不妥之处在所难免，恳请专家、学者、同行与读者提出宝贵的意见和建议，以便进一步修改与完善。

编　者

2012年12月

目 录

第二部分　出口贸易实务

第三部分　进口贸易实务

导 论

2011年是中国“十二五”时期开局之年。国际环境受主权债务危机深化、全球通胀压力加大、日本大地震、西亚北非局势动荡等多重因素影响，国内环境中要素成本上升、中小企业融资难等问题，使中国外贸企业生产经营压力和风险明显上升。针对这一形势，中国政府保持外贸政策基本稳定，多措并举稳定外贸增长，加快转变方式，调整结构步伐，加大开拓新兴市场力度，全年进出口规模再创新高。外贸市场、产品、主体和区域结构优化，外贸发展质量效益提高。

2011年我国出口退税和加工贸易政策保持稳定，出口信贷和信用保险支持力度加大，跨境贸易人民币结算全面推广，贸易便利化水平不断提高。在巩固传统比较优势的同时，通过加强外贸转型基地、国际营销网络建设及促进加工贸易转型升级等途径，积极转变外贸发展方式，大力培育以技术、品牌、质量和服务等为核心的外贸竞争新优势，外贸结构不断优化。从出口商品结构看，消费类产品出口增长仍然较快，传统劳动密集型产品附加值不断提高，通信设备、医疗器械等产品出口快速增长，“两高一资”产品出口大幅下降。从贸易方式看，一般贸易进出口占比52.8%。加工贸易占比35.9%，前者增长速度快于后者。从市场结构看，中国与新兴经济体贸易增长依然强劲，与南非、俄罗斯、巴西和东盟双边贸易增速分别高于整体增速54.2、20.2、12和1.4个百分点。欧、美、日和中国香港市场占中国外贸份额45.1%，下降1.8个百分点。从国内区域布局看，东部沿海十一省市进出口占比88.8%，外贸转型升级步伐加快。中西部地区外贸活力进一步显现，进出口占比11.2%，提高1.5个百分点。从贸易主体看，外资企业进出口占比51.1%，有所降低；民营企业占比28%，有所提高；国有企业占比20.9%，基本持平。

近年来，中国积极扩大内需，推进贸易投资自由化和便利化，不断加大进口，搭建更多平台拓宽进口渠道，促进贸易平衡发展，切实发挥进口对宏观经济平衡和结构调整的积极作用。随着促进进口各项政策措施的稳步落实及国内需求的稳定增长，原油、铁矿砂、纸浆、天然橡胶等产品进口数量都不同程度增长，缓解了国内能源资源的紧缺状况。此外，汽车、先进技术设备、关键零部件及部分消费品进口也不断增加。

2011年我国进出口总额3.64万亿美元，增长22.5%。其中出口增长20.3%；进口增长24.9%。根据世界贸易组织统计，从贸易额看，2011年中国货物出口额连续三年居全球之首；进口额连续三年居全球第二。这充分说明，中国外贸的发展不仅对国内经济“十二五”良好开局发挥了重要作用，也继续为推动全球经济贸易平衡增长和世界经济复苏作出积极贡献。

【资料卡】

经济学原理：贸易能使每个人状况更好

也许你在新闻中听到过，在世界经济中日本与美国是竞争对手。因为美国和日本企业生产许多相同的产品。如福特公司和丰田公司在汽车市场上争夺同样的顾客；康柏公司和东芝公司在个人电脑市场上争夺同样的顾客。

在思考国家之间的竞争时，如果从经济学角度来说，美国和日本之间的贸易并不像体育比赛一样，一方赢而另一方输。实际上，事实正好相反：两国之间的贸易可以使两个国家的状况都变得更好。

为了进一步说明原因，我们考虑贸易是如何影响你的家庭的：当你的一个家庭成员找工作时，要与也在找工作的其他家庭成员竞争；当各个家庭购物时也会互相竞争，因为每个家庭都想以最低的价格购买最好的东西。因此，从某种意义上说，经济中每个家庭都与所有其他家庭竞争。

尽管有这种竞争，但把你的家庭与所有其他家庭隔绝开来并不会使大家过得更好。因为如果是这样的话，你的家庭就必须自己种粮食，自己做衣服，盖自己住的房子。显然，这是不现实的。在耕种、做衣服或盖房子方面，贸易使每个人可以专门从事自己最擅长的活动。通过与其他人的交易，人们可以按较低的成本获得各种各样的物品与劳务。

国家和家庭一样也能从互相交易中获益。贸易使各国可以专门从事自己最擅长的活动。并享有各种各样的物品与劳动。日本人和法国人、埃及人与巴西人一样，在世界经济中既是我们的竞争对手，又是我们的伙伴。

资料来源：曼昆的《经济学原理》

一、国际贸易的基本概念

(一) 国际贸易与对外贸易

国际贸易（International Trade）又称为世界贸易或全球贸易，是指世界上各国（或地区）之间进行的货物和服务的交换活动。

对外贸易（Foreign Trade）是指一个国家（或地区）同其他国家（或地区）进行货物和服务的交换活动。

国际贸易与对外贸易既有角度上的区别，也有范围上的联系，国际贸易是由各国（或地区）的对外贸易构成的，它是世界各国对外贸易的总和。

国际贸易与对外贸易有广义和狭义之分。广义的国际贸易与对外贸易包括货物与服务贸易，狭义的国际贸易与对外贸易则只包括货物贸易的内容。本书中所出现的国际贸易与对外贸易如未加特殊说明，均使用其狭义概念。

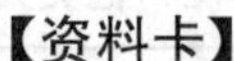

【资料卡】

货物贸易与服务贸易

货物贸易（Good Trade）又称有形贸易，是指有形商品的进出口贸易。联合国秘书处制定了《国际贸易标准分类》，将国际贸易有形商品分为10大类。服务贸易（Service Trade），又称无形贸易，是指不同国家之间所进行的无形商品的交易活动，根据《服务贸易总协定》，服务贸易涉及的服务部门主要包括商业性服务、通信服务、建筑及有关工程服务、销售服务、教育服务、环境服务、金融服务、健康与社会服务、旅游及有关服务、娱乐、文化与体育服务、交通运输服务及其他。货物贸易要办理通关手续，服务贸易不经过海关办理手续，其金额不反映在海关统计上，而显示在一国国际收支表上。

2011年中国服务进出口总额首破4000亿美元，再创历史新高，进出口总额继续位居世界第四位（前三位依次为美国、德国、英国）。2011年我国服务贸易逆差549.2亿美元，同比增长1.5倍，主要集中于运输服务、旅游、保险服务及专有权利使用和特许费等服务类别；其他商业服务、建筑服务、咨询、计算机和信息服务则实现较大数额顺差。

（二）对外贸易额与对外贸易量

对外贸易额又称对外贸易值（Value of Foreign Trade），它是由一国或地区一定时期进口总额与出口总额构成，是反映一国对外贸易规模的重要指标之一，一般都用本国货币表示，也有用国际上通用的货币表示的。联合国编制和发表的世界各国对外贸易额的资料是以美元表示的。

把世界上所有国家的进口总额或出口总额按同一种货币单位换算后加在一起，即得国际贸易额——世界进口总额或出口总额。与一个国家的进出口总额不同，世界进出口总额没有任何独立的经济意义，因为它经过了重复计算（一国的出口就是另一国的进口）。通常所说的国际贸易额是指世界出口总额。

由于以货币表示的对外贸易额经常受到价格变动的影响，因而当国际市场商品价格发生明显变化时，经常无法确切反映一国对外贸易的实际规模，不同时期的对外贸易额也无法直接比较。

对外贸易量（Quantum of Foreign Trade）是指以一定时期的不变价格为标准来计算的对外贸易额。通过这种方法计算出来的对外贸易额剔除了价格变动的影响，单纯反映对外贸易的数量规模，便于不同时期对外贸易额的比较。表1为全国进出口简要情况表。

表 1　　全国进出口简要情况表　　单位：亿美元

项目	2010 年		2011 年	
	绝对值	同比（%）	绝对值	同比（%）
进出口总值	29727.6	34.7	36420.6	22.5
出口总值	15779.3	31.3	18986.0	20.3
进口总值	13948.3	38.7	17434.6	24.9
进出口差额	1831.0	−6.4	1551.4	−14.5

（三）总贸易体系与专门贸易体系

总贸易体系与专门贸易体系是指贸易专家进行对外货物贸易统计所采用的统计制度。总贸易体系（General Trade System）也称一般贸易体系，专门贸易体系（Special Trade System）也称特殊贸易体系。

总贸易体系是以货物通过国境作为统计进出口的标准。专门贸易体系是货物经过结关作为统计进出口的标准。

由于各国在进行货物贸易统计时采用的方法不同，所以联合国发表的各国对外贸易额资料，一般均注明是按何种贸易统计体系编制的。

（四）直接贸易与间接贸易

直接贸易（Direct Trade），指货物消费国与生产国直接买卖货物的行为。间接贸易（Indirect Trade）是相对于直接贸易而言，指商品消费国与生产国通过第三国（或地区）进行买卖商品的行为。在这一过程中，对生产国来说是间接出口，对消费国而言是间接进口，对第三国或地区来说则是转口贸易（Entreport Trade）。转口贸易中的商品生产国与消费国不直接进行商品买卖，通过第三国或地区进行商品的买卖活动，但不一定经过商品的实物转移，贸易中的第三国或地区不仅是中间人，而且也是货主，通过此类交易获取利润。中国销往美国和日本的产品很多是通过中国香港地区转口的。

【资料卡】

过境贸易

过境贸易（Transit Trade），指别国出口货物通过本国国境，未经加工改制，在基本保持原状条件下运往另一国的贸易活动。过境贸易有两种类型，一种称为直接过境贸易，完全是为了转运而通过某国国境，如外国货物到港后，从一个港口通过国内航线装运到另一个港口，而后离境。另一种称为间接过境，指外国货物到港后，先存入海关保税仓库，未经加工改制后，从仓库提出，运出过境的活动。过境国务均应按照过境国际海关的规定办理过境手续，有的还要向过境国缴纳过境税。

（五）对外贸易与国际贸易商品结构

广义的对外贸易与国际贸易商品结构，是指货物、服务在一国进出口或世界贸易中所占的比重。狭义的对外贸易与国际贸易结构，又称为对外贸易或国际贸易结构。

对外贸易商品结构（Composition of Foreign Trade）是指一定时期内一国进出口贸易中各类货物的构成，即某大类或某种货物进出口贸易在整个进口贸易额所占的比重，包括出口商品结构、进口商品结构、进出口商品结构。

国际贸易商品结构（Composition of Foreign Trade）是指一定时期内整个国际贸易中各类货物的构成，即各大类货物或某种货物的贸易额与世界国际贸易总额相比，所占的比重。

对外贸易或国际贸易结构可以反映出一国的或世界的经济发展水平、产业结构和第三产业发展水平等。见表2。

表2　　2010年中国对外货物贸易结构

商品构成（按SITC分类）	出口		进口	
	金额（亿美元）	份额（%）	金额（亿美元）	份额（%）
总值	15777.54	100.00	13962.44	100.00
一、初级产品	816.86	5.18	4338.50	31.07
0类 食品及活动物	411.48	2.61	215.70	1.54
1类 饮料及烟类	19.06	0.12	24.28	0.17
2类 非食用原料（燃料除外）	116.03	0.74	2121.11	15.19
3类 矿物燃料、润滑油及有关原料	266.73	1.69	1890.00	13.54
4类 动植物油、脂及蜡	3.55	0.02	87.40	0.63
二、工业制品	14960.69	94.82	9623.94	68.93
5类 化学成品及有关产品	875.72	5.55	1497.00	10.72
6类 按原料分类的制成品	2491.08	15.79	1312.78	9.40
7类 机械及运输设备	7802.69	49.45	5494.21	39.35
8类 杂项制品	3776.52	23.94	1135.60	8.13
9类 未分类的商品	14.68	0.09	184.35	1.32

资料来源：中华人民共和国商务部：http：//www.mofcom.gov.cn.

（六）对外贸易与国际贸易地理方向

对外贸易地理方向（Direction of Foreign Trade）又称国别构成或对外贸易地区分布，是指一定时期内各个国家或区域集团在一国（或地区）对外贸易中所占有的地位，通常以它们在该国进出口总额或进口总额、出口总额中的比重来表示。对外贸易地理方向指明一国出口商品的去向和进口商品的来源，从而反映一国与其他国家或区域集团之间经济贸易联系的程度。一国的对外贸易地理方向通常受经济互补性、国际分工的形式与贸易政策的影响。

国际贸易地理方向（International Trade by Region），又称国际贸易地区分布，是指世界各洲、各国或各个区域集团在国际贸易中所占的地位。通常用各国、各区域集团或各洲的对外贸易额在世界贸易额中所占比重表示。见表 3 和表 4。

表 3　　2011 年中国与主要贸易伙伴贸易情况

国家（地区）	金额（亿美元）			同比（%）		
	进出口	出口	进口	进出口	出口	进口
全球	36420.6	18986.0	17434.6	22.5	20.3	24.9
欧盟	5672.1	3560.2	2111.9	18.3	14.4	25.4
美国	4466.5	3244.9	1221.5	15.9	14.5	19.6
东盟	3628.5	1700.8	1927.7	23.9	23.1	24.6
日本	3428.9	1483.0	1945.9	15.1	22.5	10.1
中国香港	2835.2	2680.3	155.0	23.0	22.8	26.4
韩国	2456.3	829.2	1627.1	18.6	20.6	17.6
中国台湾	1600.3	351.1	1249.2	10.1	18.3	7.9
澳大利亚	1166.3	339.1	827.2	32.0	24.6	35.3
巴西	842.0	318.4	523.6	34.5	30.2	37.3
俄罗斯联邦	792.5	389.0	403.5	42.7	31.4	55.6

表 4　　中国东、中、西部外贸发展情况

年份及分项 \ 区域		全国	东部十一省市		中部八省市		西部十二省市	
		金额	金额	占比	金额	占比	金额	占比
2000 年	进出口	4743.0	4368.2	92.1	203.1	4.3	171.7	3.6
	出口	2492.0	2268.8	91.0	124.0	5.0	99.3	4.0
	进口	2250.9	2099.4	93.3	79.1	3.5	72.4	3.2
2010 年	进出口	29740.0	26863.6	90.3	1592.5	5.4	1283.9	4.3
	出口	15777.5	14215.2	90.1	842.2	5.3	720.1	4.6
	进口	13962.4	12648.4	90.6	750.3	5.4	563.7	4.0
2011 年	进出口	36420.6	32347.0	88.8	2233.7	6.1	1839.8	5.1
	出口	18986.0	16749.3	88.2	1157.4	6.1	1079.3	5.7
	进口	17434.6	15597.7	89.5	1076.4	6.2	760.5	4.4

注：东部十一省（市）包括北京、天津、河北、辽宁、上海、江苏、浙江、福建、山东、广东和海南；中部八省市包括山西、吉林、黑龙江、安徽、江西、河南、湖北和湖南；西部十二省（市、自治区）包括内蒙古、广西、四川、重庆、贵州、云南、西藏、陕西、甘肃、青海、宁夏和新疆。

资料来源：中国对外贸易形势报告（2012 年春季）。

（七）对外贸易依存度

对外贸易依存度（Ratio of Dependence on Foreign Trade）又称为对外贸易系数，是表示一国国民经济对外贸的依赖程度，通常用一国的进出口总额占该国国民生产总值（GNP）或国内生产总值（GDP）的比重来表示。其中，进口总额占 GNP 或 GDP 的比重称为进口依存度，出口总额占 GNP 或 GDP 的比重称为出口依存度。对外贸易依存度反映一国对国际市场的依赖程度，是衡量一国对外开放程度的重要指标。其公式为：

外贸依存度＝一国一定时期进出口总额/该国同时期 GDP 或 GNP×100%

一国外贸依存度的变化意味着对外贸易对该国国民经济影响程度的变化，往往会给国内经济带来不稳定。

【想一想，算一算】

你知道 2011 年中国的外贸依存度是多少吗？出口依存度和进口依存度与 2010 年相比有怎样的变化？你认为一个国家的外贸依存度是越高越好吗？

二、国际贸易的产生和发展

国际贸易是在一定的历史条件下产生和发展起来的，它的产生必须具备两个前提条件：一是要有可以用作交换的剩余产品；二是商品交换要在各自为政的国际之间进行，即国家的产生。社会生产力的发展和社会分工的扩大是国际贸易产生和发展的基础。

第一次社会大分工将畜牧业分离出来，生产力得到发展，部落之间出现了剩余产品交换，这是最早的物物交换。随着生产力的发展，第二次社会大分工将手工业从农业中分离，使直接以交换为目的的商品生产成为可能，产生了货币，并逐步形成以货币为媒介的商品流通。第三次社会大分工产生了专门从事贸易的商人，进一步促进的国际贸易的发展。

在原始社会初期，生产力低下，没有剩余产品，没有阶级和国家，因此不可能存在贸易。奴隶社会初期随着生产力的发展，私有制的产生，国家的出现，商品交换超出国界，便产生了国际贸易。但是由于生产技术落后，能够交换的商品十分有限。同时交通工具十分简陋，因而这一时期的国际贸易从内容和范围上都受到很大限制。商品结构主要是奢侈品，如宝石、象牙、金银饰物、各种织物、香料等。在欧洲，贸易主要集中在地中海沿岸、希腊、罗马等地。在我国，主要集中在夏商时代的黄河流域。

封建社会时期欧洲的国际贸易扩大到北海、波罗的海和黑海，并开辟了与东方的陆路贸易；在东方，中国、印度、伊朗等国家的对外贸易发展突出。我国在西汉时期，就开辟了通往中东和欧洲的“丝绸之路”；明朝郑和七下西洋，扩大了中国的海上贸易，促进了我国与欧洲及世界各国的贸易往来。

封建社会末期，随着城市手工业的进一步发展，资本主义在地中海沿岸开始萌芽。15世纪末16世纪初，地理大发现对西欧经济发展和全球国际贸易产生了深远影响。随着"新大陆""新航线"的发现，欧洲国家对美洲和非洲开始采用掠夺、奴役等方式进行贸易，将这些地区沦为本国的殖民地，既成为资本主义国家的商品销售市场，又成为它们的商品原料产地。这样，伴随着资本原始积累，国际贸易也大大得到发展。为了占领殖民地、争夺海上航线控制权和国际贸易霸权，西班牙、葡萄牙、荷兰、英国、法国等欧洲国家之间开始了长期战争。随着国家贸易实力的此消彼长，国际贸易中心也发生了相应的变化，西班牙、葡萄牙逐步丧失了国际贸易上的优势地位，荷兰的阿姆斯特丹、法国的巴黎、马赛和英国的利物浦、伦敦等城市先后成为国际贸易中心。

18世纪60年代到19世纪60年代，英国及其他欧洲先进国家和美国，相继完成了第一次产业革命，使人类生产力出现了一次质的飞跃。随着机器大工业的建立，社会产品大大增加信，为国际分工体系的建立和国际贸易发展奠定了空前的物质基础。同时，铁路、轮船等交通运输业和通信业获得空前发展，相对缩短了国际间的距离，大大促进了国际贸易的发展。从这一时期开始，国际贸易、世界市场才真正形成。

从19世纪70年代开始，资本主义世界发生了以电力发明和应用为主要标志，以重化工业兴起为中心的第二次产业革命，使主要工业的生产规模空前扩大，导致了生产和资本的积聚和集中，为自由资本主义过渡到垄断资本主义奠定基础。这一时期，国际贸易的增长速度开始落后于世界工业生产的增长速度。国际贸易地理格局的突出变化是英国在世界贸易中的地位逐渐下降，其他欧洲、北美、非洲、拉丁美洲国家在世界贸易中的比重在增长。

垄断资本主义国家为了争夺销售市场和原料产地，在20世纪上半叶发动了两次世界大战。从第一次世界大战爆发到第二次世界大战结束的32年中，世界经济和国际贸易的增长一直为战争和危机所困扰。其中，两次世界大战为12年，经济混乱和恢复为3年，三次危机和萧条为11年，经济高涨仅6年。综合而言，这一时期的世界经济和国际贸易几乎处于停止状态。

第二次世界大战后，兴起了第三次科技革命和产业革命，在贸易自由化的推动下，国际贸易得到了迅速的发展。其发展过程可分为三个阶段：国际贸易迅速发展阶段（1945—1973年）、国际贸易缓慢发展阶段（1973—1990年）、国际贸易发展新阶段（20世纪90年代以来）。

（一）国际贸易迅速发展阶段

国际贸易增长速度超过世界工业生产增长速度，是这一时期的显著特点。原因主要有：第二次世界大战以后科技革命带动了国民经济和世界经济的高速发展，并导致国际贸易的不断扩大；国际分工和生产国际化不断深化，同一类型的产品或零部件要在几个甚至十几个国家进行协作生产，跨国公司获得了迅速发展，其内部贸易和外部贸易成为世界贸易的一个重要组成部分。到20世纪70年代末，跨国公司的内部贸易已经占世界贸易的三分之一左右；发展中国家的经济发展，对国际贸易规模的扩大起到了一定的推动作用；国际货币体系和关贸总协定的建立，在各国汇率相对稳定和关税税率降低等方面，对国际贸易发展起到了积极促进作用。

（二）国际贸易缓慢发展阶段

1973年年底爆发世界经济危机后，经济环境恶化，有利因素减弱，此后世界贸易的增长速度明显减缓。20世纪80年代上半期，国际贸易的发展因受世界经济衰退的严重影响，基本处于下降和停滞状态。80年代后半期，国际贸易迅速恢复增长。1985年以后随着西方国家的经济复苏，尤其是美国经济的强劲发展，带动了整个世界进出口贸易的回升。

【资料卡】

“滞涨”现象

滞涨（Stag flation），是指较高的失业率、经济增长停滞和通货膨胀并存的经济现象。20世纪70年代爆发的石油危机，引发了资本主义世界的经济危机，西方发达国家普遍出现了“滞涨”现象。

（三）国际贸易发展新阶段

进入20世纪90年代后，由于世界格局发生了巨大变化，国际贸易的增长波动也较大。但总的来说，国际贸易进入了一个新的发展阶段，国际贸易的增长速度开始高于世界经济的增长速度。西方国家经济全面复苏，发展中国家经济保持旺盛增长，特别是东亚地区，成为世界贸易中的生力军。北美自由贸易区正式生效，欧洲联盟扩大等都对国际贸易的发展产生了重要作用。进入21世纪以来，世界贸易增长出现一定的不稳定性。由于世界经济增长乏力，全球外国直接投资大幅度下降，主要国际货币汇率波动加大，恐怖主义威胁、金融危机爆发等，使得国际贸易环境更加复杂。第二次世界大战后国际贸易在国际贸易地理格局和国际贸易商品结构等方面发生明显变化，主要包括以下几个方面：一是发达国家所占的比重不断上升，在世界贸易中占据主导地位；美国贸易地位有所衰落，世界贸易格局开始多元化；在发展中国家，石油输出国和新兴工业国外贸增长突出，中国成为第一贸易大国；地区贸易集团地位不断加强，集团内部贸易快速发展，区域贸易集团在整个国际贸易中的地位不断提高，目前欧盟、北美自由贸易区和亚太经合组织在世界贸易中形成三大区域性贸易圈。二是工业制成品在国际贸易中所占比重日益超过初级产品所占比重；初级产品中，燃料在初级产品贸易中所占比重急剧上升，食品及农矿原料的比重下降幅度最大；制成品贸易内部的商品结构中，机器设备在世界制成品贸易中的比重不断提高，化工产品贸易迅速增长，而纺织品及服装等轻纺产品在出口贸易中的比重则在下降。

【资料卡】

中国—东盟自由贸易区

中国—东盟自由贸易区，缩写CAFTA，是中国与东盟十国组建的自由贸易区。2010年1月1日贸易区正式全面启动。自贸区建成后，东盟和中国的贸易占到世界贸易的13%，成为一个涵盖11个国家、19亿人口、GDP达6万亿美元的巨大经济体，是目前世界人口最多的自贸区，也是发展中国家间最大的自贸区。

国际货物贸易一直在全球贸易中占主导地位。国际服务贸易近年来发展较快，其中，旅游、通信、信息、金融、保险所占比重呈上升趋势。2011年，世界服务进出口继续保持稳定增长态势，在同期货物贸易增速下滑的背景下，服务进出口增速仍略有提高。2011年世界服务进出口总额为80150亿美元，比2010年增长10.6%。美国、德国、英国、中国稳居世界服务进出口前四位。

三、国际贸易对经济发展的作用

目前，世界各国（地区）的经济关系已经从单纯的进出口买卖关系发展为多种形式的经济关系，商品贸易、服务贸易、技术贸易多头并进，商品结构、贸易方式都发生了很大的变化。国际贸易是国民经济的重要组成部分，在国际经济关系中有着十分重要的地位，对参与贸易的国家（或地区）乃至世界经济的发展具有重要作用，具体表现在：

（一）调节世界各国的供求关系

一个国家的产品，是由其物质资源和生产条件以及技术水平决定的，各国生产能力和市场供求状况存在差异。各国既存在产品供不应求的状况，又存在产品过剩的状况。通过国际贸易不仅可以增加国内短缺产品的市场供给量，满足消费者的需求，而且还可以出口国内相对过剩的产品，调剂各国（或地区）的市场供求关系。互通有无，这是国际贸易产生的最初原因，起到了最基本、最重要的作用。

（二）促进生产要素的充分利用

社会资源有限和人类需求无限之间的矛盾是永远存在的。在当今世界上，劳动力、资本、技术、土地等生产要素在各个国家（或地区）的分布往往是不平衡的，即各国所拥有的生产要素丰裕程度不同。如果没有国际贸易，这些国家（或地区）的国内生产规模和社会生产力的发展，都会受到其短缺的生产要素的制约，资源配置必然出现浪费和低效。通过国际贸易可以充分利用各国丰裕的生产要素，节省稀缺要素，实现世界范围的资源合理配置，获取共同的经济效益，推动经济的发展。

（三）提高劳动生产率

在市场竞争条件下，企业为了生存和发展，会不断追求利润最大化。而国际贸易使企业要面对更多的竞争对手。为了在竞争中取胜，企业要与国内外市场相比较，从而企业将不断改进技术、提高劳动生产率，以降低成本，提高产品竞争力。另外通过国际贸易可以引进先进的技术和设备，利用新技术提高经济效益，降低成本。国际贸易为各国提高劳动生产率提供了途径。

（四）有利于优化产业结构

国际贸易有助于实现技术进步，提高各种生产要素的生产力，使国内的产业结构逐步协调和完善，促进整个国民经济协调发展。我国已经深深融入了世界经济体系，因此，国际贸易也必然会通过全球竞争与合作机制，促进我国的技术进步并提高我国的国际分工水平，进而会促进我国的产业结构优化升级。

（五）增加财政收入，提高国民福利水平

国际贸易的发展，可为一国（或地区）政府开辟财政收入的来源。政府可对进出关境的货物征收关税。在美国联邦政府成立初期，关税收入曾占联邦财政收入的90%。至今关税和涉外税收仍是一些国家财政收入的重要来源。另外国际贸易还可以提高国民的福利水平，可以通过互通有无和竞争机制，让消费者购买到更多物美价廉、新颖特色的商品，获得更多的福利。此外国际贸易的扩大，还为国内提供更多的就业机会，间接增进国民福利。

（六）加强各国经济联系，促进经济发展

世界各国（或地区）广泛开展国际贸易活动，不仅把发达国家互相联系起来，而且把广大的发展中国家带入国际经济生活之中。国际市场的竞争活动，也促使世界总体的生产力发展进一步加快。总之，通过国际贸易，可以扩大相互作用、促进相互的经济合作，改善国际环境，为本国的经济发展创造良好的外部条件。

一、单项选择题

1. 一国某一时期的出口总额超过进口总额时，称为（　　）。

A. 贸易顺差　　B. 贸易逆差　　C. 贸易平衡　　D. 贸易差额

2. 我国内地出口一批货物给中国香港地区某公司，该中国香港地区公司又将这批货物转卖给美国某公司，这个贸易现象对于中国香港地区而言称为（　　）。

A. 间接进口　　B. 间接出口　　C. 转口贸易　　D. 易货贸易

3. 在专门贸易体系中，作为进出口统计标准的是（　　）。

A. 海关结关　　B. 货物通过国境　　C. 缴纳税费　　D. 订立合同

4. 第二次世界大战后，国际贸易的地理格局发生了（　）。

A. 发达国家所占的比重不断上升　　B. 发展中国家所占比重不断下降

C. 美国的贸易地位开始衰落　　D. 地区贸易集团地位不断加强

5. 出口商品结构不断优化是指（　）。

A. 初级产品在出口中的比重不断上升

B. 制成品在出口中的比重不断提高

C. 高附加值产品在出口中的比重不断上升

D. 高附加值产品在进口中的比重不断上升

二、简答题

1. 如何正确看待一国对外贸易地理方向的集中与分散？

2. 一国外贸依存度不断增大表明什么？外贸依存度过大会带来哪些问题？

3. 2010 年我国进出口总额位列世界第二，前三名分别是美国、中国、德国，谈谈你的看法。

4. 结合实际，谈一谈国际贸易的作用，请举一个具体事例进行说明。

三、技能实训

【资料 1】

查找近 5 年我国海关商品进出口数据。

【要求】

列举说明我国目前对外贸易的主要优势和劣势产品。

【资料 2】

查找 2011 年我国进出口总额和当年的 GDP。

【要求】

据此计算 2011 年中国的外贸依存度为多少？

拓展阅读

中国竞争力排名领先金砖国家

2012 年 9 月 11 日，第六届夏季达沃斯论坛发布《全球竞争力报告》。报告显示，在亚洲新兴经济体中，只有马来西亚的竞争力排名（第 25 位）高出中国（第 29 位），越南下降 10 位而位居第 75 位。根据报告，中国的竞争力排名虽然下降 3 个位次至第 29 位，但在金砖国家之中仍然保持领先地位。

报告称：“在过去两年中，亚洲发展中国家近年来强劲的竞争力增长势头在趋于放缓。亚洲大部分地区仍然面临交通和能源基础设施不足等诸多问题。”

世界经济论坛首席经济学家詹妮弗·布兰科称，发达国家和发展中国家的竞争力分化越来越严重。如果有下一波全球金融危机或全球经济危机，那些拥有更完善的金融市场，那些更重视决定全球竞争力的长远因素（比如教育、基础设施和创造力）的国家，将能更好地迎战危机。

就中国而言，从12类竞争力支柱来看，中国的金融市场发展排名第54位，下降6位；技术就绪度排名第88位，下降11位；市场效率排名59位，下降14位。

不过，一些指标仍对中国非常有利：国内市场规模指数排名第2位，国外市场规模指数第1位，全国储蓄占GDP的比重排名第5位，宏观经济地位排名第11位，报酬和生产力排名第16位，国家信用等级排名第22位，风险投资收益排名第22位，创新能力排名第23位，企业的研发投入排名第24位。

詹妮弗·布兰科认为，中国宏观经济环境非常良好且非常稳定，主权债务评级甚至比其他发达国家还好。中国仍然受益于自己庞大的国内市场，与同处一个发展阶段的国家相比，中国的创新能力也比较高。

（资料来源：经济参考报）

第一部分

走进国际贸易

项目一　国际贸易理论与政策

【知识目标】

1. 熟悉自由贸易政策与保护贸易政策的特点；

2. 掌握绝对成本理论、要素禀赋理论等主要的国际贸易理论。

【能力目标】

1. 能够分析不同国家的贸易政策类型与特点；

2. 能够运用基本理论理解、分析现实问题。

任务一　国际贸易理论

情境案例1－1

中国的工业化到了今天，我们欣喜地看到，中国的产业发展已经取得了长足的进步，中国制造的很多产品，特别是工业产品的产量已经居于世界前列，不少产品产量已经是世界第一了。坦率地说，这个结果是基于中国的比较优势：①坚定不移地实施改革开放政策所创造的制度优势；②国内市场规模庞大（规模大、结构完整、消费能力持续提高），加入WTO后，更进一步扩大了中国企业的市场空间；③劳动力成本低廉；④相对完整的工业体系和强大的加工能力，等等。其中廉价劳动力是最大的比较优势，不仅中国自己在不断整合，跨国公司也参与其中，否则他们怎么有动力扩大在中国的投资呢?

但是，为了使自己的比较利益最大化，中国付出了巨大的代价。

第一，中国对一些耳熟的国际规则研究得不深入，执行得模棱两可，结果随着工业化进程的加快，“中国威胁论”噪声也越来越大。这无疑使中国承受更大的国际压力。

第二，低成本劳动力使中国产品具有优势，但是将环保成本、员工福利、技术进步等计算在内，这个低成本就会受到威胁。

在环境保护方面，中国的能源效率与西方发达国家相比还有很大的差距。资源消耗的同时也带来了污染，中国现有40％的地方是酸雨地区，事实上这40％的地区覆盖了中国90％的人口，也就是说有人口的地方基本上就是酸雨地区。

在劳动力福利方面，有些地方的民工工资待遇比较低，他们的收入甚至不足以

支持一个家庭的正常开支。而有些工厂工作生活环境也非常差，个别工厂连床铺也是一个床三班倒轮着睡的。对待工人，应该首先建立在人道主义的基础上，应该是顺应整个社会进步的趋势。我们的这种优势和现状还能维持多久？值得每一位企业家深思。

由此可见，所有的比较优势，包括廉价的劳动力，都不可能恒久，都在动态演化。怎么利用比较优势提高中国企业的核心竞争力呢？

案例点评

首先是技术，技术的关键在于研发和人才。研发是企业的必须行为，如果没有研发，只能算是简单制造产品的工厂，或者仅仅是一个车间。人才是技术的基础，人才不应该仅仅用知识的含量来衡量，还应该考虑其综合素质。其次是创造品牌。一定要打造自己的品牌，在各个行业和领域都要有自己叫得响的品牌。品牌是什么呢？要靠精雕细刻，靠精益求精，靠长期培养。因此，凡是有条件的企业，应该努力去做自己的品牌。从上游到下游，要形成一个完整的产业链，形成一个完整的世界工厂体系。

知识引导

一、绝对成本理论（Theory of Absolute Cost）

（一）亚当·斯密的绝对成本理论

亚当·斯密是资产阶级经济学古典学派的主要奠基人之一，也是国际贸易理论的创始者，是倡导自由贸易的带头人。

在其所处的时代，英国的产业革命逐渐展开，经济实力不断增强，而重商主义的极端贸易保护主义则从根本上阻碍了对外贸易的扩大，使新兴资产阶级从海外获得生产所需的廉价原料，并为其产品寻找更大的海外市场的愿望难以实现。新兴产业资产阶级为了发展本国经济，积极要求扩大对外贸易。

亚当·斯密就是在这样的历史条件下，于1776年发表了著名的代表作《国富论》，提出了绝对成本理论，为西方国际贸易理论奠定了基础。

（二）绝对成本理论的主要内容

绝对成本理论的基本思想是：各国的对外贸易利益取决于各国生产商品的绝对成本优势。所谓绝对成本，是指在国际贸易和国际竞争中，某一国家以比竞争者低的成本提供某种商品。换言之，当一国生产某种商品的成本绝对低于其竞争者时，该国就具有绝对优势。在国际贸易中，一个国家出口的应是在本国国内生产效率高的商品，进口的应是本国国内生产效率低的商品。这样，交易的双方都可从国际贸易中获利，将会使各国的资源、劳动力和资本得到最有效的利用，从而极大地提高了劳动生产率和增加物质财富。

为了更确切的表述绝对成本说，亚当·斯密用以下实例进行解释说明：

在国际分工前后，英国、葡萄牙两国都生产葡萄酒和毛呢两种产品，各自的生产情况见表1-1和表1-2。

表1-1　英国、葡萄牙国际分工前生产情况

项目 国家	酒		毛呢	
	劳动日数（日）	产量（吨）	劳动日数（日）	产量（匹）
英国	150	50	50	20
葡萄牙	100	50	100	20
合计	250	100	150	40

表1-2　英国、葡萄牙国际分工后生产情况

项目 国家	酒		毛呢	
	劳动日数（日）	产量（吨）	劳动日数（日）	产量（匹）
英国			150	60
葡萄牙	250	125		
合计	250	125	150	60

在国际分工发生前，英国和葡萄牙所使用的劳动时间各为200天，两国总劳动时间为400天，毛呢的总产量为40匹。而进行国际分工后，两国所消耗的劳动时间仍为400天，但酒的总产量增加到125吨，毛呢的总产量增加到60匹，这就是国际分工的利益所在。

斯密认为两国在上述国际分工的基础上，在进行国际交换，结果对两国都有利，如表1-3所示。

表1-3　英国、葡萄牙交换后生产情况

项目 国家	酒	毛呢
	产量/日	产量/日
英国	24	
葡萄牙		21
合计	24	21

按照上述两国生产情况，英国和葡萄牙两国酒的劳动生产比率比为2∶3，毛呢的为2∶1。为便于计算，假定英国每天生产8单位酒，14单位毛呢，葡萄牙每天生产12

单位酒，7 单位毛呢。按照斯密的绝对成本理论，一国应生产并出口具有绝对优势的产品而进口具有绝对劣势的产品，结果对双方都有利。那么英国和葡萄牙进行表 1－2 的国际分工后，英国应出口其绝对优势产品毛呢（14 单位）至葡萄牙，并在葡萄牙境内按照毛呢与酒 7：12 的交换比例进行交换，得到 24 单位的酒，然后再将 24 单位的酒进口到英国。因为酒是英国的绝对劣势产品，应进口而不需生产。而葡萄牙则应该出口其绝对优势产品酒（12 单位）至英国，并在英国境内按照酒与毛呢 8：14 的交换比例进行交换，得到 21 单位的毛呢，然后再进口到葡萄牙国内，因为毛呢是葡萄牙的绝对劣势产品，应进口。结果，英国通过对外贸易以 14 单位的毛呢，换回了 24 单位的酒，葡萄牙通过对外贸易则以 12 单位的酒，换回了 21 单位的毛呢，这要远比它们在国内交换的收益大。

可见，按照绝对成本理论进行分工和贸易后对贸易双方都有利，但贸易利益实现的前提必须是自由贸易。因此，绝对成本说主张各国政府应采取自由贸易政策。

（三）对绝对成本论的评价

其具有的进步意义：首先，它揭示了社会分工和国际分工能使资源得到更有效的利用，从而提高劳动生产率。其次，它从流通领域深入生产领域，揭示了国际贸易产生的原因及开展国际贸易的动机和日的：各国利用的优势进行专业化生产，随后进行国际贸易。则各国都能从国际贸易中获利。此外，它反映了新兴资产阶级的利益，成为反对闭关自守、自给自足的封建残余影响和重商主义贸易政策的有力理论武器，对巩固和发展资本主义生产方式起到了显著的推动作用。

其局限性：按照绝对成本理论，只有当一个国家比另一个国家具有绝对优势时，才能与其进行分工交换，这并不符合社会现实。

二、比较成本理论

（一）大卫·李嘉图的比较成本理论

李嘉图是著名的经济学家，资产阶级古典政治经济学的完成者。他所处的时代是英国产业革命迅速发展并将接近完成的时期，当时英国社会的主要矛盾是工业资产阶级同地主贵族阶级的矛盾，这一矛盾由于产业革命的进展而达到异常尖锐的程度。在经济方面，他们的斗争主要体现在《谷物法》存废的问题上。《谷物法》规定，必须在国内谷物价格上涨到限额以上时，才准进口，而且这个价格的限额不断提高。显然，这一法令维护了地主贵族阶级的利益，对英国工业资产阶级非常不利。因此，英国工业资产阶级和地主贵族阶级围绕《谷物法》存废问题展开了激烈的论证。李嘉图站在了工业资产阶级这边，他继承和发展了亚当·斯密的理论，在其《政治经济学及赋税原理》一书中，提出了以自由贸易为前提的比较成本论，为工业资产阶级的斗争提供了有力的理论武器。

(二) 比较成本理论的主要内容

比较成本理论秉承“两利相权取其重，两害相权取其轻”的思想，认为两国商品比较成本的差别，决定了两国间比较利益优势的差异。所谓比较成本，是指两国生产同一商品所消耗的劳动量的比率。劳动成本取决于劳动生产率，劳动生产率越高，则商品的劳动成本越低。两国生产不同商品的劳动生产率的差别程度不同，决定着两国间不同商品的比较成本存在着差异。即使一国在生产所有商品上的劳动生产率都高于或都低于他国，仍然可能有一国在某种商品上具有较低的比较成本，而在另一种商品上具有较高的比较成本。比较成本较低的商品是该国的比较优势商品，而比较成本较高的商品则是该国的比较劣势商品。

为了更确切的表述绝对成本说，大卫·李嘉图沿用了英国和葡萄牙的例子，但对条件作了一些变化，见表 1-4。

表 1-4　　比较利益理论举例

项目 国家	酒产量（单位/天）	毛呢产量（单位/天）
英国	13	14
葡萄牙	12	11

从表 1-4 中可以看出，在毛呢和酒两种商品生产中，英国均居于有利地位，而葡萄牙均居于不利地位。根据斯密的绝对成本理论，两国之间不会进行国际分工和贸易。而李嘉图认为，英国毛呢的劳动生产率水平比葡萄牙高 3 单位，而生产酒只高出 1 单位，显然，英国生产毛呢比生产酒更具有优势。葡萄牙生产两种产品都处于劣势，但生产酒的劣势较小一些，即生产酒具有相对优势。根据李嘉图的比较成本理论，应“两利取重，两害取轻”。即英国生产两种产品虽然都处于绝对不利地位，但应取其不利较小的酒生产。按照这种原则进行国际分工，两国产量都会增加，进行国际贸易，两国都会得利。

(三) 对比较成本论的评价

其进步意义：

第一，比较成本理论在历史上起过重大的进步作用。它为英国工业资产阶级争取自由贸易提供了有力的理论武器，在其影响下，英国议会最终废除了《谷物法》。而自由贸易政策又促进了英国生产力的迅速发展，使英国成为世界工厂。

第二，比较成本理论圆满解释了开展国际贸易的一般基础，比斯密的绝对成本论具有更普遍的意义。其积极意义在于：它指出了一个国家不论处于什么发展阶段，不管经济实力是强还是弱，都可以从比较成本的差异中确定自己的相对优势，并据此调整产业

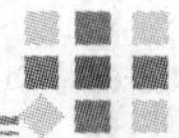

结构，把本国资源集中于生产相对优势的产品，扬长避短，通过建立在国际分工基础上的国际贸易，就能用较少的劳动消耗获得比参与国际分工前更多的利益。这一理论为各国参与国际分工和国际贸易提供了理论依据，成为国际贸易理论的一大基石。

其缺陷：

第一，比较成本理论揭示的国际贸易利益是一种短期利益，即静态效应，而短期利益优势往往与动态的长远利益相矛盾。

第二，比较利益仅考虑狭义的利益，即经济利益，而忽视广义利益中的社会效益和生态环境效益。

第三，比较利益论在泛泛地论证了按照比较优势原则开展专业化生产和贸易对所有参加国都有利之后，对于更复杂的问题，诸如引起各国劳动成本差异的原因、互利贸易利益的范围及贸易利得的分配等问题却没有触及。

三、生产要素禀赋理论

（一）赫克歇尔—俄林的生产要素禀赋论

用生产要素供给差异来解释国际贸易，最初是由瑞士经济学家赫克歇尔于 1919 年提出的。后来，他的学生、著名的瑞典经济学家俄林在 1933 年出版的《区域贸易和国际贸易》一书中，继承和发展了他的观点，西方经济学界将他们的理论合称为 H－O 理论，也叫生产要素供给比例说。俄林更由于他在国际贸易理论方面所进行的创造性研究，被视为现代国际贸易理论的创建者，并于 1977 年荣获诺贝尔经济学奖。

（二）生产要素禀赋论的主要内容

1. 要素禀赋理论的假设前提

H－O 理论建立在以下假设的基础上：各国劳动力是充分就业的；商品市场是完全竞争市场，运输成本可忽略不计；生产要素在国内完全流动，而在国际间不能自由流动；不同国家生产同种商品的技术水平和劳动效率相同，因此各国生产的同种商品具有相同的生产要素比例；生产要素是完全可以分割的，单位生产成本不随生产的增减而变化，因而没有规模经济利益问题。

2. 要素禀赋理论的内容及理论分析

要素禀赋理论主要通过对相互依存的价格体系的分析，用生产要素的丰缺来解释国际贸易的产生和一国的进出口贸易类型。根据要素禀赋论，一国的比较优势产品是应出口的产品，是他需在生产上密集使用该国相对充裕而便宜的生产要素生产的产品；而进口的产品是他需在生产上密集使用该国相对稀缺而昂贵的生产要素生产的产品。简言之，劳动力丰富的国家出口劳动密集型商品，进口劳动密集型商品。

俄林认为，同种商品在不同的国家的相对价格差异是国际贸易的直接基础，而价格差异则是由各国生产要素禀赋不同，从而要素相对价格不同决定的，所以要素禀赋不同，是国际贸易产生的直接原因。俄林在分析、阐述要素禀赋论时是一环扣一环，层层深入，在逻辑上比较严谨。

（1）国家间的商品相对价格差异是国际贸易产生的主要原因。在没有运输费用的假设前提下，从价格较低的国家输出商品到价格较高的国家是有利的。

（2）国家间的生产要素相对价格的差异决定商品相对价格的差异。在各国生产技术相同，因而生产函数相同的假设条件下，各国要素相对价格的差异决定了各国商品相对价格存在差异。

（3）国家间的要素相对供给不同决定要素相对价格的差异。俄林认为，在要素的供求决定要素价格的关系中，要素供给是主要的。在各国要素需求一定的情况下，各国不同的要素禀赋对要素相对价格产生不同的影响：相对供给较充裕的要素的相对价格较低，而相对供给较稀缺的要素的相对价格高。因此，国家间要素相对价格差异是由要素相对供给或供给比例不同决定的。

通过缜密的分析，俄林得出了结论：一个国家生产和出口那些大量使用本国供给丰富的生产要素的产品，价格就低，因而有比较优势；相反，生产那些需大量使用本国稀缺的生产要素的产品，价格便贵，出口就不利。各国应尽可能利用供给丰富、价格便宜的生产要素，生产廉价产品输出，以交换别国价廉物美的商品。

（三）要素价格均等化说

赫克歇尔和俄林，不仅认为不同国家的不同的要素禀赋是国际贸易发生的原因，而且还进一步论述了国际贸易将会导致各国生产要素的相对价格和绝对价格的均等化，即所谓要素价格均等化说（Factor－Price Equalization Theory）。美国经济学家萨缪尔逊发展了这个理论。他认为，国际要素价格均等化不仅是一种趋势，而且是一种必然。由于他对赫一俄原理的引申，因此这里理论又成为赫—俄—萨原理（H－O－S Theorem）。按照这种理论，虽然生产要素在国际间不能自由流动，但在国际间商品的自由流动将会导致这两个国家的工人取得同等的实际工资、资本获取同样的利息、土地获得同等的地租。这是因为两国在实行分工和发生贸易后，各自经常大量使用本国丰裕要素进行商品生产，从而使这类要素价格日趋上涨；同时，由于各自不断进口本国稀缺要素生产的外国产品，将使本国这类要素价格不断下跌。这样，通过国际贸易导致了两国间的工资差异和利息差异的缩小，并使要素价格趋向均等化。

（四）对要素禀赋理论的评价

要素禀赋理论是国际贸易理论发展中的一个重要阶段，被西方经济学界誉为与比较利益论并列的两块柱石。与古典派贸易理论相比较，它比较接近现代国际贸易的实际。俄林用在生产结构中相互依赖的多种生产要素理论代替古典学派的单一生产要素理论，并第一次将价格理论引入到国际贸易领域，以货币为单位，对商品的价格、成本进行比较，使物物交换更有实际价值。

生产要素禀赋论实际上也是一种比较优势理论。它从生产要素禀赋及供给的角度出发，坚持相对利益论，阐明了比较成本为什么能够及如何决定相对优势，解决

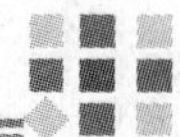

了李嘉图未曾深入研究的问题。该理论着重用经济结构说明国际贸易的原因、流向和格局，并立足要素合理配置的思想来强调自由贸易的必要性与重要性，具有重要的借鉴意义。

四、其他贸易理论

（一）产品周期说（Theory of Product Cycle）

产品周期说又称产品生命周期理论，由美国经济学家费农提出，并由威尔士等人加以发展。费农认为许多新产品的生命周期将经历三个时期：产品创新时期、产品成熟时期、产品标准化时期。从产品的要素密集性上看，不同时期，产品存在不同的特征。在产品创新时期，需要大量的科研与开发费用，这时期的产品要素密集性表现为技术密集型；在产品的成熟时期，知识和技术的投入减少，资本和管理要素投入增加，高级的熟练劳动投入越来越重要，这时期的产品要素密集性表现为资本密集型；在产品的标准化时期，产品的技术趋于稳定，技术投入更是微乎其微，资本要素投入虽然仍很重要，但非熟练劳动投入大幅度地增加，产品要素密集性也将随之改变。

在产品生命周期的各个时期，由于要素密集性不同、产品所属类型的不同、技术先进程度的不同以及产品价格的不同，使得各种不同类型的国家在产品处于不同时期时所具有的比较利益不同，因而比较利益也就从一个拥有大量熟练劳动力的国家转移到一个拥有大量非熟练劳动力的国家，产品的出口国也就随之转移。

（二）人力资本说（Human Capital Theory）

人力资本说是美国经济学家凯南等人提出的，他们用人力投资的差异来解释美国对外贸易商品结构是符合赫—俄原理学说的。他们认为，劳动是不同质的，这种不同质表现在劳动效率的差异上，这种差异主要是由劳动熟练程度决定的，而劳动熟练程度的高低，又取决于对劳动者进行培训、教育和其他有关的开支，即决定智力开发的投资。因此，搞的熟练效率和熟练劳动，归根结底是一种投资的结果，是一种资本支出的产物。凯南认为，国际贸易商品生产所需的资本应包括有形资本和无形资本，无形资本即人力资本，主要是指一国用于职业教育、技术培训等方面投入的资本。人力资本的投入，可提高劳动技能和专门知识水平，促进劳动生产率的提高。美国由于投入了较多的人力资本而拥有更多的熟练技术劳动力，因此，美国出口产品含有较多的熟练技术劳动。如果把熟练技术劳动的收入高出简单劳动的部分算作资本，并同有形资本相加，经过这样的处理之后，美国人然是出口资本密集型产品，这个结论是符合赫—俄原理的。这就是所谓的人力资本说。

（三）需求偏好相似说（Theory of Demand Preference Similarity）

需求偏好相似说又称偏好相似说或收入贸易说，是由瑞典经济学家林德提出来的。

他认为赫—俄原理只适用于工业制成品和初级产品之间的贸易，而不适用于工业制成品间的贸易，因为前者的贸易发展主要是由供给方面决定的，而后者的贸易发展主要是由需求方面决定的。

林德认为，工业制成品生产的初期是满足国内的需求，只有当国内市场大到可以使工业获得规模经济和有竞争力的单位成本时，才会想到扩大销售范围，将产品推向国际市场。由于该产品是为满足国内市场喜好和收入水平而生产的，故该产品较多的是出口到那些喜好相似的国家。这些国家的需求结构和需求偏好越相似，其贸易量就越大，商品如果这些国家的需求结构和需求偏好完全一样，一国可能进出口的商品，也就是另一国可能进出口的商品。

那么，影响一国需求结构的因素是什么呢？林德认为主要是人均收入，一国的需求结构和人均收入是直接相关的。人均收入越相似的国家，其消费偏好和需求结构越相近，产品的相互适应性就越强，贸易交往也就越密切。

林德认为，人均收入水平和消费品、资本品的需求类型有着密切的联系。人均收入水平较低的国家选择的消费品也较低，因为它要让它有限的收入满足多样化的需求；同时，为了实现充分就业和掌握生产技术，也只能选择通用的、技术简单的资本设备，这又导致了这些国家消费品结构的低级化。人均收入水平较高的国家，其选择的消费品质量与档次较高，而资本设备需求结构也必须更先进、更高级。因此，人均收入水平相同的国家之间的贸易范围可能是最大的，而人均收入水平的差异却是贸易发展的潜在障碍。这就是说，即使一个国家拥有比较优势产品，但由于其他国家的收入水平与它不同，而对其产品没有需求，这种比较优势的产品就不能成为贸易产品。

任务讨论

长期以来，受国际贸易中比较优势理论的影响，我们一直把劳动力成本优势视为对外贸易中的比较优势，并相应地大力发展诸如纺织企业等众多以出口为导向的劳动密集型企业。但是随着高新技术产品日益成为世界贸易的主要品种，加之国际市场上劳动密集型产品严重供过于求，我国的劳动密集型产品在国际市场上的竞争力正日益下降，它们赖以生存的低成本比较优势越来越不成其为优势。

传统的比较优势理论建立在完全竞争的市场结构假设前提下，产品是同质的，不存在非价格竞争，比较优势直接体现为价格竞争优势，并形成对外贸易的有利条件。该理论的核心思想是压低工人工资，形成产品出口价格的比较优势。在此情况下，劳动力的数量成为竞争优势发挥的保障。但是，在现实中，国际贸易市场结构往往是不完全竞争的，而且越来越表现为非价格因素方面的竞争。

问题：中国是劳动力成本优势的国家吗？如何发挥劳动力成本优势？

任务二 国际贸易政策

情境案例1-2

2009年9月11日，美国总统奥巴马决定，对从中国进口的所有小轿车和轻型卡车轮胎实施为期三年的惩罚性关税。白宫发言人罗伯特·吉布斯说，对从中国进口轮胎实施的惩罚性关税税率第一年为35%，第二年为30%，第三年为25%。此前，美国国际贸易委员会建议对中国产轮胎征收为期三年的惩罚性关税，幅度分别为55%、45%和35%。

请谈一谈美国在上述时期执行的是什么贸易政策？这种贸易政策的主要观点是什么？

案例点评

美国在上述时期执行的是保护贸易政策。该贸易政策的主要观点是：政府广泛利用各种限制进口的措施保护本国市场免受外国商品的竞争，并对本国出口商品给予优待和补贴以鼓励商品出口。

知识引导

一、对外贸易政策概述

（一）对外贸易政策的概念及构成

对外贸易政策是一个国家（或地区）制定的指导对外贸易活动的方针和政策。它是各国总的经济政策和对外政策的重要组成部分，是为其经济基础服务的，反映该国的经济利益。

一般来说，一国的对外贸易政策由下述内容构成：

对外贸易总政策：它是一国从整个国民经济出发，在一个较长的时期内指导对外贸易发展的总原则。

（1）进出口商品政策：它是根据对外贸易总政策、生产发展状况和国内市场状况等而制定的商品进出口的原则和规定。

（2）国别对外贸易政策：它是根据对外贸易总政策、对外经济和政治关系的需要，而对不同国家或地区制定不同的对外贸易政策。

（二）对外贸易政策的演变

从对外贸易的产生和对外贸易政策发展来看，各国的对外贸易政策基本上为：

自由贸易政策和保护贸易政策这两大类。国际贸易政策随着各个时代不同的经济政治情况而不断变化。在同一时代，各个国家地区又因为发展的差异，亦会采取不同的外贸政策。虽然自李嘉图时代至今，西方有关国际贸易的理论大多主张自由贸易，但从近 200 年来的西方国际贸易历史来看，自由贸易只有一段短暂的时期，并且不再所有国家实行。下面我们对各个历史阶段的外贸政策进行说明，并由此来理清其演变过程。

（1）主义生产方式准备时期（15 世纪至 17 世纪）：这一时期属于资本的原始积累期，因而西欧各国广泛实行重商主义下的强制性的贸易保护政策，通过限制货币（贵重金属）出口和扩大贸易顺差的办法扩大货币的积累，以英国实行得最为彻底。

（2）主义自由竞争时期（18 世纪中叶至 19 世纪末）：这一时期，资本主义生产方式占统治地位，世界经济商品资本国际化的阶段。这一时期对外贸易政策的基调是自由贸易。英国是带头实行自由贸易政策的国家。但由于各国经济发展水平不同，一些经济发展起步较晚的国家如美国和德国采取了保护贸易政策。

（3）主义垄断时期的前期（19 世纪 90 年代至第二次世界大战前）：垄断加强，资本输出占统治地位。1929—1933 年资本主义经济大危机，使市场问题急剧恶化，出现了超保护贸易政策。

（4）第二次世界大战后至 20 世纪 70 年代：随着生产国际化和资本国际化，出现了世界范围的贸易自由化。

（5）20 世纪 70 年代至今：在世界贸易自由化的同时，兴起了新贸易保护主义，在上述背景下出现了管理贸易政策。

（三）对外贸易政策的特点

对外贸易政策作为各国管理进出口贸易活动的方针和政策，具有以下特点：

（1）政策调节对象的单一性。虽然对外贸易政策可能在多个领域产生影响，但其直接调节对象只能是国际贸易间的贸易活动。

（2）政策地位的辅助性。对外贸易政策是一种局部调节的辅助政策，它的制定一般要服从国内经济政策的需要，独立性远远低于国内经济政策。

（3）政策手段的特殊性。对外贸易政策的实施有许多不同于国内政策调节的特殊工具，比如关税、进口配额、汇率等。

（4）政策实施的相对稳定性。对外贸易政策反映了各国在一段时间内的国民经济整体状况、发展战略和政府的政策倾向，具有相对的稳定性。

二、对外贸易政策的类型

（一）自由贸易政策

自由贸易政策在历史上多为经济强盛国家所采用。英国是最早实行自由贸易政策

的国家。在18世纪后半期，英国最先通过产业革命，确立了资本主义在国内的统治地位，大机器工业代替了手工业，工业生产迅速发展。19世纪英国成为最强的工业国家，其工业生产已占全球工业生产的50%，它的商品销往世界各地，原料、食品来自于世界各地，英国的地位被形容为世界工厂。在英国世界工厂地位已经确立并获得巩固，这时的英国迫切需要更广阔的国际市场。而当时各国的重商主义保护贸易政策却严重阻碍了国际贸易的发展，成为英国经济发展和工业资产阶级对外扩张的一大障碍。因此，英国新兴工业资产阶级强烈要求废除重商主义时代所制定的一些外贸政策和措施，在世界市场上实行无限制的自由竞争和自由贸易；它们要求其他国家供给英国粮食、原料和市场，而由英国向其他国家提供工业制成品。19世纪20年代，英国工业资产阶级经过不断的斗争，最后终于战胜了地主、贵族阶级，使自由贸易政策逐步取得胜利。主要表现在以下几个方面：

1. 废除《谷物法》和《航海法》

《谷物法》是英国重商主义时期通过的限制谷物进口的政策法规。主要内容是运用关税政策，限制或禁止谷物的进口，维持国内谷物的高价，保护贵族地主阶级的利益。1838年，英国资产阶级成立了全国性的发谷物法同盟，展开了声势浩大的反谷物法的自由贸易运动，经过斗争，终于使国会于1846年通过废除《谷物法》的议案。

1849年，英国又废除了实行近200年的《航海法》。原航海法是英国限制航运业竞争和垄断殖民地航运事业的政策。宣布该法案废除后，英国的沿海贸易全部对其他国家开放，1854年英殖民地的海运与贸易也全部开放。至此，重商主义时代制定的《航海法》被全部废除。

2. 降低关税税率，减少纳税商品数目

1825年英国开始简化税法，废止旧税率，建立新税率。进口纳税的商品项目从1841年的1163种减少到1853年的466种，1862年又减至44种，1882年在减至20种。所征收的关税全部是财政关税，并且税率大大降低。禁止出口的法令则被完全废除。

3. 取消特权公司

1813年和1834年英国东印度公司对印度和中国贸易的垄断权分别被废止。从此，对印度和中国的贸易开放给所有的英国人。

4. 改变对殖民地的贸易政策

1849年航海法被废止后，殖民地可以对任何国家输出商品，也可以从任何国家输入商品。通过关税法的改革，废止了对殖民地商品的优惠税率，从此，殖民地与外国输入的商品均处于同等的竞争地位。

5. 与外国签订互减关税条约

在19世纪60年代，英国与意大利、荷兰等国缔结了8项贸易条约。1860年，英国与法国签订了《科伯登条约》。根据这项条约，英国对法国的葡萄酒和烧酒的进口税予以降低，并承诺不禁止煤炭的出口；法国则保证对从英国进口的一些制成品征收不超过从价30%的关税。在英国的影响下，欧洲各国间分别签订了类似的贸易条约，相互提供最惠国待遇，放弃贸易歧视。

（二）保护贸易政策

1. 重商主义贸易保护政策

15—17世纪是资本主义生产方式准备时期，西欧各国开始走向世界市场，为促进原始资本主义积累，西欧各国实行代表商业资产阶级利益的重商主义的贸易保护政策。重商主义贸易保护政策最早出现于意大利，后来在西班牙使用，其主要内容是：限制货币（贵金属）的输出和扩大贸易顺差，鼓励商品出口，限制商品进口，已增加货币流入，从而增加社会财富。

重商主义分早期重商主义和晚期重商主义。早期重商主义，又叫重金主义，它主张直接利用国家立法和行政措施来保证对每个国家和每笔贸易都实行顺差，绝对禁止贵金属外流。晚期重商主义，又叫贸易差额论，它不仅单纯的强调，通过立法和行政手段来禁止贵金属，而是更多地要求通过国家干涉来促进本国的生产和出口，允许对个别国家有贸易逆差，只要这有利于实现总的贸易顺差。

2. 美国和德国的保护贸易政策

（1）美国的保护贸易政策。当以英国为首的欧洲先进工业国家完成了工业革命，并逐步推行旨在向全世界实行经济扩张的自由贸易政策时，美国才刚刚建立。在经过数年独立战争摆脱了英国的殖民统治后，美国经济虽然有所发展，但还是比较落后，尤其无法与英国的廉价工业品竞争。美国第一任财政部长汉密尔顿（A. Hamilton 1757—1804）代表资产阶级独立发展美国经济的要求，于1791年12月提出"制造业报告"（Report on Manufacture），他认为，为使美国经济独立，应当保护美国的幼稚工业，其保护的主要方式是提高进口商品的关税。汉密尔顿的保护贸易主张很快在美国的经济政策中付诸实施，对美国的工业发展起着极其有效的推动作用，维护了工业资产阶级的利益，终于使美国从1913年起在工业总产值和对外贸易额方面超过了英国。

（2）德国的保护贸易政策。19世纪初，德国还是一个落后的封建农业国，虽然工业已经获得较迅速的发展，但同英国和法国的差距还很大，英国、法国的廉价商品猛烈冲击德国的市场。为了使新型的产业避免外国工业品的竞争，得到充分发展，德国资产阶级迫切要求实施保护贸易政策。德国历史学派的先驱者李斯特（F. List，1789—1846）受到美国汉密尔顿的影响，提倡贸易保护主义，并在1841年出版了《政治经济学的国民体系》，系统地提出了他的保护幼稚工业的学说。李斯特的对外贸易理论正是顺应了德国经济发展的这种历史要求。1879年，俾斯麦改革税法，对钢铁、纺织品、化学品、谷物等征收进口关税，并不断提高进口商品关税，而且与法国、奥地利、俄国等国进行关税竞争。1898年，又通过修正关税法，成为欧洲高度保护贸易国家之一。这些措施成为反对封建制度和专制政权的有力武器，加速了德国由封建社会向资本主义社会的过渡。

3. 超保护贸易政策

19 世纪末至第二次世界大战，是资本主义自由竞争向垄断过渡的时期。在这个时期，各资本主义国家包括那些起步较晚的后进国家都先后完成了工业革命，科学技术的发展普遍提高了各国的工业生产能力和经济发展水平。到 20 世纪初，垄断组织占统治地位，加强了对外的侵略和掠夺，垄断组织之间争夺世界市场，霸权斗争代替了自由竞争，市场问题日益尖锐。1929 年至 1933 年资本主义世界发生了严重经济危机，使资本主义国家陷入萧条之中，国际市场的供求矛盾更趋于白热化。在这种历史条件下，自由贸易政策和原有的保护贸易政策已经不再适用，各资本主义国家纷纷转向侵略性的保护贸易政策，因而代表垄断资产阶级的超保护贸易政策应运而生。

4. 超保护贸易与保护贸易政策相比，有以下特点：

(1) 保护的对象扩大了。超保护贸易不但保护幼稚工业，而且更多的保护国内高度发展或出现衰落的垄断工业。

(2) 保护的目的变了。超保护贸易不再是培养自由竞争的能力，而是巩固和加强对国内外市场的垄断。

(3) 保护的性质变了。从保护转入进攻。超保护贸易不是防御性的保护国内市场，限制外国商品的侵入，而是要在垄断国内市场的基础上对国外市场采取进攻性的扩张。

(4) 保护的阶级利益变了。从一般的工业资产阶级转向保护大垄断资产阶级。

(5) 保护措施多样化。超保护贸易的保护措施不只限于关税和贸易条约，还广泛采用各种非关税壁垒和奖出限入的措施。

(6) 组成货币集团，划分世界市场。1913 年，英国放弃了金本位，导致统一的世界货币体系的瓦解。主要资本主义国家各自组成了排他性的相互对立的货币集团，如英镑集团、美元集团、法郎集团、德国双边清算集团等。

5. 新贸易保护主义

新贸易保护主义产生于 20 世纪 70 年代中期以后。它具有以下特点：

(1) 被保护的商品从传统产品、农产品转向高级工业品和劳务部门，种类不断增加。

(2) 贸易保护措施多样化。这时的保护贸易措施是以非关税壁垒为主。据关税及贸易总协定统计，20 世纪 70 年代非关税壁垒的措施已高达 1200 多种。

(3) 贸易保护制度转向更系统化。

(4) 各国“奖出限入”的措施重点从限制进口转向出口，加强了促进出口的措施。

新贸易保护主义使发达国家付出了巨大的代价，以农产品为例，发达国家对农业生产的支持和贸易政策不仅限制了外国供应者，扭转了贸易流向，而且造成了诸如糖、肉类、谷物、奶制品等产品的大量剩余。为了削减日益增加的储存成本，防止变质和浪费，发达国家采取了出口价格补贴，进行销售援助，按加工程度提高农产品进口壁垒，为此，发达国家付出了巨大的代价。

（三）协调管理贸易政策

进入 20 世纪 90 年代后，由于国际市场竞争激烈，工业国家争夺市场份额的斗争越来越尖锐，对资本主义世界经济体系形成强烈的冲击。有关国家出于经济利益的相关性，都认识到加强国际经济协调的重要性，从而使协调管理贸易在 90 年代得到迅速发展。

协调管理贸易政策是一种在协调的基础上，以政府干预为主导，以磋商谈判为手段，对本国进出口贸易关系进行干预、协调和管理的国际贸易政策体制。它与自由贸易政策和保护贸易政策的主要区别在于：①自由贸易政策是国家对进出口不进行干预，凭借企业自身的竞争优势在国外市场上与他国商品展开自由竞争；而协调管理贸易政策是在考虑双方贸易利益、通过协商达成协议的基础上，进行自由竞争。②保护贸易政策是国家通过立法干预进口贸易，阻碍商品进口与出口，保护本国市场；而协调管理贸易政策是通过贸易各方的协商，允许贸易各国采取必要的保护措施，允许例外；保护措施生效后，仍要向自由贸易原则靠拢与“回归”。③自由贸易政策和保护贸易政策制定的主要依据是本国企业竞争力强弱；而协调管理贸易政策则是贸易各国在透明的基础上，通过谈判，在权利与义务平衡的原则下制定的，受到双方或多边贸易利益的约束。因此，协调管理贸易政策是介于自由贸易和保护贸易之间的新型贸易政策体制，其实质是通过各国间的协调，既达到保护本国利益的目的，又遵从不断开放、自由的原则，亦即协调性保护、管理性自由。

从协调管理贸易的发展历程来看，美国的贸易制度是协调管理贸易的典型范式，其协调管理贸易具有法律化、制度化和系统化等特征；日本为缓和巨额贸易顺差而引起的贸易摩擦，也实施了将贸易政策与产业政策相结合的协调管理贸易；进入 20 世纪 90 年代以来，越来越多的西方发达国家，甚至一些发展中国家也纷纷仿效，实行不同程度的协调管理贸易政策。

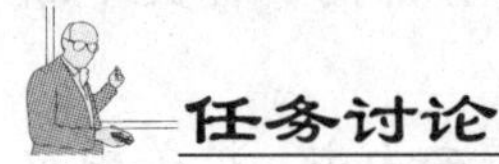

中国外贸政策的演变

清朝以前，中国各代政府积极鼓励对外贸易，官方、民间贸易往来频繁。清朝前期闭关自守政策之下的洋行贸易，买办经济产生。清朝前期，欧洲早期资本主义发展，对外侵略扩张；中国封建制度衰落，阻碍资本主义萌芽的发展。而当时的中国，没有正确应对强弱差距，发展社会经济，而是害怕西方先进的思想技术的传入，消极地抵御外国的侵略，在广州设立十三洋行，通过买办与西方国家进行有限的商贸往来，阻碍了中西经济文化的交流，造成了中国的落后。

中国市场不断开放，近代外贸活动不断发展。1840年鸦片战争，中国被迫卷入资本主义世界市场体系。列强通过一次次侵略战争的发动、一个个不平等条约的签订、通商口岸、租界、租借地、势力范围的划定，中国市场不断向列强开放，外国商品和资本如潮水般涌入中国，中国自然经济不断解体。

改革开放前，新中国冲破帝国主义封锁，发展对外经济。为了冲破帝国主义的包围封锁，新中国在外交上“一边倒”，在经济上，积极发展与苏联、东欧社会主义国家的贸易往来，以恢复发展国民经济，这也给当时中国的外贸体制打下了深深的计划经济体制的烙印。

1978年之后，中国全方位对外开放。为引进外资、技术设备和经营管理方法和经验，将中国商品打入国际市场，逐渐向世界敞开了中国国门，形成了经济特区—沿海开放城市—沿海经济开放区—内地，这样一个多层次、有重点，点、线、面相结合的对外开放新格局。

进入20世纪，第一阶段：（2001—2005年）在此期间，中国全面并切实履行了入世承诺，有力推进了规则导向的经济市场化与自由化，使经贸法律法规体系与政策管理的透明度显著提高。第二阶段（2006—2008年）：在此期间为促进贸易增长方式的转变，以及减少对外贸易盈余所带来的国际压力，对外贸易政策进行一定的调整。第三阶段（2008—2011年）：这期间为应对全球金融危机的冲击，中国采取了稳定外需、逐步纠正对外失衡的贸易政策。中国在实施积极的财政政策与适度宽松货币政策的同时，外贸政策的重心再度转向全面鼓励与刺激出口。

问题：

1. 使用国际贸易理论分析中国各个时期外贸政策变化的原因。
2. 从理论上评析中国各个时期外贸政策的取向。

任务小结

国际贸易理论是各国政府制定对外贸易政策的重要依据。主要有绝对成本理论、相对成本理论、要素禀赋理论等。通过对这些理论的学习，对于现实问题能够进行简单的分析，并有助于理解各国在不同时期所采取的不同的贸易政策。

国际贸易政策是各国政府在一定时期内对进出口贸易实行管理的原则和方针。不同历史阶段出现的不同的国际贸易政策，取决于各个历史时期不同国家的经济社会发展水平，并受各个时期的经济思想和贸易理论的影响和指导。从国际贸易政策演变的总体过程来看，可以归纳为三种基本类型：自由贸易政策、保护贸易政策和协调管理贸易政策。

一、单项选择题

1. 按照赫克歇尔—俄林的生产要素禀赋理论，一国在国际贸易中应进行（　　）的国际分工。

A. 生产并出口具有绝对优势的产品

B. 生产并出口大量使用其丰裕生产要素的产品

C. 生产并出口具有相对优势的产品

D. 生产并出口大量使用其稀缺生产要素的产品

2. 需求偏好相似说是由（　　）提出的。

A. 基辛　　B. 凯南　　C. 林德　　D. 格鲁贝尔

3. 保护幼稚工业理论认为：一国对幼稚工业的保护期应不超过（　　）。

A. 50 年　　B. 30 年　　C. 20 年　　D. 10 年

4. 凯恩斯主义的贸易理论是（　　）。

A. 自由贸易理论　　B. 超保护贸易理论　　C. 关税同盟理论　　D. 内部化理论

5. 超贸易保护理论的代表人物是（　　）。

A. 李斯特　　B. 凯恩斯　　C. 弗里德曼　　D. 威廉·斯塔夫

二、多项选择题

1. 下列哪些属于古典国际贸易理论（　　）。

A. 绝对优势理论　　B. 比较优势理论

C. 要素禀赋理论　　D. 产品生命周期理论

2. 以下谁都主张自由贸易（　　）。

A. 亚当·斯密　　B. 林德

C. 大卫·李嘉图　　D. 赫克歇尔—俄林

3. 一般来说，一国的对外贸易政策由下述内容构成（　　）。

A. 对外贸易总政策　　B. 进出口商品政策

C. 国别对外贸易政策　　D. 货物商品贸易政策

4. 重商主义分（　　）。

A. 早期重商主义　　B. 中期重商主义　　C. 晚期重商主义　　D. 后期重商主义

三、简答题

1. 试述李斯特的保护幼稚工业理论的主要内容。

2. A 国与 B 国同时生产小麦和大豆，A 国在生产小麦上比 B 国的生产成本低 1/4，在生产大豆上低 2/3，按照李嘉图的比较优势理论，在其他条件一样的情况下，A 国应

该生产什么？B 国应该生产什么？

3. 简述国际贸易政策的基本类型及其特征。

4. 简述李斯特保护幼稚工业学说的主要内容，并指出该学说存在哪些缺陷？

四、技能实训

【资料】

解读美国贸易逆差

美国商务部 2010 年 2 月 10 日公布的数据显示，2009 年美国贸易逆差下降至 3807 亿美元，比 2008 年减少 45%，创 8 年来最低水平。不过，2009 年 12 月美国贸易逆差存在加大的趋势。

上届布什政府于 2007 年创下 7116 亿美元的贸易逆差纪录，2008 年逆差也高达 6959 亿美元。金融危机爆发后，尤其是 2008 年 9 月以后，美国消费受到明显抑制，进口开始大幅减少。贸易逆差自 2008 年 7 月创下 649 亿美元的月度历史新高以后逐月回落。到 2009 年 5 月降至 258 亿美元的近年新低。

奥巴马政府上台后再减少贸易逆差方面竭尽所能，并把逆转逆差作为一项核心经济政策。白宫首席经济顾问萨默斯在 2009 年 8 月曾提出转变美国经济发展模式的 4 个方向，其中首要一项就是要更多地依靠出口。1 年来，美国积极推动与韩国、哥伦比亚、巴拿马等国的双边自由贸易协定，同时不时挥舞“保护主义大棒”以限制进口，此外，美国贬值也令美国商品更具有国际竞争力。

2009 年，美国对最大贸易伙伴加拿大的贸易逆差下降 74.2%，降至 202 亿美元；对欧盟贸易逆差下降 36.8%，降至 605 亿美元；对中国贸易逆差总额为 2268 亿美元，下降 15.4%，中国仍是美国最大的贸易逆差国。

2010 年 1 月 27 日奥巴马在国会发表的首次国情咨文中，再度强调出口的重要性，并提出未来 5 年使美国的出口翻倍的具体目标。2 月 4 日，商务部长骆家辉提出落实奥巴马总统出口目标的一项重要措施——全国出口计划，帮助企业特别是中小企业扩大出口。

奥巴马以出口带动就业的政策受到美国国内各界的普遍欢迎。华盛顿智库彼得森国际经济研究所所长伯格斯滕认为，这一政策对美国经济回归可持续增长轨道至关重要。不过，随着美国经济的复苏，贸易逆差却有增长的趋势。在经历了连续四个季度萎缩以后，2009 年第三季度美国经济环比增长 2.2%，第四季度经济增幅首次预估值为 5.7%。2009 年下半年，美国贸易逆差除 8 月和 10 月环比有所下降以外，其余四个月环比都为上升。这显示贸易逆差与经济增幅呈现同步趋势。经济学家认为，美国随着经济的复苏，贸易逆差还会上升。

【要求】

1. 怎样看待美国的巨额贸易逆差？

2. 如何从比较优势理论角度来理解中美贸易？

拓展阅读

人物介绍

亚当·斯密（Adam Smith，1723—1790），英国政治经济学家。古典经济学的代表和理论体系的建立者。出生于苏格兰，父亲是律师兼海关官吏。17岁获格拉斯哥大学硕士学位，又入牛津大学学习，1746年毕业。先后在爱丁堡大学和格拉斯哥大学任教授、副校长，讲授自然哲学、伦理学、法政治学。1759年出版《道德情操论》。1762年获格拉斯哥大学博士学位。1764年任布克莱希公爵的私人教师，曾前往法国，与重农学派的经济学家交往。1767年回家乡从事政治经济学的研究和写作，1776年出版《国民财富的性质和原因的研究》（简称《国富论》）。后被选为格拉斯哥大学名誉校长。

大卫·李嘉图（David Ricardo，1772—1823），英国古典政治经济学的杰出代表。生于犹太家庭，父亲为证券交易所经纪人。12岁到荷兰商业学校学习，14岁随父亲从事证券交易。25岁时拥有200万英镑财产，随后钻研数学、物理学。1799年读斯密的《国富论》后开始研究经济问题，参加了当时关于黄金价格和谷物法的讨论，1817年发表《政治经济学及赋税原理》，1819年选为下议院议员。

项目二 国际贸易措施

【知识目标】

1. 了解关税的概念及作用，了解出口管制的形式；

2. 熟悉关税的分类，熟悉出口信贷与出口补贴这两种出口鼓励措施；

3. 掌握关税壁垒的主要种类，掌握进口配额制、技术性贸易壁垒等主要的非关税壁垒措施。

【能力目标】

1. 能够分析判断各国不同时期采用的关税壁垒的种类及特点；

2. 能够结合具体情况判断选用合适的贸易措施。

任务一 进口关税措施

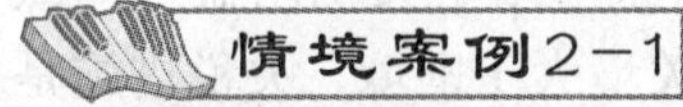

美国反果汁倾销案

2009 年，美国企业诉中国果汁倾销。接到美方的反倾销诉讼时，中国湖滨果汁有限责任公司联合山东省烟台北方安德利有限公司、中鲁果汁集团公司和陕西海升果汁有限公司等 9 家国内企业经过充分的准备欣然应诉。在应诉过程中，中国企业一方面对国际市场上倾销价格的认定和技术处理方面做出了有利于我方的安排。另一方面，在中国相关法律人才奇缺的情况下，特地聘请了具有 25 年反倾销办案经验的美国资深律师为主办律师来办理此案。经过艰难的应诉，美国国家贸易委员会做出最终裁决，对来自中国的浓缩苹果汁增收 51.74%的反倾销税，比起美国企业最初要求的 91%，不能不说是大获全胜了。

请根据上述案例思考中国产品在遭受国外反倾销调查和制裁时的应对策略。

案例点评

第一，要积极应诉。应诉是我们应对反倾销的关键。正像打官司有原告和被告一样，并不是谁是原告就有理，被告有申辩的权利，最终理在何方要服从法庭的裁决。

第二，该起诉，就起诉。在国际贸易领域中，反倾销是一柄双刃剑，谁都可以利用它置对手于败境。与国际社会对中国的反倾销诉讼相比较，中国对外国产品提出反倾销诉讼的比例太失平衡，获胜的案例就更是凤毛麟角了。在国际范围内的反倾销斗争中，我们不能总是出于消极防御、被挨打的地位。

第三，该应诉但不盲目应诉。我们提倡积极应诉，就是说应诉就要有胜诉的把握，起码要有胜诉的可能。这意味着在应诉之前要进行充分的准备，不顾自身条件限制，仓促应诉是不可取的。

知识引导

一、关税的概念

关税（Tariff）是进出口商品经过一国关境时，由政府所设置的海关向其进出口商所征收的税收。关税对一国国民经济会产生重大影响，它在增收财政收入、保护本国的产业和国内市场、调节进口贸易等方面发挥着巨大作用。

海关是设在关境上的国家行政管理机构，它是贯彻执行本国有关进出口政策、法令和规章制度的重要工具。征收关税是海关的重要任务之一，关境为一国或地区实施海关法的领土。一般来说，关境和国境是一致的，但有些国家的国境内设有自由港（Free Port）、自由贸易区（Free Trade Zone）或海关保税仓库（Bonded Warehouse），这些均不属于关境范围之内，这时关境小于国境。有些国家缔结了关税同盟（如欧盟），参加关税同盟的国家的领土即为统一的关境，这时，关境大于国境。关税措施是一国或地区在一定时期内的经济、产业和贸易政策的具体体现。

二、关税的种类

按照不同的划分标准，可以将关税作不同类别的划分。

（一）按照征收对象或商品的流向分类

1. 进口税

进口税（Import Duty）是进口国家的海关在外国商品输入时，对本国进口商所征收的关税。进口税是关税中最主要的税种，一般是在外国货物进入本国关境时征收。当一个国家建有自由港、自由贸易区或海关保税仓库时，则在外国货物从自由港、自由贸易区或保税仓库进入进口国的同内市场销售时予以办理海关手续，才征收进口关税。进口税可以是常规性的，按海关税则征收，也可以是临时加征，如在正常关税以外额外征收的附加税。

进口税税率往往还根据征税国与贸易伙伴国的贸易关系性质的差异有所不同，如最惠国税和普通税。最惠国税适用于与该国签订有最惠国待遇条款的贸易协定的国家或地区所进口的商品。普通税则适用于没有与该国签订这种贸易协定的国家或地区所进口的商品。最惠国税比普通税率低，两者税率的差幅往往很大。

2. 出口税

出口税（Export Duty）是出口国家的海关对本国出口到国外的商品所征收的关税。由于世界各国为了鼓励出口，追求贸易顺差和获取最大限度的外汇收入，许多国家，尤其是发达国家已不再征收出口税，征收出口税的主要是发展中国家。它们征收出口税的目的，一是为了财政收入；二是为了保证本国的产业或本国国内市场的供给。以增加财政收入为目的的出口税，其税率一般都不很高，因为过高的税率反而会阻碍出口，从而使财政收入减少；以保护本国生产为目的的出口税，通常是对出口的原料征税，以保障国内生产上的需要和增加国外产品的生产成本，达到加强本国产品竞争能力的目的；以保障国内市场供应为目的的出口税，除了向某些出口原料征收外，还对本国生产不足而国内需求量较大的生活必需品征收。

3. 过境税

过境税（Transit Duties）也称通过税，指一国对于通过其领土（或关境）通往另一国的外国货物所征收的关税。它起源于中世纪并流行于资本主义发展初期的欧洲各国，这些国家凭借其拥有特殊的交通地理位置来获取一定的货物过境关税的收入。随着交通运输事业的发展，各国在货运方面鼓励货物过境，以增加本国运输收入，并促进本国运输业发展。由此，从公元19世纪后半期开始，各国相继废止了过境税，代之以少量的签证费、准许费、登记费、统计费、印花税等形式。第二次世界大战以后，大多数国家都不征收过境税。

（二）按照征税的目的分类

1. 财政关税

财政关税（Revenue Tariff）又称收入关税，是指以增加国家财政收入为目的而征收的关税。为了增加财政收入的目的，对进口商品征收财政关税时，必须具备以下三个条件：征税的进口货物必须是国内不能生产或无替代品的商品；征税的进口货物，在国内必须要大量消费；关税税率要适中或较低，否则将阻碍进口。

2. 保护关税

保护关税（Protective Tariff）是指以保护本国工业或农业发展为目的而征收的关税。为了达到保护的目的，保护关税的税率比较高，有时高达100%以上，等于禁止进口，成了禁止关税。

（三）按照差别待遇和特定的实施情况分类

1. 进口附加税

进口附加税（Import Surtax）又叫特别关税，是指进口国海关对进口的外国商品在征收进口关税之外，出于某种特定的目的而额外征收的关税。进口附加税通常是限制进口的临时性措施，其目的在于：应付国际收支危机、维持进出口平衡；防止外国商品低价倾销；对国外某个国家实行歧视或报复等。

进口附加税主要有反倾销税和反补贴税两种。

反倾销税（Anti－dumping Duty）是指对实行商品倾销的进口商品所征收的一种

进口附加税。倾销是指进口商品以低于正常价值的价格在进口国销售。反倾销的目的在于抵制商品倾销，保护本国工业和市场。

如：2012年7月9日，巴西发展工业外贸部外贸秘书处发布公告，决定对进口自中国、韩国、泰国以及中国台北的尼龙线发起反倾销调查。鉴于中国在反倾销程序中未被视作市场经济国家，巴方拟选择韩国为替代国来计算涉案出口产品的正常价值。相关涉案企业应在自问卷寄发日起40天内填写问卷并提交答复。其他利益相关方可在公告日起20天内向巴方申请参与调查并指明其法定代表。

反补贴税（Counter—vailling Duty）又称反津贴税、抵消税，是对于直接或间接地接受奖金或补贴的进口商品所征收的一种进口附加税。凡进口商品在生产、制造、加工、买卖、输出过程中所接受的直接或间接的奖金、补贴都构成征收反补贴税的条件。不管这种奖金或补贴是来自政府，还是同业公会。反补贴税的税额一般按奖金或补贴数额征收。征收反补贴税的目的在于增加进口商品的价格，抵消其所享受的补贴金额，削弱其竞争能力，使它不能在进口国的国内市场上进行低价格竞争或倾销。

如：2011年10月27日，加拿大边境服务署对原产于中国的不锈钢水槽进行反倾销和反补贴立案调查。涉案产品海关编码为7324.10.00.11、7324.10.00.19、7324.10.00.21、7324.10.00.29。

2. 差价税

差价税（Variable Levy）又称差额税，是当本国生产的某种商品的国内价格高于同类进口商品的价格时，按它们二者之间的差额还对进口商品征收的关税，其目的是为了削弱进口商品的竞争力，保护国内生产和国内市场。因为差价税是随着国内价格与进口价格之间的差额变动而滑动的，所以也称为滑动税。

3. 特惠税

特惠税（Preferential Duty）又称优惠税，是指对从受优惠国家或地区进口的全部或部分商品，给予特别优惠的低关税或免税待遇。但它不适用于从非优惠国家或地区进口的商品。特惠税有的是互惠的，有的是非互惠的。使用特惠税的目的是为了增进与受惠国之间的友好贸易往来。

4. 普惠税

普惠税（Generalized System of Preference，GSP），是发达国家给予发展中国家出口制成品和半制成品普遍的、非歧视的、非互惠的一中关税。它是发展中国家在联合国贸易与发展会议上进行长期的斗争，在1968年通过“建立普惠制决议”之后取得的。于1971年正式实施。普惠税的目的是：增加发展中国家或地区的外汇收入；促进发展中国家和地区工业化；加速发展中国家或地区的经济增长。它的主要原则是：普遍的、非歧视的、非互惠的。

（四）按照征税的一般方法或征税标准分类

1. 从量税

从量税（Specific Duty）是以商品的重量、数量、长度、体积、面积等计量单位为标准计征的关税。在第二次世界大战以前，资本主义国家普遍采用从量税的方法对进

出口商品征税。从量税的征收又多以按重量为标准征收，但各国应纳税的商品重量计算方法又有所不同，一般有毛重、净重和公量三种。

从量税额的计算公式：从量税额＝商品数量×每单位商品应征关税

从量税在税率一定的情况下，税额与商品数量的增减成正比关系，但与商品的价格没有直接关系。因此，按从量税征收进口税时，在商品价格下降的情况下，关税的保护作用实际上得到加强。反之，在商品价格上涨的情况下，关税的保护作用就会削减。石油原油、啤酒、胶卷、冻鸡等商品适合这种计税标准。

2. 从价税

从价税（Ad valorem Duty）是以进口商品的价格为标准计征的关税，其税率表现为货物价格的百分值。第二次世界大战后，由于商品种类、规格日益繁多，通货膨胀使货物价格上涨迅速等因素，大多数国家都采用从价税的方法计征关税。

从价税额的计算公式：从价税额＝商品总价值×从价税率

出于从价税与商品的价格有直接关系，它与商品价格的涨落成正比，其税额随着商品价格的变动而变动，因此它的保护作用也与商品价格直接相关，是随着价格的变动而变化的。如果税率不变，则保护作用随着进口价格的下降而减弱，随进口价格的上涨而加强。

从价税比从量税优越之处是它能适用于各种不同的商品，尤其是有多种规格的工业制成品，但是它也有完税价格难以确定的不足之处。完税价格是经海关审定作为计征关税的货物价格，它是决定税额多少的重要因素。各国所采用的完税价格有所不同常易引起纠纷。这是包括中国在内的大多数国家使用的主要计税标准。

3. 混合税

混合税（Mixed or Compound Duty）又称复合税，它是对同一种商品，同时采用从量、从价两种标准征收关税的一种方法。按从量税和从价税在混合税中的主次关系的不同，混合税有的以从价税为主，另加征从量税；有的是以从量税为主，另加征从价税。混合征税的方法往往适用于耗用原材料较多的工业制成品。它的使用可以使税赋比较适度，并有助于增强关税的保护程度。但从价税与从量税之间的比例尚较难以确定，且征收手续复杂，成本货用高，不易实行。录/摄像机、放影机、非家用摄录一体机、部分数字相机等商品适合这种计税标准。

混合税的计算公式：混合税额＝从价税额＋从量税额

4. 选择税

选择税（Alternative Duty）是对一种商品同时规定从量税和从价税两种税率，在征税时由海关选择税额较高的一种征收。有时为了鼓励进口或给予特定国家进口的优惠，也会选择税额较低的一种征税。但选择税的缺点是征税标准经常变化，令出口国难以预知，容易引起争议。

任务讨论

2009年6月29日，莫斯科最大的日用品批发市场——切尔基佐夫斯基市场被关闭，在俄中国商人瞬间损失21亿美元。2009年6月30日，俄罗斯官方以货品存在有害物质为由，扣押一批共有7000个货柜、价值50亿美元的中国商品，并销毁了22柜以童装和童鞋为主的中国商品。2009年7月31日，位于莫斯科南部的塞瓦斯托波尔市场又被突然关闭。2000—2008年，俄罗斯对华商的查抄事件达到上百次之多，其中就包括2008年10月对莫斯科的阿斯泰市场进行突击检查，查封了华商在仓库里的鞋、服装、袜子等日用品，货物价值大约21亿美元的事件，给华商造成了巨大经济损失。俄罗斯政府频频查封市场的背后，都直指问题的源头——“灰色清关”。

问题：请解释何为“灰色清关”？海关征税的种类有哪些？

任务二　进口非关税措施

苏北一家生产某种小型机械的工厂，连续十几年，对欧美的出口一直保持旺盛势头，最多时年出口突破1000万美元。但从2002年开始，这家工厂在国际市场遭遇了“滑铁卢”。原因既不是这家工厂的产品质量下降了，也不是原来的合作伙伴不用这种产品了，而是因为美国新出版的UL558标准，内容比旧标准增加了两倍，涉及电线、电池、塑料、插头等，要求更加严格。

试分析以上采用了那种非关税壁垒措施？该措施有何特点？

案例点评

上述案例中采用的是技术性贸易壁垒措施。技术性贸易壁垒是指一国或区域组织为了限制商品进口所规定的复杂的技术标准、卫生检疫规定、合格评定程序以及商品包装和标签的规定。原本一国或区域组织采取一些强制性或自愿性的技术性措施来维护其基本安全、保障人类及动植物的生命健康是合理的和必要的。但由于其具有复杂性、变化快的特点，往往使外国的商品难以适应，从而阻碍了其他国家或区域组织的商品的进入。

知识引导

非关税壁垒（Non—Tariff Barriers，NTBS）是指除关税以外的一切限制进口的措施。非关税壁垒可分为直接的和间接的两大类。前者是由进口国直接对进口商的数量或金额加以限制或迫使出口商直接限制出口；后者是对进口商品制定严格的条例，间接地限制商品进口。与关税壁垒相比，非关税壁垒具有以下特点：更大的灵活性和针对性；限制程度更严、更有效；具有更大的隐蔽性和歧视性。非关税壁垒名目、种类繁多，主要有以下几种。

一、进口配额制（Import Quotas System）

进口配额制又称进口限额，是一国政府在一定时期（如一季度、半年或一年）之内，对某些商品的进口数量或金额加以直接的限制。在规定的期限内，配额以内的货物可以进口，超过配额不准进口，或者征收较高的关税。它是进口数量限制的重要手段之一。

进口配额主要有两种：

（1）绝对配额（Absolute Quota）。绝对配额是在一定时期内，对某些商品的进口数量或金额规定一个最高额，超过这个最高数额就不准进口。在实施中，有两种方式：

全球配额（Global Quota）是指依申请的先后顺序发放一定的配额，直至总配额发完为止。全球配额属于世界范围的绝对配额，对于来自任何国家或地区的商品一律适用。

国别配额（Country Quota）是按国别或地区分配固定的配额，超过规定的配额便不准进口。为了区分来自不同国家或地区的商品，在进口商品时进口商必须提交原产地证明书。实行国别配额可以使进口国家根据它与有关国家或地区的政治经济关系分配不同的额度。

（2）关税配额（Tariff Quota）。关税配额是指对限额以内的商品进口给予低税、减税或免税待遇，对超过限额的商品征收高关税、附加税或罚款。关税配额按征收关税的目的，可分为优惠性关税配额和非优惠性关税配额。

如：根据《农产品进口关税配额管理暂行办法》（商务部、发改革委令 2003 年第 4 号），商务部制定了 2013 年食糖进口关税配额数量、申领条件和分配细则，公告如下：

2013 年食糖进口关税配额总量为 194.5 万吨，其中 70%为国有贸易配额；食糖进口关税配额申请者（以下简称申请者）的基本条件为：2012 年 10 月 1 日前在工商行政管理部门登记注册并通过最近一次年度审验；2010—2012 年在海关、外汇、工商、税务、质检、社会保障、环保等方面无违规记录；没有违反《农产品进口关税配额管理暂行办法》和《2012 年食糖进口关税配额申请和分配细则》的行为。

二、自动出口配额制（Voluntary Export Quotas）

自动出口配额制又称自动限制出口，是出口国家或地区在进口国的要求或压力下，自动规定某一时期内（一般为 3 年）出口国对某些商品出口的数量的限制，在限定的数额内自行控制出口，超过配额即禁止出口，它也是一种限制进口的手段。

自动出口配额与绝对进口配额是形式不同但作用完全相同的限制商品进口的措施。绝对进口配额是进口国家直接控制进口配额来限制商品的进口，而自动出口配额是由出口国家直接控制这些商品对指定进口国家的出口来限制商品的出口，并且带有明显的强制性，是出口国在面临进口国采取报复性贸易措施的威胁时被迫作出的一种选择。它往往有两种形式：一种是出口国在进口国的压力下单方面决定向某一国家出口某种商品的数量或金额，这种单方面自动出口限制，有的是由政府规定配额，有的是根据政府的政策，由本国厂商自动限制出口；另一种是出口国与进门国通过谈判签订“自限协定”或“有秩序销售协定”规定自动出口的限额。

三、进口许可证制（Import License System）

进口许可证是国家外贸管理机关按照进口许可制度和有关规定，签发的允许进口某种商品的证件。进口许可证制是指根据对外贸易政策和有关经济法规制定的对进口许可手续进行管理的制度。它常常与配额、外汇管制等结合起来运用。

从进口许可证与进口配额的关系上看，进口许可证可以分为两种：一种是有定额的进口许可证，即国家有关机构预先规定有关商品的进口配额，然后在配额的限度内，根据进口商的申请对每一笔进口货发给进口商一定数量或金额的进口许可证；另一种是无定额的进口许可证，即进口许可证不与配额相结合，进口商进口时，只需申请进口许可证即可。

四、外汇管制（Foreign Exchange Control）

外汇管制是一国政府通过政府法令对国际结算和外汇买卖实行限制来平衡国际收支和维持本国货币汇价的一种制度。在实行外汇管制的条件下，出口商必须把他们出口所得到的外汇收入按官定汇率卖给外汇管制机构；进口商必须向外汇管制机构按官定汇率申请购买外汇。这种申请往往根据签发进口许可证上商品数量所需的金额批给外汇。这样政府就可以通过控制外汇的供应数量来掌握进门商品的种类、数量和来源国别，从而起到限制进口的作用。

五、最低限价制（Minimum Price）

最低限价制是指一国政府规定某种进口商品的最低价格，进口价格如低于这一价格就征收附加税。这一最低限价往往是根据某一商品生产国在生产水平最高的情况下生产出的价格而订出的，目的就是要限制该种商品的进口。

六、禁止性进口（Prohibitive Import）

禁止性进口是指一国政府对贸易采取的一种极端做法，通常通过颁发有关法令来实施。它的适用情况往往是在一国政府认为，一般的限制措施还不足以解救国内市场所遭受冲击和困境时，便直接颁布法令来公开禁止某些商品的进口。在正常的经贸活动中是不宜贸然采用的，否则易招致对方的报复并酿成贸易战。

七、歧视性政府采购政策（Discriminatory Government Procurement Policy）

歧视性政府采购政策是指一向通过制定法令和政策，明文规定政府机构在采购时要优先购买本国产品的做法，有的国家虽末做明文规定，但优先采购本国产品已成惯例。这种政策实际上是歧视外国产品，起到了限制进口的作用。

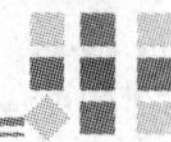

八、技术性贸易壁垒（Technical Barriers to Trade，TBT）

技术性贸易壁垒是指为了限制进口所规定的复杂苛刻的技术标准、卫生检疫规定以及商品包装和标签规定，这些标准和规定往往以维护生产者、消费者安全和人民健康的理由而制定。当这些规定十分复杂，而且经常变化，并使外国产品难以适应时，就会起到限制外国商品进口和销售的作用，成为限制商品进口的贸易壁垒。如：1994年10月，法国宣布了关于鲜贝区别性标签的新规定，进口鲜贝不能再用“Coquilles St. Jacques”（扇贝）而只能用“Peduncle”（扇贝）的标签。秘鲁和智利政府认为其出口的鲜贝大小、外观和口味都与法国鲜贝相同，因此应当允许使用相同的标签。Peduncle在消费者心目中是低档的鲜贝，智利每年出口1/3鲜贝到法国，新规定对秘鲁和智利显然是不利的。

技术性贸易壁又包括绿色壁垒，它是指一国以环境保护为借口，限制国外产品进口的措施。20世纪70年代以来，一些发达国家通过国内立法实施种种保护贸易和措施，如征收环保进口附加税，颁布保护特定物种的法律规章，限制或禁止与之有关的进口贸易，为进口商品确定硬性环保指标，对达不到该标准者限制或禁止进口，实行绿色标志、再生标志等。由于发达国家的环境标准普遍高于发展中国家，特别是少数发达国家对进门产品和本国产品采取不同的标准，使发展中国家的商品更难进入发达国家的市场。

任务讨论

下列各国贸易做法属于哪种非关税措施？

（1）美国、瑞士、日本对进口酒精饮料征收的消费税高于本国同类产品。

（2）美日汽车贸易战中，美国迫使日本自动限制对美国出口汽车的数量。

（3）2002年4月23日，日本开始对从中国进口的大葱、鲜香菇及灯芯草三种农产品实施“紧急限制进口措施”，在限制进口量以内的产品征收3%～6%的关税，超过部分则征收106%～226%的关税。

（4）韩国政府要求：2000年起在韩国销售化妆品必须贴条码。

（5）美国对来自日本的带有卡通图案的普通打字机，按玩具打字机的进口关税，征收35%的关税。

任务三　出口管理措施

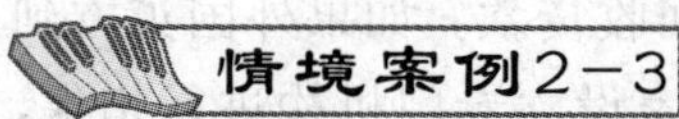

情境案例2-3

2012年某日美元与人民币的汇率为6.3211，10年前某日美元对人民币汇率为

8.3214。假定2002年一单价为10美元的美国商品输往中国，在中国市场售价约为83元人民币；2012年该商品单价仍为10美元，在中国市场售价约为63元人民币。这时美国出口所得的63元人民币仍能换回10美元，美国出口商并未因美元贬值而受到损失。

请问汇率变动对美国出口商来说带来了哪些定价自由？

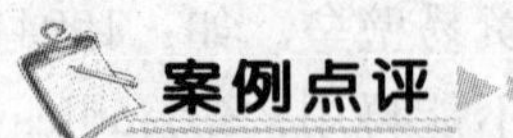

美国出口商在出口中国时获得三种极大的定价自由：①继续按83元人民币在中国市场上出售，按新汇率计算，每件商品可多得3.13美元，增加了利润；②在83到63元人民币之间，适当地降低价格，促进商品出口。③把价格降低到63元人民币，加强价格竞争，增加更多的商品出口。至于采取哪一种办法，取决于商品的价格需求弹性、出口商的销售意图和市场竞争情况。

知识引导

一、鼓励出口措施

(一) 出口信贷 (Export Credit)

出口信贷是一个国家的银行为了鼓励商品出口，加强商品的竞争能力，对本国出口厂商或国外进口厂商提供的贷款，它是一国的出口商利用本国银行的贷款扩大商品出口，特别是金额较大、期限较长，如成套设备/船舶等出口的一种重要手段。出口信贷主要有两种：

1. 卖方信贷（Supplier's Credit）

卖方信贷是指出口国银行向出口厂商，即卖方提供贷款，以便出口厂商既能加速资金周转，又能向外国进口商提供延期付款的条件，从而促进商品出口。

2. 买方信贷（Buyer's Credit）

买方信贷指出口国银行直接向国外进口厂商和进口国银行提供贷款，其条件是贷款必须用于购买债权国的商品，因而起到促进商品出口的作用，这就是所谓的约束性贷款。很多国家都设立专门银行，开展出口信贷业务。例如，美国的进出口银行，日本的输出入银行。这些银行的资金由政府拨付。

(二) 出口信贷国家担保 (Export Credit Guarantee System)

一些国家的出口商，为了增加商品的成交量，有时不是卖货后立即要求付款，而是允许外国买方（进口商）赊销商品，在一定时期后，再回收贷款。如果外国买方到期不付款出口商便要受到损失。出口信贷国家担保就是国家设立专门机构进行担保，在外国买方拒绝付款时，负责补偿贷款的一部分或全部。

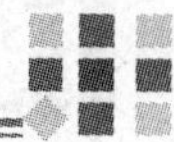

出口信贷国家担保有以下特点：担保金额大，有时可达到信用额的70%～80%，有时高达100%；担保的范围不断扩大，除一般商业性风险外，还包括政治风险、其他经济风险（如货币贬值）；在整个出口贸易中，国家信贷担保额比重不断增加；国家出口信贷担保基金不断扩大。出口信贷国家担保是国家替出口商承担风险、扩大出口和争夺国外市场的一个重要手段。

（三）出口补贴（Export Subsidies）

出口补贴是国家为了降低出口商品价格，加强竞争能力，对出口商品给予出口商的现金补贴或财政优惠待遇，这是被WTO所禁止的一种不正当贸易行为。出口补贴有两种方式：

1. 直接补贴（Direct Subsidies）

即出口某种商品时，直接付给出口商的现金补贴。目前，还有少数国家对农产品的出口采取这种方式。

2. 间接补贴（Indirect Subsidies）

即政府对某些商品的出口给予财政上的照顾。如给予某些商品的出口商减免出口税和国内损失税的待遇（指退还或减免出口商品应缴纳的销售税、消费税、增值税和盈利税等），对加工出口商品而进口的原料、半成品实行暂时免税或退税，对于出口商品减低运费等，这些方法都是为了减少出口成本扩大销售。

（四）商品倾销（Dumping）

商品倾销通常由垄断企业进行。这些企业一方面控制国内市场，另一方面以低于国内市场的价格，甚至低于生产成本的价格在国外市场抛售，以打败对手占领市场。这种倾销通常与政府的支持是分不开的。政府或限制有关商品进口，使企业在国内市场取得垄断利润以补贴出口，或给予某种补贴以弥补其亏损，或以其他方式直接、间接给予支持。此种措施一经核实，且有证据证明已对进口国同类工业造成实质性损害，两者之间有因果关系，则允许进口国报复，征收反倾销税。

（五）外汇倾销（Exchange Dumping）

外汇倾销是垄断企业利用本国货币对外贬值，以争夺国外市场的一种特殊手段。当一国货币贬值后，出口商品以外国货币表示的价格降低，从而提高了竞争力，有利于扩大出口。一个国家的货币贬值后，进口商品的价格就会上涨，从而又起到限制进口的作用。但是，外汇倾销要达到扩大出口的目的，必须具备两个条件：一是贬值的幅度高于国内物价上涨的程度；二是其他国家不同时采取同等程度的货币贬值或其他报复性手段。

二、出口管制措施

出口管制（Export Control）是某些国家从本国或本集团自身的政治、经济利益出发，对某些商品特别是战略物资和先进技术的出口实行限制或禁止。出口管制一般出于以下目的：一是经济原因。从短期看，主要是对国内生产所需的原材料、中间产品等实行管制，以满足国内生产的需要；此外，对国内市场需求较大的消费品也实行出口管制，以满足国内消费的需要。从长期看，主要是对先进技术、先进的资本货物管制出口，其目的是为了确保本国特定领域中的领先地位。二是政治原因。管制的商品内容主要是所谓“战略物资”，如飞机、军舰、计算机和武器等军用设备，对与战略物资有关的先进技术资料的出口也实行严格管制。在特定情况下，甚至对一般的生活必需品实行出口管制，即所谓的“经济制裁”。三是历史文化原因。主要是对某些古董文物和某些艺术品实行出口管制。发展中国家采用出口管制政策往往是不得已而为之，而发达国家的出口管制政策则具有进攻性。

(一) 出口管制的对象

1. 国内急需，且供应不足的物资

即国内生产所急需的原材料、半成品和国内市场供应不足的商品。如不加以限制而任其自由出口，则会加剧国内市场的供需矛盾，阻碍国内经济的正常发展。一般对该类商品实行出口许可管理。

2. 战略物资及尖端技术产品

各国从维护国家安全和保持技术优势的角度出发，一般对军用装备、通信设备和计算机等商品实行严格的出口限制。

3. 文物、艺术品、黄金、白银等特殊品

出于保护历史文化遗产的目的，该类商品一般禁止出口。

4. 实行自动出口限制的商品

是出口国在进口国的要求或压力下，自愿规定在某一时期内某种商品对该国的出口配额，在限定的配额内自行控制出口，超过配额即禁止出口。其目的在于避免因某些商品出口过多而严重损害进口国生产者的利益，从而招致进口国的报复限制从该国进口。如原“多边纤维协定”项下的出口纺织品。

5. 国家实行出口管制以促使其在国外有较强竞争力的商品

即出口国或组织垄断的商品。如 OPEC 组织对其成员国石油出口的限制。

6. 对某些国家或地区实行经济制裁而限制出口，甚至禁止出口的商品

如美国对朝鲜、伊拉克等国的出口限制。

(二) 出口管制的形式

1. 单边出口管制

又称单方出口管制，即一些国家根据本国的需要，制定出口管制方案，成立专门的执行机构，对本国的某些商品出口实行审批和发放出口许可证，以此来进行出口管制。单边出口管制由一国单方面自主决定，往往是一国实行歧视性贸易政策的重要手段之一。

2. 多边出口管制

是指几个国家的政府，出于共同的政治与经济目的，通过一定方式建立的国际多边出口管制机构，共同商定和编制多边出口管制的货单和出口管制的国别，规定出口管制的办法，以协调相互的出口管制政策和措施。1949 年 11 月，由美国、英国、法国、日本等 15 个国家组成的巴黎统筹委员会（The Coordinating Committee for Multilateral Export Controls，COCOM）就是一个国际性多边出口管制机构。这个委员会的主要工作是确定多边禁运货单和受禁国的国别或地区，确定禁运的审批程序及讨论例外程序，交换情报等。这个委员会曾共同对中国进行过长期出口管制。于 1994 年 4 月初解散。

（三）出口管制的措施

（1）征收出口税。为了鼓励出口，世界各国一般不征收出口税或仅对少数商品征收出口税。征收出口税的目的是限制、调控某些商品的出口，特别是防止本国一些重要的自然资源和原材料的出口。

（2）出口许可证。出口许可证根据出口管理的松紧程度分为一般许可证和特殊许可证两种。一般许可证项下的商品，出口管理较松，出口商无须事先向有关机构申请，只要在填写出口报关单时，填明管制商品的一般许可证编号，经海关核实，就可办妥一般出口许可证手续。特种许可证项下的商品，出口管理较严，出口商必须事先向相关机构申请，还需附上有关证明文件，经国家相关机构批准后，才能办理出口。实行出口许可证制是出口管制最常见、最有效的手段之一。

（3）出口配额。即对某些商品的出口实行配额管理，从数量上限制出口。出口配额常与出口许可证结合使用。

（4）禁止出口和贸易禁运。禁止出口一般是一国对其战略物资或急需的国内短缺物资进行严格控制的主要手段。禁止出口没有特定目标，往往针对所以或大多数贸易国家且只涉及本国商品的出口并不限制进口。而贸易禁运则是一些国家为了制裁某个特定国家而实行的贸易控制措施，所禁运的不仅是出口，同时还禁止从这些国家进口。

任务讨论

请分析，近年来我国出口信贷和出口信贷国家担保措施的实施情况有何变化？

参考网站：中华人民共和国商务部网站：http：//www. mofcom. gov. cn

中国政府网：http：//www. gov. cn

任务小结

本章主要介绍了关税壁垒措施、非关税壁垒措施与出口管理措施。关税是出口商品通过一国关境时，由该国政府设置的海关对进出口商品所征收的一种税。关税的作用有：增加政府收入、保护国内市场、保护本国幼稚工业、调节产业结构以及调节进出口贸易平衡。与其他税收相比，关税有其自身的特点。按照不同的标准，关税有不同的分类。

非关税壁垒是指除关税措施以外的一切限制进口的措施。它的特点有：灵活性和针对性；隐蔽性和歧视性；限制进口的有效性。本章介绍了一些普遍存在的非关税壁垒。

许多国家还采取各种鼓励出口的措施扩大商品的出口。在鼓励出口方面，各国通常采取的措施包括出口信贷、出口信贷国家担保制、出口补贴、商品倾销、外汇倾销等。此外，一国出于政治、军事和经济及履行联合国决议的目的，对某些商品实行管制、限制或禁止出口。

任务检测

一、单项选择题

1. 关税是进出口商品经过一国（　　）时，由政府所设置的海关向其进出口商所征收的税收。

A. 关境　　B. 国境　　C 领土　　D. 领域

2. 进口国海关对进口的外国商品在征收进口关税之外，出于某种特定的目的而额外征收的关税，称为（　　）。

A. 出口税　　B. 进口附加税　　C. 差价税　　D. 特惠税

3. 与关税壁垒相比，非关税壁垒具有很强的（　　），因而日渐成为各国尤其是发达国家政府干预对外贸易的重要政策工具。

A. 灵活性　　B. 有效性　　C. 隐蔽性　　D. 歧视性

4. 进出口许可制度是一种（　　）的措施。

A. 非关税壁垒　　B. 鼓励出口　　C. 政府管制　　D. 海关统计

5. 关税配额属于（　　）的一种形式。

A. 进口配额制　　B. 自动出口配额制

C. 直接非关税壁垒　　D. 间接非关税壁垒

6. 外汇管制属于（　　）。

A. 关税壁垒措施　　B. 非关税壁垒措施

C. 直接非关税壁垒　　D. 间接非关税壁垒

7. 绿色贸易壁垒是指对进口商品的（　　）提出更高要求。

A. 技术质量标准　　B. 环境保护标准

C. 数量标准　　D. 包装标准

8. 垄断企业利用本国货币对外贬值，以争夺国外市场的一种特殊手段，被称为（　　）。

A. 商品倾销　　B. 外汇倾销　　C. 出口信贷　　D. 出口补贴

9. 出口补贴的方式分为（　　）。

A. 直接补贴和间接补贴　　B. 国家补贴和个人补贴

C. 现金补贴和商品补贴　　D. 数量补贴和质量补贴

二、多项选择题

1. 商品倾销按照具体目的和时间的不同可分为以下几种方式（　　）。

A. 季节性倾销　　B. 偶然性倾销　　C. 掠夺性倾销　　D. 持续性倾销

2. 按照征税的一般方法，关税可分为（　　）。

A. 从量税　　B. 从价税　　C. 混合税　　D. 选择税

3. 外汇管制是一国政府通过法令对国际结算和外汇买卖实行限制来平衡国际收支和维持本国货币汇价的一种制度。按照外汇管制对进口的限制方式，可分为（　　）。

A. 数量性外汇管制　　B. 收益性外汇管制

C. 成本性外汇管制　　D. 混合性外汇管制

4. 进口配额可分为（　　）。

A. 绝对配额　　B. 全球配额　　C. 相对配额　　D. 关税配额

5. 出口管制的形式可分为（　　）。

A. 单边出口管制　B. 多边出口管制　C. 协商出口管制　D. 自拟出口管制

6. 下列哪些措施属于出口管制措施（　　）。

A. 商品倾销　　B. 出口许可证　　C. 出口配额　　D. 贸易禁运

三、简答题

1. 2011 年中国平均关税 9.8%。其中，农产品平均税率 15.2%；工业品平均税率 8.9%。以上所说的税率指的是那种进口关税？与普通税有何区别？

2. 如牙买加某产品出口至英国，该产品 80%以上的价值是由巴拿马和法国的原料和配件构成，是否能享受欧盟的特惠税？为什么？

3. 外汇管制有几种？它如何起到限制进口的作用？

4. 什么是商品倾销？倾销获得成功必须具备哪些条件？

5. 什么是出口信贷？出口信贷的主要特点是什么？

四、技能实训

【资料 1】

西班牙的埃尔切市被誉为欧洲鞋都。埃尔切市温州鞋城是当地非常著名的鞋类批发市场，是温州鞋走向欧洲市场的一个最重要集散地。2004 年 9 月 17 日近千名当地鞋商和鞋厂工人未经当地政府批准有组织地聚集在鞋城，高呼："我们要吃饭！中国人滚出去！"等口号，冲到仓库门口，放火烧鞋，并阻止当地消防车救火，致使大火烧毁了整个仓库，大规模的反华商抗议游行示威。从 2001 年开始，温州鞋商共遭遇过 4 次大规模打击，损失几千万美元。

【要求】

分析以上案例属于哪一类贸易壁垒？如何解决该问题？

【资料 2】

现有一批进口到美国的薄荷脑数量为 150 磅，美国对进口薄荷脑征收的最惠国税为每磅 17 美分。

【要求】

请问这是哪种征收方法，并计算此批货物应征收多少关税？

中国遭遇涉案金额最大的一次贸易救济调查

2010 年 6 月 30 日，欧委会对中国数据卡（又称无线宽域网络调制解调器，Wireless Wide Area Networking Modems）发起反倾销和保障措施调查。9 月 16 日，欧委会又对该产品发起反补贴调查。该案是欧盟首次对中国出口的同一产品同时进行反倾销、反补贴和保障措施三种调查，涉及中国企业出口额约 41 亿美元。这是迄今中国遭遇涉案金额最大的贸易救济调查。

商务部新闻发言人姚坚就此发表谈话表示，欧盟对中国同一产品同时进行反倾销、反补贴、保障措施调查，这种做法在世界贸易组织各成员贸易救济实践中极为罕见，中国公众和业界对此强烈不满，中方对此表示严重关切。

姚坚指出，数据卡属不断更新换代的高科技产品，中国产品促进了技术进步并创造了新的市场，也给欧盟消费者带来了实际利益。但是，欧盟仅为保护某一成员国中一家企业的利益，而滥用贸易救济措施。这种做法不仅会扰乱正常的贸易秩序，损害欧盟各成员国广大消费者的利益，而且与中欧全面战略伙伴关系和日益加深的经贸友好合作现实背道而驰。希望欧盟尊重相关法律和事实，履行其成员国首脑做出的反对贸易保护主义承诺，避免采取伤害中欧经贸关系和欧盟自身经济的做法。中方保留在世贸组织规则框架内采取措施的权利。

项目三　国际贸易体制

【知识目标】

1. 了解世界贸易组织（WTO）的宗旨与原则与组织机构；
2. 了解中国与世贸组织的关系；
3. 熟悉国际贸易条约与协定基本原则；
4. 了解区域经济一体化的组织形式；
5. 掌握关税同盟理论。

【能力目标】

1. 能够理解贸易条约与协定的主要内容，能与相关贸易条约与协定进行比较分析；
2. 能够运用世贸组织的原则分析一般贸易纠纷；
3. 能够区分区域经济一体化的不同形式；
4. 能够理解区域经济一体化对当代国际经贸的影响。

任务一　国际贸易条约与协定

中国成为智利最大贸易出口国

2004 年 11 月，中智两国正式启动了自由贸易谈判，并在五轮磋商后于 2005 年 11 月 18 日正式签订《中华人民共和国自由贸易协定》（以下简称中智自贸协定）。由此智利成为拉美国家中第一个和中国签订双边自由贸易协定的国家，中智自由贸易协定也是继中国—东盟自贸协定之后中国对外签署的第二个自贸协定。2006 年 10 月 1 日中智自贸协定开始实施。

中智自贸协定项下的智利给惠产品清单涉及范围广泛，包括 HS 编码 96 个章 7902 个子目项下的产品，从 2006 年 10 月 1 日起，智利对原产于我国的 5891 种产品、中国对原产于智利的 2806 种产品均实行零关税。自 2007 年 1 月 1 日起，中国对另外 1947 种原产于智利的产品实行零关税。

智利国家海关总局 2008 年 1 月公布的统计数据显示，2007 年中国超越美国成为智利最大的贸易出口国。数据显示，2007 年智利出口总额为 654.84 亿美元，同比增长

14.7%，其中对中国的出口额达到101.72亿美元，占出口总额的15.5%。此外，中国还超越阿根廷和巴西，成为仅次于美国的对智利出口最多的国家。铜、葡萄酒和水果是智利对中国出口的主要产品。智利企业界人士普遍认为，2006年生效的中智自贸协定是两国贸易迅速增长的主要原因。

智利2011年1月9日公布外贸统计数据表明，中国仍保持智利主要出口贸易对象国地位，2010年智利向中国出口贸易额达到165.41亿美元，同比增长39%，占智利出口贸易总额的24%。2010年智利对外贸易总额为1241.21美元，比2009年增长34%。其中出口贸易额达696.22亿美元，同比增长30%，创下历史最高水平。智利出口贸易的92%面向与其有贸易合作协定协议的国家、经济体或地区。

中国与智利签署的自由贸易协定是中国签署的第一个国家间双边自由贸易协定。中智自贸协定不断加强两国企业联系和双边贸易一路走高，经济合作持续深化，政治关系日益密切，充分展现了自由贸易的显著成效，实现了互利共赢、共同发展。

知识引导

贸易条约与协定的发展由来已久，随着国际贸易的发展，贸易条约与协定不仅在数量上大大增加，在内容上也越来越复杂，并且已成为各国加强同外界联系，扩大贸易的重要途径。

一、贸易条约与协定的概念

贸易条约与协定（Commercial Treaty and Agreement），是两个或两个以上的主权国家为确定彼此的经济关系，特别是贸易关系方面的权利和义务而缔结的书面协议。

贸易条约与协定早在资本主义以前就有，随着资本主义生产方式的诞生，国际贸易的发展，贸易条约与协定又增添了新的内容。贸易条约与协定按照参加国家的多少，可分为双边和多边贸易条约与协定两种。

贸易条约与协定是国际条约与协定的一种，是国家间经济贸易往来的法律文件形式和法律依据之一。从历史上看，最初的贸易条约与协定是用来调整缔约国之间关于自然人与法人相互来往的贸易关系问题，随着资本主义的发展和各国间经济关系的加强，在贸易条约与协定中，一般将缔约国政府本身的相互经济与贸易关系作为主要内容。

二、贸易条约与协定的法律原则

贸易条约与协定所适用的法律待遇条款通常是指最惠国待遇条款和国民待遇条款。

（一）最惠国待遇原则（Most-Favored Nation Treatment）

最惠国待遇条款是贸易条约与协议中的一项重要条款。它是指缔约国一方现在和

将来所给予任何第三国的一切特权、优惠和豁免，同样给予缔约国另一方。它的基本要求是缔约国一方在缔约国另一方享有不低于任何第三国享有的待遇。

最惠国待遇的形式有两种：有条件和无条件的最惠国待遇；有条件的最惠国待遇是指如果一方给予第三国的优惠待遇是有条件的，则要求另一方必须提供同样的补偿才能享受这种待遇。由于它是首先被美国所采用，故又称美洲式的最惠国待遇。无条件的最惠国待遇是指缔约国一方现在和将来给予任何第三方的一切优惠待遇，立即无条件地、自动地、无补偿地适用于对方。由于它是首先在英国采用，故又称为欧洲式最惠国待遇。现在的国际贸易条约与协定一般多采用无条件的最惠国待遇。

最惠国待遇的适用范围很广，通常包括以下几个方面：一是有关进口、出口、过境商品的关税及其他各种捐税；二是有关商品进口、出口、过境、过仓和换船方面的海关规则、手续费和费用；三是进口、出门许可证的发给及其他限制措施；四是船舶驶入、驶出和停泊的各种税收、费用和手续；五是关于移民、投资、商标、专利有铁路运输方面的待遇。最惠国待遇最主要的适用对象是进出口商品的关税待遇。

（二）国民待遇条款（National Treatment）

国民待遇条款是法律待遇条款的一种。它的基本含义是：缔约国的一方根据条约的规定，应将本国公民享有的权利和优惠扩及缔约国对方在本国境内的公民。根据国民待遇原则，缔约国一方的公民在缔约国另一方可以享有与该国公民同样的待遇。

国民待遇条款一般适用于外国公民的私人经济权利、外国产品所应缴纳的国内捐税、利用铁路运输和转口过境的条件、船舶在港口的待遇、商标注册、著作权发表及发明专利权的保护等。但是，国民待遇条款的适用也是有一定范围的，并不是将本国公民所享有的一切权利都包括在内。例如，沿海航行权、领海捕鱼权、购买土地权等，通常都不包括在国民待遇条款的范围之内。

（三）互惠待遇条款（Reciprocally Treatment）

互惠待遇条款是法律待遇条款的一种。其基本要求是：缔约国的双方根据协议相互给予对方的法人或自然人以对等的权利和待遇。这项原则不能单独使用，必须与其他特定的权利或制度的内容结合在一起，才能成为独立的单项条款。互惠待遇在现代国际贸易中被广泛使用，对于一国产品开拓海外市场，促进两国贸易关系，维持两国贸易平衡，尤其是对于显示两国相互尊重的平等精神，保持长期的经济与贸易关系具有重要意义。

三、贸易条约与协定的种类

贸易条约与协定根据缔约国的多少可以分为双边和多边两种，由两个主权国家缔结的条约称为双边条约；由两个以上主权国家缔结的条约称为多边条约。从内容而言，贸易条约与协定有各种不同的名称，如贸易条约、贸易协定、贸易协定书、支付协定、贸易与支付协定、国际商品协定和销售公约等。

（一）贸易条约（Commercial Treaty）

贸易条约是全面规定缔约国之间经济和贸易关系的条约，如通商条约、友好通商条约、通商航海条约、友好通商航海条约等。贸易条约的内容比较广泛，主要涉及如关税的征收及海关通关手续、缔约国双方公民和企业在对方国家所享有的经济权利、船舶航行和港口使用、知识产权的保护、铁路运输、转口和过境、进口商品的国内捐税、进出口数量限制，以及仲裁裁决的执行等方面的问题。

这种条约一般由国家首脑或其特派的全权代表来签订，并经最高权力机关批准才能生效，其有效期也较长。

（二）贸易协定（Trade Agreement）

贸易协定是两国或几国之间调整它们相互的经济贸易关系的一种书面协议。贸易协定的主要内容通常包括：贸易额、双方出口货单、作价办法、使用的倾向、支付方式、关税优惠、最惠国待遇和国民待遇等。依据贸易协定有效期的长短，分为 5 年以上的长期贸易协定、1～3 年的短期贸易协定和 1 年之内的年度贸易协定。贸易协定既可由主权国家的行政首脑签订，也可由国家其他政府机构签订。

（三）贸易协定书（Trade Protocol）

贸易协定书是指缔约国就发展贸易关系中某项具体问题所达成的书面协议。贸易协定书对已经签订的贸易条约或贸易协定起着说明、补充、修改或限制的作用。有的成为贸易条约或贸易协定的附件。贸易协定书一般经有关行政部门代表签署即可生效。

（四）支付协定（Payment Agreement）

支付协定是缔约国之间关于贸易和其他方面债权、债务结算办法的一种书面协议。支付协定的主要内容包括：规定清算机构、开立清算账户、规定清算项目与范围、规定清算货币和清算方法，以及清算账户的差额处理等。

支付协定是外汇管制的产物。在实行外汇管制的条件下，一种货币往往不能自由兑换成另一种货币，对一国所拥有的债权不能用来抵偿对第三国的债务，结算只能在双边基础上进行，通过缔结支付协定来解决两国间的债权债务。这种支付清算协定有助于克服外汇短缺的困难，有利于双边贸易的发展。

1929—1933 年的世界经济危机发生后，签订支付协定的国家日益增多，其中绝大部分是双边支付协定。但自 1958 年以来，主要发达国家相继实行货币自由兑换，放松外汇管制，双边支付清算逐渐为多边现汇支付结算所代替，已不再需要签订支付清算协定。至于一些仍然实行外汇管制的发展中国家，有时还需要通过支付协定来清算对外的债权和债务。

（五）国际商品协定（International Commodity Agreement）

国际商品协定是指某项商品的主要出口国和进口国之间为了稳定该项商品价格和保证供销等目的所缔结的政府间的多边协定。

国际商品协定的主要对象是发展中国家的初级产品，主要通过经济条约来稳定价格。由于初级产品的价格受世界市场行情变化的影响较大，与工业制成品价格相比极其不稳定，因此，一些发展中国家希望通过这种协定使初级产品价格保持相对稳定，以避免因价格波动幅度过大带来的损失。

国际商品协定主要有以下几种形式：

1. 多边合同

指由商品的主要出口国与若干个主要进口国之间签订的确定其在一段时期内保持稳定的买卖关系的长期购销合同。在这种形式的协定中，规定该项购销商品的最高价格和最低价格以及商品的配额。当市场价格超过了该项商品的最高价格时，出口国仍要按规定的最高价格向进口国供应配额内的商品；当市场价格低于该项商品的最低价格时，在规定配额内，进口国仍要按最低价格向出口国购买该项商品。属于这种形式的协定有《国际小麦协定》。

2. 出口限额

指以出口配额方式，通过对某项商品的出口数量限制来稳定商品的市场供应量，维持商品价格的协定。属于这种形式的协定有《国际糖协定》等。

3. 缓冲存储

指根据协定而建立的缓冲存储机构，存储物包括该项商品和现金。在这种协定中，对协定项下的商品规定最高限价和最低限价：当市场价格上涨超过其最高限价时，在市场上抛售缓冲存储的商品，使价格稳定；当市场价格下跌到最低限价以下时，利用缓冲存储中的现金在市场上收购商品，使价格稳定。属于这种形式的协定有《国际咖啡协定》。

任务二　世界贸易组织

情境案例3-2

中国运用世贸组织争端解决机制解决贸易纠纷

2010年4月8日，中国政府通过常驻世贸组织代表团致函世贸组织争端解决机构（DSB）主席，就中国诉欧盟对华皮鞋反倾销措施案提起设立专家组请求，正式启动世贸组织争端解决专家组审理程序。

2月4日，中方就此案提起世贸组织争端解决机制项下的磋商请求。3月31日，中欧双方进行了磋商，但磋商未能解决中方请求。

商务部条法司有关负责人指出，欧盟反倾销法存在针对中国的歧视性规定，欧盟对中国皮鞋的反倾销调查和裁决缺乏公正性和透明度，违反了世贸组织相关规则，损害了中国企业的合法权益。并且，欧盟对其制鞋业已经进行了长达14年的贸易保护，目前欧盟制鞋业并不存在受损情形，延长反倾销措施不会使欧盟制鞋业受益，只会损害欧盟消费者的利益。

中国政府在多双边场合多次与欧方交涉，并与欧方进行了世贸组织争端解决机制项下的磋商，但均未解决。因此，中方要求世贸组织设立专家组审理此案，坚决维护中国企业的合法权益。同时，中方希望欧盟能够重视中方请求，本着诚意解决争端，早日恢复皮鞋自由贸易。

案例点评

中国作为WTO的成员方，坚持执行WTO的市场准入、公平竞争的原则，但是任何成员对中国出口产品实行歧视性反倾销措施，中国有权提出反倾销起诉，并有权通过WTO争端解决机构立案解决争端。中国加入WTO，意味着必须执行WTO的基本规则，承担WTO成员的各方面的义务，同时也享有各方面的权利。我们要想在对外开放中趋利避害，立于不败之地，就必须全面了解和把握WTO的基本规则，并学会运用WTO的基本规则维护我国的权益。

知识引导

世界贸易组织（World Trade Organization，WTO）的前身——关税与贸易总协定（General Agreement on tariff and Trade，GATT）是1947年10月30日由23个国家在日内瓦签订的一项关于关税与贸易规划的多边国际条约，它是当今世界涉及范围最广、影响最大的多边贸易协定，对世界经济贸易的发展起着非常重要的作用。

一、关税与贸易总协定

关税与贸易总协定（General Agreement on Tariff and Trade，GATT），简称关贸总协定或总协定，是第二次世界大战后美国从自身经济利益出发，联合23个国家于1947年10月30日在日内瓦签订，并于1948年1月1日正式生效的一个临时性协定，是关于调整和规范缔约国之间关税水平和经贸关系方面相互权利和义务的多边国际协定。是世界贸易组织（WTO）成立之前，唯一协调和处理国家和地区间关税与贸易政策的多边协定。

关税与贸易总协定的宗旨；就是要通过多边贸易谈判，达成互惠互利的协议，逐步降低关税并消除各种贸易壁垒，取消国际贸易中的歧视待遇，实现国际贸易自由化，扩大世界资源的充分利用以及发展商品的生产与交换，保证充分就业、保证

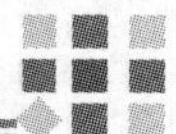

实际收入和有效需求的巨大持续增长，达到提高生活水平，加速世界经济发展的目的。

关贸总协定总部设在瑞士日内瓦，其组织机构主要有缔约国大会、代表理事会、委员会、工作组和专门小组、18国咨询组、总干事和秘书处。

关贸总协定从1948年1月1日开始实施到1995年12月31日正式退出历史舞台，共存续了48年。在这期间，关贸总协定的内容和活动领域不断发展扩大，缔约方不断增多，在国际贸易领域中发挥日益加强的作用，主要表现在以下几个方面：

（1）促进了国际贸易的自由化发展。

（2）缓解了各缔约方之间的贸易摩擦和矛盾。

（3）建立了一套指导缔约方国际贸易行为的贸易准则。

（4）为发展中国家对外贸易的开展提供了一定的有利条件。

拓展阅读

自关贸总协定生效以来，共组织了八轮多边贸易谈判（又称回合）。这八个回合的贸易谈判取得了丰硕成果（见表3-1）。前五个回合的谈判都把关税减让作为主要议题，使关税水平大幅下降。20世纪60年代进行的肯尼迪回合谈判加进了反倾销的新内容。70年代进行的东京回合谈判达成了一系列限制非关税壁垒的协议。1986年开始的乌拉圭回合谈判，是关贸总协定有史以来历时最长、参加方最多、谈判议题最广、难度最大的一次多边贸易谈判。其谈判范围涉及了三项新内容，即服务贸易、知识产权以及与贸易有关的投资，并最终达成45项协议，其中一项便是关于建立世界贸组织（WTO）的协议。

表3-1　　关贸总协定历次多边贸易谈判及成果一览表

名称	起止时间	参加国家和地区数	谈判议题	谈判主要成果
第1轮日内瓦回合	1947.4～10	23	关税减让	达成双边关税减让协议123项，涉及商品税目45000项，应征税进口值的54%的商品平均降低关税35%
第2轮安纳西回合	1948.8～10	33	关税减让	达成双边关税减让协议147项，增加关税减让项目5000项，应征税进口值的5.6%的商品平均降低关税35%
第3轮托奎回合	1950.8～1951.4	39	关税减让	达成双边关税减让协议150项，涉及关税减让项目8700项，应征税进口值的11.7%的商品平均降低关税26%

续 表

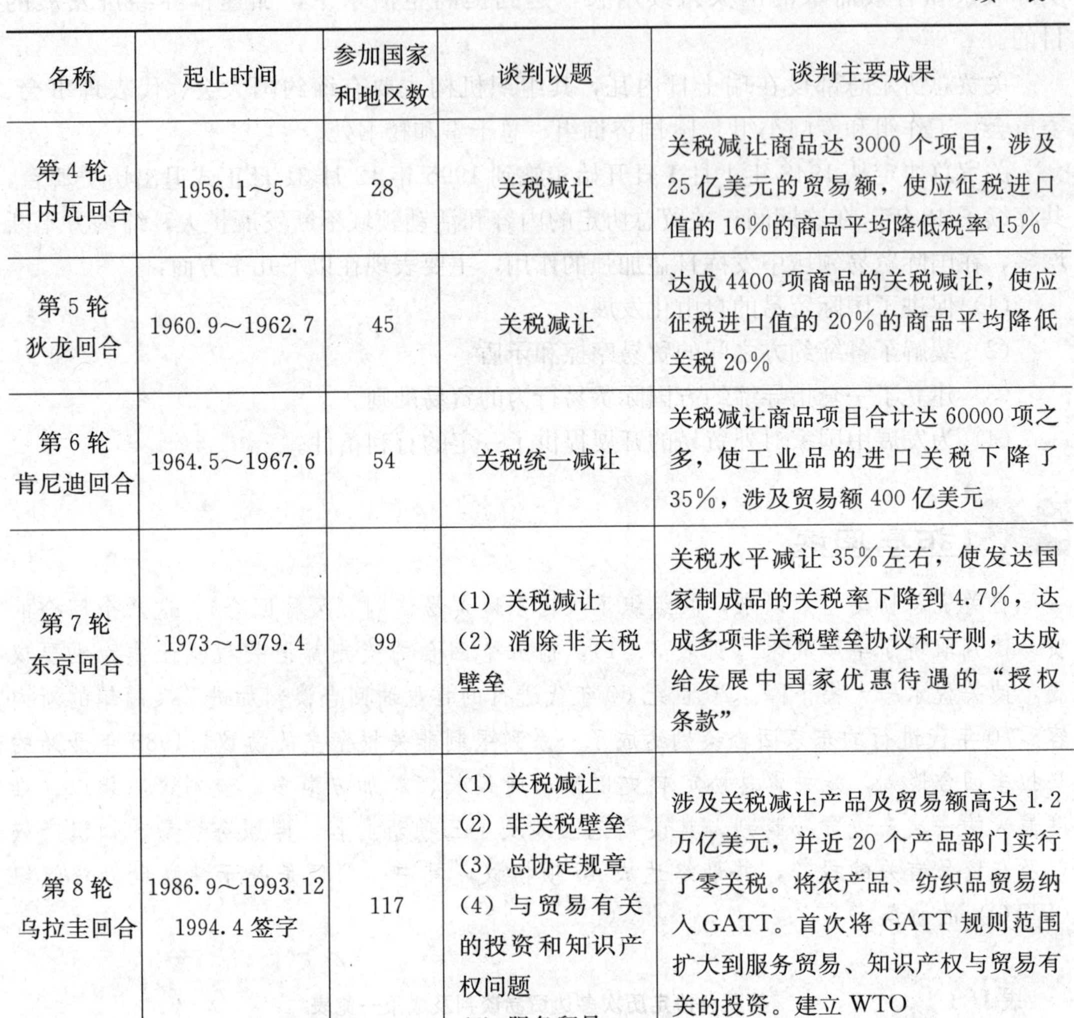

名称	起止时间	参加国家和地区数	谈判议题	谈判主要成果
第4轮 日内瓦回合	1956.1～5	28	关税减让	关税减让商品达3000个项目，涉及25亿美元的贸易额，使应征税进口值的16%的商品平均降低税率15%
第5轮 狄龙回合	1960.9～1962.7	45	关税减让	达成4400项商品的关税减让，使应征税进口值的20%的商品平均降低关税20%
第6轮 肯尼迪回合	1964.5～1967.6	54	关税统一减让	关税减让商品项目合计达60000项之多，使工业品的进口关税下降了35%，涉及贸易额400亿美元
第7轮 东京回合	1973～1979.4	99	(1) 关税减让 (2) 消除非关税壁垒	关税水平减让35%左右，使发达国家制成品的关税率下降到4.7%，达成多项非关税壁垒协议和守则，达成给发展中国家优惠待遇的“授权条款”
第8轮 乌拉圭回合	1986.9～1993.12 1994.4签字	117	(1) 关税减让 (2) 非关税壁垒 (3) 总协定规章 (4) 与贸易有关的投资和知识产权问题 (5) 服务贸易	涉及关税减让产品及贸易额高达1.2万亿美元，并近20个产品部门实行了零关税。将农产品、纺织品贸易纳入GATT。首次将GATT规则范围扩大到服务贸易、知识产权与贸易有关的投资。建立WTO

由于关税与贸易总协定产生背景的特殊性，在其发展过程中不可避免地存在着种种的局限性，而这些局限性随着国际经济的不断发展而日益突显且难以克服，已经无法适应世界经济的发展，因此这个临时性国际贸易组织最终被世界贸易组织（WTO）所取代。

二、世界贸易组织

世界贸易组织（World Trade Organization，WTO），是一个在全球范围内倡导自由贸易、协调各国的对外贸易政策、规范各国的对外贸易行为、协助解决国际贸易摩擦的全球性多边贸易组织。世界贸易组织成立于1995年1月1日，前身是关税与贸易总协定（GATT），总部在瑞士日内瓦。WTO是世界上最大的多边贸易组织，截至2011年12月20日，世界贸易组织共有157个成员，其成员间的贸易额占世界贸易额

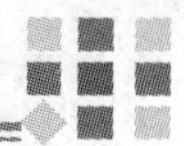

的绝大多数，被誉为真正意义上的经济联合国。世界贸易组织，世界银行与国际货币基金组织被称为当今世界经济体制的“三大支柱”。

（一）世界贸易组织主要特点

世界贸易组织是在关贸总协定的基础上建立并形成的一整套较为完备的国际经济贸易法律规则，与关贸总协定相比，具有以下几个特点：

1. 世界贸易组织协定具有法律权威性

关贸总协定与世贸组织协定都是国际多边协定，但在法律程序和依据上有所不同。关贸总协定是通过行政程序，由相关国的行政部门签订的一项临时性协定，并未经过其签字国立法机构的批准。从法律的角度上是不完整的，而世贸协定则要求各国代表在草签后，还须通过立法程序，经本国立法机构批准，才能生效，因而使该协定更具完整性和权威性。

2. 世界贸易组织的机构具有正式性

关贸总协定最初并不是一个组织，也没有常设机构，到1960年才有代表理事会，并陆续设立了其他有关机构。至今学术界仍有一种观点，认为它并非一个正式的国际经济组织，甚至关贸总协定的小册子也写明：“关贸总协定是由一个临时委员会管理的多边条约”。根据联合国宪章第57、第63条，关贸总协定不是联合国的专门机构，只是一个联系机构。世界贸易组织成立，改变了关贸总协定临时适用和非正式的状况，建立起完善的整套组织机构，成为具有法人地位的正式国际经济组织。在法律地位上，它与国际货币基金组织、世界银行具有同等地位。

3. 世界贸易组织管辖范围具有广泛性

关贸总协定只处理货物贸易问题；世界贸易组织不仅要处理货物贸易问题，还要处理服务贸易、知识产权保护、投资措施等领域的问题，其协调与监督范围远远大于关贸总协定。

4. 与相关的国际经济组织决策的一致性

世界贸易组织、国际货币基金组织和世界银行成为维护世界经济运行的三大支柱，世贸组织与这两个国际组织在决策方面加强合作和协调，以保障全球经济决策的一致性，为国际经济和贸易的发展创造更为有利的条件。

（二）世界贸易组织的宗旨和基本原则

世界贸易组织的宗旨是：提高生活水平，保证充分就业，大幅度稳步地提高实际收入和有效需求；扩大货物、服务的生产和贸易；坚持走可持续发展之路，各成员应促进对世界资源的最优利用、保护和维护环境，并以符合不同经济发展水平下各成员需要的方式，加强采取各种相应的措施；积极努力以确保发展中国家，尤其是最不发达国家，在国际贸易增长中获得与其经济发展水平相应的份额和利益。

确保实现上述宗旨，世贸组织制定了许多具体的规则，这些规则体现了以下原则：

1. 非歧视原则

非歧视原则要求每个缔约方必须平等地对待其他缔约方的贸易。一个缔约方不论实行限制性措施还是取消限制性措施，不能只适用于个别缔约方，而必须适用于所有缔约方。

2. 贸易自由化原则

贸易自由化原则旨在限制和取消一切阻碍国际贸易开展与进行的障碍。原则通过关税减让和一般取消进口数量限制等非关税措施，来消除国际贸易中的障碍，实现贸易自由化。

3. 公平竞争贸易原则

世界贸易组织认为，各国在国际贸易中不应该采用不公正的贸易手段进行竞争，尤其是不应该以倾销或补贴的方式出口本国的商品。进口国如果遇到其他国家的商品倾销或出口补贴，就可以采取反倾销和反补贴的措施，以限制不公平竞争与贸易行为。

4. 透明度原则

各缔约方有关贸易的法规和政策要公布于世，并事先公布，接受检查。透明度原则的内容有：海关对产品的分类与估价的规定，关税和其他费用的规定，对进口货款支付限制的规定，影响进出口货物的销售、分配、运输、保险、仓储、检验、展览、加工的规定，与其他缔约方达成的有关影响贸易的规定。

5. 市场准入原则

世界贸易组织市场准入原则是可见的和不断增长的，它要求各国开放市场有目的、有计划、有步骤、分阶段地实现最大限度的贸易自由化。市场准入原则的主要内容包括关税保护与减让，取消数量限制和透明度原则。世贸组织倡导最终取消一切贸易壁垒，包括关税和非关税壁垒，虽然关税壁垒目前仍然是世界贸易组织所允许的合法的保护手段，但是关税的水平必须是不断下降的。

6. 对发展中国家的优惠待遇原则

为了鼓励发展中国家的经济发展和经济改革，世界贸易组织给予发展中国家在关税减让、出口补贴、保障措施、服务贸易、农产品贸易等许多方面不同于发达国家要求的优惠待遇，发展中国家可以享受优惠待遇是其中突出的例子。

三、世界贸易组织的组织机构

为了执行其职能，世界贸易组织在瑞士日内瓦设立相应的组织机构，如图 3－1 所示。世界贸易组织的组织机构可归纳为以下几个部分。

（一）部长会议（Ministerial Conference）

是世界贸易组织的最高决策机构，非常设机构，由世贸组织成员方的部长组成，部长会议至少每两年举行一次会议，对国际贸易重大问题做出决策。

(二) 总理事会 (General Council)

是世贸组织的核心机构,负责在部长会议体会期间,代为行使各项职责,对世贸组织施行领导和管理职能。

(三) 秘书处 (Tile Secretariat)

秘书处由总理事会设立,以处理日常事务,其领导人由总理事会指派一名总干事担任。总干事的权限、任期等由总理事决定。

(四) 分理事会

总理事会下设三个分理事会:货物贸易理事会、服务贸易理事会、与贸易有关的知识产权理事会,分别履行不同的职责。

(五) 争端解决机构和贸易政策审议机构

争端解决机构(Dispute Settlement Body, DSB)和贸易政策审议机制(Trade Policy Review Mechanism, TPRM)均直接隶属于部长会议和总理事会。争端解决机构下设专家小组和上诉机构,负责处理成员方之间基于各有关协定、协议所产生的贸易争端;贸易政策审议机构负责定期审议各成员方的贸易政策、法律与实践,并做出指导。

(六) 专门委员会

部长会议下设专门委员会来分别负责处理相关事宜,已设立贸易与发展委员会、贸易与环境委员会、国际收支限制委员会以及预算财政和行政委员会等 10 多个专门委员会。

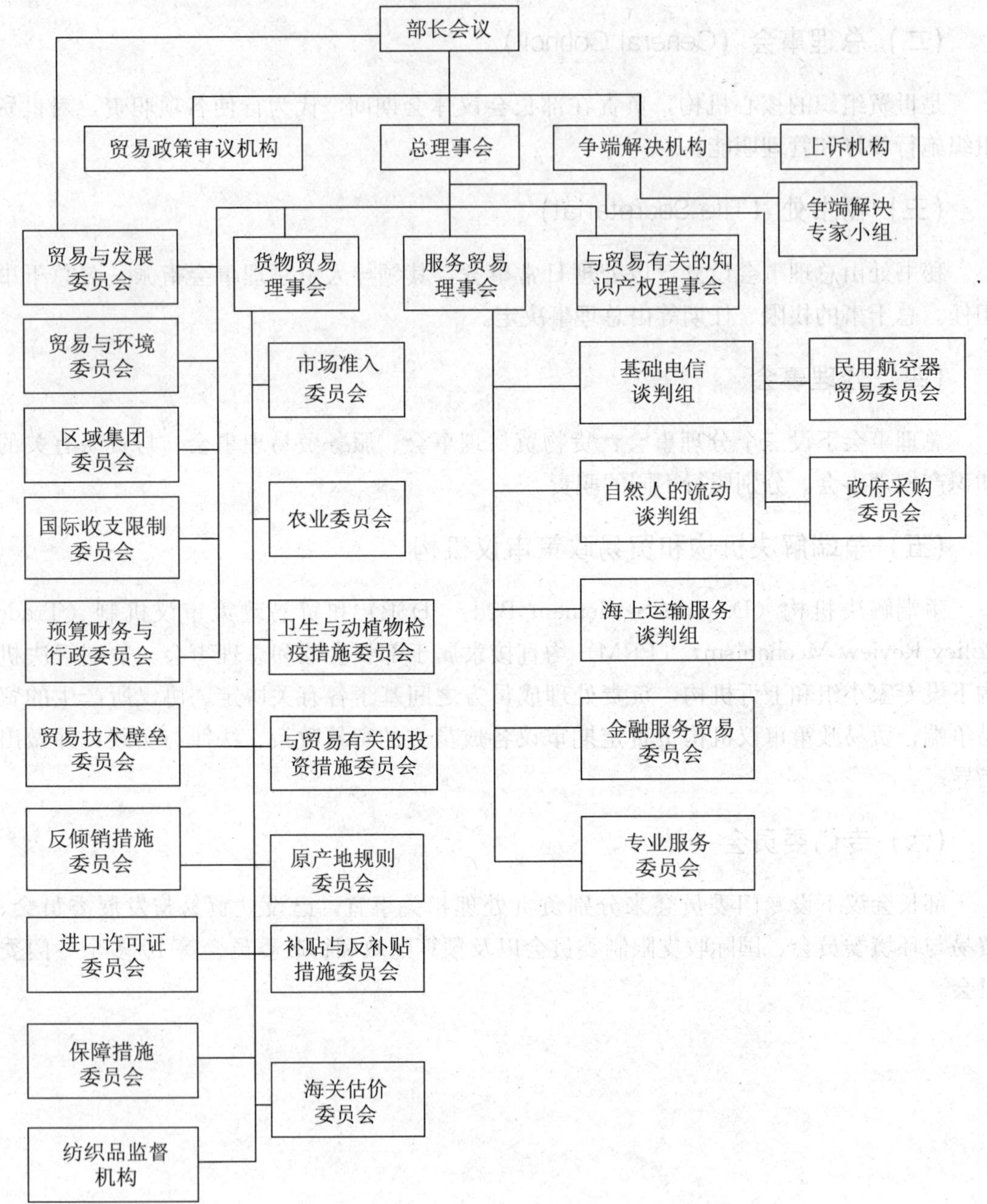

图 3-1 世界贸易组织的组织机构示意图

资料来源：龙永图．世界贸易组织知识读本［M］．北京：中国对外经济贸易出版社，1999.

四、世界贸易组织多边贸易谈判的新议题

除了既定的议题之外，在今后的多边谈判中 WTO 将涉及许多新的问题，包括贸易与环境、贸易与竞争政策、贸易与投资、贸易与劳工标准及电子商务。其中有些问题在“乌拉圭回合”之前就被提出，有些问题是最近几年才被提出的。

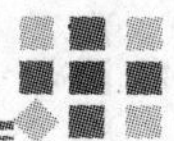

1. 贸易与环境

早在 1972 年 WTO 就对贸易与环境问题展开过讨论，但直到 20 世纪 80 年代后期，贸易与环境问题才再次引起人们的关注。

在国际贸易领域内，贸易与环境问题之间出现了激烈的冲突，其中主要的冲突表现在两个方面。一是发生在自由贸易主义者和环境保护主义者之间。前者认为贸易自由化能够促进经济增长，有利于对环境的保护；但后者认为贸易自由化是环境恶化的根源。二是发生在发达国家与发展中国家之间。发达国家的环境标准较高，环保技术先进，因而指责发展中国家。

2. 贸易与竞争政策

世界经济一体化程度不断加深的背景下，各国竞争政策上的冲突越来越激烈，竞争政策的差别，导致在一个国家的市场上，国内的产业比国外的同类产业更容易形成竞争优势。因为各国都是通过不同的竞争政策来扶持本国的战略性产业，并保护国内市场的。由于各国竞争政策的判定标准存在差异，导致各国间不断发生贸易纠纷。因此，竞争政策与贸易政策如何协调成为 WTO 讨论的一个新议题。

3. 多边投资框架

在关贸总协定的乌拉圭回合谈判中，达成了《与贸易有关的投资措施协议》，但是这个协议的内容只限于与贸易有关的投资措施。经济合作与发展组织的多边投资协议已经流产，目前已达成的一些双边投资协定涉及范围很有限。

4. 劳工标准

劳工标准和贸易的关系可以追溯到 19 世纪。国际劳工组织于 1919 年成立，标志着工人权益与贸易关系史的一个转折。第二次世界大战之后，这一问题才开始真正受到国际社会的关注。后来随着全球经济一体化进程的加快，发达国家强烈要求将劳工标准与贸易问题挂钩。

5. 电子商务

基于信息技术和互联网发展的电子商务是一个崭新的领域。在 1998 年第二届部长级会议上，通过了有关全球电子商务之宣言，规定从 1998 年起成员同意暂不对电子传输的商品征收关税，直到第五届部长级会议进一步达成协议。在电子商务这个新议题上，发达成员与发展中成员仍然存在分歧。

五、中国与世界贸易组织

（一）复关及加入 WTO 谈判的历史回顾

中国是关贸总协定 23 个创始缔约国之一。1948 年 4 月 21 日，当时的中国政府签署了《临时适用议定书》，同年 5 月 21 日，中国成为关贸总协定的原始缔约国。1950 年 3 月 6 日，中国台湾代表在未得到中国唯一合法政府中华人民共和国授权的情况下，擅自提交了退出关贸总协定的报告，经总协定的简单讨论，该“退出报告”于 1950 年 5 月 5 日生效。虽然中国指出这一退出决定是无效的。但由于受到当时国内外政治、经济环境的制约，我国未能及时提出恢复关贸总协定缔约国地位的申请。

自1978年我国实行改革开放政策以来，取得了巨大的成就，我国经济与世界经济联系日益密切，为加快实行改革开放政策，进一步发展国民经济的需要出发，中共中央于1986年作出了申请恢复我关贸总协定缔约国地位的决定。1986年3月，关贸总协定成立了“中国工作组”，开始中国的“复关”谈判。1995年1月，世界贸易组织成立，从当年7月起复关谈判转为加入WTO谈判。2001年11月10日，世界贸易组织第四届部长级会议在卡塔尔首都多哈召开，大会以全体协商一致的方式，审议并通过了中国加入世界贸易组织的决定，30天后，中国正式成为世界贸易组织的成员国，成为WTO的第143个成员。

(二) 中国入世后的权利和义务

1. 入世后享有的权利

(1) 全面参与多边贸易体制。加入WTO后，中国将充分享受正式成员的权利，全面参与WTO所有正式和非正式会议；全面参与各种贸易政策的审议和贸易规则的制定，敦促监督其他世贸组织成员履行多边义务，当其他WTO成员对中国采取反倾销、反补贴和保障措施时，可以在多边框架体制下进行双边磋商；充分利用WTO争端解决机制解决贸易争端；维护中国的经济利益，为中国产品和服务的出口创造更多机遇。

(2) 享受非歧视待遇，加入WTO后，我国将充分享受多边条件的最惠国待遇和国民待遇。现行双边贸易中受到的一些歧视性待遇政策被取消。

(3) 享受发展中国家权利，除了一般世贸组织成员所能享受的权利外，中国作为发展中国家还将享受世贸组织各项协定的特殊和差别待遇。在农业补贴、补贴与反补贴、保障措施、贸易争端及非关税贸易壁垒等方面享受特殊待遇，并且这些待遇是单方面的，中国无须作出任何对等回报。

(4) 获得市场开放和法规修改的过渡期。为了使我国相关产业在加放WTO后获得调整和适应的时间和缓冲期，并对有关的法律和法规进行必要的调整，经过谈判，WTO允许中国在开放市场和遵守规则方面获得过渡期。

(5) 保留国有贸易体制。保留了8种关系国计民生的产品的国有贸易专营权。这些产品分别是：粮食、棉花、植物油、食糖、原油、成品油、化肥和烟草。

(6) 保留了国家定价。通过谈判，保留了对重要的产品及服务实施国家定价和政府指导价的权利。实行国家定价的产品有；烟草、食盐、天然气、药品；实行政府指导价的产品：粮食、植物油、成品油、化肥、蚕茧和棉花；政府定价的公用事业包括：民用煤气、自来水、电力、热力和灌溉用水价格；政府定价的服务包括：邮电、旅游景点门票费、教育服务收费；政府指导价的服务包括：运输服务、专业服务、服务代理收费、银行结算、清算、住宅销售价格和租用费用和医疗服务收费。

除此以外，中国还享有保留征收出口关税、有条件开放服务贸易领域及对国内产业提供必要支持等权利。

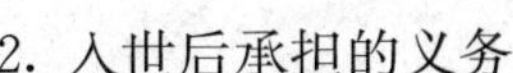

2. 入世后承担的义务

(1) 遵守世贸组织的基本原则。主要包括遵守非歧视原则、遵守贸易政策的透明度原则以及争端的多边解决原则等。

(2) 遵守 WTO 协定的具体规定。例如，对进口产品自裁反倾销税时必须遵守《反倾销协定》的规定和要求。

(3) 遵守中国加入 WTO 的承诺，履行入世承诺表。按照中国“入世”的承诺，要做到贸易政策的统一实施，为当事人提供司法审查的机会，逐步放开贸易权、接受过渡性审议等。在入世时，中国向世贸组织提交了入世承诺表，对中国入世后要履行的义务作出承诺，包括降低关税和方案和开放市场的时间及程度。对外开放的市场涉及电信、银行、汽车、保险、证券、音像、电影、农业、分销业等多个部门。

(4) 降低关税水平。中国加入世贸组织的首要任务是逐步地削减关税，直到降低到世贸组织对发展中国家的要求为止。2010 年，我国加入世贸组织的降税承诺全部履行完毕。

(5) 开放服务业和扩大知识产权保护。中国入世后应逐步放宽服务业的市场准入制度，允许国外服务业进入，实行与货物贸易一样的无歧视、无条件的最惠国待遇和透明度政策；同时完善有关知识产权方面的管理制度和法律法规，加强对知识产权的保护。

除此以外，中国还承担着撤销非关税措施、实现与贸易有关的投资措施自由化等义务。

拓展阅读

在中国加入世界贸易组织后，中国的外贸体制逐步与国际贸易规则接轨，建立起统一、开放、符合多边贸易规则的对外贸易制度。中国认真履行承诺的实际行动得到了世界贸易组织大多数成员的肯定。世界贸易组织所倡导的非歧视、透明度、公平竞争等基本原则已经融入中国的法律法规和有关制度。

加入世界贸易组织后，中国集中清理了 2300 多部法律法规和部门规章。新修订的法律法规减少和规范了行政许可程序，建立健全了贸易促进、贸易救济法律体系。根据世界贸易组织《与贸易有关的知识产权协议》，中国对与知识产权相关的法律法规和司法解释进行了修改，基本形成了体系完整、符合中国国情、与国际惯例接轨的保护知识产权法律法规体系。

中国进一步降低关税，外贸经营权全面放开。中国进口商品关税总水平从 2001 年的 15.3%降低到 2010 年的 9.8%。2010 年，国有企业、外商投资企业和民营企业进出口分别占中国进出口总额的 20.9%、53.8%和 25.3%。

进一步扩大服务市场开放。白皮书指出，在世界贸易组织服务贸易分类的 160 个分部门中，中国开放了 100 个，开放范围已经接近发达国家的平均水平。

任务讨论

2009年6月29日，美国国际贸易委员会（ITC）以中国轮胎扰乱美国市场为由，建议美国在当时实行的进口关税（3.4%～4.0%）的基础上，对中国输美乘用车与轻型卡车轮胎连续3年分别加征55%、45%和35%的从价特别关税。同年8月7日，美方对轮胎特保案进行了相关听证会，同年9月4日，美国贸易代表办公室向美国总统奥巴马提交了关于中国输美轮胎特保案的最后建议报告。

根据美方的调查程序，美国总统须于2009年9月17日前作出是否采取措施的最终决定。2009年11月，奥巴马决定对中国轮胎特保案实行限制关税，为期3年，第一年对从中国进口的轮胎加征35%关税，第二年加征30%，第三年加征25%。

随后，围绕“轮胎特保案”，中美双方在世界贸易组织框架体系下按照游戏规则进行了一系列的较量。不过，2010年12月13日，世界贸易组织仲裁委员会认为，美国国际贸易委员会提出在2004年至2008年间中国向美国出口轮胎数量迅速增加导致美国轮胎行业受到冲击的说法成立，并宣布美国对从中国进口的轮胎采取过渡性特保措施并未违反该组织规则，意味着中方第一轮的较量中暂告失败。

问题：从该案中你得到什么启示？试分析中国入世后面临的机遇和挑战？

任务三　区域经济一体化

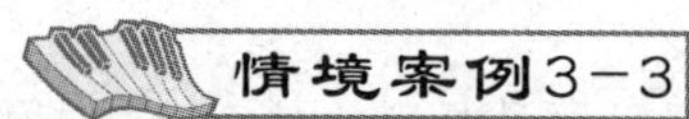

情境案例3-3

云南与东盟携手发展

中国—东盟自由贸易区自成立伊始，就为区域经济一体化乃至世界经济的可持续发展带来巨大机遇和希望，在引领和带动区域经济一体化建设方面产生显著的示范效应，对抵御全球经济风险起到了稳定器作用。两年来，尤其是2011年以来，云南省紧紧抓住建设中国对接东盟“桥头堡”重大历史机遇，在努力开拓东盟市场、优化出口商品结构、推动进出口市场多元化等方面取得突破性进展，实现了对东盟贸易又快又好发展。

据海关统计，2011年1～11月云南与东盟国家贸易额首次突破50亿美元，达到53亿美元。其中，出口33亿美元，同比增长25%；进口20亿美元，同比增长48%，超额完成2011年增长25%的目标任务。在对东盟贸易中，与缅甸、越南、老挝边境小额贸易累计进出口总额17.8亿美元，占全省对东盟贸易的34%。一般贸易对东盟国家进出口总额35.2亿美元，占全省对东盟贸易的66%。从发展增速来看，云南对泰国、马来西亚、菲律宾、越南等国的进出口增速居高，均在50%以上。在出口上，云南对柬

埔寨、印尼出口增速迅猛，在进口上，对菲律宾、泰国、越南、新加坡、马来西亚和老挝的进口增幅都超过了50%。

云南在与东盟各国的贸易往来中，与“老六国”（新加坡、文莱、马来西亚、印度尼西亚、菲律宾、泰国）旅游合作基础好，有利于带动发展服务贸易。近5年，云南出境游有80%集中在新加坡、马来西亚、泰国3国。同样，到云南旅游的东盟国家游客中又以“老六国”为主，占60%以上，旅游业的发展带动了交通、银行、餐饮、酒店、旅游商品等服务贸易的发展。

云南与“新四国”（缅甸、越南、老挝、柬埔寨）进出口贸易量大、商品互补性强。从“新四国”进口的商品有80%以上为资源性商品，出口到“新四国”的商品95%以上是国内产能过剩的小五金机电产品、纺织品和日用品，商品互补性较强。近年来，云南企业到周边国家开展外经项目逐年增多，项目主要涉及基础设施建设、技术服务等，与“新四国”的外经合作项目占全省外经项目的95%左右，在工程承包、劳务输出、技术服务等方面具有较强的竞争力。

案例点评

中国—东盟自由贸易区的启动，促进了云南省与东盟国家的经贸合作，区域间经贸领域的优势互补和互利合作。中国—东盟自贸区是一个双赢的制度性安排，在充分考虑协议各方经济发展水平和市场承受能力的基础上，通过扩大市场准入，消除贸易和投资的壁垒，实现双方对经济一体化效益的共享，进一步释放自贸区的发展潜力。自贸区作为区域经济一体化的最主要类型之一，提供了区域商务和贸易发展的更大机会，进一步缩小了不同国家之间的贫富差距，推动了跨境贸易和投资，对整个东亚经济的一体化建设是一个非常重要的契机。

知识引导

第二次世界大战以后，在世界经济领域出现了两种引人注目的趋势：一是在以世界贸易组织（WTO）为代表的全球多边经贸体制及其机制的作用下，国际间多边经贸关系的范围不断扩大、领域不断深化；二是以自由贸易协定为中心的区域经济一体化进程也在不断加快，进入到20世纪90年代以后出现了飞速发展。如今，区域经济一体化的浪潮对世界经济与国际贸易的影响越来越大，并在逐步改变了原有的国与国之间实行自由贸易或者保护贸易政策的形式，使自由贸易政策与保护贸易政策出现了相互整合的状况——集团内部贸易更加自由，在集团之外则形成一定的贸易壁垒。

一、区域经济一体的概述

(一) 经济一体化 (Economic Integration) 的含义有广义和狭义之分

广义经济一体化，即全球经济一体化，是指世界各国之间通过消除阻碍经济贸易发展的各种歧视，彼此相互开放，实现在全球范围内的互利互惠、协调发展和资源优化配置，最终形成一个经济上高度协调统一、相互联系、相互依赖的有机整体的过程。

狭义全球经济一体化，即区域经济一体化（Regional Economic Integration），指区域内两个或两个以上国家或地区，在一个由政府授权组成的并具有超国家性的共同机构下，通过制定统一的对内对外经济政策、财政与金融政策等，消除国别之间阻碍经济贸易发展的障碍，实现区域内互利互惠、协调发展和资源优化配置，最终形成一个政治经济高度协调统一的有机体的过程。在当今世界经济发展不平衡的现状下，实现全球经济一体化尚待时日，区域范畴内的经济一体化进程在不断发展壮大，影响和改变着世界经济和国际贸易的格局。因此本章所的内容采用经济一体化的狭义概念。

（二）区域经济一体化的形式

按照经济一体化的开放程度，由低到高可划分为：

1. 优惠贸易安排（Preferential Trade Arrangement）

优惠贸易安排是指成员国之间通过协定或其他形式，对全部或部分商品贸易规定较为优惠的关税待遇。这是区域经济一体化的最低级和最松散的形式。其代表是1932年形成的英联邦特惠制度、1967年建立的“东南亚国家联盟”、“中国—巴勒斯坦优惠关税安排”、《曼谷协定》等。

2. 自由贸易区（Free Trade Area）

自由贸易区是指两个或两个以上的国家（经济体）通过签订自由贸易协定，在自由贸易区内取消它们之间的关税和非关税贸易壁垒，使区域内各成员国间的商品可以自由流通，但各成员国仍保持独立的对非成员国的贸易壁垒。

自由贸易区的局限在于，它会引起贸易转移的问题，即出于避税的目的而使商品贸易正常的流向发生转移。如果没有其他措施的补充，第三国可以将货物先运进一体化组织中实行较低关税或贸易壁垒的成员国，然后再将货物转运到实行较高贸易壁垒的成员国出售。这避免这种商品流向的扭曲，自由贸易区一般会制定原产地规则，规定只有自由贸易区成员国的所谓原产地产品才能享受成员国之间给予的自由贸易待遇。而对于原产地产品的标准有明确规定：理论上，凡是制成品在成员国境内生产的价值额占到产品价值总额的50%以上时，该产品应视为原产地产品，而在现实中，原产地产品的标准在不同的自由贸易区中是不同，在同一个自由贸易区中对不同部门所生产的产品也有不同。通常，第三国进口商品越是与自由贸易成员国生产的产品相竞争，对成员国境内生产产品的价值含量标准要求越高。实质上，原产地规则的制定是自由贸易区对非成员国产品的某种排他性。

目前全球已经有240个自由贸易协定，如：1960年成立的欧洲自由贸易联盟、1994年建立的北美自由贸易区、2010年建立的中国—东盟自由贸易区。

3. 关税同盟（Customs Union）

关税同盟是指两个或两个以上的国家之间完全取消关税或其他壁垒，并建立起对非成员国产品统一的关税或其他贸易政策。关税同盟的主要特征是，成员国相互之间

不仅取消了贸易壁垒，实行自由贸易，还建立了共同的对外关税。共同的对外关税避免了自由贸易区需要以原产地规则作为补充，比自由贸易区具有更强的排他性。同时，关税同盟也使得成员国的“国家主权”出让给经济一体化组织的程度更多一些，一旦某个国家加入某个关税同盟，它就失去和自主关税的权利。

其典型代表有1958年建立的欧洲经济共同体。而1993年后，欧洲经济共同体升级为共同市场。

4. 共同市场（Common Market）

共同市场是指两个或两个以上的国家间完全取消关税与其他贸易壁垒，建立共同对外关税；在成员国之间实行商品自由流动，实现生产要素（劳动力、资本）的自由流动。共同市场相对于关税同盟来说一体化程度更高了。较典型的共同市场是1993年以后开始实施的“欧洲统一大市场”。

5. 经济联盟（Economic Union）

经济联盟是指两个或两个以上的国家之间通过达成某种协议，不仅要实现共同市场的目标，还要在共同市场的基础上实现成员国经济政策的协调。经济联盟的特点是，在实现成员国共同市场一体化的基础上，进一步协调成员国之间的经济、政治、社会政策，包括货币、财政、经济发展和社会福利政策，以及有关生产要素流动政策。经济联盟是经济一体化程度更高的一体化组织，拥有一个制定这些政策的超国家的共同机构。典型的经济联盟是“欧洲经济联盟”（EEC）。

6. 完全经济一体化（Complete Economic Integration）

完全经济一体化是指两个或两个以上的国家通过达成某种协议，成员之间在实现经济联盟的目标基础之上，还要进一步实现政治、外交、安全等方面的合作乃至完全的统一。完全经济一体化是最高级别的经济一体化组织。欧盟正朝着这一目标努力。自20世纪70年代以来，欧洲议会一直是由成员国公民直接选举的，并在欧盟中发挥着越来越重要的作用。表3-2为区域经济一体化的类型与特点。

表3-2　　区域经济一体化的类型与特点

类型	自由贸易	统一对外关税	生产要素流动	共同的经济政策（货币、财政等）	建立统一的超国家中央机构
自由贸易区	有	无	无	无	无
关税同盟	有	有	无	无	无
共同市场	有	有	有	无	无
经济同盟	有	有	有	有	无
完全经济一体化	有	有	有	有	有

二、区域经济一体化理论

随着区域经济一体化的迅猛发展，很多经济学家纷纷提出了多种理论和学说，来评述经济一体化所创造的经济效应，分析各国应怎样进行经济一体化合作。本节将着重介绍其中具有代表性的理论之一——关税同盟理论。

关税同盟理论认为，多个国家组成关税同盟后，可产生静态和动态的经济效应。静态效应是指假定经济总量不变、技术条件没有改进的情况下经济一体化对集团内国家贸易、经济发展及物质福利的影响；动态效应是指经济一体化对成员国贸易及经济增长的间接推动作用。

1. 静态效应

关税同盟静态效应是根据贸易创造效应、贸易转移效应和贸易扩大效应来衡量的。

（1）贸易创造效应

贸易创造效应由生产利得和消费利得构成。关税同盟成立后，在比较优势的基础上实行专业化分工。这样就会使资源的使用效率提高，并且生产效率得到提高，生产成本也会随之降低，最终扩大了生产所带来的利益；同时，通过专业化分工，使本国该项产品的消费支出减少，扩大了社会需求，结果使贸易量增加。贸易创造的结果是关税同盟国的社会福利水平提高。

（2）贸易转移效应

假定缔结关税同盟前关税同盟国不生产某种货物而采取自由贸易的立场，无税（或关税很低）地从世界上生产效率最高、成本最低的国家进口产品；关税同盟成立后，同盟成员国的该产品转由从同盟内生产效率最高的国家进口。如果同盟内生产效率最高的国家不是世界上生产效率最高的国家，则进口成本较同盟成立前增加，消费支出扩大，使同盟国的社会福利水平下降，这就是贸易转移效果。

贸易创造与贸易转移的根本差别在于缔结关税同盟前的情况不相同。同盟国在贸易创造情况下由于有保护关税的存在，各国所有的货物都是典型的不完全专业生产，因而在关税同盟缔结之后发生变化，在同盟国内实现专业化，自由贸易和贸易扩大，而与同盟外的关系则暂时没有变化。

（3）贸易扩大效果

成立关税同盟后，关税同盟国X货物的价格在贸易创造和贸易转移的情况下都要比成立前要低。这样，当关税同盟国X货物的需求弹性大于1时，则该国X货物需求会增加，并使其进口数量增加，这就是贸易扩大效果。

贸易创造效应和贸易转移效应是从生产力方面考察关税同盟的贸易影响，而贸易扩大效应则是从需求方面进行分析的。关税同盟无论是在贸易创造还是在贸易转移情况下，都存在使需求扩大的效应，从而都能产生扩大贸易的效果。因而，从这个意义上讲，关税同盟可以促进贸易的扩大，增加经济福利。

【资料卡】

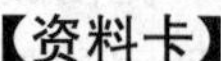

欧盟东扩的贸易创造效应和贸易转移效应

在入盟前的准备过程中，中东区国家就已逐渐获得了经济一体化带来的好处，并按照欧盟市场和消费需求调整产品结构和生产标准，再加上其拥有的地缘接近和文化差异小的优势，使其产品在欧盟市场上的竞争力已经明显高于经济发展水平，经济结构和资源禀赋等方面类似的其他发展中国家，尤其是包括中国在内的亚洲国家。

中东欧国家工业制成品对老欧盟的出口迅速增长，已经开始替代其他包括中国在内的发展中国家对欧盟市场的出口。不仅如此，欧盟东扩后来自于中东欧国家的竞争，还将导致洛美协定国在欧盟市场份额的下降，使已有的贸易转移效应更明显。

对欧盟而言，欧盟东扩造成的贸易转移效应大大小于贸易创造效应。但对于非欧盟国家而言，这种贸易转移效应的影响却是非常显著的；由于欧盟东扩导致的贸易创造效应和贸易转移效应，使欧盟的市场格局和贸易利益发生了偏重于中东欧国家的新变化。

2. 动态效果

(1) 刺激市场竞争。关税同盟的建立使成员国的市场竞争加剧，专业化分工向广度和深度拓展，使生产要素和资源更加优化配置。

(2) 获得规模经济效益。关税同盟成立后，成员国国内市场向统一的大市场转移，自由市场扩大，从而使成员国获专业与规模经济利益。

(3) 刺激投资。关税同盟的建立，市场的扩大，投资环境的大大改善，会吸引成员国厂商扩大投资，也能吸引非成员国的资本向同盟成员国转移。对同盟成员国而言，为提高货物竞争能力、改进货物品质、降低生产成本则需增加投资；对非成员国而言，为了获得消除关税的好处、突破同盟成员国的歧视性贸易措施，会以扩大投资方式提高自己厂商的竞争能力。

(4) 促进生产要素自由流动。关税同盟建立后，由于生产要素可在成员国间自由移动，因此市场趋于统一并且竞争加剧，投资规模扩大，从而促进了研究与开发的扩大，技术进一步的提高，加速了各成员国经济的发展。

(5) 促进技术进步。关税同盟建立后，市场扩大，竞争加剧，使得企业愿意投资于研究与开发活动，导致技术不断革新与进步。

三、区域经济一体化对国际贸易的影响

(一) 区域经济一体化促进了经济贸易集团内部贸易的增长

在不同层次的众多经济一体化集团中，通过消除关税和非关税贸易壁垒，使得商

品、技术、人员、资本等自由流动，从而大大加深区内成员国的相互依赖，促使成员国间的贸易迅速增长。20 世纪 50 年代至 70 年代，共同体内部贸易额占成员国贸易总额的比重从 30%提高至 50%。80 年代，欧共体工业生产增长了 20%，区内贸易额从 1982 年的 55%上升到 1988 年的 62%。1992 年欧洲统一大市场建成后，欧共体内部贸易的增长更快。其他的贸易集团也大致相同。

（二）促进了集团内部国际分工与合作，优化产业结构和资源配置

经济一体化创造了自由贸易区和共同市场，各国之间的生产要素得以在更大范围内自由流通、优化配置。促进了成员国之间分工和合作。同时由于竞争的加剧，促进了企业间的合作与兼并，从而加速了产业结构调整和国际分工的深化发展。

（三）增强和提高了经济贸易集团在世界贸易中的地位和谈判力量

经济联盟的形成，增强了成员国一致对外的力量，联合起来的区域集团的经济实力增强，以欧洲共同体为例，1958 年六个成员国工业生产不及美国的一半，出口贸易与美国相近。但到 1979 年时，欧洲共同体 9 国国内生产总值已达 23800 亿美元，超过了美国的 23480 亿美元，出口贸易额是美国的 2 倍以上。同时，在关贸总协定多边贸易谈判，欧共体以统一的声音同其他缔约方谈判，不仅大大增强了自己的谈判实力，也敢于同任何一个大国或贸易集团抗衡，达到维护自己贸易利益的目的。

（四）经济一体化对世界经济贸易产生一些消极的影响

由于经济一体化贸易集团的各种优惠措施仅适用于区域内的成员国，而对集团外的国家依然维持一定程度的贸易壁垒，体现出排他性的特征，从而影响了成员国与非成员国的贸易自由化；影响了发展中国家的经济贸易的发展。

四、主要区域经济一体化组织

在众多的区域经济一体化组织中，最有影响力的是欧洲联盟、北美自由贸易区和亚太经济合作组织。

（一）欧洲联盟（European Union，EU）

第二次世界大战后，西欧各国为了恢复经济以及出于政治上的考虑，法国、联邦德国、意大利、荷兰、比利时和卢森堡六国政府于 1951 年 4 月在法国巴黎签订了《欧洲煤钢联营条约》，建立了欧洲煤钢共同体。1957 年 3 月，六国又在意大利罗马签订了《建立欧洲经济共同体条约》和《建立欧洲原子能共同体条约》，这两个条约统称为《罗马条约》，欧洲经济共同体和欧洲原子能共同体成立。1965 年 4 月，六国又签订《布鲁塞尔条约》，决定将上述三个组织机构合并成欧洲共同体，即欧共体。1991 年 12 月，经过多次扩张的欧共体 12 国首脑在荷兰马斯特里赫特举行会议，并达成《欧洲经济货币联盟条约》和《欧洲政治联盟条约》，这两个条约统称为《欧洲联盟条约》，即

《马约》。1993年11月1日，《马约》正式生效，欧洲联盟正式成立。

无论是欧洲共同体还是欧洲联盟，其规模都一直在不断扩大。截至2009年1月，欧洲联盟经历了六次扩大，成为一个涵盖27个国家、总人口超过48亿、国民生产总值高达12万亿美元的当今世界上经济实力最强、一体化程度最高的国家联合体。

1979年，欧洲货币体系诞生，提出了建设欧洲货币单位、汇率机制和货币基金，这为欧共体实现货币一体化打下了基础，也是欧洲经济和货币联盟的开始。1999年1月1日，欧元电子货币正式启用。2002年1月1日，欧元纸币正式流通，欧元成为16个欧元区国家唯一的法定货币。欧元的成功发行使欧洲经济一体化迈向了更高的阶段。截至2011年1月1日，欧元区扩大至17国（新增六国为希腊、斯洛文尼亚、塞浦路斯、马耳他、斯洛伐克和爱沙尼亚）。

欧洲一体化的进程促进了欧盟国家经济的发展，1995年至2000年经济增速达3%。进入新千年以来，虽然受伊拉克战争和由美国次贷危机引发的全球金融危机的影响，欧盟经济发展时有起伏，但欧盟的经济总量已经超过美国居世界第一。是世界上最大的资本输出的国家集团和商品与服务出口的国家集团，再加上欧盟相对宽容的对外技术交流与发展合作政策，对世界其他地区的经济发展特别是包括中国在内的发展中国家至关重要。

（二）北美自由贸易区（North American Free Trade Area，NAFTA）

随着欧洲共同体的发展和日本经济的崛起，美国在国际经济中的优势也在逐渐丧失。1985年，美国和加拿大开始就建立自由贸易区进行谈判。1988年，美国、加拿大签署了《自由贸易协定》，该协定于1989年1月生效，美、加自由贸易区成立。1991年6月，美国、加拿大、墨西哥三国开始就建立自由贸易区进行谈判，并于同年12月签署了《北美自由贸易区协定》。该协定于1994年1月1日正式生效，北美自由贸易区宣布成立。北美自由贸易区开创了发达国家同发展中国家共同组建经济一体化组织的先例。

北美自由贸易区是典型的南北双方为共同发展与繁荣而组建的区域经济一体化组织，南北合作和大国主导是其最显著的特征。北美自由贸易区既有经济实力强大的发达国家美国，也有经济发展水平相对较低的发展中国家墨西哥，成员国的综合国力和市场成熟程度差距很大，经济上的互补性较强。各成员国在发挥各自比较优势的同时，通过自由的贸易和投资，推动区内产业结构的调整，促进区内发展中国家的经济发展，从而减少与发达国家的差距。

北美自由贸易区是在美国积极的倡导下建立的，其最终目的是为了在整个美洲建立自由贸易区。美国试图通过北美自由贸易区来主导整个美洲，一是为美国提供巨大的潜在市场，促进其经济的持续增长；二是有助于美国扩大其在亚太地区的势力，与欧洲争夺世界的主导权。1994年，美国在召开美洲首脑会议时，正式提出于2005年建立一个除古巴以外的所有美洲国家参与的美洲自由贸易区。2003年6月，智利第一个与美国签订《自由贸易协定》，此后美国又与多个南美国家签订《自由贸易协议》。但是巴西和阿根廷等国与美国在取消农业补贴、开放农产品市场等问题上有很大分歧，导致2004年在墨西哥举行的美洲自由贸易区谈判失败。

（三）亚太经济合作组织（Asia Pacific Economic Cooperation，APEC）

亚太经济合作组织的前身是太平洋经济合作会议，属于非官方组织。在经济一体化迅速发展的时代，太平洋经济合作会议这一民间组织已不能适应时代要求。1989 年，澳大利亚总理霍克提出召开亚太地区部长级会议，同年 11 月亚太经济合作组织第一届部长级会议在澳大利亚首都堪培拉举行，这标志着亚太经济合作组织的成立。1991 年在韩国汉城（自 2005 年 1 月 18 日起改称首尔）举行的第三届部长级会议通过了《汉城宣言》，确立了该组织的宗旨：相互依存、共同利益，坚持开放性多边贸易体制和减少区域间贸易壁垒。1993 年召开的第一次领导人非正式会议，是高官—部长级—首脑会议三级决策机制，并提出了 APEC 精神：开放、渐进、自愿、协商、发展、互利与共同利益。1994 年，在印度尼西亚茂物举行的第二次首脑非正式会议通过了《茂物宣言》，规定了发达国家最迟于 2010 年，发展中国家最迟于 2020 年在亚太地区实现贸易和投资自由化。

目前亚太经济合作组织的成员有 21 个，各成员国的经济发展水平和经济方式各不相同。该组织的各成员国是通过协商的方式达成共识，不具备采取共同行动的功能，实行开放性的区域政策。

除上述三个主要的区域经济一体化组织外，还有大量的经济一体化组织，如亚洲的东南亚国家联盟（即东盟）、南亚区域合作联盟、非洲的西非国家经济共同体、南美的南方共同市场等。

中国参与区域经济一体化情况

为顺应世界区域经济一体化迅猛发展的新形势，营造我国和平发展的良好外部环境，近年来我国积极参与区域经济合作，稳步发展自由贸易区（以下简称自贸区），取得了实质性进展。迄今，我国参与了亚太经合组织、亚欧会议、10+3 合作（即东盟十国+中日韩三国）、上海合作组织、大湄公河次区域合作、亚太贸易协定等区域合作机制活动，发挥了建设性作用。同时，我国商谈自贸区 12 个，包括我国内地与香港、澳门两个《更紧密经贸关系安排》、中国—东盟自贸区、中国—智利自贸区、中国—巴基斯坦自贸区、中国—新西兰自贸区、中国—新加坡自贸区、中国—海湾合作委员会自贸区、中国—澳大利亚自贸区、中国—冰岛自贸区、中国—秘鲁自贸区和中国—南部非洲关税同盟自贸区。这些自贸区涉及 29 个国家和地区，涵盖 2007 年我国对外贸易总额的四分之一。此外，还完成了与印度的区域贸易安排联合研究、与挪威的自贸区联合研究，正开展与韩国、哥斯达黎加等国的自贸区联合研究。

中国—东盟自贸区是我国同其他国家商谈的第一个自贸区，也是目前建成的最大的自贸区。其成员包括中国和东盟十国，涵盖 18.5 亿人口和 1400 万平方千米。东盟

是东南亚国家联盟（Association of Southeast Asian Nations，ASEAN）的简称，有10个成员国：文莱、印度尼西亚、马来西亚、菲律宾、新加坡、泰国、柬埔寨、老挝、缅甸和越南，其中，前6个国家加入东盟的时间比较早，是东盟的老成员，经济相对发达；后4个国家是东盟新成员。自20世纪90年代以来，我国与东盟的经济联系日益紧密，双边贸易持续攀升。目前，东盟是我国在发展中国家中最大的贸易伙伴，我国是东盟的第四大贸易伙伴。

2000年11月，我国时任总理朱镕基提出建立中国—东盟自贸区的设想，得到了东盟各国领导人的积极响应。经过双方的共同努力，2002年11月4日，我国与东盟签署了《中国—东盟全面经济合作框架协议》，决定在2010年建成中国—东盟自贸区，并正式启动了自贸区建设的进程。2002—2010年，启动并进入大幅下调关税阶段，2010年1月1日全面建成中国—东盟自贸区，对东盟93%产品的贸易关税降为零。

中国—东盟自贸区的建设进一步加强了双方业已密切的经贸合作关系，也对亚洲及世界的经济发展作出了积极的贡献。见表3-3。

表3-3　中国—东盟自由贸易区关税削减时间表

起始时间	关税税率	覆盖关税条目	参与国家
2000年	对所有东盟成员国0%～5%	85%的CEPT条目	原东盟六国
2002年1月1日	对所有东盟成员国0%～5%	全部CEPT条目	原东盟六国
2003年7月1日	WTO最惠国关税税率	全部	中国与东盟十国
2003年10月1日	中国与泰国果蔬关税降至0	中泰水果蔬菜	中国、泰国
2004年1月1日	农产品关税开始下调	农产品	中国与东盟十国
2005年1月	对所有成员开始削减关税	全部	中国与东盟十国
2006年	农产品关税降至0	农产品	中国与东盟十国
2010年	对老东盟成员国零关税	全部减税产品	原东盟六国
2010年	关税降至0	全部产品（部分敏感产品除外）	中国与原东盟六国
2015年	对新东盟成员国零关税	全部产品（部分敏感产品除外）	东盟新成员国
2018年	对中国—东盟自贸区成员国关税降至0	全部产品（部分敏感产品除外）	东盟新成员国
2018年	对东盟自贸区和中国—东盟自贸区所有成员国零关税	全部产品	东盟新成员国

注：2010年段中国从东盟国家进口的93%货物实行零关税政策，平均关税降到0.1%以下，而对其他国家的平均关税为9.8%。

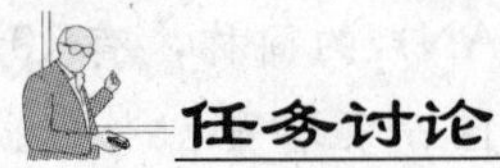

任务讨论

欧盟成员国2009年均出现财政赤字

欧盟统计局2010年10月22日公布的数据显示，由于遭受金融和经济危机打击，2009年，欧盟成员国全部出现了财政赤字，公共债务也大幅上升。

由于希腊提供的统计数据仍有待审核，因此欧盟统计局当天只公布了欧盟26国的数据。其中，爱尔兰2009年赤字水平最高，达到了国内生产总值（GDP）的14.4%，英国、西班牙和拉脱维亚均超过10%，葡萄牙也高达9.3%。

此前公布的数据显示，率先爆发债务危机的希腊2009年财政赤字为GDP的13.8%。据希腊媒体报道，欧盟统计局可能会再次把希腊2009年的赤字上调至15.5%。

而爱尔兰因为要耗费巨资救助本国五大银行，之后的财政赤字会骤升至GDP的32%，实属史上罕见。

欧盟《稳定与增长公约》要求成员国必须把财政赤字控制在GDP的3%以内，但截至2009年年底，仅卢森堡、瑞典、爱沙尼亚、芬兰和德国这5个成员国做到了这一点。

与此同时，欧盟成员国的债务形势也相当严峻。包括意大利、法国、德国和英国这四大国在内的11个成员国公共债务占GDP的比例超过了《稳定与增长公约》允许的60%上限，其中意大利最高，为116%；爱沙尼亚和卢森堡最低，分别为2%和14.55%。

为了应对债务危机，欧盟成员国已纷纷出台了财政紧缩政策，在未来几年内大力削减高额赤字和公共债务。欧盟也正在推动完善经济治理，强化财政纪律。

由欧洲理事会常任主席范龙佩领导的专门小组21日公布了欧盟经济治理改革报告，以供下周召开的欧盟峰会审议通过。根据这套改革方案，欧盟今后将对成员国的预算政策加强监督，并对赤字或公共债务超标的成员国加大惩罚力度。

问题： 国际金融危机对欧盟组织的各个成员国有何影响？区域经济一体化的连锁效应对整个欧盟有何冲击？

任务小结

随着科学技术和生产力的发展，各国的经济生活日益国际化。不同国家或地区在经济、政治、科技、文化等方面的联系越来越密切，一种真正意义的全球经济正在形成。任何国家要发展，就不可能闭关自守，必须重视同外界的联系。国际贸易条约与协定就是国与国之间经济贸易关系紧密联系的纽带。关贸总协定对促进国际贸易自由化、取消歧视待遇、加强世界经济发展起到了重要作用。但随着世界经济贸易关系的不断发展变化，建立国际贸易组织的问题引起了普遍的关注。终于在1995年建立了一个崭新的世界贸易组织，它更大地促进了世界贸易的增长，对经济全球化起到了不可估量的作用。中

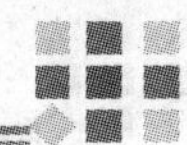

国于2002年1月1日正式成为世界贸易组织的成员之一，享受着基本权利和好处的同时也承担着遵守规则和开放市场的义务。与此同时，区域经济一体化也迅速发展，并已成为国际经济活动的一个重要趋势，体现了国际经济活动不断向纵深整合发展的趋势。

任务检测

一、单项选择题

1. 缔约一方保证缔约另一方在本国境内享有不低于任何第三方享有的待遇属于（　　）。

A. 最惠国待遇　　B. 国民待遇　　C. 磋商原则　　D. 关税保护原则

2. 世界贸易组织最高权力机构是（　　）。

A. 缔约国大会　　B. 部长级会议　　C. 总理事会　　D. 秘书会议

3. 在中国某些旅游点，外国游客的旅游门票价格高于国内游客，这不符合世界贸易组织的（　　）。

A. 普惠制原则　　B. 国民待遇原则
C. 最惠国待遇原则　　D. 特惠待遇原则

4. 在地区经济一体化的形式中，两个和两个以上的国家完全取消关税与数量限制，建立对非成员国的统一关税，在实现商品自由流动的同时，还实现生产要素的自由转移。这种区域经济一体化的形式叫做（　　）。

A. 共同市场　　B. 自由贸易区　　C. 关税同盟　　D. 优惠贸易安排

5. 下列区域经济一体化组织形式中，一体化程度最高的是（　　）。

A. 自由贸易区　　B. 关税同盟　　C. 经济联盟　　D. 共同市场

6. 北美自由贸易区的成员国有（　　）。

A. 阿根廷　　B. 巴西　　C. 墨西哥　　D. 智利

二、多项选择题

1. 国民待遇原则适用于（　　）。

A. 外国企业所应缴纳的国内税　　B. 船舶在港口的待遇
C. 外国公民应享有的政治权利　　D. 转口过境的条件

2. 区域经济一体化对国际经济贸易的影响包括（　　）。

A. 取消关税　　B. 取消数量限制
C. 商品自由流动　　D. 制定和执行某些共同政策

3. 世界贸易组织的基本原则有（　　）。

A. 透明度原则　　B. 最惠国待遇原则
C. 非歧视原则　　D. 市场准入原则
E. 对发展中国家特殊优惠原则

4. 透明度原则的主要内容包括（ ）。

A. 贸易措施的公布　　B. 贸易政策的通知

C. 贸易措施的通知　　D. 贸易政策的公开

5. 关税同盟的静态福利效应包括（ ）。

A. 贸易创造　　B. 贸易转移

C. 规模经济效益　　D. 贸易扩大

6. 国际商品协定主要通过（ ）等办法稳定稳定价格。

A. 设立缓冲库存　　B. 签订多边合同

C. 规定出口限额　　D. 出口限额与缓冲库存相结合

三、简答题

1. 最惠国待遇和国民待遇条款有何不同？

2. 关贸总协定通过八轮谈判成功地降低了各成员货物贸易中的关税和非关税壁垒，为什么还要成立世界贸易组织？

3. 简述世界贸易组织的基本原则？

4. 中国加入世界贸易组织的基本权利有哪些？

5. 区域经济一体化对国际贸易有何影响？

四、技能实训

【资料1】

柯先生的纺织品工厂该怎么办

对柯先生来说，1992年8月12日是个不祥的日子，因为在这一天，美国、加拿大和墨西哥原则上达成了北美自由贸易区协定，根据这一协定，三国之间的所有关税将在5年内被大幅度削减。最令柯先生感到不安的是，协定规定三国之间的所有纺织品贸易的关税将在10年内取消，同时，加拿大和墨西哥每年还可以向美国销售一定数量用外国材料制成的服装和纺织品，而且在协定生效前，这一销售配额还将略微增多。

柯先生是一家位于澳门的服装工厂的老板，这间工厂建于1910年，已由柯先生家族经营了四代。工厂现有员工1500人，主要生产棉制内衣。工厂的劳资关系一直很好，从未发生过劳资纠纷。

柯先生工厂的产品主要销往美国。在过去的10年里，尽管竞争激烈，但柯先生的工厂依靠产品的优秀质量，再加上比美国低得多的劳动力成本，一直有着良好的销售业绩。

然而，服装制造业是一个低技能、劳动力密集的产业，业内竞争主要是价格和质量竞争，成本很大程度上由工资和劳动生产率决定。面对北美自由贸易协定的签署，很多美国的同行和亚洲的内衣制造厂都纷纷把工厂迁移到墨西哥。在那里，内衣产品

可以免税进入美国和加拿大，而且，纺织工人的小时工资不到 2 美元，比美国本土低 10 美元，比澳门低 1.2 美元。柯先生明白，在未来 5 年内，美国的服装市场将被在墨西哥生产的来自亚洲、美国和墨西哥厂商的进口产品所充斥。眼前，美国的一些客户已经在抱怨柯先生的内衣价格高了，他们很难继续和他做生意。对柯先生来说，现在别无选择，如果是继续生产内衣输往美国市场，唯一的出路是将澳门的工厂迁移到墨西哥，这是他过去一直不愿意做的。把工厂迁移到墨西哥，需要解雇大批澳门工人，他怎么对得起工人们对他家族付出的忠心？墨西哥的工人如何，能否像澳门的工人这样忠心耿耿，并达到他们的效率？据说，那里的工人生产率低，工艺水平低，缺勤率高，工人流失率高。果真如此，他该如何应对？

【要求】

根据上述案例，讨论下列问题。

（1）什么是自由贸易区？它有什么特点？

（2）自由贸易区的建立对区域外国家可能产生哪些影响？

（3）如果你是柯先生，你将如何决策？

【资料 2】

搜集当前中国已经签协议的自由贸易区相关资料。（推荐网站：中国商务部官网、中国自由贸易区服务网）

【要求】

根据搜集的资料，谈一下中国与其他国家自由贸易区的发展特点和做法。

【资料 3】

Comerci 是墨西哥最大的零售商之一，现在正陷入一个进退两难的局面。由于沃尔玛大肆进军墨西哥零售市场，Comerci 感到越来越力不从心。自从北美自由贸易协定取消关税壁垒以来，沃尔玛的良好商业表现和价格都给 Comerci 带来巨大的压力，现在 Comerci 必须应对沃尔玛的挑战。那么到底是什么给造成这么大的压力呢？它未来的发展趋势又会是怎样的呢？

1986 年墨西哥加入了关贸总协定以帮助国内企业可以进入新的市场。1990 年，随着墨西哥的经济回升，以及与加拿大和美国之间其他自由贸易协定的实施，沃尔玛的创立者——山姆·沃尔顿在墨西哥城成立第一个子公司，墨西哥子公司在开业之后的短短几个月之内就用业绩表明了成功——它打破了美国所有沃尔玛俱乐部的历史记录。目前沃尔玛在墨西哥开店总数已有 671 家，包括山姆会员商店、Bodega 商店（折扣商店）、沃尔玛购物广场、Superama 商店（杂货店）、Suburbia 商店（服装店）和 VIPS 饭店。北美自由贸易协定将美国产品销往墨西哥的出口关税从 10%降低到了 3%。在北美自由贸易协定签订之前，沃尔玛对墨西哥的 Comeric、Gigante、Soriana 等一些顶尖的零售商还构不成大的威胁，但是随着北美自由贸易协定的签订，贸易壁垒不复存在。沃尔玛跟墨西哥的那些企业拥有了同等的地位——拥有了成为墨西哥最大的零售商的所有条件。

北美自由贸易协定还促使墨西哥加快改善运输条件，这就帮助沃尔玛解决了后勤供给问题。同时，协定的签订还为墨西哥向外国的投资者打开了大门。沃尔玛从亚洲和欧洲等地进口商品时要缴纳大额进口税。外国企业开始意识到如果在墨西哥建立制造工厂，既可以利用成本较低的墨西哥劳动力来降低生产成本，产品生产出来之后，还可以免税将其运往北美自由贸易区——墨西哥、美国和加拿大。随着这些企业开始在墨西哥投资建厂，沃尔玛也就可以直接从当地生产商那里购买商品而不需要再缴纳高额进口税了。

【要求】

北美自由贸易区作为目前世界上最重要的自由贸易区，结合上述案例，谈一下对于自由贸易区可能带来的积极影响和不利影响。

项目四　国际贸易方式

【知识目标】

1. 了解国际贸易中常见的贸易方式；
2. 熟悉电子商务，明白其含义及分类；
3. 掌握主要贸易方式及加工、招投标、租赁等贸易方式的主要类型。

【能力目标】

1. 能够掌握各种贸易类型的运作过程及其适用条件；
2. 能够明确各种类型的特点和异同，并能处理相应的协议与条款；
3. 能够明白不同国际贸易方式之间的区别及如何灵活应用国际贸易方式。

任务一　一般贸易方式

情境案例4-1

某年10月20日，A公司同B公司签订了委托代销某种电子元器件的合同。合同规定：代销产品的价格由A公司确定，开具B公司发票，每季度结算一次，代销费为6%，未售出的货物可以退货，合同期为1年。因当时该电子元器件的销路较好，货物很快销完。次年9月4日，B公司与A公司又签订一份经销合同。该合同规定：A公司向B公司提供2万套元器件，单价86美元，货到付款，10月底之前交货。签约后不久，市场情况发生变化，该产品由畅销变为滞销。A公司多次向B公司催要货款，B公司均以货未售出为由拖延付款，并要求将存货退回。A公司予以拒绝，双方多次协商未果。A公司遂向法院提起诉讼。结果A公司胜诉。

案例点评

B公司与A公司第二次签订的是经销合同，而第一次签订的是代理合同。两者之间的区别是，经销为"款货两清"的买断形式，进口企业自负盈亏，自担风险，所以B公司应该向A公司付清货款，并且不能退回存货；而代理关系只是由代理人居间介绍，不承担经营风险，不负责盈亏，所获得的酬劳是佣金并非赚取差价。因此A公司胜诉。

知识引导

一、经销与代理

(一) 经销

1. 经销的含义

经销（Distribution）是指本国出口企业（即供贷方）与国外进口企业（即经销商）达成书面协议，双方之间以“款货两清”的买断形式完成的一种商品买卖活动。经销方式下，进口企业以自有资金付清货款后，便享有商品的所有权，可自行在规定的区域内销售，自负盈亏，自担风险。

2. 经销的类型

在国际贸易中，经销有各种不同的做法。按经销商权限的不同，经销的方式可分为以下两种。

(1) 独家经销（Exclusive Distribution）。是指出口企业授予国外进口商在规定期限和规定地区内，享有指定商品的专营权的一种方式。该指定商品除由独家经销商销售外，该区域内任何其他商人均不得销售此商品。也就是说，这种经销商（包销商）享有排他性的经营权。

(2) 一般经销（General Distribution）。也称为定销，是指出口企业不授予国外进口商独家经销权的经营方式。出口企业与国外进口商签订经销协议后，还可与该地区的其他进口商签订经销协议。这种经销方式实质上与一般的国际货物买卖并无区别，即都是买卖关系。所不同的是，在经销方式下，经销商和供货商之间确立了相对长期和稳定的购销关系。

3. 经销的特点

经销方式中供货人和经销人之间是一种买卖关系，但又克服了逐笔销售的不足之处。通过协议，确定了双方在一定期限内稳定的关系。对出口商来说，有利于利用经销商的销售渠道扩大自己产品的销售，也有利于及时收回货款，减少经营中的风险；对进口经销商来说，当某种商品市场需求旺盛时，他有可能凭借与出口商之间的经销关系获得较多数量的商品，并以较高的价格出售，获得较多的经营利润。

4. 经销协议

经销协议是经销商和供货商规定双方权利和义务、确立双方法律关系的契约。经销协议一般包括以下内容：经销商品的范围；经销的区域；经销数量和金额；作价方法；经销期限和终止；经销商的其他义务，如广告宣传、市场调研和维护供货人权益等。除此之外，还应规定不可抗力及仲裁等一般交易条件，其规定方法与一般买卖合同大致相同。

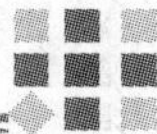

(二) 代理

1. 代理的含义

代理（Agency）是指出口方通过签订代理协议，将商品委托给国外客户（代理人），委托其在一定地区和一定时间内为出口方代售商品、招揽生意或处理有关事宜的一种贸易方式。

代理是国际贸易中常用的做法，在运输、保险、广告等行业也活跃着为数众多的代理人，全球有一半左右的贸易是通过代理商来完成的。

2. 代理的类型

国际贸易中的代理按委托人授权的大小分为总代理、独家代理和一般代理。

（1）总代理（General Agency）

总代理是在指定地区的委托人的全权代表。他除了有权代表委托人进行签订买卖合同、处理货物等商务活动外，还可进行一些非商业性的活动，并有权指派分代理，分享分代理的佣金。

（2）独家代理（Exclusive Agency or Sole Agency）

独家代理是在指定地区内由其单独代表委托人行为的代理人。委托人在该指定地区内不得委托第 2 个代理人。独家代理在一定的地区和一定的期限内享有独家代销指定商品的专营权。

（3）一般代理

一般代理也称佣金代理（Commission Agency），是指不享有专营权利的代理，这是它与独家代理的不同之处。一般代理人代表货主在此地市场招揽订单，或按委托人规定的条件与当地的买主洽谈交易，经委托人确认后由委托人与买方直接签订买卖合同，他只按代理协议规定收取一定比例的佣金。

代理按照行业性质和职责划分，可分为销售代理（Selling Agency）、购货代理（Purchasing Agency）、运输代理（Shipping Agency、Freight Forwarder）、保险代理（Insurance Agency）、广告代理（Advertising Agency）、诉讼代理（Lawsuit Agency）、仲裁代理（Arbitration Agency）和银行代理（Banking Agency）等。

3. 代理的特点

代理人和委托人之间是委托——代理关系，而不是买卖关系，这与经销方式中的经销商和供货商之间的买卖关系有着本质的区别。代理人只能在委托人的授权范围内，代表委托人从事商业活动，而不以自己的名义与第三者签订合同，其行为所产生的法律后果也由委托人来承担。代理人的行为不能超过授权范围，在代理人没有得到委托人的授权为其签订合同时，买卖合同只能由委托人与客户订立，合同签订后，代理人的义务即完成。而在代理人得到授权可以代表委托人签订合同的情况下，只要代理人在与当地客户签约时公开了自己的代理身份，那么该合同所产生的权利和义务即对委托人发生效力。

代理人只居间介绍，他不承担经营风险，不负责盈亏，所获得的酬劳是佣金并非赚取差价。委托人能根据市场变化情况，主动掌握成交价格、销售数量等其他交易条件。但是，代理人如果没有经营能力或不尽责任，就会影响销售，价格风险也较大。另外，在付佣代销的情况下，委托人的资金往往被代理人长期占用，周转较慢。

4. 代理协议

代理协议是明确代理人和委托人之间权利与义务的法律文件。其主要内容有以下几项：代理协议的名称、当事人的名称、协议签订的时间和地点；代理权限；代理商品名称；代理的地区范围；代理期限；代理的数量与金额；代理佣金；商标保护、广告宣传和市场报导；不可抗力和仲裁等。

【想一想】

我国南方某出口企业A与当地一家知名外贸公司B签订了《代理销售合同》，并约定：A公司为委托人，B公司为代理人；B公司替A公司寻找海外买家，并以B自己的名义从买家接单，A公司负责组织货物生产并安排出运。之后，B公司以自己的名义与美国买家C公司签订了贸易合同，合同金额50万美元。A公司按照合同约定组织货物生产并如期装运，C公司以货物存在质量问题被其下家退货为由，在应付款日到期后拖欠货款，并向合同签订方B公司提出了高额的反索赔要求。B公司以其并非合同当事人（仅仅是A公司的代理人）为由进行抗辩，同时主张应由A公司对C公司承担违约损害赔偿责任。而A公司以并非贸易合同签订方为由，认为应由B公司对C公司承担责任。

你同意哪个公司的观点？为什么？

二、寄售、展卖与拍卖

（一）寄售

1. 寄售的含义

寄售（Consignment）是一种委托代售的贸易方式。指寄售人（卖方，Consignor）先将货物运往寄售地，委托国外约定的代销人（Consignee），按照寄售协议规定的条件代为销售商品，待商品售出后，再由代销人扣除佣金和其他费用，然后向销售人结算的一种做法。

在我国的进出口业务中，寄售方式运用得不多，仅限于少数几种商品的交易中，但由于这种方式所具有的特点，使它在扩大进出口贸易中具有不可忽视的作用。

2. 寄售的特点

（1）寄售人与代销人之间是委托代售关系，而不是买卖关系，代销人只能根据寄售人的指示处置货物，在货物售出前所有权仍属寄售人。

（2）寄售是先发货后成交。采用这种方式，寄售人先将货物运至目的地市场（寄售地），然后经代售人在寄售地向当地买主销售，货款由代售人在扣除佣金和费用后汇给货主。

（3）寄售方式下，代销人不承担销售的风险和费用。

(4) 寄售属于凭实物进行买卖的现货交易，随时可以采购，对买主有一定的吸引力。

3. 寄售的优缺点

(1) 优点

①对于寄售人来说，有利于推销新产品和开发新市场。

②对于代销人来说，无须多少投资，甚至可做无本生意，而且不承担市场波动的风险。

③寄售采用现货交易，凭实物买卖，买主看货成交，这对于那些难以用文字说明来确定品质的商品的买卖尤其具有重要意义。

(2) 缺点

①寄售人承担的贸易风险大，包括运输途中和到达目的地后的货物损失和灭失的风险、货物价格下跌和不能售出的风险，以及代销人资信不佳而导致的损失等一切风险。

②不利于资金周转，收汇很不安全。

4. 不寄售协议

采用寄售方式时双方应签订寄售协议，内容一般包括：协议名称及双方的义务与责任；寄售区域及寄售商品、规格、数量；定价方法；佣金的支付；付款方式等。

(二) 展卖

1. 展卖的含义

展卖（Fairs and Sales）是利用展览会、博览会、展销会、交易会及其他会展形式，对商品实行展销结合，以展促销的一种贸易方式。

展卖可以采取各种不同的方式，我国企业可以到海外参展，利用国外举办的各种展卖会，来推销商品。还可以参加国内举办的展卖会，与各国同行同台竞争，一比高下。改革开放以来，会展业在我国得到蓬勃发展，成为一项前景广阔的新兴产业。

2. 展卖的类型

展卖可以采取各种不同的方式。到海外参展时，从展卖商品的所有方和客户的关系来看，展卖的做法主要有两种：一是将货物通过签约方式卖断给国外客户，由客户在国外举办或参加展览会。二是由双方合作，展卖时货物所有权不变，展品出售的价格由货主决定。国外客户承担运输、保险、劳务及其他费用，货物出售后收取一定手续费作为补偿。展出结束后，未售出的货物可以折价卖给合作的客户，或运往其他地方进行另一次展卖。

除此之外，还可以将寄售和展卖方式结合起来进行。即在寄售协议中规定，代销人将寄售的商品在当地展卖。至于展卖的有关事项，可在该协议中同时规定，也可另签协议作出规定。

3. 展卖的优点

(1) 有利于宣传出口商品，扩大影响，招揽潜在买主，促进交易。

（2）有利于建立和发展客户关系，扩大销售地区和范围。

（3）有利于开展市场调研，听取消费者的意见，改进产品质量，增强出口竞争力。

【资料卡】

中国曾多次参加各国举办的国际博览会，并于1985年1月在北京建成了自己的博览会——中国国际展览中心。同年11月，中国第一次作为东道主举办了亚洲及太平洋地区第四届国际贸易博览会，从此揭开了在我国举办大型国际性博览会和展览会的序幕。近年来，频繁开展的在华和出国展览为加强中国与世界各国的贸易联系与经济交往发挥了重要作用。

中国进出口商品交易会（China Export Commodities Fair）的前身是中国出口商品交易会，又简称广交会（Guang Zhou Trade Fair），是中国各进出口公司联合举办的，邀请国外客户参加的一种集展览与交易相结合的商品展销会。我国于1957年春举办了首届广交会，以后每年春秋两季各举办一次。2006年秋，中国迎来了第100届广交会。半个世纪以来，中国利用广交会定期邀请国外客户来华集中谈判成交，根据“平等互利、互通有无”的对外贸易原则，以出口为主，进出结合，有买有卖，形式多样，极大地促进了中国的对外贸易发展，加强了中国同世界各国的经济联系。根据形势的发展，中国政府在2007年将中国出口商品交易会更名为中国进出口商品交易会。

（三）拍卖

1. 拍卖的含义

拍卖（Auction）是一种古老的商品交易方式，采用现场实物交易，是由经营拍卖业务的拍卖行（Auctioneer）接受货主的委托，在规定的时间和场所，按照一定的规章，通过公开叫价的方法，将货物卖给出价最高的买主的一种交易方式。

通过拍卖进行交易的商品，大多是一些品质不易标准化，易腐烂不耐储存、生产厂家众多、产地分散，或者人们倾向于进行拍卖的商品，如艺术品、烟叶、木材、羊毛、毛皮、纸张、水果、蔬菜、鱼类、黄金、石油等。有时海关没收的走私货物、破产企业的资产处理也采用拍卖方式。参与拍卖的买主，通常须向拍卖行交存一定数额的履约保证金。

2. 拍卖的特点

（1）拍卖是定期组织，集中在一定时间和地点举行，世界各地的专业商前来参加，成交量大，有效出售特种商品的传统成交方式。

（2）是一种公开竞买的贸易方法，具有一次确定成交的性质。

(3) 是一种买主可以看货成交的现货买卖，是可以体现按质论价，优质优价的做法。

(4) 是一种按一定的法律和拍卖规章程序进行的买卖。

3. 拍卖的程序

(1) 准备阶段

货主将商品运到指定仓库，由拍卖行代为挑选、分类、分批、编印拍卖目录。印好拍卖目录后分发结买主。该目录在拍卖前十天左右送交买主，以便其持之到仓库看货。

(2) 正式拍卖

在预定的时间和地点，按照拍卖目录规定的次序，逐批叫价成交。拍卖的叫价方式有如下几种：

①增价拍卖。是指拍卖时由拍卖方宣布预定的最低价格，然后由买主竞相加价，直至出价最高时，由拍卖人把商品卖给出价最高的买主。

②减价拍卖。也称荷兰式拍卖，是由拍卖人先喊出最高价，无人表示，则按一定的差额逐渐降低至有人接受为止。

③密封递价拍卖。也称招标式拍卖，先由拍卖人公布每批货的品质、数量、产地等情况及估价单，并注明报价的时间、地点，由买方在规定的时间内密封递价给拍卖人，再由拍卖人进行审查比较，以决定将货物卖给谁。这种方式已失去公开竞买的性质。

(3) 拍卖的成交与交货

当拍卖人认为无人再会增价便以木桩击打台面宣告拍卖成立，此时买卖即告完成。由买主开立购买确认书并按规定付款，凭提货单在规定期限内在指定仓库提货。货款通常以现汇支付。货款付清后，货物的所有权即转移到买方。拍卖行收取一定的佣金。

三、加工贸易

1. 加工贸易的含义

加工贸易是一种加工再出口业务，是指以加工为特征的进出口贸易，是来料加工、来样加工和来件装配业务的总称。贸易的一方（委托方）委托另一方（加工方或承接方）加工装配或生产出某种产品交给委托方，加工方只收取加工费的一种贸易方式。这种贸易方式是由国外提供原材料、零部件，成品再销往国外的“两头在外”的一种劳务贸易，属于服务贸易的范畴。

2. 加工贸易的类型

加工贸易是一种简单的国际间劳务合作的形式，目前的主要做法有以下几种。

（1）来料加工

来料加工（Processing with Customer's Materials）又称对外加工装配，是指外商向国内企业提供主、辅助材料，国内加工一方按照对方的要求，把对方提供的原辅料加工成符合外商所提出的质量、规格、式样、包装要求的产品，外商以外汇支付国内企业加工费用。

（2）来件装配

来件装配（Assembling with Customer's Parts）是指由国外的厂商提供零部件、元器件、工具、必要的设备和技术，利用本国的生产能力，按照对方提供的图纸、技术标准或样品等进行装配，将成品交与对方，我方收取装配费。

（3）来样加工

来样加工（Processing in Giving Sample）是指对方只提出各方面要求并提供样品，加工方全部采用国产原辅料加工，成品交给外商，我方收取原材料费用和加工费。

（4）进料加工

进料加工（Processing with Imported Material），又称以进养出，是指国内有外贸经营权的单位用外汇购买进口原料、材料、辅料、元器件、配套件和包装物料，加工成品或半成品后再返销出口的业务。

3. 来料加工与进料加工的区别

来料加工和进料加工都是利用国内的劳动力和技术设备，都属于“两头在外”的加工贸易方式。但是来料加工和进料加工又有明显的不同之处，主要表现在：

（1）来料加工是对方来料，我方按其规定的花色品种、数量进行加工，我方向对方收取约定的加工费用；进料加工是我方自营的业务，自行进料，自定品种花色，自行加工，自负盈亏。

（2）来料加工，原料进口和成品出口往往是一笔买卖，或是两笔相关的买卖，原料的供应往往是成品承受人；进料加工，进是一笔买卖，加工再出口又是一笔买卖，在进出口的合同上没有联系。

（3）来料加工的双方，一般是委托加工关系，部分来料加工，虽然包括我方的一部分原料，在不同程度上存在买卖关系，但一般我方为了保证产品的及时出口，都订有对方承购这些产品的协议；进料加工再出口，从贸易对象来讲，没有必然的联系，进归进，出归出，我方和对方都是商品买卖关系，不是加工关系。

任务讨论

1. 出口销售业务中独家代理与独家经销的主要区别是什么？

2. 寄售的特点以及利弊是什么？

3. 拍卖的特点是什么？增价拍卖适用哪种类型的商品？减价拍卖适用哪种类型的商品？举例说明。

任务二 其他贸易方式

情境案例4－2

招标机构接受委托，以国际公开招标形式采购一批机电产品。招标文件要求投标人制作规格和价格两份投标文件，开标时，先开规格标，对符合条件者，再定期开价格标，确定中标者。共有15家企业投标。到了开标期先开规格标，经慎重筛选，初步选定9家，通知他们对规格标进行澄清，并要求将投标有效期延长两个月。在这9家中，有5家送来澄清函并同意延长有效期。另4家提出若延长有效期，将提高报价10％或更多；否则将撤销投标。招标机构拒绝了后4家的要求。到了价格标的开标日期，对仅有的5家开标后，却发现5家报价均过高，超过招标机构预订标底30％以上。无奈，招标机构只得依法宣布此次招标作废，重新招标。试分析此次招标失败的原因以及应吸取的教训。

案例点评

招标是指招标人发布招标公告，阐明拟采购商品的名称、规格和数量，或是拟兴建工程的条件与要求，邀请相关投标人按一定的程序在规定的时间、地点进行投标，最后选择对其最为有利的投标人达成交易的经济行为。所谓投标则指供应商或工程承包商根据招标公告的条件，在规定的时间内向招标人递价的行为。招投标与一般贸易的做法有所不同，采用该种方式，双方当事人不经过交易磋商程序，也不存在讨价还价，而是由各投标人同时、一次性报价，投标人中标与否主要取决于投标时的递价是否有竞争力。因此，这是一种竞卖的交易方式。在这种方式下，投标人之间的竞争异常激烈，招标人则处于主动地位，能够对各种供给来源进行比较并择优选择，以最终实现资金的合理、有效利用。值得注意的是，招投标之所以受欢迎就在于其竞争性，从多人博弈模型的贝叶斯均衡解中可以得出，投标人越多，招标人能得到的价格就越低。因此，只有少数人参加的招投标就失去了其竞争意义，招标因而可取消。本案是投标失败的典型案例。投标人在投标时，除了价格的因素外，还要满足招标文件的其他条件，否则也可能落标。

知识引导

一、招标与投标

1. 招标与投标的含义

招标与投标是一种贸易方式的两个方面。招标（Invitation to Tender）是指招标人（买方或者发标方）通过招标机构发出招标公告，提出准备购买商品的品种、数量和有关买卖条件，邀请投标人（卖方）在规定的时间、地点按照一定的程序进行投标的行为。投标（Submission of Tender）是指投标人应招标人的邀请，根据招标公告的规定条件，在规定的时间内向招标人递价以争取中标的行为。招标与投标经常用于国家政府机构、公用事业等单位采购物资和国际建筑设计、工程承包等对外经济活动领域。

2. 招标与投标的特点

（1）不经过磋商；

（2）没有讨价还价；

（3）同属于竞卖方式。

3. 国际招标的方式

招标在具体运用过程中，经过变通，产生出几种不同的表现形式。目前，国际上采用的招标方式主要有以下几类。

（1）国际竞争性招标

①公开招标。也称为无限竞争性招标。它是指招标时通过国内外报纸、杂志、电台、广播发出公开招标通知，不限制投标人的数量，开标以公开的形式进行，中标结果予以公告的招标形式。公开招标是竞争最激烈的一种招标方式。通过这种方式，可以选择最合适的投标人，但是招标人需要花费大量的时间和人力物力来进行评标。

②选择性招标。又称邀请招标或有限竞争性招标。它是指招标在有限的范围内进行，招标人根据自己的经验和掌握的资料，或通过咨询公司的介绍，经资格预审合格后才加投标。选择一定数量的投标人，邀请其投标。招标通知不使用公开的广告形式。招标人一般邀请若干个较为熟悉的投标人参与投标。这种方式可以适当节省招标工作所需要的人力、物力，但是可能遗漏了更合适的投标人。

（2）谈判招标

又称议标，它属于非竞争性招标。采用这种招标方式时，由招标人直接同卖方进行谈判，确定价格，达成交易，签订合同。此种招标方式适用于专业性强、交货期紧迫的交易，如某些军事、保密工程所需的物资和设备的采购。

（3）两段招标

两段招标分两个阶段进行。在第一阶段采用公开招标方式，招标人对众多的投标人进行初步筛选后，再从中邀请几家比较理想的客户进行第二阶段的选择性招标，确定最终的中标人。通过这种方式，既不会遗漏合适的投标人，也可以适当减少花费招标所需要的人力、物力。

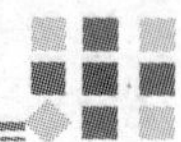

4. 招标与投标的基本流程

世界各国进行招标、投标的程序和条件基本相同，但是，由于各国关于招标、投标的法律或传统习惯不同，因此，招标、投标也有些差异。招标、投标通常要经历以下几个环节：

（1）招标

招标包括编制招标文件，发布招标公告，投标资格预审。

①招标文件又称标书，是招标的贸易条件和技术条件。物资与设备采购的招标文件主要应列明商品名称、各种交易条件和投标人须知，如投标人资格、投标日期、投标保证金和投标单寄送方法等；工程项目的招标文件还应包括项目规范、工程量表、合同条件及图表等。招标文件是投标人编制投标书的依据，投标人必须按其要求行事，否则投标书就会遭到拒绝。简短的招标文件可以免费发放，内容较多的招标文件则有偿出售。

②招标公告是对投标人的邀请，主要内容有：招标项目名称和项目情况介绍；招标开始时间和投标截止时间；招标方式；标书发售办法；招标机构或联系机构的名称、地址。发布招标公告是根据招标的种类，选择公开发布还是在一定范围内发布的形式。

③招标资格预审是公开招标前的一项重要工作，主要是审核投标人的能力和贺信情况，如投标人概况、经验与信誉、财务能力、人员能力和施工设备等。

（2）投标

投标人在接到招标通告后，首先要认真分析研究招标书中所列的招标条件、商品要求、技术规格、合同条款等，决定参加投标后，应按招标书的规定和要求，认真编制和填报投标书。为了防止投标人在投标后撤销投标或中标后拒不签订合同，招标人通常要求投标人提供投标保证金，一般为投标金额的10%左右。开标后，若投标人未能中标，招标人将退还保证金；若投标人中标，而不与招标人签约；招标人则没收该保证金。投标文件编制好后，经审核校对无误后，应在投标截止日期前用密封件挂号寄给招标人。为保密或按时送达，投标文件有时可派专人送达。

（3）开标、评标和决标

①开标是指按招标文件规定的时间、地点，将收到的所有投标文件启封揭晓。开标有公开开标与秘密开标两种方式。前者是按照招标人规定的时间、地点，在投标人或其代理出席的情况下，当众拆开密封的投标文件，宣读文件内容；后者是没有投标人参加，由招标人自行开标选定中标人。

②评标和决标是指招标人开标后，进行评审、比较，选择最佳投标人的过程。如果招标人认为所有投标均不理想，可以宣布招标失败，并拒绝全部投标。

（4）签订合同

招标人选定中标人之后，发出中标通知书，中标人依约与招标人签订合同。签订合同是招标、投标活动的最后阶段，一般要经过履约担保的审查、合同条款的进一步谈判和签订合同这三项程序。由于合同的标的不同，所采用的合同形式各有不同。

二、租赁贸易

1. 租赁的含义

租赁是指出租人在一定期限内将商品使用权出让给承租人，并收取租金的一种贸易形式。租赁的商品主要有成套设备、大型计算机、飞机、轮船等。租用人在租赁期间，对租用物享有占有权和使用权，并承担保护、合理使用租用物并支付租金的义务；出租人对出租物拥有所有权，并享有收取租金的权利。其主要义务是承认租用人在规定的期限内对租用物享有占有权和使用权。

2. 租赁的分类

总体上来讲，国际租赁有两种基本方式，即融资性租赁和经营性租赁，其他方式都可视为由这两种基本类型演变而来。

(1) 融资性租赁

又称金融性租赁、资本性租赁、完全支付租赁，是国际租赁业务中使用最多和最基本的方式。

(2) 经营性租赁

也称服务性租赁或非完全支付租赁，这种租赁方式通常运用于一些需要通过专门技术进行保养或技术更新较快的设备租赁。

3. 租赁的特点

(1) 由于出租人始终对商品保有所有权，承租人只享有占有权和使用权，故出租人大多负担维修、保养工作。

(2) 承租人租入设备使用，可以免除因设备更新快而出现的无形磨损，尤其可以满足一时即季节性的需要。

(3) 承租人的租金可以纳入营业费用，这样可以减少企业的纳税额。

(4) 承租人一般保有留购权利。

4. 租赁的时间

一般分为短期租赁（1 年以内）、中期租赁（1～3 年）、长期租赁（3 年以上），目前长期租赁业务占有较大的比重。

三、补偿贸易

1. 补偿贸易的含义

补偿贸易是在信贷的基础上，一方进口机器设备或技术，不用现汇支付，而以产品或劳务分期全额或部分偿还价款的一种贸易做法。

2. 补偿贸易的类型

按补偿的标的不同，补偿贸易可以分为以下几种：

(1) 直接产品补偿法。直接产品补偿法，即在协议中规定，一方进口国外的设备或技术后，用这些设备和技术生产出来的产品来分期偿还设备款。一般来讲，设备技术进口方多愿采用这种方式，我国在开展补偿贸易中也鼓励采用这种方式。

（2）间接产品补偿法。间接产品补偿法，即引进设备方用自己所能控制的其他产品偿还。比如苏联从意大利购进一批大口径的钢管，65%的贷款用废金属、煤、铁矿石分期偿还。这种做法虽有点像反购，但还是与反购有区别的，因为，它仍是在同一个补偿贸易合同中，而反购则是分别签订两个单独的合同。

（3）劳务补偿法。劳务补偿法是将补偿贸易与来料加工相结合的做法，即由一方提供设备的同时，提供原材料，委托对方加工装配，另一方用加工费收入分期偿还设备款。这种方式是我国许多的中小企业型补偿贸易中常见的做法，颇有中国特色，经常出现在与加工装配业务结合的场合。

3. 我国补偿贸易的做法

（1）在信贷的基础上，进口机器、设备或技术，不用现汇支付，而用分期返销给对方的产品或劳务所得价款分期摊还。

（2）由国外借得贷款用于购买设备或技术，然后以分期销售给贷款方约定产品或劳务所得的价款，分期偿还债务。

4. 补偿贸易的特点

（1）补偿贸易是在信贷的基础上进行的，设备引进方要承担利息。

（2）设备供应方必须承诺回购对方产品或劳务的义务。

（3）补偿贸易是一种通过商品交易起到利用外资作用的交易方式。

5. 补偿贸易的积极作用

（1）对设备进口方而言

①补偿贸易是利用外资的方式，起到了弥补国内资金不足的作用。

②通过补偿贸易获得的设备和技术，可以发展和提高本国的生产能力，可以加快企业的技术改造、产品的升级换代以及多样化。

③可以扩大出口产品的品种，提高出口的技术层次和质量，从而增强出口产品的市场竞争力。

（2）对设备出口方而言

①通过给进口方提供信贷，突破进口方支付能力不足的障碍，从而扩大其销售市场。

②在当前国际市场竞争激烈的条件下，承诺回购义务是加强自己的竞争地位，战胜对手的重要手段之一。

③可以从回购中取得比较固定的原材料供应来源，或从经营产品的转售中获得一定利润。

6. 开展补偿贸易须注意的问题

（1）必须做好项目的可行性研究。

（2）正确处理补偿贸易产品和正常出口的关系。

任务讨论

1. 组织一次招标，招标人要做哪些工作？

2. 参加国际投标，投标人应注意哪些问题？

3. 为什么一些国家的政府贷款项目或国际金融组织的贷款项目都规定贷款使用人必须通过国际公开招标方式进行采购或兴建工程？

任务三 电子商务

情境案例4-3

2012年上半年，受到近年来国际需求放缓，外贸市场走向冷淡的影响，中国B2B行业也发生了连锁反应，外贸市场的不确定性给中国B2B，尤其是中小企业B2B的发展带来了一定影响。

B2B虽受环境影响，但作为中国电子商务的鼻祖，还是被寄予厚望。3月27日，工信部发布《电子商务“十二五”规划》，指出电商是“企业降低成本、提高效率、拓展市场和创新经营模式的有效手段”，预计到2015年，电子商务交易额将突破18万亿元。其中B2B交易规模超15万亿元，占总交易额的83.3%。经常性应用电子商务的中小企业将达到中小企业总数的60%以上。

在中国传统企业电商化的进程中，B2B平台一直得到国家大力支持。工信部“十二五”规划明确表示支持第三方电子商务平台品牌化发展，指出B2B平台为中小企业提供了信息发布、商务代理、网络支付、融资担保、仓储物流和技术支持等服务，鼓励中小企业应用第三方电子商务平台，开展在线销售、采购等活动，提高生产经营和流通效率。

近年来，传统企业对电商的热情不断高涨，在经济危机和通货膨胀的双重压力下，2010年就有超过42.1%的中小企业跨入电子商务门槛，以拓展新的市场，降低企业成本。数据表明，在开展电子商务的中小企业中，59.48%的企业增加了客户，51.61%的企业实现了销售量增长，49.80%的企业扩展了销售区域，45.97%的企业实现了品牌提升，46.57%的企业降低了营销成本。电子商务的应用给中小企业带来了明显的促进作用。

案例点评

电子商务的发展使得这些中小企业不但可获得以前他们无法获得的信息，而且获得和大企业一样的开拓国际市场的机会。对外贸易企业开展电子商务，利用电子商务可以提供平等竞争的环境，有利于提升企业的竞争力、增加贸易机会、降低交易成本、提高交易效率、增强企业市场应变能力和竞争能力。此外，网络贸易无时间、地域的限制，受自然条件影响小，企业可以给客户提供“全天候”的产品和信息服务，任何

客户都可以在全球任何地方、任何时间从网上得到相关企业的各种商务信息。如果得不到理想的答案，还可以通过电子邮件的形式进行询问，只要企业及时回复，即可使访问者得到满意的答复。电子商务全天候、不间断运作可使全球范围内的客户随时得到所需的信息，这将为出口企业带来更多的订单，并且可大大提高交易的成功率。

知识引导

互联网技术的出现，使人们借助网络广泛地从事商品与服务的电子化交易成为可能，这不仅大大扩展了交易范围，而且可以有效地缩短交易时间、降低交易成本。在这种背景下，传统企业纷纷应用互联网技术，以实现企业电子化和增强企业的市场竞争力。同时，新的商业模式与新的商业机会也不断涌现，电子商务淘金一时间成为整个社会的热潮。同时，电子商务的出现也为国际贸易的实现提供了一种全新的交易方式。因此，随着电子信息技术及网络的发展，电子商务作为一种新兴的商务模式，被越来越广泛地应用到国际贸易实务之中。

一、电子商务的含义

广义而言，电子商务（Electronic Business，EB）是指以计算机与通信网络为基础平台，利用电子工具实现的在线商业交换和行政作业活动的全过程。而在一般情况下，所提及的电子商务是指狭义的电子商务（Electronic Commerce，EC），是企业应用现代信息技术，特别是网络互联技术和现代通信技术，使得商务活动所涉及的各方当事人借助电子方式，而无须依靠纸面文件或单据的传输，从而实现商务活动的电子化和虚拟化。

互联网上的电子商务可以分为三个方面：信息服务、信息交易和信息支付。主要内容包括电子商情广告、电子选购和交易、电子交易凭证的交换、电子支付与结算以及网上售后服务等。从贸易活动的角度分析，电子商务可以在多个环节实现，由此也可以将电子商务分为三个层次：较低层次的电子商务有电子商情、电子贸易、电子合同等；中级层次的电子商务是维系牢固的商业链；最完整的也是最高级的电子商务应该是利用互联网能够进行全部的贸易活动，即在网上将信息流、商流、资金流和部分的物流完整地实现，也就是说，你可以从寻找客户开始，一直到洽谈、在线付（收）款、开具电子发票直至电子报关、电子纳税等通过互联网一气呵成。

二、电子商务的分类

根据交易主体不同，可以将电子商务划分为B2C、B2B、C2B、B2A、C2A等类型。

1. B2C电子商务

商业机构对消费者（Business to Customer，B2C）的电子商务，指的是企业与消费者之间进行的电子商务活动。这类电子商务主要是企业借助国际互联网所开展的在线式销售活动。近年来随着国际互联网络的发展，这类电子商务的发展异军突起。例如，在国际互联网上已出现了大量企业通过自己的网站或者网络中介来进行销售活动，所出售的产品一应俱全，从食品、饮料到电脑、汽车等，几乎包括了所有的消费品。

商业机构对消费者的电子商务是近年来各类电子商务中发展较快的。其主要原因是，国际互联网的发展为企业和消费者之间开辟了新的交易平台。随着全球上网人数的不断增多和网络为消费者带来的购物便利，网络使用者已经成为企业进行电子商务的主要对象。

从技术角度看，企业上网面对广大的消费者，并不要求双方使用统一标准的单据传输。在线式的零售和支付行为通常只涉及信用卡、电子货币或电子钱包，这些支付手段在技术上已经非常成熟。此外，国际互联网所提供的搜索、浏览功能和多媒体界面，使消费者更易查找适合自己需要的产品，并能对产品有更深入的了解。

因此，开展商业机构对消费者的电子商务，障碍最少，应用潜力巨大。就目前的发展看，这类电子商务仍将持续发展，是推动其他类型电子商务活动的主要动力之一。

2. B2B 电子商务

商业机构对商业机构（Business to Business，B2B）进行采购，或利用计算机网络进行付款等。这类电子商务是最早的电子商务应用，特别是企业通过私营或增值计算机网络（Value Added Network，VAN）采用 EDI（电子数据交换）方式所进行的商务活动由来已久，为企业节省了大量的交易成本和管理成本。

作为支持商业机构对商业机构电子商务的 EDI 技术，是指机构之间通过计算机网络所进行的统一结构和统一信息标准的数据交换。该技术支持计算机系统之间信息的直接交换，因此，可以最大限度地减少甚至消除人为因素的介入和信息重复录入工作。目前，EDI 主要在行业内部开展得较为成功。

商业机构对商业机构的电子商务，从其发展看，仍将是电子商务的主流。商业机构之间的交易和商业机构之间的协作是商业活动的主要方面，企业由于目前面临的激烈竞争也需要通过电子商务来改善竞争条件，建立竞争优势。企业在寻求自身发展的同时，不得不逐渐改善电子商务的应用环境。从动态的角度看，商业机构对商业机构的电子商务必将有较大发展。国际贸易中的电子商务就属于 B2B 电子商务。

3. C2B 电子商务

消费者对商业机构（Consumer to Business，C2B）的电子商务。它是指一种消费者（个人）提供产品及服务给公司，向公司收费的商业模式。这种商业模式等于是由公司提供产品或服务与消费者的传统商业模式的 180°大逆转。消费者聚集起来进行集体议价，把价格主导权从厂商转移到自身，以便同厂商进行讨价还价。这种模式充分利用 Internet 的特点，把分散的消费者及其购买需求聚合起来，形成类似于集团购买的大订单。在采购过程中，以数量优势同厂商进行价格谈判，争取最优惠的折扣。个体消费者可享受到以批发商价格购买单件商品的实际利益，从而增加了其参与感与成就感。

4. B2A 电子商务

商业机构对行政机构（Business to Administrations，B2A）的电子商务。它是指政府与个人之间进行的电子商务活动。例如，政府将采购的细节在国际互联网上公布，通过网上竞价方式进行招标，企业也要通过电子的方式进行投标。在美国，早在克林顿政府时期，就决定对 70%的联邦政府的公共采购实施电子化。在瑞典，政府也已决定至少 90%的公共采购将在网上公开进行。

5. C2A 电子商务

消费者对行政机构（Consumer to Administrations，C2A）的电子商务。它是指政府与个人之间进行的电子商务活动。这类电子商务活动目前还没有真正形成。然而，在个别发达国家，如在澳大利亚，政府的税务机构已经通过制定私营税务或财务会计事务所用电子方式来为个人报税。这类活动虽然还没有达到真正的电子化，但是，它已经具备了消费者对行政机构电子商务的雏形。

三、电子商务在国际贸易中的应用

传统的国际贸易活动，环节众多，业务运作过程十分复杂，效率低，周期长，越来越不适应当今国际贸易业务快速发展的需要。电子商务通过互联网将交易涉及的各方连成一体，把其中部分或全部的业务处理过程转移到网上。与传统的国际贸易活动相对应，电子商务在国际贸易中的应用体现在以下几个方面：

（一）物色贸易伙伴

物色贸易伙伴是开展国际贸易的前提。利用电子商务物色贸易伙伴，既可以节省大量的人力、物力的投入，而且还不受时间、地点的限制。国内的进出口企业足不出户就可以找到国外的贸易伙伴；国外的客户也可轻而易举地物色到最理想的中国进出口企业。如阿里巴巴等电子商务网站。

（二）咨询、洽谈

咨询、洽谈是每一笔国际贸易业务的必经程序，也是交易能否成功的关键环节。通过互联网进行咨询和洽谈可以跨越面对面洽谈的限制，提供多种方便的异地交流方式。

（三）网上订购与支付

电子商务可借助网站中的邮件交互传递网上的订购，并可通过银行和信用卡公司的参与实现网上支付。随着网络安全技术的不断发展，网上支付在国际贸易中的优势将会表现得更加明显。

（四）交易管理

电子商务使国际贸易的交易管理做到无纸化、网络化，使从事进出口业务的企业可直接通过互联网办理与银行、保险、税务、运输各方有关的电子票据和电子单证，完成部分或全部的结算以及索赔等工作，大大节省了交易过程的时间和费用。

网络、通信和信息技术孕育着无限商机，网上市场突破了国界与疆域，使得每个商业组织都必须调整其原有的组织结构与经营方式以适应变化。与传统的商务活动相比，电子商务在国际贸易中表现为以下特点：

（1）交易虚拟化。通过计算机互联网进行的贸易，双方从磋商、签订合同到支付，无须面对面进行，整个交易完全虚拟化。

(2) 交易成本低。电子商务“无纸贸易”的特点，节省了企业间传递信息的费用，免去了中介等不必要的交易环节，互联网上的广告宣传避免了在传统方式下做广告、发放印刷品所产生的大量费用，而即时沟通工序信息，使无库存生产和无库存销售成为可能，从而大大削减了企业的经营成本。

(3) 交易效率高。电子商务通过互联网将贸易中的商业报文标准化，使商业报文能瞬间完成传递，即将原料采购、产品生产、需求与销售、银行汇兑、保险、货物托运及申报等在最短的时间内完成，极大地缩短了交易时间。

(4) 交易透明化。买卖双方从交易的洽谈、签约以及货款的支付、交货通知等整个交易过程都在网上进行。通常、快捷的信息传输可以保证各种信息之间互相核对，可以防止伪造信息的流通。例如，在典型的许可证 EDI 系统中，由于加强了法政单位和验证单位的通信、核对，所以假的许可证就不易漏网。

简而言之，作为一种以电子数据交换为主要内容的全新贸易运作方式，电子商务打破了时空的限制、加快了商业周期循环，高效地利用有限资源、降低成本、提高利润，有利于增强企业的国际竞争力。因此说，电子商务正在掀起国际贸易领域里的一场新的革命。

【资料卡】

如何使用阿里巴巴

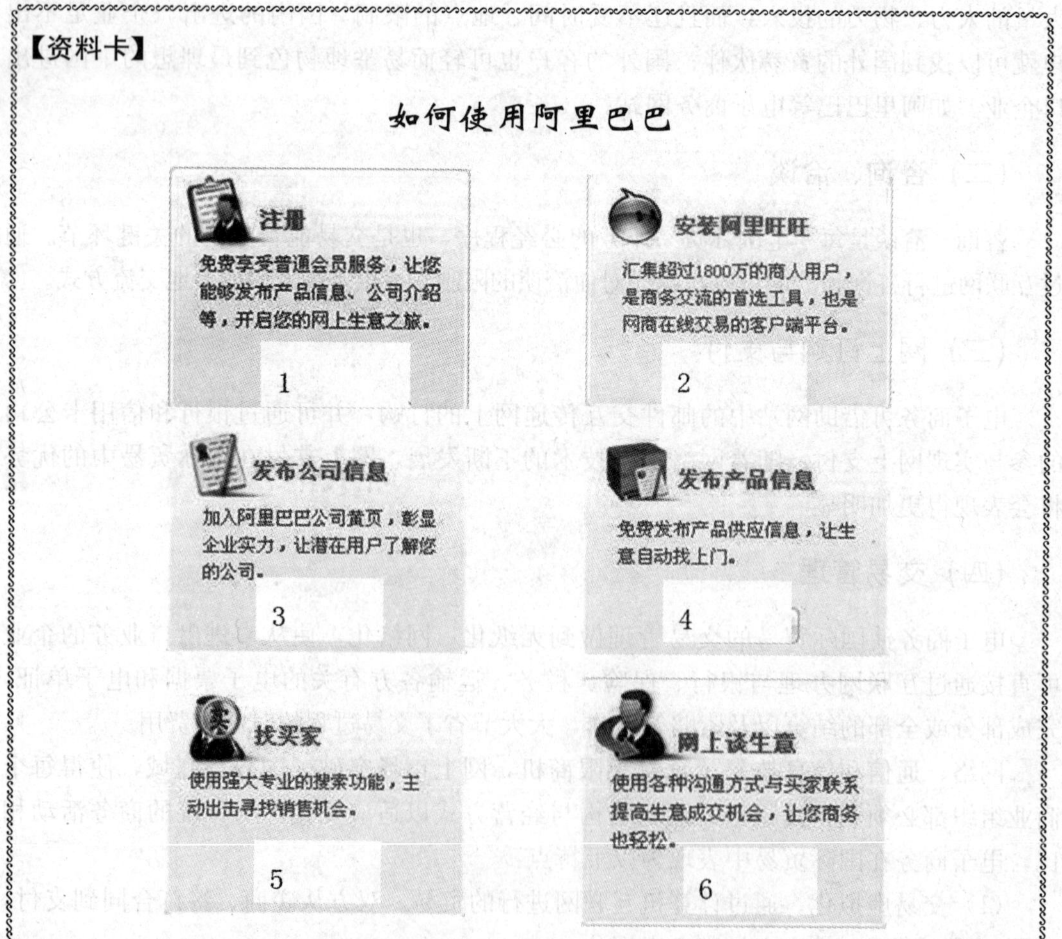

任务讨论

1. 在我国，国际电子商务和一般电子商务相比其特殊性表现在哪些方面？

2. 为了更好地学习《国际贸易》课程，需要购买一本教材，请完成在网上购买这本书的准备工作。

(1) 搜寻图书销售网站，找出至少两个网站的LOGO标志。

(2) 写下你搜索参考书使用的关键词。

(3) 将你准备购买的图书信息（包括作者、出版社、价格等）记录下来。

(4) 该网站的送货方式有哪些？你准备采用何种方式？为什么？

(5) 该网站的资金结算方式有哪些？你准备采用何种方式？为什么？

(6) 该网站采用了哪些网络广告方式？

(7) 请对购买图书的网站进行简要分析与评价。

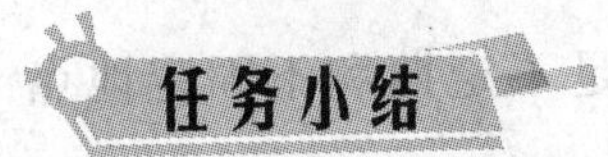

任务小结

国际贸易方式是指买卖双方在进行交易时所采用的各种方式，即通过什么渠道、途径、方法和形式迅速有效地将商品销售出去，或买进合适的商品。本章主要对目前常见的国际贸易方式进行介绍，除采用逐笔售定的方式外，主要还有常用贸易方式、加工贸易、补偿贸易、招投标、租赁贸易等方式及近年来新兴的贸易方式——电子商务。

通过讲解国际贸易实践中贸易方式的相关知识，使学生能够理解其含义及基本内容，在实际操作中能够根据不同的情况分析不同贸易方式，培养了学生分析问题的能力，开拓学生的知识面。

任务检测

一、单项选择题

1. 代理人一般以（　　）的名义从事业务活动。

A. 自己　　B. 委托人　　C. 第三者　　D. 以上都不是

2. 拍卖的特点是（　　）。

A. 卖主之间的竞争　　B. 买主之间的竞争

C. 买主与卖主之间的竞争　　D. 拍卖行与拍卖行之间的竞争

3. 寄售协议中双方当事人之间的关系属于（　　）。

A. 代理关系　　B. 买卖关系　　C. 委托与受托关系　　D. 上下级关系

4. 进料加工是指（　　）进口部分原材料、零部件、元器件、包装物料、辅助材料（简称料件）加工成品或半成品后销往国外的一种贸易方式。

A. 国外客户购买后提供给有关经营单位

B. 可由国外客户购买后提供也可由我国有关经营单位用外汇购买

C. 我国加工单位用外汇购买

D. 我国有关经营单位用外汇购买

5. 补偿贸易是买方以（　　）形式从卖方购进机器设备等。

A. 赊销　　B. 代销　　C. 返销　　D. 信贷

6. 招标公告出来后，研究并编写标书处于招标、投标的（　　）的阶段。

A. 招标　　B. 投标　　C. 开标　　D. 中标

二、判断题

1. 一般经销与包销的不同之处在于：一般经销人享有专营权，而包销人则不享有专营权。（　　）

2. 寄售中的双方当事人是买卖关系。（　　）

3. 一般来说，展览会是定期和固定地点的，而博览会则是不定期和不固定地点的。（　　）

4. 代理人在一定时期内推销的商品有一个最高代销额。（　　）

5. 加工贸易方式下，加工装配后的产品完全由委托加工装配的外商负责运出我国境外，自行销售，我方只承担按加工装配协议规定的质量、期限交货的责任，产品是否能卖出与我方毫无关系，完全是外商的事。（　　）

6. 补偿贸易中，贸易双方都十分关心生产情况，机器设备和技术的出口方必须承诺回购进口方的产品和服务。（　　）

7. 来料加工方式中料件和加工后成品的所有权属于外商，而不属于来料加工厂。（　　）

三、简答题

1. 简述补偿贸易的性质与特点。

2. 电子商务的特点有哪些？

3. 简述电子商务的分类。

四、技能实训

【资料】

传统企业做B2C电子商务的7大系统

传统企业进行电子商务真正的难关在于运营和管理层，其中包括市场定位、商业模式设计、产品组合、营销宣传、供应链管理、客户服务、线上线下配合等内容，现介绍传统企业进行B2C电子商务的基本架构，包括7大系统。如下图所示。

图 4－1　传统企业 B2C 电子商务的 7 大系统

电子商务最核心的竞争能力，主要体现在客户的完美体验方面。这个完美的体验，由网站访问速度、响应速度、响应时间、响应质量、性价比产品、超值的商品价值、完善的退换货政策和售后服务、安全的资金保障等各个因素所构成。而这些因素之所以能够达成，对企业电子商务的整个系统都是考验，这其中就包括了上图所述的方方面面。

【要求】

1. 搜索相关的电子商务网站，尝试体验一次以电子商务方式购物的完整流程。
2. 在国际贸易类的电子商务网站上获取某一类产品进出口商的信息，最少五个。

拓展阅读

中国第一家电子商务公司——阿里巴巴

阿里巴巴集团是全球电子商务的领导者，自从 1999 年在杭州创建以来，阿里巴巴集团茁壮地成长，现已拥有七家子公司。2003 年 5 月，投资建立淘宝网。2004 年 10 月，阿里巴巴投资成立支付宝公司，面向中国电子商务市场推出基于中介的安全交易服务。2012 年 2 月，阿里巴巴宣布，向旗下子公司上市公司提出私有化要约，回购价格为 13.5 港元。2012 年 5 月阿里巴巴与雅虎就股权回购一事签署最终协议，阿里巴巴用71亿美元购回20%股权。2012年7月，阿里巴巴宣布调整淘宝、一淘、天猫、聚划算、阿里国际业务、阿里小企业业务和阿里云为七大事业群，组成集团CBBS大市场。

自阿里巴巴成立以来，基于阿里巴巴价值观体系的强大的企业文化已成为阿里巴巴集团及其子公司的基石。他们在商业上的成功和快速增长以企业家精神和创新精神为基础，并且始终关注于满足客户的需求。阿里巴巴集团有六个核心价值观，贯穿于企业雇用、培训和绩效评估的公司管理系统中，分别是客户第一、团队合作、拥抱变化、诚信、激情、敬业。

项目五 国际贸易术语与价格核算

【知识目标】

1. 了解有关国际贸易术语的主要国际贸易惯例，了解出口商品价格构成；
2. 熟悉《2010 通则》的主要内容，熟悉佣金与折扣的计算；
3. 掌握常见的六种贸易术语及其价格转换。

【能力目标】

1. 能够结合实际贸易情况选用合适的贸易术语；
2. 能够对不同贸易术语的价格进行准确转换；
3. 能够准确对出口商品价格进行核算。

任务一 国际贸易术语

情境案例5-1

我国河北省一家进出口公司以CFR秦皇岛条件从非洲某国B供应商处进口一批货物，B供应商负责租船运输。支付方式为不可撤销即期信用证，B供应商在信用证规定的期限内交付了符合要求的单据，河北进出口公司开证银行按规定向其支付了货款，并通知河北进出口公司前来付款赎单。进出口公司付款取得单据后，却迟迟得不到有关货物的消息。后来得知，该批货物的承运人是一家小公司，船离港后不久就宣告破产了，船货俱告失踪。我国进口公司受到巨额损失。

请分析这种事件的发生说明了什么问题？在海运进口业务中，应怎样选择贸易术语？

案例点评

上述案例说明在海运进口业务，要慎重使用CFR术语。CFR术语要求卖方办理货物运输，而由买方办理货物运输保险。一旦卖方与承运方串通一气，租用不适航、不适货的船舶，出具假提单，买方就要遭受付了款却提不到货的损失。在海运进口业务中，一般采用FOB术语较好。

知识引导

一、国际贸易术语的含义和作用

进出口贸易中买卖双方交接货物的地点，货物在长途运输中的风险，买卖双方之间各自承担的风险范围如何划分，货物运输手续的办理，货物运输保险手续的办理，进出口手续的办理，以及取得各种进出口业务活动所需要的文件办理，责任的承担，在办理各种手续过程中所要支出的费用，如运费、保险费、进出口捐税和其他杂项费用由谁负担等，都应在买卖双方交易磋商中加以明确。但是，如果买卖双方对上述问题逐一磋商确定，那将增加交易成本，降低交易效率。因此，需要以一种简单的方法来对上述问题进行磋商。在长期的国际贸易实践中，逐渐形成了简短的概念或外文字母缩写用于明确买卖双方有关风险、责任和费用的划分，确定买卖双方在交接货物方面各自应尽的义务。这种简短的概念或外文缩写字母被称作贸易术语（trade term）或价格术语（price term）。

在进出口交易中，使用贸易术语不但简化了交易磋商的内容，缩短了成交过程，提高了交易效率，而且还能在很大程度上节省交易费用。因此，贸易术语的出现推动了国际贸易的发展。

二、有关贸易术语的国际贸易惯例

贸易术语的出现和使用给国际贸易带来了很大的便利，但各国并没有统一的解释。为了推进国际贸易的发展，某些国际组织和工商团体曾制定了有关国际贸易术语方面的规则、条例，以统一和规范国际贸易交易行为。这些规则和条例虽然无强制性，但得到了许多世界很多国家的认可，并在其国际贸易实践中加以运用，逐渐成为国际性的贸易惯例。目前国际上关于贸易术语方面的惯例主要有三个。

(一)《1932 年华沙—牛津规则》(Warsaw - Oxford Rules 1932)

《1932 年华沙—牛津规则》是由国际法协会制定的。该协会于 1928 年在华沙举行会议，制定了有关 CIF 买卖合同的统一规则，共 22 条，称为《1928 年华沙规则》。后经 1930 年纽约会议、1931 年巴黎会议和 1932 年牛津会议修订，定名为《1932 年华沙—牛津规则》，共 21 条。

本规则主要说明 CIF 买卖合同的性质和特点，并且具体规定了 CIF 合同中买卖双方所承担的费用、责任与风险。本规则适用的前提是必须在买卖合同中明确表示采用此规则。虽然这一规则现在仍得到国际上的承认，但实际上已很少采用。

(二)《1941 年美国对外贸易定义修订本》(Revised American Foreign Trade Definition 1941)

1919 年美国九大商业团体，共同制定了《美国出口报价及其缩写条例》，随后即得

到世界各国买卖双方的广泛认可和使用。但自该条例出台以后，贸易习惯已有了很大变化，因而在1941年7月30日，美国商会、美国进出口协会及全国对外贸易协会所组成的联合委员会通过了《1941年美国对外贸易定义修订本》。该修订版主要解释了六种术语。

（三）《2010年国际贸易术语解释通则》（International Rules for the Interpretation of Trade Terms）

国际商会于1936年制定了《国际贸易术语解释通则》，后来该通则于1953年、1967年、1976年、1980年、1990年、2000年及2010年进行修订和补充。目前最新版为《2010年国际贸易术语解释通则》（INCOTERMS 2010）。该通则包括11种贸易术语，分为两类，一类是适合任何运输方式的贸易术语，一类是适合水运的贸易术语。

三、《2010年国际贸易术语解释通则》常见六种贸易术语

（一）FOB（Free on Board）

FOB—装运港船上交货（指定装运港），是指卖方负责在合同规定的时间内，在指定的装运港把货物装到买方指定的船上，并负担货物装上船为止的一切风险和费用。这一贸易术语仅适合水上运输。

1. 根据《2010通则》的解释，买卖双方的主要责任如下：

（1）卖方义务：①在合同规定的时间，在指定的装运港，将货物装上买方指定的船只，并通知买方；②负责货物在装运港船上之前的一切费用和风险；③负责办理货物出口清关手续，取得出口相关许可证，并支付费用；④负责提交交货凭证、运输单据或同等作用的电子信息。

（2）买方义务：①负责租船订舱，支付运费，并将船名、航期通知卖方；②负责货物在装运港船上之后的一切费用和风险；③负责办理货物进口清关手续，取得出口相关许可证，并支付费用；④负责办理货物运输保险及支付保险费；⑤按照合同规定支付货款，并收取符合合同规定的货物和单据。

2. 在具体业务中，使用FOB术语时，要注意以下几个问题：

（1）船货衔接问题。按照FOB术语成交的合同属于装运合同，这类合同中卖方的一项基本义务是按照规定的时间和地点完成装运。但在FOB条件下，是由买方安排运输工具，这就存在一个船货衔接问题。按照有关法律和惯例，如果买方未能按时派船，卖方有权拒绝交货，并且由此产生的空仓费和滞期费，均有买方负责。如果卖方未按时备妥货物，那么由此产生的上述费用则由卖方承担。

（2）关于装船费用的负担。装船费用主要是指装船作业过程中涉及的各项具体费用。为了明确租船运输时，FOB条件下，有关装船费用的划分，可以通过FOB的变形来解决：

FOB班轮条件（FOB Liner Terms）。指有关装船费用由支付运费的一方负担，即

买方负担。

FOB吊钩下交货（FOB Under Tackle）。是指卖方负责将货物交到买方指定的船只吊钩所及之处，从货物起吊的有关装船费用由买方负担。

FOB平舱（FOB Trimmed）。是指卖方负责将货物装上船，并支付包括平舱费在内的装船费用。

FOB理舱（FOB Stowed）。是指卖方负责将货物装上船，并支付包括理舱费在内的装船费用。

以上贸易术语的变形只涉及装船费用的划分，并不改变交货地点和风险的划分界限。

（二）CIF（Cost，Insurance and Freight）

CIF—成本加保险费、运费（指定目的港），是指卖方负责在合同规定的时间内，在指定的装运港把货物装到买方指定的船上，并负担货物装上船为止的一切风险和费用，并负责办理货运保险，支付保险费，以及负责租船订舱，支付从装运港到目的港的正常运费。这一贸易术语仅适合水上运输。

1. 根据《2010通则》的解释，买卖双方的主要责任如下：

（1）卖方义务：①负责租船订舱，支付运费，在合同规定的时间，在指定的装运港，将货物装上船，并通知买方；②负责货物在装运港船上之前的一切费用和风险；③负责办理货物运输保险，支付保险费；④负责办理货物出口清关手续，取得出口相关许可证，并支付费用；⑤负责提交交货凭证、运输单据或同等作用的电子信息。

（2）买方义务：①负担除运费和保费以外的，货物在海运途中发生的一切费用及卸货费；②负责货物在装运港船上之后的一切费用和风险；③负责办理货物进口清关手续，取得出口相关许可证，并支付费用；④按照合同规定支付货款，并收取符合合同规定的货物和单据。

2. 在具体业务中，使用FOB术语时，要注意以下几个问题：

（1）租船订舱问题。采用CIF贸易术语成交，卖方的基本义务之一是租船订舱，办理从装运港至目的港的运输事宜。根据《2010通则》的规定，卖方必须按照通常条件及惯驶航线，用通常类型可供运输合同货物之用的海轮，装运货物至指定目的港。除非双方另有约定，对于买方提出的关于限制载运船舶的国籍、船龄、船型以及指定装载某轮船工会的船只等项要求，卖方均有权拒绝接受，但对于某些合理要求，也可考虑接受。

（2）保险险别问题。在CIF术语下，卖方必须自负费用办理货物的运输保险，但应投保何种险别，根据《2010通则》的规定，卖方只需投保保险公司责任范围内最小的一种险别，而最低投保金额应为合同规定的价款加成10%。

（3）卸货费用的负担问题。在租船运输时，CIF条件下，有关装船费用由卖方负担，至于在目的港的卸货费用的负担，可以通过CIF的变形来解决：

CIF班轮条件（CIF Liner Terms）。指有关卸货费用由支付运费的一方负责，即卖

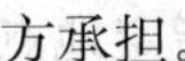

方承担。

CIF 舱底交货（CIF Ex Ship's Hold）。是指买方负担将货物从目的港船舱舱底起吊卸到码头的费用。

CIF 卸到岸上（CIF Landed）。是指货物到达目的港后，包括驳船费和码头捐在内的卸货费由卖方负担。

CIF 吊钩交货（CIF Ex Tackle）。是指卖方负担货物从舱底吊至船边卸离吊钩为止的费用。

(4) 象征性交货问题。按照 CIF 术语，卖方在规定的日期，在装运港将货物交到船上即为履行交货义务。即 CIF 合同的卖方是凭单履行交货义务的，是象征性交货的贸易术语。

象征性交货是针对实际交货而言的，前者是指卖方只要按期在约定的地点完成装运，并向买方提交合同规定的、包括物权凭证在内的有关单据，就算完成了交货义务，而无须保证按时到货。后者是指卖方要在规定的时间和地点将符合合同规定的货物提交给买方或其指定人，而不能以交单代替交货。

【想一想】

法国某卖方按照 CIF 条件向英国某买方出口一批货物，装运港为法国的加来，目的港在英国的多佛尔。卖方在合同规定的装运期备妥了货物并安排好了船只。但在办理装运时，卖方考虑到装运港到目的港距离很近，风平浪静，估计不会发生什么意外，就没有办理保险。载货船舶起航后也很快平安抵达目的港。当卖方通过银行向买方提示单据，要求买方付款赎单时，买方发现其中缺少保险单，就以此为由拒绝接受单据和支付货款。卖方则以货物完全合格，且安全抵达，保险单已失去效力为由进行抗辩。

你认为卖方的抗辩有无道理？并说明理由。

(三) CFR (Cost and Insurance)

CFR—成本加运费（指定目的港），是指卖方负责在合同规定的时间内，在指定的装运港把货物装到买方指定的船上，并负担货物装上船为止的一切风险和费用，并负责办理租船订舱，支付从装运港到目的港的正常运费。这一贸易术语仅适合水上运输。

CFR 与 CIF 术语十分类似，不同之处仅在于：CFR 合同的卖方不负责办理保险手续和支付保险费。除此之外，两者关于买卖双方责任划分基本相同。而且关于 CIF 为解决卸货费用的负担而产生的变形，同样适用 CFR。

按照 CFR 术语成交，需要特别注意的是装船通知的问题。按照惯例，不论是 FOB、CFR 还是 CIF 合同，卖方都必须于装船后及时向买方发装船通知。但在 CFR 条件下，卖方发装船通知尤为重要，因为这关系到进口方能否及时为进口货物办理保险的问题。

(四) FCA (Free Carrier)

FCA—货交承运人（指定地点），是指卖方在指定的地点将经出口海关的货物交给买方指定的承运人，即完成了交货。按照这一贸易术语，买方要自费订立从指定地点启运的运输契约，并及时通知卖方。如果买方有要求，或者根据商业习惯，买方又没有及时提出相反意见，卖方也可代替买方按通常条件订立运输契约，但费用和风险要由买方承担。

这一贸易术语适用于各种运输方式，包括公路、铁路、江河、海洋、航空运输以及多式联运。

1. 根据《2010 通则》的解释，买卖双方的主要责任如下：

（1）卖方义务：①在合同规定的时间，地点，将货物交给指定的承运人，并通知买方；②负责货交承运人之前的一切费用和风险；③负责办理货物出口清关手续，取得出口相关许可证，并支付费用；④负责提交交货凭证、运输单据或同等作用的电子信息。

（2）买方义务：①负责签订自指定地点承运货物的合同，支付货物运至目的地的运费，将承运人名称及有关情况及时通知卖方；②负责承担货交承运人之后的一切费用和风险；③负责办理货物进口清关手续，取得出口相关许可证，并支付费用；④负责办理货物运输保险及支付保险费；⑤按照合同规定支付货款，并收取符合合同规定的货物和单据。

2. 使用 FCA 贸易术语时，注意以下几个问题：

（1）关于交货问题：根据《2010 通则》的规定，如果在卖方所在地交货，卖方负责将货物装上买方指定的承运人提供的运输工具上；如果在其他任何地点交货，卖方只要将装载于运输工具上的货物交给买方指定的承运人处置即完成交货任务，即卖方不负责卸货。

（2）关于运输问题：根据《2010 通则》的规定，应由买方自付费用来订立从指定地点承运货物的运输合同，并指定承运人，卖方无订立运输合同的义务。但当卖方被要求代办运输合同时，只要买方承担费用和风险，卖方也可以按通常条件签订运输合同。当然卖方也可以拒绝代办，则应立即通知买方。

（五）CPT（Carriage Paid To）

CPT—运费付至（指定目的地），是指卖方应在约定的期限内，向其指定的承运人交货，支付将货物运至目的地的运费；承担货交承运人之前的一切风险和费用。这一贸易术语适用于各种运输方式，包括公路、铁路、江河、海洋、航空运输以及多式联运。

1. 根据《2010 通则》的解释，买卖双方的主要责任如下：

（1）卖方义务：①订立将货物运至目的地的合同并支付运费，在合同规定的时间，地点，将货物交给指定的承运人，并通知买方；②负责货交承运人之前的一切费用和风险；③负责办理货物出口清关手续，取得出口相关许可证，并支付费用；④负责提交交货凭证、运输单据或同等作用的电子信息。

（2）买方义务：①负责承担货交承运人之后的一切费用和风险；②负责办理货物

进口清关手续，取得出口相关许可证，并支付费用；③负责办理货物运输保险及支付保险费；④按照合同规定支付货款，并收取符合合同规定的货物和单据。

2. 使用CPT术语时，应注意的问题：

(1) 风险划分界限：根据《2010通则》的规定，如果双方按CPT术语成交，卖方要负责订立从起运地到指定目的地的运输合同，并支付运费，但买卖方双方的风险划分界限是以货交承运人为界。在多式联运的情况下，卖方承担的风险是自货物交给第一承运人控制时即转移给买方。

(2) 责任和费用的划分：按照CPT术语成交，卖方要负责订立运输合同并支付运费，但卖方只是承担从交货地点到指定目的地的正常运费。正常运费之外的其他有关费用，一般由买方负担。

(六) CIP (Carriage and Insurance Paid To)

CIP—运费和保险费付至（指定目的地），是指卖方负责订立货物运至指定目的地的运输合同并支付运费，还须对货物在运输途中的买方风险办理保险，即订立保险合同并支付保险费。当卖方将货物交给了承运人时，即完成了交货的义务。这一贸易术语适用于各种运输方式，包括公路、铁路、江河、海洋、航空运输以及多式联运。

采用这一贸易术语成交，卖方除负有与CPT术语相同的义务外，还应办理保险并支付保险费，其他方面如交货地点、风险划分等方面都相同。

使用这一贸易术语应注意，卖方要办理货运保险，并支付保险费，但货物从交货地点运往目的地运输途中的风险由买方承担。所以，卖方的投保仍属于代办性质。根据《2010通则》的规定，卖方只需要投保最低险别，保险金额一般为合同价格的基础上加成10%。

四、《2010年国际贸易术语解释通则》其他五种贸易术语

(一) EXW (Ex Works)

EXW—工厂交货（指定地点），是指卖方在其所在地将货物交给买方，即履行了交货义务。按照这一贸易术语成交，卖方不负责将货物装上买方准备的运输工具上，卖方也不负责出口清关。EXW术语是卖方承担责任、费用和风险最小的一种贸易术语。

【想一想】

2010年7月，我国天津ST公司按EXW条件与韩国B公司签订了一份出口电缆的合同，双方约定8月份交货。ST公司备好货，通知B公司提货时，买方B公司以电缆的包装不适宜出口运输为由，拒绝提货和付款，我方电告对方，签约时双方未就包装做出特别规定，而我方的包装完全符合运输的要求，并催促买方尽快提货付款，否则将构成违约，买方无奈，只好按约定提货，并支付了货款。

（二）FAS（Free Alongside Ship）

FAS—船边交货（指定装运港），是指卖方在指定装运港将货物送到买方所派船只的船边，即完成交货。买卖双方负担的风险和费用均以船边为界，如果买方所派的船只不能靠岸，卖方要负责使用驳船将货物运至船边交货，装船的责任和费用由买方承担。

【想一想】

2006 年，我国大连 Y 进口公司按照 FAS 条件从加拿大进口一批木材，在装运完成后，国外卖方来电通知我方付款赎单，并要求支付装船时的驳船费，对卖方的要求我方应如何处理?

（三）DAT（Delivered At Terminal）

DAT—运输终端交货（指定目的地的运输终端），在 DAT 项下，卖方在合同约定的日期或期限内将货物运到和他规定的港口或目的地的约定运输终端，并将货物从抵达的载货运输工具上卸下，交给买方处置时即完成交货。该术语适合各种运输方式。

使用 DAT 应注意的问题：

（1）正确理解运输终端的含义：根据《2010 通则》的解释，运输终端意味着任何地点，而不论该地点是否有遮盖，例如码头、仓库、集装箱堆场或公路、铁路、空运货站。为了避免不必要的纠纷，《2010 通则》建议当事双方在订立买卖合同时尽可能约定运输终端的名称和其具体位置，并且在运输合同中做出相应的规定。

（2）注意卖方责任的限度：DAT 的产生旨在替代《2000 通则》中 DEQ 术语。DEQ 术语是在目的港码头交货，卖方承担的责任仅限于将货物运至目的港，并卸至码头，而不负责再将货物由码头搬运到其他地方。DAT 的交货地点不再受码头的限制，但卖方承担的责任仍只是将货物交到合同规定的运输终端。

（四）DAP（Delivered At Place）

DAP—目的地交货（指定目的地），在 DAP 项下，卖方要在合同中约定的日期或期限内，将货物运到合同规定的目的地的约定地点，并将货物置于买方的控制之下，在卸货之前即完成交货。

使用 DAP 应注意的问题：

（1）认真了解 DAP 术语的具体含义：DAP 旨在替代《2000 通则》中的 DAF、DES、DDU 术语。也就是说，DAP 的交货地点既可以是在两国的边境指定地点，也可以是在目的港的船上，还可以是在进口国内的某一地点。但要注意的是，即使是在进口国的目的港或最终目的地交货，没有相反的规定，卖方也不负担卸货费用和进口通关的费用即关税。

（2）注意 DAP 与 CIP 的异同点：根据《2010 通则》的解释，CIP 条件下，卖方要讲合同规定的货物运到目的地的指定地点，这个地点可以是在两国的边境指定地点，也可以是在目的港的船上，还可以是在进口国内的某一地点。看起来这与 DAP 条件十

分相似，但要注意，二者的交货地点并不相同，采用 CIP 时，卖方只是承担责任和费用，将货物运到目的地指定地点，风险却是在将货物交给承运人即转移给买方。而采用 DAP 时，卖方的交货地点即在目的地的约定地点，卖方承担的风险也是在该地点实际交货时才转移给买方。

（五）DDP（Delivered Duty Paid）

DDP—完税后交货（指定目的地），在 DDP 项下，卖方要在合同约定的日期或期限内，将货物运到合同规定的目的地的约定地点，并且完成进口清关手续后，在运输工具上将货物置于买方的控制之下，即完成交货任务。

使用 DDP 应注意的问题：

（1）根据情况妥善办理投保事项：DDP 是《2010 通则》中包含的 11 条贸易术语中卖方承担风险、责任和费用最大的一种术语。按照这一术语成交，卖方要负责将货物从启运地一直运到合同规定的进口国内的指定目的地，把货物实际交到买方手中，才算完成交货。根据国际贸易惯例，按照 DDP 术语成交时，由于卖方要承担较大的风险，一般情况下卖方应根据实际情况来办理货运保险。

（2）其他注意事项：在 DDP 交货条件下，卖方是在办理了进口结关手续后在指定目的地交货的，这实际上是卖方已将货物运进了进口方的国内市场。如果卖方直接办理进口手续有困难，也可以要求买方协助办理。如果卖方不能直接或间接地取得进口许可证，则不建议使用 DDP。

【想一想】

法国出口商向荷兰进口商出口 80000 件餐厅用纸巾，合同约定采用 DDP 术语，交货地点在荷兰的鹿特丹，交货时间为 2010 年 10 月 21 日。卖方备好货后，通过公路运输将货物于 10 月 21 日运抵鹿特丹交货地点。在卸货费用上，双方发生了争执，买方坚持由卖方承担卸货费用，卖方则援引 INCOTERMS 2010 原文，明确卸货费用由买方负担。买方还是坚持不承担卸货费用，并声称惯例都是卖方负责卸货。无奈之下，卖方申请仲裁，仲裁庭审理后认为，卖方不负责卸货，买方负责卸货，并承担卸货费用以及卖方因交货延迟造成的损失。

任务讨论

1. 2010 年 4 月，美国某贸易公司与我国江西某进出口公司，签订了合同购买一批日用瓷具，价格条件为 CIF New York，支付条件为不可撤销的跟单信用证，出口方需要提供已装船提单等有效单证。出口方随后与宁波某运输公司（以下简称承运人）签订运输合同。8 月初出口方将货物备妥。装上承运人派来的货车。途中由于驾驶员的过失发生了车祸，耽误了时间，错过了信用证规定的装船日期。得到发生车祸的通知后，我出口方即可与美国进口方洽商要求将信用证的有效期和装船期延展半个月，并本着诚信原则告知进口方两箱瓷具可能受损。美国进口方回电同意延期，但要求货价应降 5%。我出口方回电据理力争，同意受震荡的两箱瓷具降价1%，但认为其余货物并未损坏，不能降价。但进口方坚持要求全部降价。最终我出口方还是做出让步，受震荡的两箱降价2.5%，其余降价1.5%，为此受到货价、利息等有关损失共计达15万美元。

事后，出口方作为托运人向承运人就有关损失提出索赔。对此，承运人同意承担有关仓储费用和两箱震荡货物的损失；利息损失只赔50%，理由是自己只承担一部分责任，主要是由于出口方修改单证耽误时间；但对于货价损失不予理赔，认为这是由于出口方单方面与进口方的协定所致，与己方无关。出口方却认为货物降价及利息损失的根本原因都在于承运人的过失，坚持要求其全部赔偿。3个月后经多方协商，承运人最终赔偿各方面损失共计5.5万美元。出口方实际损失9.5万美元。

问题：试分析出口方在选择贸易术语上的失误。

2. 某年3月，A公司与B公司按照CIF条件签订了一份出口某种日用工业品的合同。由于考虑到商品的季节性很强，买方要求在合同中规定货物必须在4月底之前运达目的港，以保证5月初投入市场，过期买方不再接受货物。卖方为了卖得好价钱，同意了买方的条件，并在合同中做出了明确的规定。卖方在合同规定的装运期内发运了货物，然而载货船只在途中发生故障，修船延误了时间，结果货到目的港已是5月中旬。买方拒绝接受货物，并提出索赔，双方发生了争执。卖方认为，合同是按照CIF条件成交的，根据《2010通则》的解释，CIF是在装运港交货，买卖双方承担的风险是以装运港船上为界划分，也就是说卖方只承担货物装上船之前的风险，而在运输途中发生的货物损坏、灭失以及延误的风险均由买方承担。但买方则认为，双方在订立合同时已明确规定了期限到达，这是买方接受货物的前提条件。现在货物抵达目的港的时间超过了规定的最后期限，买方自然有权要求解除合同。

问题：你认为谁的主张有理？为什么？

任务二 计算佣金与折扣

情境案例5-2

我国某出口公司希望扩大其产品在国外的市场份额，这时，进口国的某中间商主动来函与该出口公司联系，表示愿意为推销产品提供服务，并要求按照每笔交易的成交额给予5%的佣金。不久，该公司经该中间商中介与当地的用户达成CIFC 3%总金额为300000美元的交易，装运期为订约后3个月内从大连港装运，并签订了销售合同。合同签订后，该中间商即来电要求我出口公司立即支付佣金9000美元。出口公司回复称：佣金需待货物装运并收到全部货款后才能支付。于是，双方产生了争议。

请问这起争议产生的原因是什么？

案例点评

这起争议产生的原因是出口公司与中间商就有关佣金的支付方法没有达成一致。一般佣金的支付有三种方式：一种是有中间商直接从货价中扣除佣金；另一种是在委托人收清货款后，再按实现约定的期限和佣金比率，另行付给中间商；还有一种就是在买卖双方达成交易后，委托人就向中间商支付佣金，这种情况用得比较少。

知识引导

一、折扣（Discount）

折扣是指卖方按照原价给予买方一定的百分比的减让，一般由卖方在付款时预先扣除。

（一）价格中折扣的规定

在合同中，通常用文字说明的方法表示折扣，如：CIF 伦敦每公吨 300 美元，减 3%折扣。（USMYM 300 per metric ton CIF London less 3%）。

此外，折扣也可以用绝对数来表示，如：每公吨折扣 5 美元。也可以用“CIFD”来表示 CIF 价格中包括的折扣。但此方法不常用。

（二）折扣的计算

折扣通常是以成交额或发票金额为基础计算出来的。计算方法是：

折扣＝原价×折扣率

折实售价＝原价（1－折扣率）

【算一算】

某出口商品对外报价为 CFR 大连价每件 50 美元，含 3%折扣，如出口该商品 1000 打，试计算其折扣额和实收外汇各为多少？

解：因为：折扣＝原价×折扣率

折实售价＝原价（1－折扣率）

所以：折扣额＝1000×50×3%＝1500（美元）

折实售价＝50（1－3%）＝48.5（美元）

实收外汇＝48.5×1000＝48500（美元）

答：折扣额为 1500 美元，实收外汇为 48500 美元。

（三）折扣的支付

折扣一般是在买方支付货款时预先予以扣除的。也有的折扣金额不直接从货价中扣除，而按暗中达成的协议另行支付给买方，这种做法通常在给暗扣或回扣时采用。

二、佣金（Commission）

佣金又称手续费，是买方或卖方付给中间商的报酬。佣金分明佣和暗佣两种，在价格中体现佣金的为明佣，在价格中看不出含佣，但实际上含佣的为暗佣，两者通称为含佣价。

（一）价格中佣金的规定

制定商品价格条款时，如包括佣金，通常以文字来说明。如：每公吨 300 美元 CIF 纽约，包括 2%佣金（USMYM 300 per M/T CIF New York ，including 2% commission）。

此外，也可以在贸易术语上加注佣金的缩写英文字母“C”和佣金百分比来表示。如：每公吨 300 美元 CIFC 2%纽约。商品价格中所包含的佣金，除用百分比表示外，也可以用绝对数来表示。如：每公吨付佣金 20 美元。

（二）佣金的计算

在实际业务中，一般按成交额为基础来计算佣金，其计算方法是：

佣金＝含佣价×佣金率

由此可得出两个公式：

净价＝含佣价（1－佣金率）

含佣价＝净价/（1－佣金率）

【算一算】

某商品 CIF 价为 2000 美元，保持卖方净收入不变。试将该商品该报 CIFC4 价。

解：含佣价＝净价/（1－佣金率）＝2000/（1－4%）＝2083.33（美元）

答：该报后的 CIFC4 价为 2083.33 美元。

（三）佣金的支付

佣金的支付一般有两种做法：一种是由中间代理商直接从货价中扣除佣金；另一种是在委托人收清货款后，再按事先约定的期限和佣金比率，另行付给中间代理商。在支付佣金时，应防止错付、漏付和重付等事故发生。

任务讨论

中国某出口公司向英国伦敦商人出售货物一批，原定单价为每公吨 300 美元 CIF 伦敦，由于英国买方购买的数量比较大，卖方决定给买方一定价格减让，每公吨减 3 美元，买方公司的业务员要求卖方在合同中不要体现这部分价格优惠，合同单价仍为每公吨 300 美元 CIF 伦敦，减让的货款单独寄给业务员。

问题：买方的业务员这种做法属于何种做法？是否合理？

任务三　报价预算与还价核算

情境案例5-3

某中国出口公司与欧洲商人达成了一项出口牛肉罐头的交易，出口公司对外报价牛肉罐头2.20美元/听CIF马赛，按发票金额加成10%投保一切险，保险费率0.3%。欧洲商人提出将价格改为2.00美元/听CFR马赛。在成本、利润等其他条件不变的情况下，出口商是否能接受此价格?

案例点评

因为CFR=CIF×(1－投保加成×保险费率)，按照出口商的报价转换成CFR价格后，每听2.193美元，而欧洲商人要求的价格为2.00美元/听CFR马赛。所以在成本、利润等其他条件不变的情况下，出口商不能接受此价格。

知识引导

在国际贸易中，不同的贸易术语表示的商品价格构成是不一样的。通常在对外磋商中，有时一方按某种贸易术语报价时，对方要求该报其他术语的价格，这就需要价格的换算知识了。

一、六种主要贸易术语的价格构成

(一) FOB、CFR、CIF三种贸易术语的价格构成

商品的价格构成通常包括三方面的内容：采购成本、费用和预期利润。

采购成本：进货成本减去出口退税额

国内费用：国内费用：加工整理费、包装费、保管费、国内运输费、商检费等

国外费用：国外运费、国外运输保险费

利润：出口商的预期收入，一般都以利润率计算

FOB价＝采购成本价＋国内费用之和＋预期利润

CFR价＝采购成本价＋国内费用之和＋国外运费＋预期利润

CIF价＝采购成本价＋国内费用之和＋国外运费＋国外保险费＋预期利润

(二) FCA、CPT、CIP三种贸易术语的价格构成

FCA、CPT、CIP三种贸易术语，由于适用的运输方式广泛，它们的使用范围比较广，其价格构成通常也包括以上三部分。

FCA 价＝采购成本价＋国内费用之和＋净利润

CPT 价＝采购成本价＋国内费用之和＋国外运费＋净利润

CIP 价＝采购成本价＋国内费用之和＋国外运费＋国外保险费＋净利润

二、主要贸易术语的价格换算方法及公式介绍

（一）FOB 价换算为其他价

CFR＝FOB 价＋运费

CIF＝（FOB 价＋运费）/1－投保加成×保险费率

（二）CFR 价换算为其他价

FOB 价＝CFR 价－运费

CIF 价＝CFR 价/1－投保加成×保险费率

（三）CIF 价换算为其他价

FOB 价＝CIF 价×（1－投保加成×保险费率）－运费

CFR 价＝CIF 价×（1－投保加成×保险费率）

FCA、CPT、CIP 价格换算公式如上。

三、出口价格核算

（一）成本核算

实际采购成本＝含税成本－退税收入

退税收入＝含税成本×出口退税率/（1＋增值税率）

所以，

实际采购成本＝含税成本×［1－出口退税率/（1＋增值税率）］

【算一算】

某产品每单位的购货成本是 28 元人民币，其中包括 17％的增值税。若该产品出口有 13％的退税，那么该产品每单位的实际采购成本＝28×［1－13％/（1＋17％）］＝24.89 元人民币。

（二）运费核算

班轮运费的计算分为件杂货物与集装箱货物运费计算。计算公式如下：

班轮运费＝基本运费＋附加费

＝基本运费率×运费吨（1＋附加费率）

集装箱运费＝包箱费率×集装箱的数量

【算一算】

某货物纸箱装，纸箱的尺码为 50 厘米×40 厘米×30 厘米，毛重为每箱 52 千克，分别根据 20 英尺、40 英尺集装箱的有效载重量和有效容积计算的集装箱最大数量是：

按重量计算，每个 20 英尺集装箱可装最大数量为：

17.5÷0.052=336.538（箱），取整为 336 箱。

每个 40 英尺集装箱可装最大数量为：

24.5÷0.052=471.154（箱），取整为 471 箱。

按体积计算，每个 20 英尺集装箱可装最大数量为：

25÷（0.5×0.4×0.3）=416.667（箱），取整为 416 箱。

每个 40 英尺集装箱可装最大数量为：

55÷（0.5×0.4×0.3）=916.667（箱），取整为 916 箱。

（三）保险费核算

保险费=保险金额×保险费率

保险金额=CIF（CIP）价×（1+保险加成率）

（四）预期利润核算

出口价格中包含的利润大小由出口企业决定，可以用某一固定的数额表示，也可以用利润率即百分比表示。用利润率表示的时候应当注意计算的基数，也可以用某一成本作为计算利润的基数，也可以用销售价格作为计算利润分的基数。

【算一算】

出口某商品，生产成本为每单位 185 元，出口的各项费用为 13.5 元，如果公司的利润率为 10%，公司对外报价 FOB 价，试计算产品的 FOBC 出口价格。然后分别以生产成本、出口成本和出口价格为基数计算利润额。

按生产成本为基数计算的利润额为：185×10%=18.5（元）

按出口成本为基数计算的利润额为：（185+13.5）×10%=19.85（元）

按 FOB 出口价为基数计算的利润额为：（185+13.5）/（1−10%）−（185+13.5）=22.06（元）

四、出口还价核算

出口还价核算就是计算出口报价遭到还价后，价格中的其他要素可能产生的变化。出口报价有实际采购成本加上各种费用和预期利润组成，出口还价核算通常采用倒算方法，即以销售收入减去相应内容以分析还价后价格中个要素（如购货成本、费用、利润等）可能发生的改变。出口还价所采用的计算公式如下：

利润=销售收入−费用−实际采购成本

实际采购成本=销售收入−费用−利润

某项费用=销售收入−利润−其他费用−实际采购成本

通过上述公式，我们可以根据对方的还价，计算出利润、实际成本或采购成本、总费用或某项费用的变化情况，从而决定我们是否可以接受对方的还价。

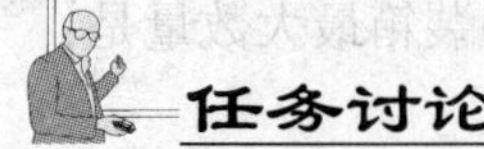

某欧洲客商对我国某出口商品的接受价为每公吨 350 欧元 CIF 汉堡，而我公司对该商品内部掌握的价格为 FOB 中国口岸每公吨人民币 1980 元。当时中国银行外汇牌价为每 100 欧元的买入价 823.72 元，卖出价 825.14 元。我公司备有现货，只要不低于公司内部掌握价即可出售。现该商品自中国某口岸至汉堡港的运费为每公吨人民币 600 元，保险费为每公吨人民币 100 元。

问题：我方能否接受？为什么？

任务小结

本章重点介绍了国际贸易术语的含义与目前常用的、影响较大的三个关于贸易术语的国际惯例：《1932 年华沙—牛津规则》、《1941 年美国对外贸易定义修订本》、《2010 年贸易术语解释通则》。其中以《2010 年贸易术语解释通则》内容最广、是应用最多，其中共有 11 种术语。重点掌握装运港交货和货交承运人的 6 种贸易术语，了解其他 5 种贸易术语，掌握贸易术语的关键是熟知每个贸易术语对交易中的责任、费用、风险和交货地点划分的界限以及价格构成。要在弄清每个贸易术语含义的基础上灵活选用各种贸易术语。

国际贸易商品价格包括单价和总值两项基本内容，单价通常由计量单位、单位金额、计价货币和贸易术语四部分组成，根据贸易需要还可以包括佣金和折扣。佣金是中间商为买卖双方提供贸易机会而首区的报酬。折扣是指卖方按照原价给予买方一定的价格减让，或称价格优惠。折扣的高低可根据具体成交条件及买卖双方关系而定。

不同的贸易术语表示的商品价格的具体金额是不同的，不同的贸易术语之间的转化是有规律可循的。掌握出口商品的价格构成计价格的换算，以保障出口商品“有利可图”。

一、单项选择题

1. 下列贸易术语中卖方不负责办理出口手续及支付相关费用的是（　　）。

A. FCA　　B. FAS　　C. FOB　　D. EXW

2. 上海出口一台设备海运至香港，中方办理出关手续，外方办理进关手续，外商支付运费和保险费，按以上交易条件，适用的贸易术语为（　　）。

A. FOB 上海　　B. CIF 香港　　C. CFR 香港　　D. CIF 上海

3. 在有关贸易术语的国际贸易惯例中，影响最大、使用范围最广的是（ ）。

A.《华沙一牛津规则》 B.《美国对外贸易定义》

C.《国际贸易术语解释通则》 D.《国际货物销售合同公约》

4. 按照《2010 年通则》的解释，在 FAS 条件下驳运费由（ ）。

A. 卖方负担 B. 买方负担

C. 船方负担 D. 卖方和买方共同负担

5. 以 CFR 成交，应由（ ）。

A. 买方办理租船订舱并保险

B. 卖方办理租船订舱并保险

C. 卖方办理租船订舱，买方办理保险

D. 买方办理租船订舱，卖方办理保险

6. 买方办理保险的贸易术语是（ ）。

A. CIF B. CIP C. CFR D. DDP

7. 某外贸公司对外以 CFR 报价，如果该公司现将货物交到货站或使用滚装与集装箱运输时，应采用（ ）为宜。

A. FCA B. CIP C. CPT D. DDP

8. 凡货价中不包含佣金和折扣的被称为（ ）。

A. 折扣价 B. 含佣价 C. 净价 D. 出厂价

9. 下列公式正确的是（ ）。

A. 含佣价＝净价/（1－佣金率） B. 含佣价＝净价×（1－佣金率）

C. 净价＝含佣价÷（1－佣金率） D. 净价＝含佣价÷（1＋佣金率）

10. 出口总成本是指（ ）。

A. 进货成本

B. 进货成本＋出口前一切费用

C. 进货成本＋出口前一切费用＋出口前一切税金

D. 对外销售价

二、多项选择题

1. FOB、CFR、CIF 和 FCA、CPT、CIP 术语的主要区别是（ ）。

A. 适用的运输方式不同 B. 风险转移的地点不同

C. 装卸费用的负担不同 D. 运输单据不同

2. 有关国际贸易术语的国际惯例有（ ）。

A.《2010 通则》 B.《1932 年华沙一牛津规则》

C.《1941 年美国对外贸易定义》 D.《汉堡规则》

3. 按照《2010 年通则》的解释，DAT 属于（ ）。

A. 到达类术语 B. D 组术语

C. 主要运费已付类术语 D. 主要运费未付类术语

4.《2010年通则》对FOB的解释与《美国对外贸易定义》的不同之处有（　　）。

A. 对卖方交货责任的规定不同　　B. 对买卖双方风险划分界限的规定不同

C. 对交货地点的规定不同　　D. 对出口手续及费用负担的规定不同

5. 下列关于佣金的规定正确的是（　　）。

A. 每公吨1000美元包括佣金3%　　B. 每公吨支付佣金30美元

C. 每公吨1000美元，CIFC3%香港　　D. 每公吨1000美元CIFC3%香港

6. 班轮运费包括（　　）。

A. 燃油附加费　　B. 基本运费　　C. 附加费　　D. 港口拥挤费

7. 出口价格中包含的利润大小由出口企业决定，它的表示方法有（　　）。

A. 用某一固定数额表示　　B. 用利润率表示

C. 用含佣价表示　　D. 用折扣价表示

三、分析题

1. 我方以CFR贸易术语与美国X公司成交一批冰箱的出口合同，合同规定装运时间为4月15日之前。我方备妥货物，并于4月8日装船完毕，由于遇到星期日休息，我公司业务员周一去办理的装船通知的传真。而货物在4月8日晚被火烧毁了。此时买方保险公司已知道此事而拒绝保险。

问：货物的损失由谁承担？为什么？

2. 我方以FCA术语从意大利进口一批布料，双方约定最迟的装货日期为4月12日，由于我方业务员的疏忽，导致意大利出口商在4月15日才将货物交给我方指定的承运人，当我方收到货物后，发现部分货物有水渍，据调查是因货交承运人前两天大雨淋湿所致。据此，我方向意大利出口商提出索赔，但遭到拒绝。

问：我方是否可向意大利出口商提出索赔？为什么？

3. 某公司以FOB条件出口一批茶具，买方要求某公司代为租船，费用由买方负担。由于公司在约定日期无法租到合适的船，且买方不同意更换条件，以致延误了装运期，买方以此为由提出撤销合同。

问：买方的要求是否合理？

四、技能实训

【资料】报价核算

商　品：玩具

货　号：KA2345、KB3321、KC3464、KD4242

包装方式：2PCS/纸箱

纸箱尺码：75×50×30cm

毛/净重：8/6kg

供货价格：52、60、43、76元人民币/只

起订数量：每个货号一个20英尺集装箱

增值税率：17%

退税率：8%

国内费用：出口一个20英尺集装箱所需费用为：运杂费850元，商检报关费180元，港区港杂费580元，认证费90元，业务费1100元，其他费用850元

海洋运费：USD2150/20英尺集装箱

保险费率：0.88%

预期利润率：5%

外汇汇率：6.34元人民币/美元

【要求】请根据下列资料分别报出每个货号的FOBC5、CFRC5、CIFC5的价格。(计算过程保留四位小数，计算结果保留两位小数)

拓展阅读

《2010国际贸易术语解释通则》

2010年9月27日，国际商会正式推出《2010国际贸易术语解释通则》(Incoterms 2010)，以取代已经在国际货物贸易领域使用了近十年的Incoterms2000，新版本2011年1月1日正式生效。

国际商会自1936年起草第一部国际贸易术语解释通则以来，就不断定期对其进行修改以适应国际贸易的发展趋势，Incoterms2010的修改考虑了目前世界上免税区的增加，电子通信的普遍使用以及货物运输安全性的提高，删去了Incoterms2000D组术语中的DDU、DAF、DES、DEQ，只保留了DDP，同时新增加了两种D组贸易术语，即DAT (Delivered At Terminal) 与DAP (Delivered At Place) 以取代被删去的术语。

INCOTERMS 2010中将贸易术语划分为适用于各种运输的CIP、CPT、DAP、DAT、DDP、EXW、FCA和只适用于海运和内水运输的CFR、CIF、FAS、FOB，并将术语的适用范围扩大到国内贸易中，赋予电子单据与书面单据同样的效力，增加对出口国安检的义务分配，要求双方明确交货位置，将承运人定义为缔约承运人，这些都在很大程度上反映了国际货物贸易的实践要求，并进一步与《联合国国际货物销售合同公约》及《鹿特丹规则》衔接。

项目六 国际货款结算

【知识目标】

1. 了解国际货款结算工具和结算方式的基本知识；
2. 熟悉本票、支票、汇票的特点及使用流程；
3. 掌握汇付、托收与信用证等结算方式的特点及使用流程。

【能力目标】

1. 能够根据实际情况选用合适的结算工具；
2. 能够结合实际业务选用合适的结算方式并进行必要风险规避。

任务一 结算工具

情境案例6-1

我国某公司在“广交会”上与一外商签订了一项出口合同，并凭外商在“广交会”上递交的、以国外某银行为付款人的、金额为8万美元的支票，在10天后将合同货物装运出口。随后，我出口公司将支票通过我国银行向国外付款行托收支票时，被告知该支票为空头支票。

请解释何为空头支票？今后我方应吸取什么教训？

案例点评

空头支票是指，支票持有人请求付款时，出票人在付款人处实有的存款不足以支付票据金额的支票。我方工作存在失误，在收到对方的支票后，应立刻委托我国国内银行凭该支票向国外付款行收款，待支票面额收妥后方可发货；此外，要增强自我保护意识，选择资金雄厚、信誉较好的贸易伙伴；如国外进口商交来支票作为支付凭证，为了防止对方开立空头支票，可要求对方出具“保付支票”，以防上当受骗。

知识引导

国际货款的结算，采用现金结算的较少，大多采用非现金结算，即使用代替现金作为流通手段的信用工具来结算国际间的债权、债务。票据是国际通行的结算和信用工具，是可以流通转让的债权凭证。国际中经常使用的票据主要有汇票、本票和支票。

一、汇票（Bill of Exchange；Draft）

汇票是一个人（出票人）向另一个人（受票人、付款人）签发的、要求其在规定的时间内无条件地将一定金额的款项支付给第三人（受款人）的书面命令。汇票的基本当事人有三个：出票人、受票人、受款人。

（一）汇票的内容

1. 付款人姓名
2. 付款期限
3. 出票地点
4. 汇票编号
5. 出票依据
6. 收款人或其指定人
7. 付一不付二或付二不付一
8. 利息和利率
9. 出票人签名

样例 6－1

BILL OF EXCHANGE

No. STDFT000001　　　　Dated 2010-04-08

Exchange for USD 450000

At ________ Sight of this FIRST of Exchange

(Second of exchange being unpaid)

Pay to the Order of Nanjing Commercial Bank

the sum of U.S.DOLLARS FOUR HUNDRED AND FIFTY THOUSAND ONLY

Drawn under L/C No.STLCN000002　　Dated 2010-04-07

Issued by THE CHARTERED BANK

To THE CHARTERED BANK

GRAND WESTERN TRADING CORP.

(Authorized Signature)

（二）汇票的使用

1. 出票：是出票人签发汇票，并将汇票交给持票人的过程。出票时，关于汇票的受款人，也称汇票的抬头，有三种写法：

A. 限制性抬头，如：“仅付某人或某公司（Pay ××× Co. only)。”这种汇票只有指定的人或公司才能受款，固安全性好，但流通性差。

B. 非限制性抬头，如："款付来人"、"款付持票人（Pay Bearer）"，这种汇票谁拿票谁就可以凭票受款，无须背书即可自由流通，固安全性差，但流通性好。

C. 指示性抬头，如："款付某人或其指定人（Pay××× Co. or order）"，这种汇票所指定的人可以自己凭票收款，也可以通过背书指定其他人收款。这种写法兼顾安全性和流通性两方面的要求，在实际中应用最为广泛。

2. 提示：是持票人将汇票出示给受票人，要求其付款或承兑。

3. 付款：是受票人依照汇票的命令，向受票人支付票款。

4. 承兑：对于远期汇票，受票人在见票时，即持票人向其做提示时，在汇票上签字承诺表示到期支付款项。

5. 拒付：是受票人拒绝承兑或付款。在业务上，受票人逃匿、失踪、死亡或破产，都视为拒付。

6. 背书：是受款人在汇票的背面签字声明将汇票的受款权利转让给他人的行为。对于指示性抬头的汇票一般可以多次背书转让，而且转让次数越多，汇票的信用价值越高，流通性越好。见图 6－1。

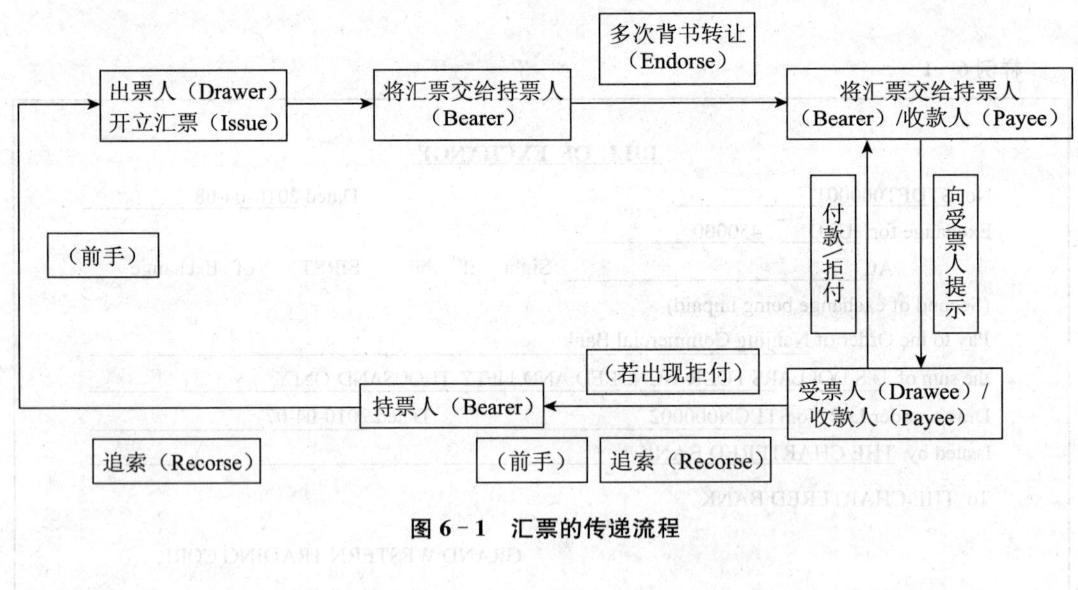

图 6－1 汇票的传递流程

（三）汇票的种类：根据不同的划分标准，汇票有以下常见的种类

1. 光票与跟单汇票：根据汇票是否随附货运单据，可以将汇票分为光票（Clean Bill）与跟单汇票（Documentary Bill）。在国际货物贸易中，大多数汇票都附有证明货物价值或货物已发运的货运单据，属于跟单汇票；光票则是不附带货运单据的汇票，其流通只能靠出票人的信誉。

2. 商业汇票与银行汇票：根据出票人不同，可以将汇票分为商业汇票（Commercial Bill）与银行汇票（Banker's Bill）。商业汇票常见于托收和信用证业务，而银行汇

票主要用于银行间的票汇业务。

3. 即期汇票与远期汇票：根据付款时间的不同，可以将汇票分为即期汇票（Sight Bill）与远期汇票（Time Bill）。由于即期汇票能使出口商立即收回货款，因此更受出口商的欢迎。

4. 商业承兑汇票和银行承兑汇票：根据承兑人的不同，远期商业汇票可分为商业承兑汇票（Commercial Acceptance Draft）和银行承兑汇票（Banker's Acceptance Draft）。商业承兑汇票是由工商企业或个人承兑的远期汇票，以商业信用为基础。银行承兑汇票是由银行承兑的远期汇票，以银行信用为基础。银行承兑汇票的信用等级较高，更易于在金融市场上流通。

二、本票（Promissory Note）

本票是由一个人（出票人）签发的，承诺自己在见票时无条件支付确定的金额给收款人或持票人的票据。本票的基本当事人有两个：出票人、收款人。

本票的种类：按照出票人的不同，本票可分为商业本票（又叫一般本票）和银行本票。根据付款时间的不同，一般本票又可分为即期本票和远期本票两种。银行本票都是即期的。

三、支票（Check）

支票是出票人签发的，委托办理支票存款业务的银行或者其他金融机构在见票时无条件支付确定金额给收款人或持票人的票据。支票的当事人有三个：出票人、付款人（银行或金融机构）、收款人或持票人。

支票的种类：支票都是即期的，按照有无收款人姓名记载，国际支票分为记名支票（Check payable to）和不记名支票（Check payable）。按照是否有平行横线，国际支票可分为划线支票（Crossed Check）和未划线支票（Uncrossed Check）。划线支票在支票正面画两道平横线，表明持票人只能委托银行收款，不能提现。其目的是防止在票据遗失时被人冒领。即使冒领，也可能通过银行首款线索追回款项。

四、汇票、本票的区别

第一，本票是无条件的支付承诺；而汇票是无条件的支付命令。

第二，本票的当事人有两个，即签票人和收款人；而汇票的当事人有三个，即出票人、付款人和收款人。

第三，本票的签发人既是付款人，因而远期本票无须承兑；而远期汇票则必须承兑。

第四，本票在任何情况下，签字人都是主债务人；而汇票在承兑前，出票人是主债务人，在承兑后，承兑人是主债务人。

第五，本票只能开一张，而汇票可以开出一套，即一式两份或数份。

任务讨论

我国北方T市的一家大型知名国有企业兴旺公司在中国的中资和外资银行都开有自己的银行账户。2012年年初，兴旺公司和国外的一家贸易公司多莱特公司达成销售业务，由兴旺公司向国外多莱特公司出口一批化工产品，价值5万多美元，支付方式为远期付款交单托收。在装运之前，国外的买方多莱特公司通知，请兴旺公司将来把所有的相关单据交给进口地的新兴银行，由新兴银行向多莱特公司收款，实际上是由买方规定国外指定的代收银行代收为收款。我方对这种做法一向不采纳，于是就向对方说明了情况，对方也表示同意。

兴旺公司找到了T市的一家知名的外资银行普天银行办理托收货款业务，在填写普天银行提供的托收申请书时，该申请书上面写明委托人可以指出自己愿意由哪一家国外银行作为代收行，银行会适当考虑客户的意愿来委托国外代收行。兴旺公司决定顺水推舟说明希望由新兴银行作为国外代收行。然后，普天银行就收下全套单据，收取了托收费用。在普天银行交给兴旺公司的回执当中，清楚写明已经收到兴旺公司的正本提单两份以及其他的单据和分数等。

但是后来多莱特公司却拒绝承兑汇票，兴旺公司打算自己委托进口地代理人，提货时发现由银行退回的提单当中有一张是假的，进口地码头说明货物已经被提走，而且出示了兴旺公司丢失的那张正本海运提单。兴旺公司找到普天银行，要求对方作出解释，给予经济赔偿，但是普天银行援引国际商会《URC522》的规定作出了拒绝。

问题：托收银行普天银行是否应该承担赔偿责任?

任务二 选用结算方式

情境案例6-2

某公司2012年向美国MAY WELL公司出口工艺品。该公司以前曾多次与其交往关系不错，但没有成交。第一笔成交客户坚持要以T/T付款，称这样节约费用对双方有利。考虑双方长时间交往，还算了解就答应了客户的要求。在装完货收到B/L后即FAX给客户。客人很快将货款USD11000汇给某公司。第一单非常顺利。一个月后客户返单，并再次要求T/T付款，我方同意，三个月内连续四次返单总值FOB DALIAN USD44000，目的港为墨西哥。但由于某公司疏忽在出发后既没有及时追要货款，更没有采取任何措施，使客户在没有正本B/L的情况下从船公司轻松提货。待四笔货物全部出运后再向客户索款已为时过晚，客户均已各种理由拖延，一会儿说资金紧张；一会儿说负责人不在；一会儿说马上付款；半年后客户人去楼空，传真、E-mail不通，

4万多美元如石沉大海，白白损失。

请问此案例中卖方的失误在哪儿？今后应注意什么？

案例点评

由于卖方选用支付方式不当造成了经济损失，今后应从以下几方面吸取教训。

（1）签订T/T、D/A、D/P纯属商业信誉的合同时，必须对客户有十分可靠的了解，必要时可通过有关驻外机构进行资信调查，在没有搞清楚客户全部情况前不能贸然接受T/T、D/A、D/P付款。此案经事后调查发现这两个公司均是中东阿拉伯国家不法商人在美国开办的公司，他们不讲商业道德，根本没有什么资金保障，打一枪换一个地方专门从事欺诈。我们必须提供警惕，对非欧美国家在美国经商的第三世界商人更要格外小心，防止上当受骗。

（2）必须努力识破奸商惯用的欺诈手段防患于未然。此案例第一单客户信守承诺，及时付款，没有任何推迟和延误，而第二单就开始行骗。同时在T/T项下，没有收到货款不能寄B/L。

（3）加强与银行的业务沟通，自觉接受银行的指导。上述案例虽然银行没有直接参与，但不管是L/C还是D/P、D/A、T/T业务，外贸公司必须与银行保持密切合作，接受银行指导和业务培训不断提高公司结汇水平。

知识引导

在国际贸易结算中，每笔交易通常只采用一种支付方式。但根据不同的国家和地区，不同的交易对象，不同的交易商品和不同的市场状态情况，可将两种以上的支付方式综合运用，加强竞争，促成交易，安全及时收汇，加速资金周转，争取好的经济效益。

一、常见支付方式

（一）汇付（Remittance）

1. 汇付的含义

汇付又称汇款，指订立商务合同后，进口人（汇款人）通过银行向出口人（收款人）汇寄款项的做法。

2. 汇付的当事人

汇付方式涉及的基本当事人有以下四个：

汇款人（remitter）即付款人，国际贸易中，汇款人通常是合同买方或其他经贸往来中的债务人。

汇出行（remitting bank）是接受汇款人的委托或申请，汇出款项的银行，通常是汇款人所在地的银行。

汇入行（receiving bank）又称解付行（paying bank）是接受汇出行的委托解付款项的银行，通常是汇出行在收款人所在地的代理银行。

收款人（payee）通常是出口人、合同卖方或其他经贸往来中的债权人。

3. 汇付的种类及其业务流程

（1）电汇（Telegraphic Transfer，T/T），指汇出行应汇款人的委托和申请，拍发加密电报或电传给其在国外的分行或代理行（汇入行），指示其解付一定金额给收款人的一种汇款方式。

（2）信汇（Mail Transfer，M/T）是汇出行应汇款人的委托和申请，用邮寄信汇委托书或支付委托书的方式，授权汇入行解付一定金额给收款人的一种汇款方式。

图 6-2 为电汇信汇的收付操作流程。

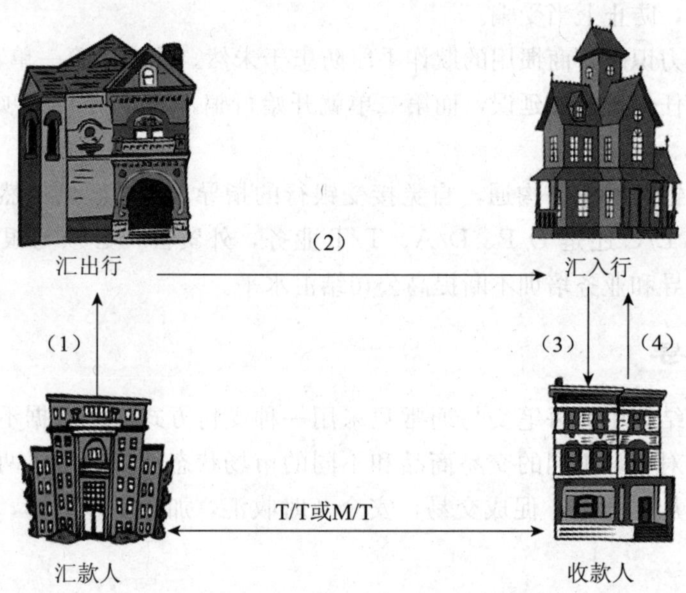

图 6-2　电、信汇的收付操作流程

注：（1）汇款人向汇出行提交汇款申请。

（2）汇出行通过电报、电传（信函）的形式向汇入行做汇款指示。

（3）汇入行向收款人发汇款通知，通知收款人提款。

（4）收款人前来取款。

（3）票汇（Remittance by Banker's Demand Draft，D/D）是指汇出行应汇款人的申请，开立以汇出行的海外分行或代理行为付款人的银行即期汇票，列明收款人的名称和金额等，交由汇款人自行寄交给收款人，凭票向付款行取款的一种汇付方式。见图 6-3。

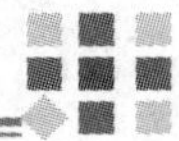

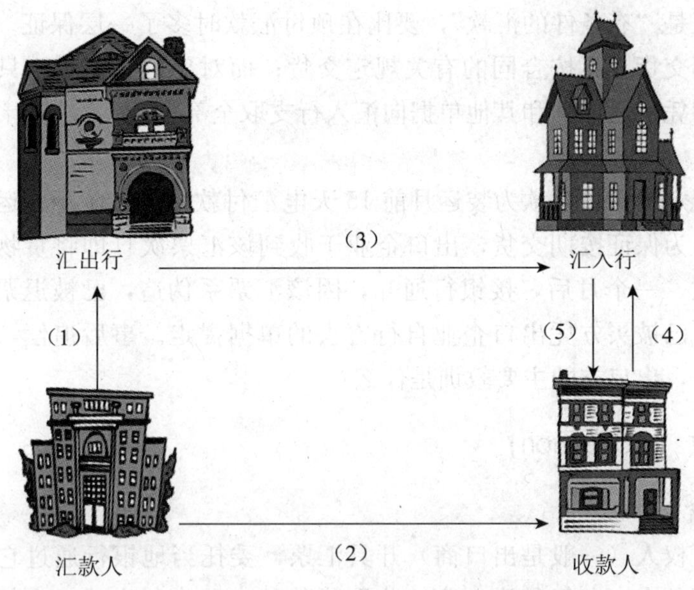

图 6-3　票汇的收付流程

注：(1) 汇款人向汇出行提交汇款申请。

(2) 汇出行开立银行汇票，由汇款人寄给收款人。

(3) 汇出行通过电报、电传（或信函）的形式向汇入行做汇款指示。

(4) 收款人持汇票向汇入行做汇款提示。

(5) 汇入行付款。

4. 汇付方式的运用

在进出口贸易中，根据付款与货物运送时间的不同，汇付方式有预付货款、货到付款和凭单付款等情形。

(1) 预付货款。预付货款方式对出口商来说，是预收货款，风险小并可以利用对方资金，所以对出口商最为有利。但对进口商来说，预付货款不但积压了资金，而且要承担出口企业可能不按合同规定交货的风险。预付货款往往用于以下情况：①买卖的商品是进口商市场上急需的抢手货，进口商为取得高额利润，不惜预付货款；②进出口双方关系十分密切，有时进口商是出口商在国外的联号；③卖方货物紧俏，但卖方对买方资信不了解，为了收汇安全，卖方提出预付货款作为发货的前提条件。

(2) 货到付款。采用货到付款方式，对买方极为有利；而对卖方来说，不仅要占压资金，还要承担货物已发出而货款不能收回或不能按时收回的风险。此种付款方式对卖方风险较大。货到付款常用于记账交易、寄售等贸易方式中。

(3) 凭单付汇。凭单付汇是进口人通过银行将款项汇给出口人所在地银行（汇入行），并指示该行凭出口人提供的某些商业单据或某种装运证明即可付款给出口人。汇入行根据汇出行的指示向出口人发出汇款通知书，作为有条件付汇的证明。这种方式较一般的付汇方式，对买卖双方都有保证作用，容易为进出口双方所接受。对进口人来说，凭单付汇是“有条件的汇款”，要比在预付汇款时多了一层保证。可以防止出口人支取货款后不交货或不按合同的有关规定交货；而对出口人来说，只要及时按合同交货，便可立即凭货运单据和其他单据向汇入行支取全部货款。

【想一想】

出口合同规定的支付条款为装运月前 15 天电汇付款，买方延至装运月中始从邮局寄来银行汇票，为保证按期交货，出口企业于收到该汇票次日即将货物托运，同时委托银行代收票款。一个月后，接银行通知，因该汇票系伪造，已被退票。此时，货已抵达目的港，并已被买方凭出口企业自行寄去的单据提走。事后追偿，对方早已人去楼空。对此损失，出口方的主要教训是什么？

（二）托收（Collection）

1. 托收的含义

托收是指债权人（一般是出口商）开具汇票，委托当地银行通过它在进口地的分行或代理行向债务人（一般是进口商）收取货款的一种支付方式。在托收业务中，作为支付工具的票据传递与资金的流通呈相反方向，所以属于逆汇。

2. 托收方式的基本当事人

委托人（principals），是委托银行办理托收业务的人。通常为出口商。

委托行（remitting bank），又称托收行，是受委托人委托办理托收的银行，通常是出口地银行。

代收行（collecting bank），是指接受托收行的委托，向付款人收取票款的银行，通常是进口地银行，并且多数是委托行在进口地的分行或代理行。

付款人（payer），是指汇票中指定的付款人，也就是代收银行向之提示汇票和单据的债务人，通常是进口商。

3. 托收的种类

托收可根据使用汇票的不同，分为光票托收和跟单托收。国际贸易中货款的收取大多数采用跟单托收。其根据交单条件不同，又可分为付款交单（Documents Against Payment，D/P）和承兑交单（Documents Against Acceptance，D/A）两种。

（1）付款交单，是指出口人的交单是以进口人的付款为前提条件。按付款时间的不同，付款交单又可分为即期付款交单（D/P at sight）和远期付款交单（D/P after sight）两种：即期付款交单是指出口人发货后开具即期汇票连同货运单据，通过银行向进口人提示，进口人见票后立即付款，付款后可向银行领取货运单据。远期付款交单是指出口人发货后开具远期汇票连同货运单据，通过银行向进口人提示，进口人见票后先在汇票上做承兑，与汇票到期日付款，付款后可向银行领取货运单据。

（2）承兑交单，是指出口人的交单以进口人在汇票上做承兑为条件。即出口人在装运货物后开具远期汇票，连同货运单据，通过银行向进口人提示，进口人承兑汇票后，代收银行即将货运单据交给进口人。在汇票到期时，方可履行付款义务。

4. 托收方式的操作流程（见图 6-4）

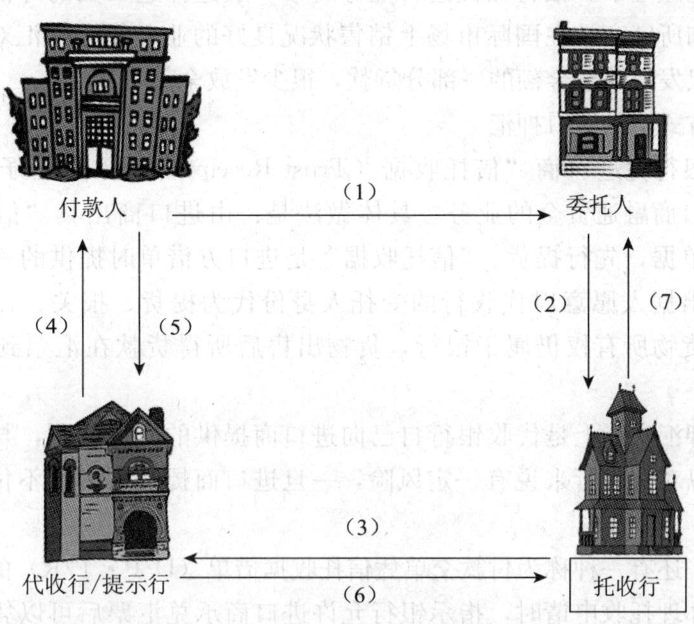

图 6-4 托收方式的操作流程

注：(1) 委托人和付款人签订合同，规定采用托收为支付方式。

(2) 委托人发货后，向托收行做托收提示。

(3) 托收行向代收行做代收指示。

(4) 代收行向付款人做付款提示。

(5)(6)(7) 付款人付款，代收行将货款移交托收行，托收行将货款交给委托人。

5. 托收方式的运用

在托收方式中，如果付款期限比较长，出口商就面临占压资金的问题；在远期付款交单的情况下，进口商想在付款之前先提取货物，抢占市场时机。在这些情况下，怎么办呢？这实际上涉及托收方式下的贸易融资问题，目前银行根据这些贸易实践中发生的问题，采取了进口押汇的方法。押汇是指银行对进出口商提供的一种贸易融资方式。在跟单托收业务中有托收出口押汇和托收进口押汇。

(1) 托收方式下的出口押汇

是指托收银行采用买入出口商向进口商开出的跟单汇票的办法，向出口商融资的一种银行业务。其具体做法是：出口商按照合同规定发运货物后，开出以进口商为付款人的汇票，将汇票及全套货运单据交托收银行委托收取货款时，由托收银行买入跟单汇票，按照汇票金额扣除从付款日（买入汇票日）到预计收到票款日的利息及手续费，将余额先行付给出口商。

这种先付的款项，实际上是托收银行对出口商的一种垫款，也是以汇票和单据作为抵押的一种放款。此时，托收银行即作为汇票的善意持票人，将汇票和单据寄至代收行，向进口商提示，票款收到货，即归还托收银行的垫款。

托收出口押汇有利于出口商加速资金周转和夸大业务量。当然，做出口押汇的托收银行就要承担风险了。银行在做这种业务时，一般选择进口国的外汇情况较好、进口商资信状况和所销商品在国际市场上销售状况良好的业务作为押汇对象。此外，出口押汇时一般只发放汇票金额的一部分货款，很少发放全部货款。

（2）托收方式下的进口押汇

是指代收银行凭进口商“信托收据（Trust Receipt，T/R）”给予进口商提货便利，从而向进口商融通资金的业务。具体做法是：由进口商出具“信托收据”向代收行借取货运单据，先行提货。“信托收据”是进口方借单时提供的一种书面担保文件，用以表示出据人愿意以代收行的受托人身份代为提货、报关、存仓、保险、出售；同时承认货物所有权仍属于银行，货物出售后所得货款在汇票到期日偿还代收银行。

托收进口押汇实际上是代收银行自己向进口商提供的信用便利，与出口商和托收银行无关，所以对代收行来说有一定风险，一旦进口商提货后到期不付款，代收行就要承担后果。

在贸易中，还有一种称为付款交单凭信托收据借单（D/P・T/R）的做法，这种做法是出口商在办理托收申请时，指示银行允许进口商承兑汇票后可以凭信托收据借单提货，即凭信托收据向进口商借单是由出口商授权的；日后进口商到期拒付时，则与银行无关，一切风险由出口人自己承担。

【想一想】

我某外贸公司与美商成交一批运动服，双方洽商时，收付方式为 D/P at 45 days after sight，后美商要求改为 D/A at 45 days after sight，请问，我方能否答应，为什么？

（三）信用证

1. 信用证的含义

信用证（Letter of Credit，L/C），是指由开证行依照申请人的要求，在符合信用证条款的条件下，凭规定单据向受益人或其指定人进行付款的一种支付方式。见下面样例。

样例 6-2　　信用证

ISSUE OF A DOCUMENTARY CREDIT	
ISSUING BANK	THE ROYAL BANK. TOKYO
SEQUENCE OF TOTAL	1/1
FORM OF DOC. CREDIT	IRREVOCABLE

续　表

DOC. CREDIT NUMBER	JST - AB12
DATE OF ISSUE	20030405
EXPIRY	DATE 20040615 PLACE CHINA
APPLICANT	WAV GENEAL TRADING CO.，OSAKA，JAPAN
BENEFICIARY	DESUN TRADING CO，LTD 224 JINLIN ROAD，NANJING，CHINA
AMOUNT	CURRENCY USD AMOUNT 10300. 00
AVAILABLE WITH/BY	BANK OF CHINA BY NEGOTIATION
DRAFTS AT. ..	DRAFTS AT SIGHT FOR FULL INVOICE VALUE
DRAWEE	THE ROYAL BANK，TOKYO
PARTIAL SHIPMTS	ALLOWED
TRANSSHIPMENT	ALLOWED
LOADING IN CHARGE	NANJING PORT
FOR TRANSPIRT TO...	OSAKA，JAPAN
LATEST SHIPMENT	20030531
GOODS DESCRIPT.	LADIES GARMENTS AS PER S/C NO. SHL553 PACKING：10PCS/CTN ART NO. QUANTITY UNIT PRICE STYLE NO. ROCOCO 1000 PCS USD 5. 50 STYLE NO. ROMANTICO 1000 PCS USD 4. 80 CIF OSAKA SHIPPING MARK：ITOCHU/OSAKA/NO，1 - 200
DOCS REQUIRED	* 3/3 SET OF ORIGINAL CLEAN ON BOARD OCEAN BILLS OF LADING MADE OUT TO ORDER OF SHIPPER AND BLANK ENDORSED AND MARKED “FREIGHT PREPAID” NOTIFY APPLICANT（WITH FULL NAME AND ADDRESS）. * ORIGINAL SIGNED COMMERCIAL INVOICE IN 5 FOLD. * INSURANCE POLICY OR CERTIFICATE IN 2 FOLD ENDORSED IN BLANK，FOR 110PCT OF THE INVOICE VALUE COVERING THE INSTITUTE CARGO CLAUSES（A），THE INSTITUTE WAR CLAUSES，INSURANCE CLAIMS TO BE PAYABLE IN JAPAN IN THE CURRENCY OF THE DRAFTS. * CERTIFICATE OF ORIGIN GSP FORM A IN 1 ORIGINAL AND 1 COPY. * PACKING LIST IN 5 FOLD.

续 表

ADDITIONAL COND	1. T. T. REIMBURSEMENT IS PROHIBITED 2. THE GOODS TO BE PACKED IN EXPIRT STRONG COLORED CARTONS. 3. SHIPPING MARKS: ITOCHU OSAKA NO., 1－200
DETAILS OF CHARGES	ALL BANKING CHARGES OUTSIDE JAPAN INCLUDING REIMBURSEMENT COMMISSION, ARE FOR ACCOUNT OF BENEFICIARY.
PRESENTATION PERIOD	DOCUMENTS TO BE PRESENTED WITHIN 10 DAYS AFTER THE DATE OF SHIPMENT, BUT WITHIN THE VALIDITY OF THE CREDIT.
CONFIRMATION	WITHOUT
INSTRUCTIONS	THE NEGOTIATION BANK MUST FORWARD THE DRAFTS AND ALL DOCUMENTS BY REGISTERED AIRMAIL DIRECT TO U. S. IN TWO CONSECUTIVE LOTS, UPON RECEIPT OF THE DRAFTS AND DOCUMENTS IN ORDER, WE WILL REMIT THE PROCEEDS AS INSTRUCTED BY THE NEGOTIATING BANK.

2. 信用证的基本当事人

开证申请人（applicant）是指向银行申请开立信用证的人，一般为进口商。

开证银行（opening bank，issuing bank）是指接受开证申请人的委托，开立信用证的银行，它承担保证付款的责任。开证行一般是进口商所在地银行。

通知行（advising bank，notifying bank）是指受开证行的委托，将信用证转交出口商的银行。它只证明信用证的真实性，并不承担其他义务。通知行是出口商所在地银行。

受益人（beneficiary）是指信用证上所指定的有权使用该证的人，一般为出口商。

议付银行（negotiating bank）是指愿意买入受益人交来跟单汇票的银行。议付行可以是指定的银行，也可以是非指定的银行，由信用证的条款来规定。

付款银行（paying bank）是指信用证上指定付款的银行。它一般是开证行，也可以是其指定的银行，由信用证条款来决定。

3. 信用证的支付流程（见图 6-5）

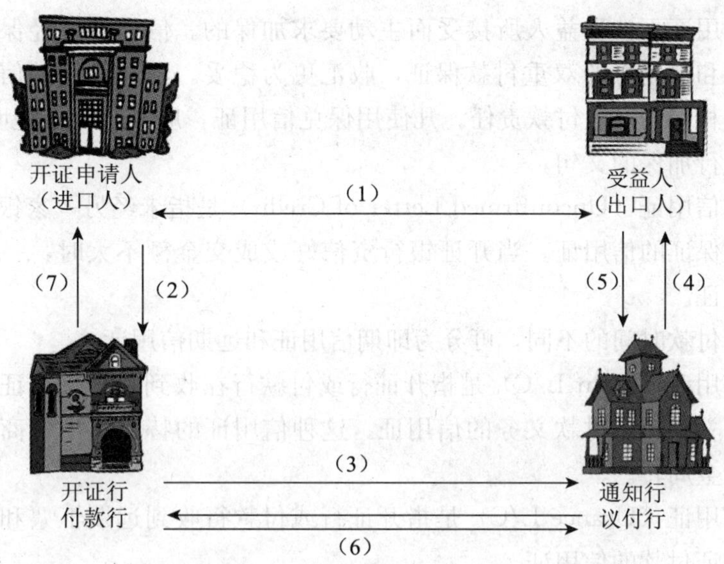

图 6-5　信用证的支付流程

注：(1) 开证申请人和受益人签订合同，规定采用信用证付款方式。

(2) 开证申请人向开证行提交开证申请书、保证金及手续费。

(3) 开证行开立信用证，并将信用证传递给通知行。

(4) 通知行初步审核信用证后，将信用证移交给受益人。

(5) 受益人向议付行交单议付，议付行审单后向受益人支付货款。

(6) 议付行向开证行寄单，开证行审单后向议付行偿付货款。

(7) 开证行向开证申请人提示付款，开证申请人付款赎单。

4. 信用证的特点

(1) 开证行承担第一付款责任。

(2) 信用证是独立于合同之外的，一项独立文件。

(3) 信用证业务是纯单据业务。

5. 信用证的种类

(1) 以信用证项下的汇票是否随附装运单据，信用证可分为跟单信用证和光票信用证。

①跟单信用证（Documentary Credit）是指开证行凭跟单汇票或仅凭货运单据付款的信用证。国际贸易中所使用的信用证绝大部分是跟单信用证。

②光票信用证（Clean Credit）是指开证行仅凭不附单据的汇票付款的信用证。在采用信用证方式预付贷款时，通常是用光票信用证。

(2) 按照是否有另一家银行对信用证加具保兑，可分为保兑信用证和不保兑信用证。

①保兑信用证（Confirmed Letter of Credit）是指由另一家银行即保兑行（通常是通知行，也可是其他第三者银行）对开证行开立的不可撤销信用证加负保证兑付责任

的信用证。对开证行开立的信用证进行加保，一股是应受益人的要求而作的。之所以需要加保，是因为受益人对开证行的资信不够了解，或不够信任。也有的开证行担心自己开立的倩用证不被受益人所接受而主动要求加保的。信用证一经保兑，受益人便取得了开证行和保兑行的双重付款保证，收汇更为稳妥。经过保兑的信用证，保兑行承担与开证行相同的第一付款责任。凡使用保兑信用证，应在该证上注明“不可撤销”的字样和保兑行加保的文句。

②不保兑信用证（Unconfirmed Letter of Credit）是指未经另一家银行担保，仅是开证行对付款保证的信用证。当开证银行资信好或成交金额不大时，一般都使用这种不保兑的信用证。

（3）按照付款时间的不同，可分为即期信用证和远期信用证。

①即期信用证（Sight L/C）是指开证行或付款行在收到符合信用证规定的跟单汇票或单据时，立即履行付款义务的信用证。这种信用证的特点是出口商收汇迅速、安全，有利于资金周转。

②远期信用证（Usance L/C）是指开证行或付款行收到远期汇票和单据后，在规定的期限内保证付款的信用证。

（4）按付款方式的不同，可分为付款信用证、承兑信用证和议付信用证。

①付款信用证（Payment L/C）是指在信用证上明确指定某一家银行付款的信用证。当受益人凭这种信用证向指定的付款银行提交规定的单据时，付款行即行付款。付款信用证一能不要求受益人开具汇票，而仅凭受益人提交的单据付款。付款信用证根据付款时间的不同，又有即期付款信用证和延期付款信用证之分。

②承兑信用证（Acceptance L/C）是指在信用证上明确指定某一家银行承兑的信用证。当受益人向指定的银行开具远期汇票并提示时，指定银行即行承兑，并于汇票到期日履行付款义务。

③议付信用证（Negotiation L/C）是指在信用证上明确指示受益人可以在某一指定的银行或任何银行议付的信用证。所谓议付，是指在单据相符的情况下，银行买下跟单汇票，扣除利息和手续费后，将贷款付给受益人。议付信用证又可按是否限定议付行分为两种。凡限定由某一银行议付的，称为限制议付信用证；任何银行均有权议付的称为自由议付信用证。

（5）不可撤销信用证（Irrevocable L/C）。

不可撤销信用证是指信用证一经开出，在有效期内，未经受益人及有关当事人的同意，开证行不得片面修改和撤销。只要受益人提供的单据符合信用证条款，开证行必须履行付款义务。UCP600 明确规定，信用证是不可撤销的。

（6）可转让信用证（Transferable L/C）。

可转让信用证意指明确表明可转让的信用证。根据受益人（第一受益人）的请求，可转让信用证可以全部或部分转让给其他受益人（第二受益人）。

转让银行意指转让信用证的指定银行。或者在适用于任何银行的信用证中，转让银行是经开证行特别授权且办理信用证转让的银行。开证行也可成为转让银行。

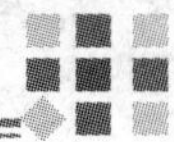

只有信用证允许部分支款或部分发运，信用证可以分几部分转让给数名第二受益人。已转让信用证不得应第二受益人的要求转让给任何其后受益人。第一受益人不视为其后受益人。

(7) 循环信用证（Revolving L/C）。

是指信用证在金额被全部或部分使用后，其金额又恢复到原金额，可再次使用，直至达到规定的次数或规定的总金额为止。在进出口买卖双方订立长期合同，分批交货，而且在货物比较单一的情况下，进口方为了节省开证手续和费用，使出口方既得到收取全部交易货款的保障，又减少了逐笔通知和审批的手续和费用，即可开立循环信用证。

循环信用证的循环方式可分为按时间循环和按金额循环。在按金额循环的信用证条件下，恢复到原金额的具体做法有三种：第一种是自动循环，即每期用完一定金额，不需等待开证行的通知，即可按所规定的方式自动恢复到原金额。第二种是非自动循环，即每期用完一定金额后才能恢复到原金额使用。第三种是半自动循环，即每次用完一定金额后若干天内，开证行未在规定期限内提出停止循环使用的通知，即可自动恢复至原金额。

(8) 背对背信用证（Back to Back L/C）。

又称转开信用证，是指一个信用证的受益人以这个信用证为基础，要求一家银行开立以该银行为开证行，以这个受益人为申请人的一份新的信用证。背对背信用证的开证行只能根据不可撤销信用证来开立。背对背信用证的开立通常是中间商转售他人货物，或两国不能直接办理进出口贸易时，通过第三者以此种办法来沟通贸易。

(9) 预支信用证（Anticipatory L/C）。

是指允许出口商在装货交单前先凭光票预支部分贷款的信用证。预支的方式有两种，一种是向开证行预支，即受益人开具以开证行为付款行的汇票，议付行买下后向开证行索偿；另一种是向议付行预支，即议付行先垫付贷款，持货物装运后交单议付时，扣除预支贷款的本息将余额支付给受益人。如未能装货，则由开证行偿还议付行的垫款和利息。预支信用证主要用于出口商收购及包装货物时资金紧张的情况。

【想一想】

我方按 CIF 东京向日本出口一批货物。4 月 4 日由日本东京银行开来不可撤销即期跟单信用证，金额为 50 万美元，装船期为 5 月，信用证中规定偿付行为纽约花旗银行。我中行收到证后于 4 月 22 日通知出口公司。4 月底公司获悉进口方因资金问题濒临破产倒闭。

试问：在此情况下我方应如何处理？说明理由。

二、选择结算方式应考虑的因素

（一）信用因素

在选择支付方式时，无论是进口商还是出口商，首先考围的因素就是交易对手的资信。当对于对方的资信状况不太了解或对方资信不太好时，应尽量选择对自己风险较小的支付方式；当对方是自己长期合作的贸易伙伴或资信很好时，则可选择对双方都有利的、手续简单、费用少的支付方式。

（二）货物因素

货物的市场销售情况也是左右交易双方选择支付方式的另一关键因素。在货物畅销时。出口商不仅可以提高售价，还可以选择对自己有利的支付方式，如预付货款、信用证等方式，进口商则不得不在这方面做些让步。在商品滞销或市场竞争激烈时，进口商不仅可要求出口商给予价格方面的优惠，还可选择对自己有利的支付方式，如D/A、货到付款等方式，对出口商来说，通常只有接受这些条件，才能扩大出口，增强企业市场竞争能力。

（三）运输单据因素

一般来说，具有物权凭证性质并可转让的运输单据如海运提单、联合运输提单等。卖方可大胆采用跟单信用证或跟单托收方式结算。但对于非物权凭证性质的航空运单、铁路运单、邮包收据等运输单据，最好采用汇付的方式。

三、各种支付方式的结合使用

（一）信用证与汇付相结合

信用证与汇付相结合是指主要货款采用信用证支付，余额货款采用汇付结算。这种结算方式的结合形式常用于允许其交货数量有一定机动幅度的某些初级产品的交易，如矿砂、煤炭、粮食等。对此，可规定大部分货款由银行根据信用证的规定在收到单据后先支付，余额货款待货到后经过验收，确定其货物实际数量后，采用汇付办法支付。使用这种结合形式，必须首先说明采用的是何种信用证和何种汇付方式以及按信用证支付金额的比例。

（二）信用证与托收相结合

这是指一笔交易的货款，一部分用信用证方式支付，余额用托收方式结算。一般的做法是：信用证规定出口商须开立两张汇票，属于信用证项下的部分货款凭支票支付，而其余额则将货运单据附在托收的汇票项下，按即期或远期付款交单方式托收。该做法对出口商收汇较为安全，对进口商而言可减少垫金，易为双方接受。但信用证必须订明信用证的种类和支付金额，以及托收方式的种类，也必须订明“在全部付清发票金额后方可交单”的条款。

（三）汇付、托收、信用证三者相结合

这种支付方式一般用在大型设备、成套设备及大型运输工具等生产周期较长的商

品交易中。这种特定的贸易方式特点是契约货物金额大、制造生产周期长、检验手段复杂、交货条件严格及产品质量保证期较长，买方一时难以付清全部贷款，可采取按工程进度和交货进度分若干期付清贷款，即分期付款和延期付款的方法，同时结合使用汇付、托收、信用证这三种支付方式。

分期付款是指在买方支付了一定的预付金或定金后，按照工程进度在交货前分若干期支付贷款。延期付款是指在买方支付了一定的预付金或定金后，按照工程进度直到交货后的一段时间分若干期付清贷款。分期付款和延期付款有相似之处，即都是在规定的期限内分期付清贷款，但两者又有区别，主要表现在以下几个方面。

(1) 买方付清货款的时间不同。分期付款是在交货时付清货款，是即期付现交易；延期付款是在交货后相当长的时间内，大部分贷款才被分期付清，具有赊销的性质，属于信贷交易。

(2) 货物所有权转移的时间不同。采用分期付款时，只要付清最后一笔货款，就可取得货物；延期付款是买方先取得货物所有权，后付清货款。

(3) 支付利息费用不同。分期付款是即期交易，进口商没有利用出口商的资金，因而不存在利息问题；而延期付款是出口商给予进口商部分商业信贷，由于进口商利用出口商的资金，所以进口商需向出口商支付延期付款的利息。采用这一类支付方式时，进口商一般采用汇付或托收方式支付定金或货款。在进口商付出定金前，为了保障自身的利益，防止出口商延迟交货，或产品质量与契约不符，或因故违约等，通常要求出口商开立备用信用证或银行保函。如果出口商不能履行合同义务，则由开证银行负责退回已交的定金、贷款和利息。同时，尤其是在延期付款情况下出口商要求进口商开立以出口商为受益人的备用信用证或银行保函，以保证进口商按期付款。

任务讨论

中国A外贸公司与英国B公司欲签订一份合同金额为1000万英镑的出口合同。由于B公司急需这批货物，且这是A公司首次与B公司合作。双方在支付方式选用上产生分歧：A公司想用即期信用证付款方式，而B公司想用承兑交单付款方式。

问题：作为A公司的业务员，你认为这份合同在支付方式选用上采用何种支付方式比较合适？为什么？

任务小结

在国际货款结算中，绝大部分采用非现金结算方式，即采用金融票据（如本票、汇票和支票）作为支付手段，其中以汇票的使用最为普遍。

国际货款的支付方式包括汇付、托收和信用证等方式，其中汇付和托收属于商业信用，信用证付款属于银行信用。这些支付方式，各自有其特点，既可单独使用，也可以结合使用。

国际货款支付的时间和地点，关系到买卖双方的利益，因此，交易双方都应合理选择和明确约定支付货款的时间和地点。同时，要结合具体情况采用不同的支付方式。

总之，我们在对外洽商交易时，应充分考虑收付货款的安全、汇率变动的风险、对资金周转的影响、利息和费用的负担等因素，并结合成交价格的高低和自身购销意图，在权衡利弊的基础上，明确合理地约定有利的支付条件，并切实按有关国际结算惯例搞好货款的收付工作，以利合同的顺利履行，维护自身的正当权益。

任务检测

一、单项选择题

1. 审核信用证的依据是（　　）。

A. 合同及《UCP600》的规定　　B. 一整套单据

C. 开证申请书　　D. 商业发票

2. 承兑是（　　）对远期汇票表示承担到期付款责任的行为。

A. 付款人　　B. 收款人　　C. 出口人　　D. 议付银行

3. 信用证上如未明确付款人，则制作汇票时，受票人应为（　　）。

A. 开证申请人　　B. 开证银行　　C. 议付银行　　D. 受益人

4. 根据《UCP600》的解释，信用证的第一付款人是（　　）。

A. 进口人　　B. 开证行　　C. 议付行　　D. 通知行

5. 下列哪种支付方式属于银行信用（　　）。

A. 汇付　　B. 承兑交单　　C. 付款交单　　D. 信用证

6. 下列属于逆汇的是哪种支付方式（　　）。

A. 汇付　　B. 托收　　C. 信用证　　D. 银行保函

二、多项选择题

1. 对于信用证与合同关系的表述正确的是（　　）。

A. 信用证的开立以买卖合同为依据

B. 信用证的履行不受买卖合同的约束

C. 有关银行只根据信用证的规定办理信用证业务

D. 合同是出口商审核信用证的依据

2. 国际货款结算票据的主要分类是（　　）。

A. 支票　　B. 汇票　　C. 外币现钞　　D. 本票

3. 信用证支付方式的特点是（　　）。

A. 信用证是一种银行信用　　B. 信用证是一种商业信用

C. 信用证是一种自足信用　　D. 信用证是一种单据的买卖

4. 在我国的进出口业务中，出口结汇的方法有（　　）。

A. 收妥结汇　　B. 买单结汇　　C. 定期结汇　　D. 预付结汇

5. 下列几种票据中，可以分为即期和远期的包括（　　）。

A. 支票　　B. 本票　　C. 汇票　　D. 银行汇票

6. 影响结算方式的因素有哪些？（　　）

A. 客户资信　　B. 贸易术语　　C. 运输单据　　D. 货物因素

7. 汇付与信用证相比较具有什么特点？（　　）

A. 银行收费较少　　B. 手续简单

C. 买方风险大　　D. 双方资金占压不平衡

三、分析题

1. 有一份合同价格条件为 CIF，合同规定保险由卖方承担。货在途中遭雨淋，船到纽约后，因货受损，买方拒绝凭单据付款，试问在上述情况下，卖方能否坚持凭单据要求买方付款的权利？为什么？

2. 我国出口企业收到国外开来的不可撤销信用证 1 份，由设在我国境内的某外资银行通知并加以保兑。我国出口企业在货物装运后，正拟将有关单据交银行议付时，忽接该外资银行通知，由于开证银行已宣布破产，该行不承担对该 L/C 的议付或付款责任，但可接受我出口公司委托向买方直接收取货款的业务。对此，你认为我方应如何处理为好？

3. 简述托收方式的程序及其特点，结合实际业务谈谈使用托收方式应注意哪些问题？

四、技能实训

【资料】

2012 年北方某城市一家贸易中间商长城公司得知，在美国市场上有一批废旧电缆欲出售。长城公司在确定能在本国找到废旧电缆的需求方后，随即与那家美国瓦特公司取得联系。美国瓦特公司提出，要求长城公司见到正本提单传真件后立即电汇全部货款，否则，瓦特公司将联系其他买家卖掉这批货物。长城公司为了能得到这批货物赚得利润，答应了瓦特公司的付款条件并予以书面确认。一个多星期后，瓦特公司用传真机传来了正本提单，并要求长城公司尽快电汇全部货款。长城公司了解到该批货物的确已经装船发运，便很快将全部货款电汇给美国瓦特公司。两个月后，船公司根据提单上的通知方地址通知长城公司提货。当公司打开集装箱发现，箱里面并非全部是废旧电缆，有部分竟用水泥块填充的。长城公司这才知道上当受骗，但为时已晚。

【要求】 试分析本案中长城公司的失误之处，并提出今后的防范措施。

拓展阅读

福费廷业务在中国发展迅速

随着近年来中国出口贸易的快速增长，“福费廷”业务在国内发展迅速，中国市场已成为国际福费廷业务最具潜力的市场之一。日前了解到，许多中资及外资金融机构正在大力拓展“福费廷”这一高收益率的贸易融资业务品种。随着近年来中国出口贸易的快速增长，“福费廷”业务在国内发展迅速，中国市场已成为国际福费廷业务最具潜力的市场之一。“福费廷”是一项与出口贸易密切相关的新型贸易融资产品，指银行无追索权地买断因贸易产生的未到期债权，其最大特点在于无追索权。出口企业通过办理该业务，无须占用其自身在银行的授信额度，就可获得100%的便利快捷的资金融通，变应收账款为现金流入，改善资产负债表。同时，还可以有效地规避利率、汇率、信用等各种风险。

第二部分

出口贸易实务

项目七　交易磋商与签约

【知识目标】

1. 了解出口交易前的准备工作；
2. 熟悉出口合同的订立条件；
3. 掌握交易磋商的程序；出口商品的价格构成及价格核算。

【能力目标】

1. 能够利用各种渠道及现有资源对国际市场、目标市场进行简单分析，开发潜在客户；
2. 能够进行交易磋商，拟写磋商函电；
3. 能够以工厂的报价、公司的利润等为基础，进行出口商品的价格核算；
4. 能够根据磋商内容，拟订外销合同。

任务一　出口市场调研与开发客户

任务情境

北方贸易公司（NORTHERN TRADING Co.）成立于2011年，主要经营各类高档女士服装，产品主要面向亚洲市场，现经过多方考察，公司欲将产品投入北美市场，经理有意将此任务交给业务员李明全权负责。

知识引导

一、国际市场调研

企业进行出口贸易，究竟进入哪个国家（地区）最为有益，即企业如何确定企业的基本业务范围，是出口贸易首先要解决的问题。这就需要我们在对国际市场进行细分的基础上，确定企业的目标市场，确定自己的目标对象。

国际市场调研是运用科学的调研方法与手段，系统的搜集、记录、整理、分析有关国际市场的各种基本状况及其影响因素，以指导企业制定有效的市场营销决策，实现企业经营目标。

（一）国际市场调研的内容

国际市场调研的内容包括出口货物、目标市场、国外客户、销售渠道和竞争者的

情况等。

1. 明确自身经营的产品

对自己所经营的货物品质、价格、设计与生产、交货期、法律保护等情况要了如指掌。

2. 掌控目标市场的状况

如目标市场对货物品质的要求、市场供求关系、市场的销售价格、市场的法律规定及贸易壁垒、市场的文化背景与风俗习惯及市场的外汇管制。

3. 了解国外买方的实力

如买方公司的组织性质、分支机构、买方的资信情况（注册资金、收付资金情况、履约守信情况）、支付能力（包括对方开户行情况）、经营能力（销售额、销售渠道、经营方式等）、经营范围（商品类别、经营性质：如代理商、零售商、实际买主）及经营作风等。

4. 掌握竞争者的状况

首先应当知道谁是竞争者；其次对竞争者的产品优势及劣势有所把握，特别是与自己产品的最大差别所在；再次要清楚竞争者的经营方法、销售渠道以及是否有不正当竞争行为；最后还要获取竞争者对自己产品的评价。

5. 对销售渠道的调研

销售渠道是由生产转向消费必经的路线，具体表现为中间商，它是架在生产或者和消费者之间的一座桥梁。是否需要中间商，取决于货物价格高低、消费面是否广泛、货物自身特性以及生产者是否具有营销经验等。因此，结合自身情况，了解不同国家和地区销售渠道的特点与规律，合理选择中间商，利用其在当地市场的销售实力打开国外市场，是每个卖方都极为关心的重要内容。

（二）国际市场调研的方法

企业对国际市场进行调研，按其资料取得的方法不同一般可以分为两类：一类是通过自己亲自观察、询问、登记取得的，称为原始资料；另一类是别人搜集的，调查者根据自己研究的需要，将其取来为己所用，称为二手资料。人们又把它分为案头调研法和实地调研法。

1. 案头调研法

案头研究调研是指查询并研究与调研项目有关资料的过程，这些材料又叫二手资料，是指经他人搜集、整理或者是已经发表过的材料和数据。其来源主要有两个渠道：一是内部资料，包括企业营销信息系统中储存的各种统计数据，如企业历年销售情况、主要竞争对手的销售和利润状况、有关市场的各种数据等；二是外部资料，主要指本国或外国政府及研究机构的资料、国际组织出版的国际市场资料、国际商会和行业协会提供的资料等。

2. 实地调研法

实地调研法是国际市场调研人员通过发放问卷、面谈、电话调查等方式直接到国际市场上搜集情报信息的方法。采用这种方法搜集到的资料，就是第一手资料，也称为原始资料。第一手资料的最大特点是真实、快捷、便于企业针对市场变化和消费者的反应及时调整营销决策。实地调研常用的调研方法有三种：询问法、观察法和实验法。

（1）询问法，是指调查者直接向被调查人提出问题，并以所得到的答复为调查结果。这是最常见的和最广泛采用的一种方法，包括面谈调查、电话询问、邮寄调查等。

（2）观察法，是指通过观察有关人员的行为及现场情况来搜集原始资料。比如调研人员到零售店中观察企业产品的购买和销售情况。调研人员采用观察法主要是为了获得那些被观察者不愿或不能提供的信息。

（3）实验法，是搜集因果关系方面信息最适当的方法，如研究包装和广告对产品销售的影响。在其他因素不变的情况下，某种包装或广告使用前后销售量的变化就可看做是该包装或广告的效果。

二、国外客户开发

任何一个国家（地区）的市场都具有成百上千的买主，任何一个出口企业都不可能满足一个（或几个）国家（地区）市场上的所有买主对出口产品的需求。因此，出口企业在选定了进口国、确定了自己的基本业务范围后，还要在该国（地区）精确具体地选择企业的基本客户。

（一）客户开发的渠道和方法

根据公司经营的产品特点，业务人员利用各种渠道寻找客户资料为己所用。寻找海外客户资料可以通过银行、商会、企业名录、驻外使馆商务参赞处、销售代理、展销会、报纸、杂志、电视广告、贸易团体互访、互联网等渠道进行。

通过展销会与客户接触，要注意识别买主的性质，参加展销会的有买方、货源方、批发商、零售商、连锁店、百货商店，可以根据销售需要进行取舍。

在互联网上发布信息时，主题要清晰，货品描述准确无误，展示样品，图文并茂。有要货的客户会以询价单、发送留言等形式与我方洽谈，但一般的买方都是使用公司网站的邮箱，而不是免费的电子邮件地址。获取企业名录可以登录中华人民共和国商务部（http：//www.mofcom.gov.cn）网站首页，从“世界买家”栏目进入即可按照商品分类查找所需买主，还可通过阿里巴巴网、环球资源、ECPlaza、Trade Compass、Commercial Place 等商务网站寻找商业机会，搜索公司、产品。

【资料卡】

进出口交易准备中的实用网站

1. 中华人民共和国商务部（http：//www. mofcom. gov. cn/）
2. 中华人民共和国海关总署（http：//www. customs. gov. cn）
3. 阿里巴巴（http：//china. alibaba. com）
4. 中国企业在线（http：//chinamarts. com）
5. 中华大黄页（http：//www. chinabig. com. cn）
6. Business Guide to the Web（http：//bizweb. com）
7. 北美制造企业名录（http：//www. thomasregister. com）
8. 欧洲制造企业名录（http：//www. tremnet. com）
9. 美国制造企业名录（http：//www. thomasregional. com）
10. 世界黄页（ http：//worldyellowpages. com）
11. 世界贸易指南（http：//www. gtdirectory. com）

（二）客户资信调查

正确选择交易对象，对我们发展业务、扩大出口关系重大。为使交易建立在可靠地基础上，我们要对客户的情况展开细致的调查。而资信调查是任何贸易公司对外交易不应缺少的一个环节。外商资信状况直接关系到贸易公司能否顺利履行合同，安全收汇。

资信调查的渠道主要有向银行调查、通过我国驻国外商务机构调查、通过老客户调查、向资信机构调查、向商会或同业公会调查、通过我国的有关外贸公司调查。

资信调查的具体内容包括以下几个方面：

1. 把握客户资信情况的基本因素

企业进行资信调查，首先要对影响客户资信情况的各种因素有基本的把握，并从这些基本因素出发，对客户的资信状况进行调查、搜集、归纳和整理。一般来说，这些基本因素可归纳为以下几个客户特征：客户的基本特征、客户的决策特征、客户信用及财务特征、注意具体的细节，这四个特征就是在资信调查中注意的基本面，也是进行交易决策的一些基本的着眼点。

2. 注意具体的细节

除了以上这些基本因素应该把握外，还应在一些具体的细节上多加注意，如：公司是否真的已经注册；母公司对子公司是否负连带责任；有没有经济纠纷并有诉讼；公司是否有付款拖沓的记录。

3. 从与客户接触中获取信息

企业在和客户进行接触的过程中，应该学会通过从点滴的细节中获取信息。如果运用信用分析的方法对这些看似零散的信息加以分析整理，就可以转换成一种描述客户信用特性的专门手段，这将会对企业准确判断客户的信用情况提供很大的帮助。

4. 对客户实地走访

通过参观客户的厂房、设备，获取对方的企业规模、经营情况、财务分析、发展计划和存在的风险，力求掌握对方的全面信息。还可与对方人员进行直接交流，更加真实有效地获得客户信息。

案例7-1

中国一食品出口公司与阿根廷A公司签订了一笔总价值50万美元的冻鸡销售合同，价格条件为FOB大连，目的港是孟加拉的吉大港（阿根廷的A公司将货物转手卖给了孟加拉的B商人），付款方式为承兑交单远期120天办理托收。我方按规定装运其货物后，通知中国银行办理托收手续。中国银行委托阿根廷某商业银行为代收行向阿根廷的A公司收那公司款。单据到阿根廷后，A公司即承兑赎单，又以原提单向孟加拉的收货人收取了货款。阿根廷的商业银行在汇票到期时向A公司那公司催促付款，但此时该公司已宣布破产。经核查，阿根廷的A公司在当地注册资本仅20万港元，其财产远远不够抵偿公司的欠款，而且A公司又是有限责任公司。因此，我国的食品公司遭受了严重经济损失。

请问该出口公司遭受严重经济损失的原因是什么？

三、制订出口经营方案

出口经营方案是在广泛、深入的市场调研基础上，对市场信息进行筛选、分析、归纳，结合本企业的经营战略目标、企业本身的特点，综合内外可控制与不可控制因素，所制订的行动方案。其主要内容大致包括以下几方面：

（1）货源情况。其中包括国内生产能力、可供出口数量、出口商品的性质、规格和包装等情况。

（2）国外市场情况。主要包括国外市场需求情况和价格变动的趋势。

（3）出口经营情况。其中包括出口成本、汇率、盈亏的情况，提出经营的具体意见和安排。

（4）推销计划和措施。包括分国别和地区，按品种、数量或金额列明推销的计划进度，以及按推销计划采取的措施，如贸易方式，收汇方式的运用，对佣金和折扣的掌握。

对于大宗货物或重点推销的货物通常逐个制订出口经营方案；对于中小商品，则制订内容简单的价格方案。出口经营方案有文字叙述和表格两种形式。

【任务操作】

【第一步】北方贸易公司的李明对于本公司的各类女士服装制订出口经营方案。见样例7-1。

样例 7-1 **出口经营方案**

一、国内货源情况

1. 高档女士服装的主要特点及品质

高档女装以高级成衣为代表，强调设计创意，在经营上以设计师品牌为主，在造型、选材和制作上均融入了相当可观的创新意识和审美成分，注重文化品位和内涵。高档女装体现了文明社会社交礼仪的一种需要，强调着装者的地位与身份，因其价格昂贵和特殊的市场定位，在营销上也不同于其他类别的服饰。

2. 国内主要供应商

广州诚迪服装有限公司

杭州斯迈尔服饰有限公司

上海柯之路服饰有限公司

深圳市古勒时装有限公司

伊柏比逊服饰有限公司

二、国外市场情况

国外主要高档女装出口国在法国、意大利。高档女装出口市场前景较好，在国际上还有较大的市场。

主要公司名称：

PA－WA－NA DESIGN CO.，LTD

P. E. COATING SUPPLIES LTD.，PART

KIWI AND KOM－KOM PRODUCTS CO.，LTD

CHRYSSAITOU AIKATERINI

KOSTOPOULOS，P.，SONS S. A.

CONSTANTINOU，S. D.，& SON S. A. "YALCO"

三、出口地区

美国、欧盟 、日本

四、经营历史情况

纺织服装业是我国最早开放进入国际市场的产业，也是我国在国际市场上成长最好、增长最快、发展最完善的产业。2011 年服装出口金额为 1532.2 亿美元，同比增长率为 18.3%。一些企业走高端产品路线，产品议价能力很强，单价提升空间相对较大。有些新品面料凭借科技创新优势和品牌优势，国际议价能力明显提升。有些高档家纺面料平均单价已提升 5%～10%。

欧美国家一直以来对于纺织服装的需求比较旺盛，而且目前国内生产的产品质量提升很快，很多国家都从中国进口，并且进口的比例提升很大。中国已经是世界最大的出口国，只是还有部分国家从中国进口的量不大，应该特别注重这些国家的市场开发，进一步提高市场占有率。

五、经营计划安排和措施落实

1. 消费者定位

职业女性；追求时尚的女性。

2. 数量包装

每套或每件均有包装，50 套或 50 件为一箱。

美国：各类共 100 万条女士长裤。

欧盟：各类共 200 万套女士套装。

日本：各类共 180 万套女士针织衫。

3. 最低价格（单套）

女士长裤：150 元；女士长裤（带精美包装盒）155 元。

女士套装：360 元；女士套装（带精美包装盒）365 元。

女士针织衫：100 元；女士针织衫（带精美包装盒）105 元。

4. 贸易方式

采用单纯的商品购销方式，如单边出口；或采用代理、寄售的方式。

5. 可接受付款方式

信用证付款、电汇、跟单托收。

6. 运输方式

铁路运输、班轮运输、集装箱运输。

任务讨论

山东省某企业准备斥资500万元人民币与美国某公司设立合资公司，并约定将该投资用于向外方指定的某设备商购买设备，该美国公司提供了盖有“俄亥俄州政府印章”的营业执照正本和美国某知名银行提供的“AAA级”资信证明以及公证书。在审查外方提供的各种文件时，主办人员发现其中两份文件在外方公司名称上存在一个字母的差异，这引起了主办方的注意，经综合考虑当事人提供的有关资料和情况介绍，感觉外方资信状况存在不实之处，于是建议合资中方对外方资信状况进行全面调查。设想你是公司业务员，你应该通过什么机构，如何进行资信调查。

任务小结

国际市场调研是交易磋商前的首要工作。对国际市场的调研要有的放矢，广泛收集资料，可通过国外电讯、报纸及各种专业性书刊，我驻外机构提供的情况，国外海关手册，日常业务活动中的资料及国外客户的反映等。同时，还必须对收集的资料进行整理分析，去粗取精，去伪存真，力求从中得出较为准确的判断，以指导我们的对外业务活动。在收集、整理、分析资料的过程中，要注意现状材料和历史材料的相结合，书刊报纸“死材料”和业务活动中“活材料”相结合，以尽量做到客观全面地掌握资料。通过国际市场的调研，选择恰当的国外销售市场。在对客户了解后，要选择那些对我们态度友好、信用好、资金雄厚、具有一定经营能力且经营范围符合我们需要的客户作为交易对象。在物色新客户的同时，要注意巩固与老客户的关系，以便在国际市场上形成一个广泛、稳定的客户群。最后，根据所掌握的全部信息，制订一份出口经营方案，及早做好工作安排。

拓展阅读

我国相关交易会和展览会

中国进出口商品交易会（http：//www.cecf.com.cn）。又称“广交会”，创办于1957年春季，每年春秋两季在广州举办，是中国目前历史最长、层次最高、规模最大、商品种类最齐全、到会客商最多、成交效果最好的综合性国际贸易盛会。

中国国际高新技术成果交易会（http：//www.chtf.com）。简称高交会，是经国务院批准，由中华人民共和国商务部、科学技术部、工业和信息化部、国家发展和改革委员会、中国科学院、深圳市人民政府等联合主办，每年秋季在广东省深圳市举行。

中国华东进出口商品交易会（http：//www.ecf.gov.cn/）。由商务部主持，上海市、江苏、浙江、安徽、福建、江西、山东、南京市、宁波市9省市联合主办，每年3月1—5日在上海举行，是中国规模最大、客商最多、辐射面最广、成交额最高的区域

性国际贸易盛会。

中国·天津投资贸易洽谈会暨PECC投资贸易博览会（简称津洽会）是中国北方重要的经贸展会，已经连续成功举办19届，每届不仅有国内众多省市和企业参展参会，而且吸引了海外几十个国家和地区的企业和经贸机构来津参会。津洽会已经成为各省市合作发展的盛会，成为扩大招商引资、加强区域合作的重要载体，成为走向东北亚乃至世界市场的重要开放窗口。

任务二　出口交易磋商

任务情境

李明从我国驻美国的商务参赞处看到美国李斯特贸易公司求购女士长裤的求购信息，所需产品与我公司的产品正好符合，遂决定与该公司进行初步洽谈，了解对方的详细要求，并寄送了样品和发送了相关函电，试图达成交易。

知识引导

一、交易磋商的形式和内容

交易磋商（Business Negotiation）又称贸易谈判，是买卖双方就买卖某种货物的各项交易条件进行洽商，最后达成协议、签订合同的过程。一旦买卖双方就各项交易条件达成一致，合同即告成立，对双方均有约束力。因此，交易磋商既是商务活动，又是法律行为，要求从事此项工作的人员有良好的专业素质和业务水平。

（一）交易磋商的形式

交易磋商主要有三种形式，即口头磋商、书面磋商、行为磋商。

1. 口头磋商

口头磋商即面对面谈判，也包括通过国际长途进行的电话联系和磋商。在交易会、洽谈会、出国推销、采购及客户前来时，通常是当面洽谈，达成协议后订立书面合同。由于口头磋商的方式是面对面的直接交流，便于及时了解对方的诚意及态度，及时采取对策，并可根据进展情况及时调整谈判的策略，争取达到预期的目的。通常适合于交易双方初次进行交易，或交易内容复杂、条件繁多的情况。口头磋商比较规范，便于谈判双方就某些问题和难点反复磋商，最后妥协让步，达成一致。同时使谈判双方相互了解，增进感情，产生互惠要求，因此有利于建立长期的伙伴关系。

2. 书面磋商

书面磋商是通过信件、电报、电传或电子邮件等进行的，双方不见面的间接谈判。

随着现代通信技术的发展，书面磋商越来越简便易行，而且费用比口头谈判要低廉得多，是日常业务中的通常做法。书面磋商多适用于有潜在交易意向、已经有过贸易往来，或者是寻求新的贸易对象。

3. 行为磋商

行为磋商即通过行为进行交易磋商，最典型的例子就是在市场上进行拍卖或购进活动等。

在实际业务中，有时交易磋商是利用单独一种形式进行，有时则需要两种形式交叉进行，直至成交。

（二）交易磋商的内容

交易磋商的内容是围绕合同条款进行的。因此，合同中的各项条款是交易磋商的核心内容。

合同中的各项条款按照在交易中的性质，分为主要交易条件和一般交易条件。主要交易条件包括货物的品名、质量、数量、包装、价格、装运、保险和支付八项条款，它们是合同成立不可缺少的交易条件。一般交易条件指商品的检验、索赔、不可抗力和仲裁四项条款，其主要的作用是保障交易的实施，或是预防争议的发生和解决争议。一般交易条件通常印在交易合同的背面，只要对方不提出异议，就不需要逐条协商拟定，因此，一般交易条件也被称作背面条款。当然，如果双方洽谈时，对在合同中已印制的格式条款不能接受，就需要另行起草合同条款以改变印刷条款。一般在老客户之间，由于事先已就一般交易条件达成协议或形成了一些习惯做法，或者已订立长期的贸易协议等原因，就不一定需要对各项条款一一重新协商。

二、交易磋商的程序

交易磋商一般包括询盘（Inquiry）、发盘（Offer）、还盘（Counter Offer）、接受（Acceptance）四个环节，其中发盘和接受是达成交易、合同成立的不可缺少的两个基本环节和必经的法律步骤。

（一）询盘

1. 询盘的含义

询盘是交易一方为了购买或销售某项商品，而向对方提出关于交易条件的询问。其内容可详可略，主要涉及品名、价格、数量、包装、交货期以及索取商品目录表、价目表、样本或样品等。其中多数是询问价格，因而狭义的询盘又称为询价。询盘通常是准备购买或出售商品的人向潜在的供货人或买主探寻该商品的可能成交条件或交易的可能性，是交易的起点，不具有法律上的约束力。

询盘可由买方发出，称为邀请询盘（Invitation to make an offer）。

如：对东北大豆有兴趣，请电告 CIF 波士顿最低价。

Interested in northeast soybean please telex CIF Boston lowest price.

询盘由卖方发出，称为邀请递盘（Invitation to make a bid）。

如：可以提供东北大豆1000公吨请递盘。

Can supply northeast soybean 1000M/T please bid.

其他内容的询盘如下：

敬请寄来贵公司的进口商品目录。

Will you please let us have a list of items that are imported by you.

请告知该商品的价格和质量。

Please let us have information as to the price and quality of the goods.

2. 询盘应注意的问题

（1）询盘并不是每一笔贸易磋商中必不可少的环节，它仅仅是对一项交易进行询问，是正式进入磋商过程的先导，有时可以未经对方询盘而直接进行下一环节——发盘。

（2）询盘对双方均无法律上的约束力，询盘人可以同时向若干交易对象发出询盘，以便从中做出最佳选择。在实际业务中，为确保企业的商业信誉，同时也出于相互尊重，应尽量避免出现询价后不购买或不售货的现象，对有关询盘应及时答复。

（3）询盘的对象应事先有所选择。

（4）询盘中要注意策略。比如不要过早透露自己需要采购的数量、可接受的价格等意图；对技术含量较高的机械设备，最好直接向对方询盘；询盘应寄送给公司；询盘应简洁、清楚、用词得体等。

（二）发盘

发盘又称发价或报价，法律上称为要约。发盘是指交易一方向对方提出各项交易条件，并愿意按这些条件达成交易、订立合同的一种肯定表示。

发盘是交易磋商中必需的一个环节，在法律上对发盘人具有约束力。发盘方称为发盘人，受盘方称为接受人。发盘可以是应对方的邀请发盘做出的答复，也可以是在没有邀请的情况下直接发出。发盘多由卖方发出，称作售货发盘（Selling Offer），也可以是由买方发出，称作购货发盘（Buying Offer）或递盘（Bid）。

1. 构成发盘的必备条件

（1）向一个或一个以上的特定人发出。因为发盘是一项订约的建议，只有被指定的受盘人才有权做出订约的表示。所以发盘必须指定可以接受的受盘人（即指明企业名称或个人姓名）。像普通的商业广告或向广大公众散发商品目录、价目表等就不是发盘，它们的对象是公众，而不是特定的人。广告和价目表一般视为发盘的邀请，是为了邀请对方向自己发盘。

（2）发盘必须明确表明发盘人受该发盘的约束。表明发盘人受该发盘的约束的词句一般用发盘、递盘、订货、报价等字样表示。

（3）发盘的内容必须十分确定。发盘内容应该是完整的、明确的和终局的。完整是指货物的各种主要交易条件完备；明确是指主要交易条件不能用含糊不清、模棱两可的词句表述；终局是指发盘人只能按发盘条件与受盘人订立合同，而无保留或限制性条款，如注明“参考价”“交货期大约7月份”“以我方确认为准”，则只能被认为是发盘的邀请。

《联合国国际货物销售合同公约》（以下简称《公约》）规定，在发盘中至少应包括下列三个基本的要素：①应表明货物的名称；②应明示或默示地规定货物的数量或规定计算数量的方法；③应明示或默示地规定货物的价格或规定确定价格的方法。

但构成一项发盘究竟应包括哪些内容，各国法律规定不尽相同。在实际业务中，如发盘的交易条件太少或过于简单，会给合同的履行带来困难，甚至容易引起争议，因此，我们在对外发盘时，最好将品名、品质、数量、包装、价格、交货时间、交货地点和支付办法等主要交易条件一一列明。

(4) 发盘必须送达受盘人。发盘送达受盘人时才生效。所谓送达对方，是指将发盘的内容通知对方或送交对方来人，或其营业地址或通信地址。在此之前即使该受盘人已通过其他途径知道了发盘的内容，也不能主动对发盘表示接受。

2. 发盘的有效期

通常情况下，发盘都具体规定一个有效期，作为对方表示接受的时间限制，超过发盘规定的时限，发盘人即不受约束。如果在发盘中没有明确规定有效期，按国际惯例，接受人应在合理时间内接受，否则无效。何谓合理时间则需根据情况而定。根据《公约》的规定，采用口头发盘时，除发盘人发盘时另有声明外，受盘人只有当场表示接受为有效。其他方式则无确切的标准，一旦发生纠纷具体可由仲裁庭或法庭根据时间情况确定。因此在贸易中最后明确规定发盘的有效期。

如：Offer subject reply here march 20th.（发盘限3月20日到）

Offer valid until Friday our time.（发盘有效至星期五，我方时间）

【资料卡】

发盘的有效期规定多长为好呢？通常要根据商品的特点和采用的通信方式来合理确定。如对于像粮谷、油脂、棉花、有色金属等初级产品，有效期的规定要短些，比如2～3天甚至更短。因为它们的价格受交易所价格的影响，行情变化很快，而且这类商品多属大宗交易，成交金额大，如果有效期过长，一旦行情发生对发盘人不利的变动，他就会蒙受很大损失。若双方通信联系的方式比较便利，则有效期就可规定得短些。

3. 发盘的生效

按照《公约》规定，“发盘于送达接受人时生效”。就是说发盘虽已发出，但在到达接受人之前并不产生对发盘人的约束力，接受人也只有在接到发盘后，才可考虑接受与否的问题，在此之前凭道听途说表示接受，即使巧合也属无效。

4. 发盘的撤回和撤销

发盘人于发盘尚未生效之时，可将其撤回（Withdrawal），即撤回通知应在发盘送达受盘人之前或同时到达。根据《公约》规定，一项发盘（包括注明不可撤销的发盘）

在未送达受盘人之前，发盘人可以撤回。在实际业务中，如用信件或电报发出发盘后，发现内容有误或市场发生重大变化，则可用更快速的通信方法如电话、电传、传真，将撤回通知于发盘送达之前或同时送达发盘人，则发盘即可撤回。但如果发盘时用电传，当时就送达受盘人，因此也就不存在撤回的问题了。

发盘的撤销不同于撤回，撤销是发盘生效后，发盘人再取消该发盘，解除其效力的行为。对于发盘生效后能否再撤销的问题，各国合同法的规定有较大分歧。《公约》对此做出了折中的规定，发盘送达受盘人后，在受盘人尚未表示接受前，发盘人将撤销通知送达受盘人，发盘可予撤销。但下列两种情况下的发盘不得撤销：①在发盘中规定了有效期或以其他方式表示该发盘是不可撤销的；②受盘人有理由相信该发盘是不可撤销的，并本着对该发盘的信赖采取了行动（如付出了费用）。

5. 发盘的终止

发盘的终止是指发盘人不再受发盘的约束，受盘人失去了接受该发盘的权利。以下几种情况也可造成发盘终止：

（1）过了发盘规定的有效时间或合理时间。

（2）被受盘人拒绝或还盘。受盘人一旦拒绝发盘即失效；如果受盘人拒绝后反悔又表示接受，即使在原发盘的有效期内，合同也不能成立。这时受盘人应做出一项新发盘由原发盘人予以确认才能使合同关系成立。

（3）发盘人在发盘到达受盘人后但其并未作出接受之前进行有效的撤销。

（4）在发盘接受前，如发盘人破产或失去行为能力，或发生了不可抗力事故（如所在国政府对发盘中的商品发布禁令等），发盘的效力即告终止。

（三）还盘

在国际贸易中，一方在发盘中提出的交易条件往往不能令对方完全接受，特别是在大宗交易中，很少有一方发盘即被对方无条件全部接受的情况，有时一项交易需经过还盘、再还盘等多次讨论还价才能达成。

还盘不是磋商的必经步骤和阶段，有时交易双方无须还盘即可成交；有时虽经多次反复还盘，但最终因双方分歧过大而不能成交。

还盘（Counter - offer），是指受盘人接到发盘后，不同意或不完全同意发盘的内容，为进一步协商，对发盘提出的修改性意见。法律上，还盘被称为反要约。还盘就是对原发盘的拒绝，一经做出，原发盘即失去效力，即使在发盘的有效期内，对发盘人也不再具有法律上的约束力。还盘等于一项新的发盘，还盘一方与原发盘一方的位置就发生了互换。新受盘人有权针对还盘的内容进行考虑，决定接受、拒绝或是再还盘。

如：你方发盘价格太高，每桶 20 美元，8 月份装运，限本月 25 日复到。

Your offer price is too high counter offer USD 20 per drum shipment August reply 25th.

(四) 接受

接受是买方或卖方同意对方在发盘中提出的各项交易条件，并愿按这些条件与对方达成交易、订立合同的一种肯定的表示。接受同发盘一样，既属商业行为，也属法律行为，在法律上称为承诺。接受产生的重要法律后果是交易达成、合同成立。接受是磋商四个环节中的又一基本环节。

1. 构成有效接受的条件

按《公约》规定，一项有效的接受应符合下列条件：

(1) 须由合法的受盘人做出。由第三者做出接受，只能视作一项新的发盘。

(2) 必须是无条件的。有条件接受只能视作还盘。

(3) 必须在发盘规定的时效内做出。

(4) 接受必须表示出来。缄默或不行动不构成接受。

2. 接受的生效与撤回

在接受生效的时间上，英美法采用投邮生效的原则，即接受通知书一经投邮或发出，立即生效；而大陆法采用到达生效的原则，即接受通知书必须到达发盘人时才生效。《公约》采用到达生效原则。如果双方以书面形式进行磋商，接受发盘于表示同意的通知送达发盘人时生效。如果双方以口头方式进行磋商，接受人如果同意对方的口头发盘，就马上表示同意，接受也随即生效。但如果发盘人有相反的规定，或双方另有约定则不在此限。以行为表示的接受于该项行为做出时生效，但该项行为必须在商议条款规定的期限内做出。

关于接受的撤回问题，在接受送达发盘人之前，受盘人将撤回或修改接受的通知送达发盘人，或两者同时送达，则接受可以撤回或修改。接受一旦送达，即告生效，合同成立，受盘人无权单方面撤销或修改其内容。

3. 逾期接受

超过发盘的有效期才到达的接受，为逾期接受。一般情况下逾期接受无效，视为一项发盘。但《公约》规定，如果发盘人毫不迟延地用口头或书面形式通知受盘人，确认该接受有效，则逾期接受仍有接受的效力，合同于该接受达到时成立。实际上逾期接受对原发盘人来说是一项新发盘，原发盘人如果愿意接受，则可以毫不迟延地用口头或书面方式通知原受盘人，愿意承受逾期接受的约束。但这时的合同关系是于接受通知送达原发盘人时成立。如果原发盘人对逾期接受表示拒绝或不立即发出通知，则该项逾期接受无效，合同关系不能成立。

【任务操作】

【第二步】李明与美国李斯特贸易公司业务人员进行询盘、发盘、还盘、接受等交易磋商。

1. 2011 年 9 月 5 日，李明向美国李斯特贸易公司发出询盘函：

NORTHERN TRSDING CORPORATION

NO. 23，JIANGUOMEN STREET，BEIJING，CHINA

TEL：086－01027683629　　FAX：086－01027665389

TO：LESTER TRADING COMPANY LTD.

FM：NORTHERN TRADING CORPORATION

DATE：SEP 5，2011

Dear Sirs，

Through the courtesy of our Commercial Counsellor's Office in Amercia we notice that you are interested in ladies pants.

Our lines are maily export of ladies pants. We wish to establish relations by some practional transactions. To give you a general idea of the various kinds of ladies pants now available for eaport，we enclose a copy of our latest catalogue and a price list for your reference. We hope some of them you are interested in. It will be a gteat pleasure to receive your inquiries for any of the items against which we will send you our favorable quotations.

We would appreciate receiving your specific inquiries.

Yours faithfully

Li Ming

2. 李斯特贸易公司对北方贸易公司的产品感到满意，遂要求李明将主要交易条件发盘，进行磋商。发盘函如下：

TO：LESTER TRADING COMPANY LTD.

FM：NORTHERN TRSDING CORPORATION

DATE：SEP 8，2011

Dear Sirs，

We hear you are interested in our ladies pants. We have sent you the sample of ladies pants which are free of charge. We hope it will reach you in due course and will help you in making your selection.

In order to start a concrete transaction between us we take pleasure in making you a special offer as follows：

Ladies pants Art No. HN236，size：34－40

Paking：10pairs/carton（in white box）

USD28/pair CIF NEW YORK

Shipment：to be effected within 50 days after receipt of the relevant L/C.

Payment：by sight L/C

Insurance：for110％invoice value covering all risks and war risk.

This offer is firm subject to your immediate reply which should reach us not later than the end of this month.

You may rest assured that our goods are in excellent quality and in right price.

Looking forward to your favorable reply.

Yours truly,

LI MING

3. 2011年9月20日李斯特公司向李明发出电子邮件，对其发盘进行还盘，还盘函如下：

TO：NORTHERN TRSDING CORPORATION

FM：LESTER TRADING COMPANY LTD.

Date：SEP 20，2011

Dear Sirs，

Thank you for your offer of SEP 8，2011. Based on our evaluation，we regret that your price appears to be on the high side. To accept the price your offered would leave us no margin of profit in our sales，since the competition in this area is very keen and the other supplies are offering lower prices for ladies pants of the same quality.

Therefore we counteroffer as follows：

Your offer of Sep. 9 is unacceptable，we suggest USD25/pair CIF NEW YORK. All other terms are as per previous offer.

We look forward to your confirmation.

Yours sincerely，

John Smith

4. 李明收到李斯特贸易公司的来函后，同意其提出的条件，遂草签出口合同一式三份，于2011年9月25日寄送对方，并附上一封成交函，告诉对方合同已经寄出，希望会签。接收函如下：

TO：LESTER TRADING COMPANY LTD.

FM：NORTHERN TRSDING CORPORATION

DATE：SEP 25，2011

Dear Sirs，

Thank you for your letter of Sep. 20th for ladies pants. We have decided to accept your counter-offer. Please note that we have specially accepted your request because we wish to get many future orders from you.

Enclosed please find our S/C in duplicate of which please countersign and return one copy to us for our file.

Yours faithfully，

LI MING

我国某进出口公司向国外某商人发出询盘，询购某商品，不久，我方收到对方9月15日的发盘，发盘有效期至9月22日。我方于9月20日向对方复电："若价格能降

至每件56美元，我方可接受。”对方未作答复。9月21日我方得知国际市场上该商品价格上涨，于是当日又向对方去电表示完全接受对方9月15日的发盘。

问：我方的接受能否成立？为什么？

任务讨论

在广交会期间，一位日本商人来到我方的一个展台前洽商工艺玻璃杯，我方向其口头发盘，日本商人对我方发盘未置可否。当日下午该商人又来访并表示无条件接受我方上午的发盘。可是此时，我方已获悉，该商人洽谈的商品价格已经趋涨。

问题：请思考我方应如何处理？为什么？

任务小结

出口交易磋商的目的是订立合同，磋商的效果决定了交易的成败和合同质量的高低，因此是外贸业务活动中最重要的环节。交易磋商的形式有口头、书面和行为三种方式。磋商的内容包括品质、数量、包装、价格、运输、保险、支付等问题。磋商程序有询盘、发盘、还盘、接受，其中发盘和接受是不可缺少的两个步骤。

拓展阅读

不同国家信函中的尊称

在写磋商信函时要注意把称呼、尊称用得正确得当，如写信给英国人John Peter Billings—Blake，称呼只需用“Mr. J. P. Billings-Blake”，尊称用“Dear Mr. Billings-Blake”。但写信给西班牙人Juan Ruiz-Gomez，称呼就须用“Senor Ruiz-Gomez”，尊称用“Dear Senor Ruiz”。在阿拉伯，有些人名字里有“Bey”这个词，它并非是名字，而是一种头衔尊称，因此，Gamal Kaldun Bey，尊称应该是“Dear Mr. Kaldun”，而不是“Dear Mr. Bey”。法国律师的头衔用“Maitre”，放在姓名前面，美国医生的头衔用“Dr.”，而不是用“Mr.”。因此，如果称呼用“Maitre Pierre Duprey”，尊称就须用“Dear Maitre Duprey”。一般的法国人称呼用“M. Jean Valjean”，尊称只需用“Monsieur”。“Madame”和“Ma-demoiselle”的缩写语分别为“Mme”和“Mlle”，没有标点，法语中没有“Ms.”这个称呼。不了解这些文化习俗可能破坏公司形象甚至失去生意。

任务三　出口业务核算

任务情境

李明在与美国李斯特贸易公司业务员交易磋商过程中，根据双方发盘及还盘的价格等一系列交易条件、生产成本和各项费用反复进行出口业务盈亏核算，以确保公司利益不受损失。

知识引导

在国际贸易中，商品的价格是买卖双方磋商的焦点，有时也是成交的决定性因素。正确掌握进出口商品价格构成，合理采用各种作价方法，选用有利的计价货币和贸易条件，准确核算成本、利润，具有十分重要的意义。

一、出口商品的价格构成

(一) 成本 (Cost)

出口货物的成本主要是指采购成本。是贸易商向供货商采购商品的价格，也称进货成本，采购成本在出口价格中所占比重最大，是价格中的主要组成部分。

一般商品的成本中含有增值税，在计算时应将含税成本中的税收部分按照出口退税比例予以扣除，得出实际成本。

(二) 费用 (Expense/Charges)

出口货物价格中的费用主要是指商品流通费。费用的比重虽然不大，但内容繁多，且计算方法不尽相同，是价格核算中较为复杂的因素。业务中经常出现的费用有以下几种：

1. 国内费用

(1) 包装费：通常计入采购成本，客户有特殊要求，则需另加。

(2) 仓储费：提前采购或另外存仓的费用。

(3) 国内运输费：货物出口前在内陆的运输费用，如卡车、内河运输费、路桥费、过境费及装卸费等。

(4) 认证费：出口商办理出口许可、配额、产地证以及其他证明所支付的费用。

(5) 港区杂费：货物出运前在码头所需支付的各种费用。

(6) 商检费：出口商品检验机构根据国家有关规定或出口商的请求，对货物进行检验所发生的费用。

（7）捐税：国家对出口商品征收、代收或退还的有关税费，通常有出口关税、增值税等。

（8）垫款利息：出口商买进卖出期间垫付资金支付的利息，通常按采购成本计。

垫款利息＝采购成本×银行贷款年利率×预计垫款周期÷12

（9）业务费用：出口商经营业务过程中发生的费用，如通信费、交通费、交际费等。出口商可根据商品、经营、市场等情况确定一个费用率，这个比率为5%～15%不等，一般是在进货成本基础上计算费用定额率。

（10）银行费用：出口商委托银行向国外客户收取货款、进行资信调查等所支出的手续费。银行费用的计费方式有两种，一种是按交易笔数收取一定金额，如每笔交易的银行手续费是200元；一种是按委托收款金额的一定百分比收取，如“按计算金额×0.25%收取银行手续费”。在前一种情况下，银行费用应平摊到单位商品上；在后一种情况下，银行费用应按照报价来计算。

2. 国外费用

（1）出口运费：货物出口支付的海运、陆运、空运及多式联运费用。

（2）保险费：出口商向保险公司投保的费用。

（3）佣金：出口商支付给中间商的报酬。

（三）预期利润

预期利润是出口商的收入，是经营好坏的主要指标。

二、出口预算

（一）利润核算

进行出口预算的基本原理是：利润＝收入－成本－费用，在此基础上得出预期利润。进行预算时，收入与支出项目必须列明，要全面准确，既不能遗漏项目，也不能虚列实际不发生的项目，这都会造成预算的不准确。另外进行预算时还要与贸易术语相对应，不同的贸易术语，计入的各项费用也是不一样的。因此，能够正确地进行出口预算是出口交易中的一项重要操作技能。

（二）盈亏核算

1. 出口商品盈亏率

出口商品盈亏率是出口商品盈亏额与出口商品总成本的比率。比率为正时，表示赢利；为负则意味着亏本。

$$出口商品盈亏率=\frac{出口商品盈亏额}{出口商品总成本}\times 100\%$$

2. 出口商品换汇成本

出口商品换汇成本是指通过商品出口，用多少本币可以换汇一个单位外币的比率。

这项指标较为直观，在实际业务中常被采用。

$$换汇成本=\frac{出口总成本（本币）}{出口商品的外汇净收入（FOB价）}$$

换汇成本核算盈亏的方法是将计算出的换汇成本与银行外汇买入价进行比较，如果计算出的换汇成本大于外汇买入价，则表示亏损，反之则意味着赢利。

3. 出口创汇率

出口创汇率是成本出口后的外汇净收入与原料外汇成本之间的比率。出口创汇率指标是考核进口来料加工效益的指标。

出口创汇率＝［（成品出口净收入－原料外汇成本）/原料外汇成本］×100％

【任务操作】

【第三步】 北方贸易公司的业务员李明在磋商过程中根据相关业务资料对出口合同价格进行核算，并计算出口商品的盈亏水平。

商品名称：女士长裤；商品数量：500条；包装方式：10条装入一个纸箱，共50箱，正好装入一个20英尺的集装箱；国内采购成本：每条120元（含增值税17％）；出口退税率：12％。

20英尺集装箱出口费用包括：国内运杂费900元；商检报关费400元；港区港杂费600元；公司业务费1200元；贷款年利率6％，预计垫款周期为2个月；银行费用为200元；天津到纽约20英尺集装箱包箱费2500美元；保险费率为0.8％。外汇牌价1美元＝6.8327元人民币。

对外成交价为每条25美元CIF纽约。

李明的计算过程如下：

1. 销售收入＝销售数量×销售单价×汇率＝500×25×6.8327＝85408.75（元）

2. 成本：

采购成本＝采购数量×采购单价＝120×500＝60000（元）

退税金额＝含税成本/（1＋增值税率）×出口退税率

＝60000/（1＋17％）×12％

＝6153.85（元）

实际成本＝采购成本－退税金额＝60000－6153.87＝53846.13（元）

3. 国内费用：

国内运杂费900元

商检报关费400元

港区港杂费600元

公司业务费1200元

垫款利息＝采购成本×银行贷款年利率×预计垫款周期÷12

＝60000×6％×2÷12

＝600（元）

银行费用200元

国内费用总计＝国内运杂费＋商检报关费＋港区港杂费＋公司业务费＋垫款利息＋银行费用
＝900＋400＋600＋1200＋600＋200＝3900（元）

4. 海运费＝包厢费×汇率＝2500×6.8327＝17081.75（元）

5. 保险费＝保险金额×保险费率×汇率
＝25×500×110%×0.8%×6.8327
＝751.60（元）

6. 利润＝销售收入－实际成本－国内总费用－海运费－保险费
＝85408.75－53846.13－3900－17081.75－751.60
＝9829.27（元）

7. 出口商品盈亏率＝出口商品盈亏额/出口商品总成本×100%
＝9829.27/53846.13×100%
＝18.3%

【算一算】

请根据上述资料计算下，预期利润在8%的情况下，李明对外出口报价FOB、CFR、CIF分别应该是多少呢？

案例7-3

2011年5月3日，我A公司接到中东一客商寻购某商品20万磅，请我方报价。我方于5月5日去电，提出：同意供货20万磅，分五次装运，从当年8～12月，每月装4万磅，CIFC2%巴林每磅1.38美元，有效期至5月10日。5月9日客商来电称：我已说服我中东客户接受你方价格，请考虑数量22万磅5～12月平均装量，电告合同号码。后发现：单价核算错误，每磅低报0.14美元，此笔生意如此做下来将损失2.8万美元。分析过程中我方发现，有挽回损失的余地：一是对方使用accepting字样，可理解为正在接受中；二是对数量和装运作了变更；三是让我方电告合同号码，可视为对方的还盘。于是我方回电对方：你9日电悉。只供20万磅，8～12月交货，信用证必须于5月25日开到，5月11日我方时间确认有效。但对方超过有效期一天接受。遂告知对方货已他售，可供另一种规格货物10万磅。但对方仍要求按原价及数量供货。我方看时机已经成熟，去电告知：我方可供15000磅CIFC 2%1.52美元，10～12月平均装运，限5月31日确认。最后交易达成，我方避免了损失。

从本案中可以获得哪些教训？

任务讨论

某公司拟对美国出口某商品10000公吨，对外报价为每公吨（以毛作净）300美元FOB新港。国外回电要求改报CFR旧金山，去旧金山需装美国船，该船运价表每运费吨为50美元（按短吨计算）。我方业务员以CFR＝FOB＋运费计算，运费为每吨50美元，报价为 CFR350 美元。此报价是否正确。

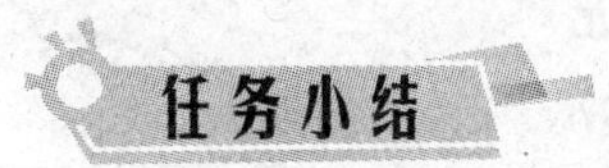

任务小结

贸易应该获利，不能不计成本、不计盈亏和单纯追求成交量。出口方面，在商品价格、成本、费用已定的情况下，必须加强企业利润的预核算。进行成本核算时要考虑出口退税的因素；核算费用时，海洋运费要正确确定计费标准，保险金额要以 CIF 价格为基础，银行手续费、公司综合费用、按每笔业务成交金额的一定百分比计提，贷款利息按采购成本计提。

任务四　拟订外销合同及签约

任务情境

北方贸易公司与美国李斯特贸易公司经过交易磋商，发盘、还盘被有效接受，就算达成了交易，建立了合同关系。而且李明经过预算，确定本公司通过这笔交易能够达到预期利润，遂按照实际业务的习惯做法，根据各项合同条款的内容起草了一份外销合同，在签署之后寄送对方公司等待会签。将各自的权力义务用书面方式加以明确。

知识引导

买卖双方经过反复磋商，就各项交易条件达成一致协议后，交易即告达成，双方之间就建立了合同关系。根据我国法律规定和国际贸易一般的习惯做法，达成协议后还必须签订一定格式的、正式的书面合同，作为合同成立和履行合同的依据。在履行合同的过程中，一旦发生交易纠纷，可依据合同的条款来判断是非，解决争议。

一、合同的生效要件

1. 当事人必须具有签订合同的行为能力

签订买卖合同的当事人主要为自然人或法人。自然人签订合同的行为能力，是指精神正常的成年人才能签订合同，未成年人、精神病人、酗酒者订立合同必须受到限制。关于法人签订合同的能力，各国法律一般认为，法人必须通过其代理人，在法人的经营范围内签订合同，即越权的合同不能发生法律效力。

2. 合同必须有对价或约因

英美法认为，对价（Consideration）是指当事人为了取得合同利益所付出的代价。法国法认为，约因（Cause）是指当事人签订合同所追求的直接目的。按照英美法和法国法的规定，合同只有在有对价或约因时才是法律上有效合同，无对价或无约因的合同得不到法律的保障。

3. 合同的内容必须合法

许多国家往往从广义上解释“合同内容必须合法”，其中包括不得违反法律，不得违反公共秩序或公共政策，以及不得违反善良风俗或道德三个方面。

我国《合同法》第七条规定：“当事人订立、履行合同应当依照法律、行政法规，尊重社会公德，不得扰乱社会经济秩序，损害社会公共利益。”

4. 合同必须符合法律规定的形式

世界上大多数国家，只对少数合同才要求必须按法律规定的特定形式订立，对大多数合同一般不从法律上规定应当采取的形式。

我国《合同法》第十条规定：“当事人订立合同，有书面形式、口头形式和其他形式。”但我国签订的外贸合同必须以书面形式订立，否则无效。

5. 合同当事人的意思表示必须真实

各国法律都认为，合同当事人的意思表示必须是真实的，才能成为一项有约束力的合同，否则这种合同无效。

二、书面合同的形式

根据我国合同法，当事人订立合同可采用书面形式、口头形式或其他形式，这三种形式具有相同的法律效力。但有些国家的法律法规强调必须采用书面合同，有利于合同的履行。

国际上，对书面合同的形式没有具体的限制，买卖双方既可采用正式的合同（Contract）、确认书（Confirmation）、协议（Agreement），也可采用备忘录（Memorandum）等多种形式。

在我国进出口业务中，书面合同主要采用合同和确认书两种形式。从法律效力来看，这两种形式的书面合同没有区别，所不同的只是格式内容的繁简差异。正式合同的内容比较全面，对双方的权利、义务以及发生争议后如何处理，均有较详细的规定。确认书是合同的简化形式，在格式上与正式合同有所不同，条款比较简单，主要就一般性内容作出规定，对双方义务的规定不很详细。适用于金额不大、批次较多的商品，或者已定有代理、包销等长期协议的交易。

合同在实际贸易中又可分为销售合同（Sale Contract）即卖方草拟提出的合同。购买合同（Buying Contract）即买方草拟提出的合同。

出口交易达成后，业务人员根据书信函电往来或口头磋商的结果，将各项内容填入合同文本中。合同通常一式三份，经出口商签署后，面交或航空邮寄，或传真两份给对方要求会签。进口商收到合同经审核无误签署后保留一份，并将另一份退还给出口商归档。

三、书面合同的基本内容

外贸合同无论是采用合同的形式还是确认书的形式，在内容方面通常由约首、基本条款、约尾三个部分构成。

1. 约首

约首，是合同的开头部分，一般包括合同的名称、编号、买卖双方名称和地址、通信联系方式（如电报挂号、电子信箱地址）等项内容。

双方当事人的名称和地址要求写明全称。此外，在合同约首部分常常写明双方订立合同的意愿和执行合同的保证。

2. 基本条款

基本条款是合同的主体和核心，体现了双方当事人的权利和义务。它包括合同的主要交易条件和一般交易条件，即品名、品质、规格、数量（重量）、包装、价格、交货条件、运输、保险、支付、检验、索赔、不可抗力、仲裁等项内容。

3. 约尾

这是合同的结尾部分，一般包括订约日期、合同的份数、使用的文字及其效力、订约地点及生效时间和双方当事人签字等项内容。也有的合同将订约时间和地点在约首部分列明。

四、国际买卖合同的条款

1. 品名质量条款

在品名质量条款中通常列明商品的名称、规格、等级、标准、牌名、商标、样品编号等内容。

如：Toy Bear Size 26′Sample YN022.

玩具熊尺寸 26 英寸，样品编号 YN022。

2. 数量条款

合同中的数量条款主要包括商品的具体数量及其计量单位。

如：500m/t，with 5% more or less at seller’s option.

500 公吨，卖方可以溢短装 5%。

3. 包装条款

合同中的包装条款一般包括包装材料、包装方式、每件包装中所含物品的数量或重量。

如：In cartons of 15 kgs net，each one wrapped with poly - bag.

纸箱装，每箱净重 15 千克，每件用塑料袋包装。

4. 价格条款

合同中的价格条款一般包括计量单位、单位价格金额、计价货币和贸易术语。

如：USD 500 per metric ton CIF New York.

每公吨 500 美元 CIF 纽约。

5. 装运条款

合同中的装运条款一般包括装运时间、装运地点、目的地、分批装运、转运等内容，有些还规定卖方应予以交付的单据和有关装运通知的条款。

如：Shipment during Mar. /Apr. in two equal lots.

3/4月份两批平均装运。

6. 保险条款

合同中的保险条款一般需要根据所选用的贸易术语的不同而有所差别。通常以CIF、CIP术语成交的合同，必须要写明保险险别、保险金额的确定方法、按什么保险条款投保，保险条款的生效时间等内容。若买方委托卖方办理保险，则在合同中一般包括保险金额、投保险别、保险费用的负担及支付方法和支付时间。

如：Insurance to be covered by the seller for 110% of the full invoice value against All Risks as per and subject to the relevant ocean marine cargo clauses of the PICC, dated Jan. 1st, 1981.

由卖方按照发票金额的110%投保一切险，以中国人民保险公司1981年1月1日的有关海洋运输货物保险条款为准。

7. 支付条款

(1) 汇付条款：一般包括汇付的时间、具体的汇付方法、汇付金额等。

如：The buyers should pay the total value to the sellers in advance by T/T not later than Oct. 31st, 2008.

买方不应晚于2008年10月31日将全部货款用电汇方式预付给卖方。

(2) 托收条款：一般包括交单的条件、付款、承兑的责任以及付款期限等内容。

如：The buyers shall pay against documentary draft drawn by the sellers at 15 days after the date of draft. The shipping documents are to be delivered against payment only.

买方应当凭卖方出具的跟单汇票，于汇票出票日后15天内付款。运输单据的交付只能以付款为前提条件。

(3) 信用证条款：一般包括开证时间、开证银行、受益人、信用证种类、金额、到期日等内容。

如：The buyers shall open through a bank acceptable to the seller's an irrevocable letter of credit at 30day's sight to reach the sellers not later than Mar. 15th, 2009, valid for negotiation in Shanghai until the 15th day after the month of shipment.

买方应通过为卖方所接受的银行不迟于2009年3月15日开立并送达卖方不可撤销的见票后30天付款的信用证，有效至装运月份后第15天在上海议付。

8. 检验条款

合同中的检验条款一般包括有关检验权的规定、检验或复验的时间及地点、检验机构、检验项目和检验证书等内容。

如：It is mutually agreed that the Certificated of Quality and Weight (Quantity) issued by the General Administration of Quality Supervision Inspection and Quarantine (AQSIQ) at the port / place of shipment shall be part of the documents to be presented for negotiation under the relevant L/C. The buyers shall have the right to reinspect the quality and weight (quantity) of the cargo. The reinspection fee shall be borne by the buyers. Should the quality and / or weight (quantity) be found not in conformity with that of the contract, the buyers are entitled to lodge with the sellers a claim which should be supported by survey reports issued by a recognized surveyor approved by the sellers. The claim, if any, shall be lodged within 90 days after arrival of the goods at the port / place of destination.

买卖双方同意以装运港（地）中国质量监督检验检疫总局签发的质量和重量（数量）检验证书作为信用证项下议付所提交的单据的一部分，买方有权对货物的质量和重量（数量）进行复验，复验费由买方承担。但若发现质量和或重量（数量）与合同规定不符的时候，买方有权向卖方索赔，并提供经卖方同意的公证机构出具的检验报告。索赔期限为货物到达目的港（地）之后 90 天内。

9. 不可抗力条款

合同中的不可抗力条款一般包括不可抗力的范围、不可抗力的处理原则、处理方式、不可抗力发生后通知对方的期限和方法、出具证明文件的机构等。

如：If the shipment of the contracted goods is prevented or delayed in whole or in part by reason of war, earthquake, flood, fire, storm, heavy snow or other causes of Force Majeure, the seller shall not be liable for non－shipment or late shipment of the goods of this contract. However, the seller shall notify the buyer by teletransmission and furnish the latter within 10 days by registered airmail with a certificate issued by the China Council for the Promotion of International Trade (China Chamber of International Commerce) attestion such event or events.

若由于战争、地震、洪水、火灾、暴风雨、雪灾或其他不可抗力的原因，致使卖方不能全部或部分装运或延迟装运货物，卖方不承担责任。但卖方必须以电讯方式通知买方，并在 10 天内以航空挂号信件向买方提交由中国国际贸易促进委员会（中国国际商会）出具的该类事件的证明书。

10. 仲裁条款

合同中的仲裁条款一般包括提交仲裁的事项、仲裁地点、仲裁机构、仲裁规则、裁决的效力等内容。

如：All disputes arising from or in connection with this contract shall be submitted to China International Economic and Trade Arbitration Commission for arbitration which shall be conducted in accordance with the Commission's arbitration rules in effect at the time of applying for arbitration. The arbitral award is final and binding upon both parties.

凡因本合同引起的或与本合同有关的一切争议，均应提交中国国际经济贸易仲裁委员会，按照申请仲裁时该会现行有效的仲裁规则进行仲裁。仲裁裁决是终局的，对合同双方均有约束力。

【任务操作】

【第四步】李明根据双方磋商的函电内容，即达成的交易条件拟定销售合同如下

(见以下样例):

样例 7-2 **销售合同**

SALES CONTRACT

卖方: NORTHERN TRADING Co. 编号 NO.: NTR110937

SEELER: NO. 53, BINHAI ROAD, TIANJIN, CHINA 日期 DATE: Sep. 25, 2011

地点 SIGNED IN: TIANJIN

买方: LESTER TRADING COMPANY LTD.

BUYER: NO. 18 JALAN STREET, NEW YORK, USA

买卖双方同意以下条款达成交易:

This contract is made by and agreed between the BUYER and SELLER, in accordance with the terms and coditions stipulated below.

1. 品名及规格 Commodity & Specification	2. 数量 Quantity	3. 单价及价格条款 Unit Price & Trade Terms	4. 金额 Amount
			CIF NEW YORK
LADIES PANTS	500 PAIRS	USD25	USD12500
Total:	**500PAIRS**		**USD12500**

允许 溢短装,由卖方决定

With More or less of shipment allowed at the sellers' option

5. 总值 SAY US DOLLARS TWEEN THOUSAND FIVE HUNDRED ONLY

Total Value

6. 包装 PACKED IN 50 CARTONS

Packing

7. 唛头 NO MARKS

Shipping Marks

8. 装运期及运输方式 TO BE EFFECTED NOV 26, 2011 WITH PARTIAL SHIPMENT ALLOWED AND TRANSHIPMENT ALLOWED

Time of Shipment & means of Transportation

9. 装运港及目的地 FROM: TIANJIN TO: NEW YORK

Port of Loading & Destination

10. 保险 THE SELLER SHALL COVER INSURANCE AGAINST ALL RISKS FOR 110% OF THE TOTAL INVOICE VALUE AS PER THE RELEVANT OCEAN MARINE CARGO OF P. I. C. C. DATED 1/1/1981.

Insurance

11. 付款方式

Terms of Payment BY IRREVOCABLE SIGHT LETTER OF CREDIT

12. 备注

Remarks

The Buyer **The Seller**

LESTER TRADING COMPANY LTD. NORTHERN TRADING Co.

(signature) (signature)

案例7-4

我方某公司于8月3日以电报方式请法国一供应商出售一批钢材。我方在电报中声明：此发盘是为了计算一项承建一幢大楼的标价和确定是否参加投标之用；我方将于8月15日向招标人送交投标书，而开标日期为8月31日。法商于8月5日用电传就上述钢材向我方发盘，发盘条件虽完整，但既没规定接受期限，也没有注明是否是不可撤销的。我方获悉后，据此计算标价，并于8月15日向招标人递交了投标书。8月20日国际市场钢材价格上涨，法商发来传真通知撤销其8月5日的发盘。我方当即复电表示不同意撤盘。于是双方为能否撤销发盘发生争执。到8月31日招标人开标，我方中标，随即传真法商接受5日的发盘。但法商坚持发盘已于8月20日撤销，合同不能成立，双方就此发生纠纷。对本案你有什么看法？

任务讨论

2011年3月，我国浙江省某进出口公司的一位美国客户在与该公司业务员会面时，口头向该公司下了一笔订单，由于时间较为仓促，加上该客户是公司老客户，与之洽谈的业务员未要求与对方当场签下书面合同，只是请对方回国后再发一份传真以便留档。客户回国后，并未发来传真，我方业务员也未坚持催要，同时，我方根据客户要求已开始备货，当货物将要备齐，我方请客户确认汇款时，客户告之，当时由于较为匆忙，未充分考虑，以致下了口头订单，回国后，仔细加以核算，发现无法成交，加上我方请其以传真确认，则认为不发传真订单不正式成立，而且，根据其对中国的了解，中国在国际货物买卖中是不承认口头形式合同的。所以，客户提出：对于由于其未及时通知我方取消口头订单造成的损失表示遗憾，但仅此而已。我方得知客户态度后表示，中国已经适用了新合同法，在其中明确了口头形式合同的有效性，美国客户的说法纯粹是一种托词，无任何法律依据，所以将坚持向客户索赔。

问题：请思考哪一方的说法是正确的，对我们今后做业务有何启示。

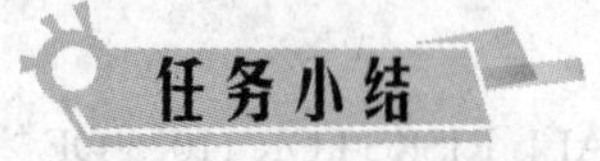

任务小结

在签订合同时不能忽视合同的有效性，要考虑合同生效的要件，不合法合同是无效合同，对当事人不产生权利义务，一旦双方发生纠纷，任何一方不享有上诉权，法律也不给予任何救助；而且法律认为必要时，还要追究刑事责任。外销合同是营业地在不同国家或地区当事人之间订立的规定一方交付货物，另一方支付货款以及其他权利义务的法律文件，它属于买卖合同的一种，但含有涉外因素，对双方意义重大。合同条款，包括货物的名称、质量、重量、包装、价格、运输、保险、支付方式、检验、索赔、仲裁、不可抗力等内容，它是买卖双方履行权利与义务及解决争议、索赔、仲裁的依据。因此，制订合同是国际货物买卖中最重要的环节。

一、单项选择题

1. 一家贸易商想进入一个新的市场，首先必须（　　）。

A. 寻找贸易伙伴　B. 选择贸易国别　C. 进行商品宣传　D. 进行市场调研

2. 以下哪些资料属于实地调研法取得的（　　）。

A. 派出国外调研小组深入国外市场进行问卷调查

B. 本企业成立以来保存的历年销售资料

C. 通过报刊、杂志获得的信息

D. 从信息公司买来的数据资料

3. 国际市场调研中，至关重要的一步是（　　）。

A. 选配调研人员　B. 确定调研目标　C. 撰写调研结果　D. 进行调研分析

4. 一般的商业广告是（　　）。

A. 发盘　B. 还盘　C. 发盘邀请　D. 新的发盘

5. 交易磋商的两个基本环节是（　　）。

A. 询盘、接受　B. 发盘、签合同　C. 接受、签合同　D. 发盘、接受

6. 国外某买主向我出口公司来电"接受你方 12 日发盘请降价 5%"，此来电属于交易磋商的（　　）环节。

A. 发盘　B. 还盘　C. 询盘　D. 接受

7. 出口商品的实际成本是指（　　）。

A. 采购成本　B. 采购成本减出口退税额

C. 采购成本减捐税　D. 采购成本加出口退税额

8. 商品出口总成本与出口所得的外汇净收入之比是（　　）。

A. 出口商品盈亏额　B. 出口商品盈亏率

C. 出口换汇成本　D. 出口创汇率

9. 某商品出口总成本为 14000 元人民币，出口外汇净收入为 2000 美元，如果中国银行的外汇牌价为 100 美元换 830 元人民币，则该商品出口盈亏率为（　　）。

A. 18.5%　B. 18.57%　C. 18.6%　D. 18.65%

10. 在一次国外的纺织品展览会上，我国一家知名的服装企业贸然前往，而该展览会的主题是纺织布匹非成衣，结果这家企业展台前问津者寥寥无几，是何原因？（　　）

A. 这家企业的服装款式不够新颖，不能吸引人

B. 这家企业没有事先做好品牌宣传，知道的人甚少

C. 这家企业的产品不符合国外的消费习惯

D. 这家企业没有选择好展览会的主题

二、多项选择题

1. 出口贸易交易前的准备工作主要有（　　）。

A. 市场调研　B. 建立贸易关系　C. 选择贸易渠道　D. 广告宣传

2. 对客户进行资信调查的主要渠道有（　　）。

A. 向银行调查　B. 向我国驻外商务参赞处调查

C. 向老客户调查　D. 向商会或同业公会调查

3. 要想在国际展览会上出奇制胜，吸引更多的参观者前来洽谈，应注意哪些方面（　　）。

A. 注意摊位地点的选择　B. 准备精美的图片及公司手册

C. 展览前的广告宣传及展后的后续工作　D. 对展览人员进行培训

4. 出口经营方案应包括哪些内容（　　）。

A. 货源情况　B. 国外市场情况

C. 出口经营情况　D. 推销计划和措施

5. 造成发盘失效的情况有（　　）。

A. 受盘人做出还盘

B. 发盘人撤回发盘

C. 发盘中规定的有效期届满

D. 在发盘被接受前，当事人丧失行为能力或死亡或法人破产等

6. 出口货物成本费用包括（　　）。

A. 国内采购成本　B. 国际海运费

C. 货物包装、仓储、杂费　D. 报关、报检、认证手续费

7. 签订书面合同是为了（　　）。

A. 作为合同成立的证据　B. 作为合同生效的条件

C. 作为合同履行的依据　D. 符合有关法律的规定

8. 在国际贸易中，接受的方式可以是（　　）。

A. 缄默　B. 口头　C. 书面　D. 行动

9. 在国际贸易中，合同成立的有效条件是（　　）。

A. 当事人必须具有签订合同的行为能力

B. 合同必须有对价或约因

C. 合同的形式和内容必须符合法律的要求

D. 合同当事人的意思表示必须真实

10. 进行出口核算时，国外费用部分主要包括哪些（　　）。

A. 出口运费　B. 保险费　C. 佣金　D. 银行费用

三、简答题

1. 在进行国际贸易之前，为什么要进行国际市场调研？国际市场调研包括哪些内容？

2. 如何对客户进行资信调查？在调查时，应重点考察哪些方面？

3. 发盘撤回与发盘的撤销有什么不同？

4. 简述交易磋商对对外贸易的重要性。

四、计算题

某外贸公司出口商品一批，国内采购价共10000元人民币，加工费支出1500元人民币，商品流通费是1000元人民币，税金支出100元人民币，该商品出口销售外汇净收入为2000美元（USD1＝CNY6），试计算：

(1) 该批商品的出口总成本是多少？

(2) 该批商品的出口销售换汇成本是多少？

(3) 该批商品的出口销售盈亏率是多少？

五、技能实训

【资料1】

我国大连的机床厂与南非的一家贸易公司做过几笔交易，向其出口机床，但是由于去年的一批货物出了质量问题，发生了点摩擦，至今未再有联系。为开拓市场，公司决定与其重新建立业务关系，介绍本公司的最新产品，并随寄最新商品目录。

【要求】

作为一名新业务员，请通过各种渠道重新了解该公司的业务经营状况，产品需求情况，以及机床产品在国际市场上的最新走势，重新建立业务关系。

(1) 写出你了解该公司的途径。

(2) 介绍我方新商品的特征。

(3) 写出你的出口经营方案。

【资料2】

下面是一则A与B之间的交易磋商

(1) 6月11日，A向B发出电传：拟订购新时代牌1.5匹空调500台，请报价。

(2) 6月13日，B复电：新时代牌1.5匹空调500台，每台3200元。该报价于6月15日送达。

(3) 6月14日，B发出电子邮件：6月13日电取消。该邮件及时送达给A。

(4) 6月20日，B向A发出信函：向你方提供新时代牌1.5匹空调500台，每台3250元，限7月10日复有效。该信函于6月25日送达。

(5) 6月28日，B发出电子邮件：6月20日电取消。该邮件及时送达给A。

(6) 7月2日，A发出电子邮件：你6月20日信函我接受。B收到后未做答复。

【要求】请分析每次往来电传、信函和电了邮件的交易性质。

外销合同的用词特色

外销合同用语正式，简洁易懂，但又不过于口语化。比如说，在合同中“in accordance with”就比“according to”显得严谨而且正式，而后者多出现在日常用语和口语中。常见的还有：be liable for，provide that，unless otherwise，be deemed to，in the event that，in the case where 等，这些词语能够体现合同法律的特色。外销合同中大量使用古体词，即指在外销合同中经常出现的词，但是在其他文件中极少使用的词。这些词主要有 here，there 和 where 加介词构成，表示时间、地点、方式和条件等。在外销合同中常重复使用同一个词，而非使用代词，这种用法使得指代关系更加明确。

外销合同大量使用专业术语，外销合同中的英语具有独特的表达方式。如国际商务术语，它不仅仅是说明这个缩写表示的是什么意思，它还包含了买卖双方的权利义务。例如，货物的检验费、包装费、运费、保险费等费用由哪一方来支付等。专业术语的使用使得句子言简意赅。外销合同中，除句首的第一个字幕需要大写外，有些特殊词的首字母也需大写，且这些词语的首字母大写已经形成了固定的用法。其运用主要有以下几个方面：合同当事人这类词的首字母应大写；一些特定的组织、关键字、特定条款和附录、相关法律法规、价格条款和项目也要大写。

项目八　信用证操作

【知识目标】

1. 了解信用证的基本内容；
2. 熟悉 SWIFT 信用证的项目含义；
3. 掌握信用证修改和审核的要领。

【能力目标】

1. 能够分析信用证；
2. 能够审核和修改信用证；
3. 能够根据信用证要求缮制、处理各种单据；
4. 能够运用《UCP600》惯例处理信用证业务。

任务一　认识信用证

北方贸易公司在与美国李斯特贸易公司签订了女士长裤的销货合同后，采用即期跟单信用证付款，李明现在要催促对方按时开来信用证，协助公司单证部门缮制符合信用证规定的全套单据，对信用证中的错误或不妥之处提出修改。

知识引导

一、信用证的主要内容

信用证重实质而不重形式，目前各国银行所使用的信用证并无统一的格式，其内容和格式因信用证种类的不同而有所差异，但是其所包括的基本内容主要是下列几方面。

(1) 信用证本身的说明。主要包括信用证的性质、种类、信用证号码、开证行名称、开证日期、信用证的到期时间和到期地点等。

(2) 信用证的当事人。即开证行、受益人、开证申请人、通知行、议付行、偿付行等。

(3) 汇票条款。包括汇票的种类、出票人、受票人、付款期限、汇票金额等。

(4) 装运条款。如装运港/地、目的港/地、装运期限、可否分批装运和可否转运等。

(5) 标的物条款。有商品的品名、品质、规格、数量、包装、单价、总金额、唛头等。

(6) 单据条款。

①货物单据：商业发票、装箱单或重量单、商检证书、产地证；

②运输单据：海运提单 (B/L)、航空运单 (AWB)、承运货物收据 (Cargo Receipt)；

③保险单据：保险单、保险凭证；

④随附单据：受益人证明、装船通知、邮政收据等。

(7) 附加条款。根据每一具体交易的需要加列，如要求船龄在15年以内、要求所有单据都必须显示信用证号码和日期。

(8) 开证行责任文句。开证行对受益人及汇票持有人保证付款的责任条款。

(9) 开证行指示文句。对议付行的指示，要求议付行如何向开证行寄单、索偿货款等。

(10) 适用《跟单信用证统一惯例》规定的声明。用SWIFT传递信用证时，如未表明，则表示适用《UCP600》。信开本信用证必须由开证行两人手签或盖章，电开本信用证需加密押。

二、对SWIFT信用证的说明

SWIFT是"全球金融银行电讯协会"的英文简称。该协会于1973年在比利时布鲁塞尔成立，设有自动化的国际金融电讯协会，该协定的成员银行可以通过该电讯网络办理信用证业务以及外汇买卖、证券交易、托收等业务。目前，全球多数国家大多数银行已使用SWIFT系统，成员银行均可以使用SWIFT办理信用证业务。凡是通过SWIFT开立或通知的信用证称为SWIFT信用证，也有的称为全银电协信用证。

SWIFT的使用为银行的结算提供了安全、可靠、快捷、标准化、自动化的通信业务，大大提高了银行的结算速度。

SWIFT有以下特点：①SWIFT需要会员资格。我国的大多数专业银行都是其成员。②SWIFT的格式具有标准化。对于SWIFT电文，SWIFT组织有着统一的要求和格式。③SWIFT的费用较低。同样多的内容，SWIFT的费用只有TELEX（电传）的18%左右，CABLE（电报）的2.5%左右。④SWIFT的安全性较高。SWIFT的密押比电传的密押可靠性强、保密性高，且具有较高的自动化。

凡采用SWIFT信用证，必须遵守SWIFT使用手册的规定，使用SWIFT手册规定的代号（Tag），现以SWIFT信用证为例介绍其代号。目前开立SWIFT信用证的格式代号为MT700，表8-1对这种格式做简单介绍。

表 8-1 **M/T700 信用证的项目含义**

	项目（Tag）	项目性质（英文）	项目性质（中文）
信用证本身说明	27	SEQUENCE OF TOTAL	电文页次
	40A	FROM OF DOCUMENTARY CREDIT	跟单信用证形式
	40E	APPLICABLE RULES	适应规则
	20	DOCUMENTARY CREDIT NUMBER	信用证号码
	31C	DATE OF ISSUE	开证日期
	31D	DATE AND PLACE OF EXPIRY	信用证有效期和有效地点
当事人	51A	APPLICANT BANK	信用证开证的银行
	57A	ADVICE THROUGH BANK	通知行
	50	APPLICANT	信用证开证申请人
	59	BENEFICIARY	信用证的受益人
金额	32B	CURRENCY CODE，AMOUNT	结算货币和金额
兑用	41D	AVAILABLE WITH... BY...	指定的有关银行及信用证兑付的方式
汇票	42C	DRAFTS AT...	汇票付款日期
	42D	DRAWEE	汇票付款人
装运条款	43P	PARTIAL SHIPMENTS	分装条款
	43T	REANSSHIPMENT	转运条款
	44E	PORT OF LOADING/AIRPORT OF DEPARTURE	装运港/出发机场
	44F	PORT OF DISCHARGE/AIRPORT OF DESTINATION	卸货港/目的地机场
	44C	LATEST OF SHIPMENT	最迟装船期
货物描述	45A	DESCRIPTION OF GOODS AND/OR SERVICES	货物描述
单据条款	46A	DOCUMENTS REQUIRED	单据要求
特殊条款	47A	ADDITION CONDITIONS	附加条款
交单	48	PERIOD FOR PRESENTATION	交单期限
保兑	49	CONFIRMATION INSTRUCTION	保兑指示
费用	71B	CHARGES	费用情况

【任务操作】

【第一步】北方贸易公司收到的美国花旗银行开来的 SWIFT 信用证：

样例 8-1　　**SWIFT 信用证**

LETTER OF CREDIT		
SEQUENCE OF TOTAL	* 27	1 / 1
FORM OF DOC. CREDIT	* 40 A	IRREVOCABLE
DOC. CREDIT NUMBER	* 20	4028D223
DATE OF ISSUE	31 C	111020
EXPIRY	* 31 D	DATE 111220 PLACE AMERICA
APPLICANT	* 50	LESTER TRADING COMPANY LTD. NO. 18 JALAN STREET，NEW YORK，USA
BENEFICIARY	* 59	NORTHERN TRADING Co. NO. 53，BINHAI ROAD，TIANJIN，CHINA
AMOUNT	* 32 B	CURRENCY USD AMOUNT 12500. 00
AVAILABLE WITH/BY	* 41 D	ANY BANK IN CHINA，BY NEGOTIATION
DRAFTS AT...	42 C	AT SIGHT
DRAWEE	42 A	CITY BANK NEW YORK
PARTIAL SHIPMTS	43 P	NOT ALLOWED
TRANSSHIPMENT	43 T	NOT ALLOWED
LOADING IN CHARGE	44 A	TIANJIN，CHINA
FOR TRANSPORT TO,..	44 B	NEW YORK，USA
LATEST SHIPMENT	44 C	20111126
GOODS DESCRIPT.	45 A	
		LADIES PANTS SAME AS THE NTR110937 500PAIRS AT USD25
DOCS REQUIRED	46 A	
		+SIGNED COMMERCIAL INVOICE IN 3 ORIGINAL AND 3COPIES +PACKING LIST IN 3 ORIGINAL AND 3 COPIES +FULL SET OF CLEAN ON BOARD OCEAN BILLS OF LADING MADE OUT TO THE ORDER MARKED FREIGHT PREPAID AND NOTIFY APPLICANT +INSURANCE.POLICY OR CERTIFICATE IN DUPLICATE ENDORSED IN BLANK FOR 115 PERCENT OF THE INVOICE VALUE INSURANCE POLICES OR CERTIFICATES MUST EXPRESSLY STIPULATE THAT CLAIMS ARE PAYABLE IN THE CURRENCY OF THE DRAFT AND MUST ALSO INSURANCE MUST INCLUDE：INSTITUTE CARGO CLAUSE ALL RISK

续 表

LETTER OF CREDIT		
ADDITIONAL COND	* 47A	THIS IS THE OPERATIVE INSTRUMENT SUBJECT TO THE UCP600. THE AMOUNT OF EACH DRAFT MUST BE ENDORSED ON THE REVERSE OF THIS ADVICE BY NEGOTIATING BANK. A DISCREPANCY FEE OF USD 50.00 AND CABLE CHARGE USD 50.00（OR EQUIVALENT）WILL BE DEDUCTED FROM THE PROCEEDS IF DOCUMENTS ARE PRESENTED WITH DISCREPANCIES FOR PAYMENTS/ REIMBURSEMENT IS SUBJECT TO ICCURR525
DETAILS OF CHARGES	71 B	ALL BANKING CHARGES, INCLUDING REIMBURSING BANK'S CHARGE. OUTSIDE KOREA ARE FOR ACCOUNT OF BENEFICIARY
PRESENTATION PERIOD	48	DOCUMENTS MUST BE PRESENTED FOR NEGOTIATION WITHIN 5 DAYS AFTER THE DATE OF SHIPMENT

任务讨论

在信用证中出现了信用证有效期、装运期、交单期这三个日期，它们三者之间有什么样的关系？

案例8-1

我国某出口公司收到国外开来的不可撤销信用证一份，由设在我国境内的某外资银行通知并加保兑，我公司在货物装运后，正拟将有关单据交银行议付时，忽接该外资银行通知，由于开证行已宣布破产，该行不承担对该信用证的议付或付款责任，但可接受我公司的委托向买方直接收取货款的业务。对此，该外资银行的做法是否妥当，我方应如何处理为好。

任务小结

信用证结算是当今国际贸易业务中最常用的结算方式，它是以银行信用为基础，所以对买卖双方的收款或接货都有保证。但其业务涉及的当事人较多、手续烦琐、关系复杂，每个环节、每个单据要求较高，不可掉以轻心。特别是卖方，要想顺利地取得货款，就要按照UCP600中的规定办事，向开证行提交信用证中规定的各种单据要保证“单证一致、单单一致”。

招商银行首推“网上国内信用证”

招商银行近期在全国推出小企业专用的创新型安全便捷“网上国内信用证”，借助该服务，企业可以优先在银行获得授信、专享快捷融资，并且全流程电子化操作，免去了纸质合同协议，基于真实贸易背景下的交易，融资安全操作便利。

从交易背景、办理流程、服务支持等方面，“网上国内信用证”分别针对小企业的融资业务进行了多重保障及便利。融资模式下，企业需有真实的贸易背景方能进行业务办理，办理流程中，全流程电子化，免去了纸质合同协议的烦琐，控制了风险。将两种模式相结合，企业可充分掌握交易风险点，根据实际情况自由选择交易方，不仅将所有下游需求商信息统一管理，更可规避传统银承业务的诸多风险且相对流贷业务交易双方基于真实交易及银行信用使得资金更安全。一家较早使用网上信用证的企业财务负责人表示“用一个业务规避大部分交易风险的产品值得推崇，只是全流程电子化，很多习惯于传统银承流贷业务的企业很难承受。招行的网上信用证打开了电子供应链的大门，而且融资快捷、操作简便，我们规模较小的企业就是最大的受益者”。招商银行网上企业银行拥有企业用户超过 21 万家，可提供上百种各类互联网金融产品和服务，年网上交易金额超过 30 万亿元，网上结算业务替代率近 90%。可以预见，受惠于网上企业银行持续不断的产品和服务创新，小企业的现金管理还将迎来新一轮的发展热潮。

任务二　审核与修改信用证

任务情境

李斯特贸易公司在合同规定的开证时间内，通过纽约花旗银行及时向北方贸易公司开出本批交易的不可撤销跟单即期信用证。对此，北方贸易公司要对信用证进行认真审核，对不能接受的信用证条款提出改正。如无异议，就要开始着手备货，租船订舱、报检报关、投保和结汇等有关手续。

知识引导

一、信用证的审核

（一）审核的原则

在实际业务中，银行和进出口公司同时承担审证任务。其中，银行着重审核该信

用证的真实性，开证行的政治背景、资信能力、付款责任和索汇路线等方面的内容。银行对于审核后已确定其真实的信用证，应打上类似“印鉴相符”的字样。出口公司则着重审核信用证内容与买卖合同是否一致，同时还要受《CUP600》的约束。

（二）信用证的重点审核项目

1. 信用证的真实、可靠性

信用证一般是由开证行开立，通过银行之间进行传递的，首先收到信用证的应该是通知行。通知行只对所通知的信用证的表面真实性进行审核并承担责任，不对信用证项下的货物负责，也不审核与合同有关的信用证条款。如果信用证存在密押、印鉴不符的情况，受益人千万不能发货，而应请通知行进行核实确认。银行是不接受未经确认真实性的信用证的。受益人根据这样的信用证准备的单据，即使单证相符，收汇也是没有保障的。

2. 查看信用证是简电还是正式的信用证

如果是简电或是预先通知，即带有“详情后告”字样，受益人可以先行备货，在收到信用证的证实书（confirmation）之前千万不能发货。很多实际工作中发生的案例都是在这个环节上出现了问题，卖方接到简电后急于发货，并准备好单据。等拿到信用证证实书后，才发现已经做了修改。这时，卖方货已发出，失去了对货物的控制权。单据是按简电制作的，拿到银行议付，只能是单证不符，银行拒付。货、款都无法保障，造成自己的被动。

3. 查看开证行的资信情况（credit standing）

开证行的资信和国家风险的审查是受益人的责任。特别是新客户通过陌生的银行开来的金额比较大的信用证，受益人一定要小心。如经过调查发现开证行资信差，就应通过开证申请人要求开证行所在国或第三国的信誉好的大银行对信用证加具保兑（confirmation）。

4. 信用证审核重点（见表 8-2）

表 8-2 信用证的审核重点

信用证具体内容	审核重点
信用证页次 Sequence of total	①页码是否齐全 ②信用证所涉及的附件是否锁好
信用证种类 Kind of credit	《UCP600》已取消可撤销信用证
信用证证号 Credit No.	每份信用证应该有唯一证号
金额 Amount	①金额与合同是否相符 ②币种与合同是否相同 ③如有大小写是否一致 ④佣金、折扣是否包含在总金额中 ⑤溢短装是否适用金额中

续 表

信用证具体内容	审核重点
开证日期和地点 Date and place of issue	是否按照合同约定的期限开出信用证
装运期 Latest shipment date	①装运期是否与合同规定相符 ②如提前视具体情况考虑接受与否 ③如推迟（最晚……）无须改证
有效期和到期地点 Place and date of expiry	①一般比装运期晚 10～15 天为宜 ②原则上不接受在国外到期
交单期 Period of presentation	一般装船后 10～15 天为宜
兑用方式 Available with	①议付信用证为好 ②最好不是付款信用证
有效性 Effectiveness	①是否有有效期 ②是否是有条件生效 ③是否有软条款 ④信开/电开证是否印鉴/密押相符
开证申请人 Applicant	公司名称和地址都要核对
受益人 Beneficiary	公司名称和地址都要核对
通知行 Advising bank	通知行最好与受益人在同一地点
议付行 Negotiating bank	如议付行与受益人不在同一城市又限制议付，需考虑时间上的可行性
出票人 Drawer	对应合同中的卖方
收款人 Payee	对应合同中的卖方或议付行
付款人 Drawee	付款人不能是开证申请人
付款期限 Tenor	汇票的付款期限是否与合同中的付款期限相符
出票依据 Drawn under	通常包括开证行、证号和开证日期
商品名称 Commodity name	品名是否有拼写错误
规格/型号 Specification/Art No.	须仔细审核，特别注意规格中最高、最多、最低、最少等描述是否与合同相符，货号完全正确与否
数量 Quantity	①数量是否与合同相符 ②是否有溢短装
单价 Unite price	①单价是否正确 ②币别是否相同 ③计量单位是否相符 ④贸易术语是否一致
唛头 Shipping marks	①若不一致视具体情况考虑接受与否 ②若已经备妥货物，原则上应要求改证 ③若没有备妥货物，按证中唛头刷唛

续　表

信用证具体内容	审核重点
详细资料参照 Detail sa per...	①引用的合同号是否与买卖双方签订的合同相符 ②引用的合同日期是否与实际合同相同
装运港 Port of loading	①装运港是否与合同相同 ②如不同，不增加费用且能做到无须改证 ③来证笼统规定“CHINA MAIN PORTS”则无须改证
目的港 Port of destination	①目的港是否与合同相同 ②如不同，不增加费用即无须改证 ③注意世界上重名港问题，其后应加国别
分批 Partial shipments	若合同中规定禁分而来证允许，无须改证
转运 Transshipment	若合同中规定禁转而来证允许，无须改证
发票 Commercial invoice	若要求开证人会签需删除
装箱单 Packing list	若要求开证人会签需删除
提单 Bill of lading	①1/3 正本提单自寄需修改 ②运费支付情况与贸易术语矛盾需修改
保险单/凭证 Insurance policy/certificate	①投保加成是否与合同规定相符 ②投保险别是否与合同相符 ③依据的保险条款及其版本年份是否一致 ④ICC 中的险别是否与 CIC 中的险别同时出现在保险条款中
原产地证 Cetificate of origin	①签发单位能否接受 ②是否需要使领馆认证
检验证书 Inspection certificate	①检验机构是否为对我方友好的独立的第三方 ②是否为客检证，若是需修改
其他证明 Other certificate	所要求证明是否能够自行出具，如需第三方能否保证及时签发
特殊条款 Special terms	①特殊条款是否已单据化，若是是否能够保证及时签发 ②重点审核是否含有软条款
开证行保证付款责任文句 Undertaking clause of opening bank	信开/电开证必须有银行保证付款的责任文句，否则信用证无效
信用证所适用惯例 Credit is subject to...	①信开/电开证必须适用于《UCP600》，否则信用证无效 ②升级后的 SWIFT 报文格式也增加了所适用的惯例

二、信用证的修改

（一）信用证修改的规则

通过对信用证的全面审核，如发现问题应针对情况及时处理。对于影响安全收汇，难以接受或做到的信用证条款，必须要求国外买方进行修改。信用证修改的规则如下：

（1）只有开证申请人有权决定是否接受修改信用证，修改信用证只能由受益人向开证申请人提出，经开证申请人同意后再由其通知开证行。直接由受益人向开证行提出的改证申请是无效的。

（2）只有信用证受益人有权决定是否接受信用证修改，受益人只有在收到开证行通过通知行转递的修改通知后，对信用证的修改才有效。

（二）修改信用证应注意的问题

（1）凡是需要修改的内容，应做到一次性向对方提出，避免多次修改信用证，既节省时间又避免增加双方的手续和费用。

（2）对于信用证中任何条款的修改，都必须征得当事人的同意后才能生效。

（3）收到信用证修改内容后，应及时检查修改内容是否符合要求，并针对情况表示接受或重新提出修改。同意修改的内容，要么全部接受，要么全部拒绝，对修改书的部分接受或拒绝是无效的。

（4）有关信用证修改必须通过原信用证通知行才真实、有效，通过买方直接寄送的修改申请书或修改书复印件是无效的。

（5）明确修改费用由谁承担。一般按照责任归属来确定修改费用由谁承担。

【任务操作】

【第二步】SWIFT 信用证北方贸易公司对李斯特贸易公司通过纽约花旗银行开出的信用证进行认真审核，并做好审核记录，对发现的问题，向李斯特公司提出了修改意见。

1. 审核记录单

样例 8－2

<table>
<tr><td>证号</td><td>4028D223</td><td>合约号</td><td>NTR110937</td><td>受益人</td><td colspan="3">NORTHERN TRADING Co.</td></tr>
<tr><td>开证银行</td><td>CITY BANK NEW YORK</td><td>进口商</td><td>LESTER TRADING COMPANY LTD.</td><td>L/C 性质</td><td colspan="3">IRREVOCABLE</td></tr>
<tr><td>开证日期</td><td>Oct. 20，2011</td><td>付款方式</td><td>DRAFT AT SIGHT</td><td>起运口岸</td><td>TIANJIN</td><td>目的地</td><td>NEW YORK</td></tr>
<tr><td>金额</td><td>USD12500.00</td><td>可否转运</td><td>NOT ALLOWED</td><td>可否分批</td><td colspan="3">NOT ALLOWED</td></tr>
<tr><td>汇票付款人</td><td>CITY BANK NEW YORK</td><td>汇票期限</td><td>见票 ＊＊＊＊ 天期</td><td>装运期限</td><td colspan="3">Nov. 26，2011</td></tr>
<tr><td colspan="2">提单日后__________天议付</td><td>信用证有效期</td><td>Dec. 20，2011</td><td colspan="4">贸易术语：CIF NEW YORK</td></tr>
</table>

续表

5 天内交单								到期地点		AMERICA										
单证名称	提单正本	副本提单	商业发票	形式发票	海关发票	装箱单	重量单	尺码单	保险单	产地证	GSP证	贸促会证	许可证	装船通知	投保通知	寄单证明	寄样证明			
份数	3		3			3			2											
提单	抬头	To order						保险					险别：ALL RISKS							
	通知	Applicant																		
运费：Freight Prepaid										保额另加 15%			赔款地点			NEW YORK				
背书：																				

2. 修改意见

（1）到期地点在 AMERICA 应该为在 CHINA。

（2）PARTIAL SHIPMT ALLOWED 应该为 NOT ALLOWED。

（3）TRANSSHIPMENT ALLOWED 应该为 NOT ALLOWED。

（4）交单期 WITHIN 5 DAYS 应该为 WITHIN 15 DAYS。

（5）保险单中的投保加成 150%应该为 110%。

任务讨论

北京服装进出口公司拟出口儿童运动服 3000 套到南非的好望角港，当货物备妥出运前，业务员发现信用证货物描述的数量前没有"About"字样，因为国内工厂生产设备临时出现故障，最后仅备齐 2600 套，再推迟就要错过了装运期，要求客户修改信用证也为时已晚，此时业务员万分焦急，请你帮助他找出最好的解决方案。

案例 8-2

上海大众食品公司出口大豆 5000 吨至朝鲜，双方约定采用信用证方式结算。于是，朝鲜客商要求朝鲜外贸银行开出不可撤销信用证一份，该不可撤销信用证的受益人为上海大众食品公司，开证申请人为朝鲜客商，开证行为朝鲜外贸银行，议付行则为上海大同银行。信用证的有效期为 2011 年 5 月 30 日，货物的装运期为 2011 年 5 月 15 日。

2011 年 4 月，朝鲜客商通过朝鲜外贸银行发来修改电一份，要求货物分两批分别于 5 月 15 日、30 日出运，信用证的有效期展延至 6 月 15 日。上海大同银行在第一时间将信用证修改通知了受益人。5 月 30 日，上海大众食品公司将 5000 吨大豆装船出运，在备齐了所有信用证所要求的单据后，于 6 月 3 日向上海大同银行要求议付。上海大同银行审单后拒绝对其付款，其做法是否正确？

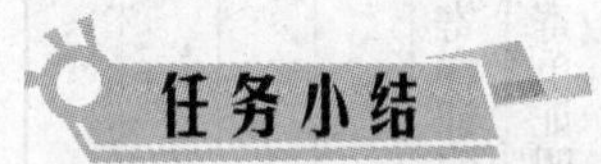

在审核信用证之前，必须对信用证的信息进行分析、归纳，在分析信用证时，单据条款往往是其中的难点，却又是重点。无论单据条款如何复杂，都可以从单据的种类、单据份数、出具人和特殊要求四个方面去理解。审核信用证的依据是买卖双方签订的合同，但并不意味着要将信用证修改成与合同完全一致，若信用证的要求比合同的要求更为严格，或使卖方利益受损，卖方可提出修改；若信用证的要求比合同更宽松，或对卖方履行不造成实质上的影响，卖方一般不须提出修改。

一、单项选择题

1. 信用证上若未注明汇票的付款人，根据 UCP600 的解释，汇票的付款人应是（　　）。

A. 开证人　　B. 开证行　　C. 议付行　　D. 出口人

2. 信用证经保兑后，保兑行（　　）。

A. 只有在开证行没有能力付款时，才承担保证付款的责任

B. 和开证行一样，承担第一性付款责任

C. 需和开证行商议决定双方各自的责任

D. 只有在买方没有能力付款时，才承担付款的责任

3. 在信用证项业务中，各有关方面当事人处理的是（　　）。

A. 单据　　B. 货物　　C. 服务　　D. 其他行为

4. 在信用证业务中，银行的责任是（　　）。

A. 只看单据，不看货物　　B. 既看单据，又看货物

C. 只管货物，不看单据　　D. 既不看单据，也不看货物

5. 在交易金额较大，对开证行的资信有不了解时，为保证货款的及时收回，买方最好选择（　　）。

A. 可撤销信用证　　B. 远期信用证　　C. 承兑交单　　D. 保兑信用证

6. 卖方收到信用证后，必须依据（　　）对信用证的条款进行逐项审核。

A. 贸易合同　　B. 发票　　C. 装箱单　　D. 产地证明书

7. 一张有效的信用证必须规定一个（　　）。

A. 装运期　　B. 有效期　　C. 交单期　　D. 议付期

8. 所谓信用证的“严格相符“原则，是指受益人必须做到（　　）。

A. 单证与合同严格相符　　B. 单据与信用证严格相符

C. 合同和信用证严格相符　　D. 以上都包括

9. 以下不属于出口商审证的内容是（　　）。

A. 信用证与合同的一致性　　B. 信用证条款的可接受性

C. 价格条件的完整性　　D. 开证银行的资信

10. 对于不可撤销信用证开出后，对其中条款的修改，下列说法正确的是（　　）。

A. 不允许任何形式的修改

B. 只能在一定范围内修改

C. 在信用证有效期内，任何一方的修改，都必须经买卖双方协商一致同意后，由申请人通过开证行修改

D. 买卖双方都可要求开证行修改

二、多项选择题

1. 信用证方式的特点（　　）。

A. 信用证是一种银行信用　　B. 信用证是一种商业信用

C. 信用证是一种自足文件　　D. 信用证是一种单据买卖

2. 对于信用证与合同的关系，下列表述正确的是（　　）。

A. 信用证的开立以买卖合同为依据

B. 信用证的履行不受买卖合同的约束

C. 银行只根据信用证的规定办理信用证业务

D. 合同是审核信用证的依据

3. 按 UCP600 的规定，信用证（　　）。

A. 未规定是否保兑，即为保兑信用证

B. 未规定可否转让，即为可转让信用证

C. 未规定是否保兑，即不保兑信用证

D. 未规定可否转让，即为不可转让信用证

4.（　　）是信用证关系中必须存在的。

A. 开证申请人　　B. 通知行　　C. 开证行　　D. 受益人

5. 以下对可转让信用证表述正确的是（　　）。

A. 可转让信用证只能转让一次

B. 可转让信用证可转让无数次

C. 第二受益人可将信用证转让回给第一受益人

D. 信用证必须注明“transferable”

6. 关于信用证中“Date and place of expiry”说法正确的是（　　）。

A. 表明该证的到期日期和到期地点

B. 信用证的到期地点可以在开证行所在地，也可以在受益人所在地

C. 可以推算出信用证的开证日期

D. 如果是在开证行所在地，出口审单人员一定要把握好交单时间和邮程，防止信用证失效

7. 开证行拒付货款的理由可以是（　　）。

A. 单证不符　　B. 货物不符合同规定

C. 单单不符　　D. 货物不符合信用证

8. 下列说法正确的是（　　）。

A. 根据《UCP600》规定，信用证如未规定有效期，则该证可视为无效

B. 国外开来信用证规定货物数量为3000箱，6/7/8月，每月均匀装运。我出口公司于6月份装运1000箱，并收妥款项。7月份由于货未备妥，未能装运。8月份装运2000箱。根据《UCP600》规定，银行不得拒付

C. 在信用证支付方式下，受益人只要在信用证规定的有效期内向银行提交符合信用证规定的全部单据，银行就必须履行付款义务

D. 假如受益人要求开证申请人将信用证的有效期延长一个月，在信用证未规定装运期的情况下，同一信用证上的装运期也可顺延一个月

9. 在审核信用证金额与货币时，需要审核的内容包括（　　）。

A. 信用证总金额的大小写必须一致

B. 信用证采用的货币必须与合同规定的货币一致

C. 发票或汇票金额不能超过信用证规定的总金额

D. 合同中订有溢短装条款，信用证金额应有相应规定

10. 下列信用证条款中属于软条款的是（　　）。

A. 三份正本已装船海运提单，做成“凭指定”抬头，通知买方

B. 一份开证申请人收签的质量检验证书，字迹须和开证行预留签字样本相符

C. 待进口商取得进口许可证后，开证行以信用证修改形式通知信用证生效

D. 货物运抵目的港后，待进口地商检机构检验合格后并出具书面证书后开证行才付款

三、简答题

1. 如何理解信用证是一份自足的文件？

2. 简要说明信用证的基本内容。

3. 简述信用证项下受益人的权利和义务。

4. 在实际业务中，如果开来的信用证由开证人或开证行直接寄给受益人，你认为受益人应该如何处理？

5. 在以信用证方式结算的交易中，为什么“单证相符”而不是“单货相符”占首要地位？

四、技能实训

【资料 1】

样例 8-3

ISSUE OF A DOCUMENTARY CREDIT	
ISSUING BANK	THE ROYAL BANK. TOKYO
SEQUENCE OF TOTAL	1/1
ISSUE OF A DOCUMENTARY CREDIT	
FORM OF DOC. CREDIT	IRREVOCABLE
DOC. CREDIT NUMBER	JST—AB12
DATE OF ISSUE	20100405
EXPIRY	DATE 20110615 PLACE CHINA
APPLICANT	WAV GENEAL TRADING CO., OSAKA, JAPAN
BENEFICIARY	DESUN TRADING CO, LTD 224 JINLIN ROAD, NANJING, CHINA
AMOUNT	CURRENCY USD AMOUNT 10300.00
AVAILABLE WITH/BY	BANK OF CHINA BY NEGOTIATION
DRAFTS AT...	DRAFTS AT SIGHT FOR FULL INVOICE VALUE
DRAWEE	THE ROYAL BANK, TOKYO
PARTIAL SHIPMTS	ALLOWED
TRANSSHIPMENT	ALLOWED
LOADING IN CHARGE	NANJING PORT
FOR TRANSPIRT TO...	OSAKA, JAPAN
LATEST SHIPMENT	20100531
GOODS DESCRIPT	LADIES GARMENTS AS PER S/C NO. SHL553 PACKING: 10PCS/CTN ART NO. QUANTITY UNIT PRICE STYLE NO. ROCOCO 1000 PCS USD 5.50 STYLE NO. ROMANTICO 1000 PCS USD 4.80 CIF OSAKA SHIPPING MARK: ITOCHU/OSAKA/NO, 1—200
DOCS REQUIRED	* 3/3 SET OF ORIGINAL CLEAN ON BOARD OCEAN BILLS OF LADING MADE OUT TO ORDER OF SHIPPER AND BLANK ENDORSED AND MARKED "FREIGHT PREPAID" NOTIFY APPLICANT (WITH FULL NAME AND ADDRESS). * ORIGINAL SIGNED COMMERCIAL INVOICE IN 5 FOLD. * INSURANCE POLICY OR CERTIFICATE IN 2 FOLD ENDORSED IN BLANK, FOR 110PCT OF THE INVOICE VALUE COVERING THE INSTITUTE CARGO CLAUSES (A), THE INSTITUTE WAR CLAUSES, INSURANCE CLAIMS TO BE PAYABLE IN JAPAN IN THE CURRENCY OF THE DRAFTS. * CERTIFICATE OF ORIGIN GSP FORM A IN 1 ORIGINAL AND 1 COPY. * PACKING LIST IN 5 FOLD.

续 表

ISSUE OF A DOCUMENTARY CREDIT	
ADDITIONAL COND	1. T. T. REIMBURSEMENT IS PROHIBITED 2. THE GOODS TO BE PACKED IN EXPIRT STRONG COLORED CARTONS. 3. SHIPPING MARKS：ITOCHU OSAKA NO，1—200
DETAILS OF CHARGES	ALL BANKING CHARGES OUTSIDE JAPAN INCLUDING REIMBURSEMENT COMMISSION，ARE FOR ACCOUNT OF BENEFICIARY.
PRESENTATION PERIOD	DOCUMENTS TO BE PRESENTED WITHIN 10 DAYS AFTER THE DATE OF SHIPMENT，BUT WITHIN THE VALIDITY OF THE CREDIT.
CONFIRMATION	WITHOUT
INSTRUCTIONS	THE NEGOTIATION BANK MUST FORWARD THE DRAFTS AND ALL DOCUMENTS BY REGISTERED AIRMAIL DIRECT TO U. S. IN TWO CONSECUTIVE LOTS，UPON RECEIPT OF THE DRAFTS AND DOCUMENTS IN ORDER，WE WILL REMIT THE PROCEEDS AS INSTRUCTED BY THE NEGOTIATING BANK.

【要求】

根据以上信用证的内容，完成下面相对应的内容：

（1）开证人：

（2）受益人：

（3）信用证号码：

（4）信用证有效期：

（5）装运港：

（6）目的港：

（7）商品名称：

（8）商品数量：

（9）交单期限：

（10）信用证是否可撤销：

（11）信用证金额：

（12）汇票付款期限：

（13）付款人：

【资料 2】

样例 8-4

销售合同
SALE CONTRACT

卖方：GUANGDONG LIGHT ELECTRICAL APPLIANCES CO.，LTD　编号 NO.：96SGQ468001
SELLER：52，DEZHENG ROAD SOUTH，GUANGZHOU，CHINA　日期 DATE：APR. 22，，1998
地点 SIGNED IN：GUANGZHOU

买方：A. B. C. CORP
BUYER：AKEDSANTERINK AUTO P. O. BOX9，FINLAND

买卖双方同意以下条款达成交易：
This contract is made by and agreed between the BUYER and SELLER，in accordance with the terms and conditions atipulated below.

1. 品名及规格 Commodity&Specification	2. 数量 Quantity	3. 单价及价格条款 Unit Price&Trade Terms	4. 金额 Amount
HALOGEN FITING W500	9600PCS	CIF HELSINIKI USD3. 80/PC	USD36，480. 00
Total：			**USD36，480. 00**

允许　10%　溢短装，由卖方决定
With　More or less of shipment allowed at the sellers' option

5. 总值
Total Value

6. 包装 IN CARTON
Packing

7. 唛头
Shipping Marks

8. 装运期及运输方式
Time of Shipment & means of Transportation
WITHIN 30DAYS AFTER RECEIPT OF L/C，ALLOWING TRANSHIPMENT AND PARTIAL SHIPMENT

9. 装运港及目的地
Port of Loading & Destination
FROM GUANGZHOU TO HELSINKI

10. 保险
Insurance
TO BE EFFEGTED BY SELLER FOR 110% OF INVOICE VALUE COVERING F. P. A. UP TO HELSINKI

11. 付款方式
Terms of Payment
BY L/C TO REACH CHINA BEFORE MAY 1，1998 REMAIN VALID FOR NEGOTLATION IN CHINA

12. 备注
Remarks

The Buyer　　　　**The Seller**

ISSUE OF DOCUMENTARY CREDIT	
ISSUE BANK	METIAABANK LTD. FINLAND
FORM OF DOC. CREDIT	REVOCABLE
DOC. CREDIT NO.	LRT 9802457
DATE OF ISSUE	980428
EXPIRY DATE AND PLACE	980416 FINLAND
APPLICANT	A. B. C. CO. AKEKSANTERINK AUTO P. O. BOX9，FINLAND
BENEFICIARY	GUANGDONG LIGHT ELECTRICAL CO. LTD 52 DEZHENG ROAD SOUTH GUANGZHOU CHINA
AMOUNT	USD 3，648.00 (SAY U.S. DOLLARS THIRTY SIX THOUSAND FOUR HUNDRED FOUR HUNDRED AND EIGHT ONLY)
AVAILABLE WITH/BY	ANY BANK IN ADVISING COUNTRY BY NEGOTIATION
DRAFT AT...	DRAFTS AT 20 DAYS SIGHT FOR FULL INVOICE VALUE
PARTIAL SHIPMENT	NOT ALLOWED
TRANSSHIPMENT	ALLOWED
LOADING IN CHARGE	GUANGZHOU
FOR TEANSPORT TO	HELSINKI
SHIPMENT PERIOD	AT THE LATEST MAY 30，1998
DESCRIP. OF GOODS	960PCS OF HALOGEN FITTING W500，USD6.8 PER PC AS PER SALES CONSTRACT 98SG468001 DD. 22，4，1998 CIF HELSINKI
DOGUMENTS REQUIRED	* COMMERCIAL INWOICE 1 SIGNED ORIGINAL AND 5 COPIES * PACKING LIST IN 2 COPIES * FULL SET OF CLEAN ON BOARD MARINE BILLS OF LADING, MADE OUT TO ORDER，MARKED "FREIGHT PREPAID" AND NOTIFY APPLICANT (AS INDICATE ABOVE) * GSP CERTIFICATEOF ORIGIN FORM A，CERTIFYING GOODS OF ORIGIN IN CHINA，ISSUED BY COMPETENT AUTHORITIES * INSURANCE POLICY/CERTIFICATE COVERING ALL RISKS AND WAR RISKS OF PICC. INCLUDING WAREHOUSE TO WAREHOUSE CLAUSE UP TO FINAL

	DESTINATION AT HELSINKI, FOR AT LEAST 120 PCT OF CIF-VALUE.
	* SHIPPING ADVICE MUST BE SENT TO APPLICANT WITH 2 DAYS AFTER SHIPMENT ADWISING NUMBER OF PACKAGES, GROSS & NET WEIGHT, WESSEL NAME, BILL OF LADING NO. AND DATE, CONTRACKT NO... VALUE...
PERSENTATION PERIOD	6 DAYS AFTER INSSUANCE DATE OF SHIPPING DOCUMENT.
CONFIRMATION INSTRUCTIONS	WITHOUT
	……

【要求】 根据以上合同，审核信用证，并写出审核结果。

经审核信用证后存在的问题如下：

拓展阅读

信用证的银行费用

信用证针对受益人时，信用证银行费用的标准包括两大部分：国内银行费用和国外银行费用。

国内银行费用分为以下几部分：

(1) 信用证通知费。通知费一般是人民币100～400元不等，有的银行收得高，有的银行收得低。一般国内银行收得比较低，外资银行收得比较高，在国内工商银行的通知费就比中国银行的通知费高；在国外美联银行的通知费就比渣打银行的通知费高。

不同银行都有自己不同的收费标准。

(2) 信用证修改通知费。如果信用证有修改，当银行通知修改件时，就产生了修改通知费，一般修改通知费的标准在人民币100～300元，不同的银行收费也有差异，如工商银行将修改通知费等同于通知费。

(3) 信用证转通知费。当开证银行与受益人的银行没有直接合作关系时，会找第三方银行代转信用证，此时就要付给第三方银行转通知费，转通知费的收费标准和通知费是一样的。

(4) 信用证议付费，也叫托收费。不同的银行收费标准也有差异。

(5) 信用证快递费。这是银行寄文件给国外银行DHL时产生的费用，一般实报实销，国家不同，快递费不同，一般东南亚为人民币100元左右，中东印巴为人民币200元左右，其他国家为人民币300元左右。

国外银行费用是不确定的，一般有不符点费、银行手续费，另外还有中间银行费用。在没有不符点的情况下，一般费用在0～150美元。

一般信用证操作，是会增加额外人民币1500～2000元，但是只有具备丰富的经验和专业的知识，才能避免很多不必要的费用。

项目九　出口备货与货物出运操作

【知识目标】

1. 掌握货物出口履行过程中备货、订舱投保、报检报关、装船的基本知识；
2. 熟悉货物出口履行过程中备货、订舱投保、报检报关、装船的主要业务流程；
3. 了解货物出口履行过程中的注意事项。

【能力目标】

1. 能够完成出口履行过程中备货、订舱投保、报检报关、装船的基本操作；
2. 能够理解出口履行过程中涉及的主要单据；
3. 能够区分法定检验商品和商业检验商品；
4. 能够计算海运费、保险费。

任务一　办理出口备货

李明按照与美国李斯特贸易公司达成的交易条件，一方面向国内的服装厂下达订单，以便能够按照合同如期交货。另一方面按照信用证所规定的装运期安排租船订舱事宜。

知识引导

备货工作就是出口商根据出口合同的规定，按时，按质，按量准备好应交货物，以保证按时出运。备货工作是履行出口合同的基础。备货工作的主要内容是：在签订合同或收到信用证后向生产部门、供货部门或仓储部门安排或催交货物，核实应交货物的品质、规格、数量。进行必要的加工整理，包装，刷唛头。需要注意的是，在信用证付款方式下，为了降低风险，出口商往往在收到信用证并确定无误后才开始备货。在备货过程中应注意下列问题：

一、有关货物的品种、数量与品质规格问题

首先，对货物的品种、数量与品质、规格，应按合同的要求核实，必要时应进行适当调配与加工整理，以保证货物与合同或信用证规定一致。在备货数量上还应留有余地，以备调换和适应舱容之用。

其次，备货时间应根据信用证规定并结合船期予以安排，以利于船货衔接。

二、有关货物的包装问题

出口货物要经过长途运输，中途还要经过多次搬运和装卸，甚至多次转换运输工具。为了最大限度地使货物保持完好无损，就必须切实搞好出口包装。尽量安排将货物装运到集装箱中或牢固的托盘上。对于空运货物的包装，应着重注意货物被偷窃和被野蛮装卸的情况，特别是易损货物，应用牢固的箱子包装。随着技术进步，自动仓储环境处理的货物越来越多，货物在运输和仓储过程中，通常由传送带根据条码自动扫描分拣。因此，应注意根据仓储要求，严格按统一尺寸对货物进行包装或将货物放置于标准尺寸的牢固托盘上，并预先正确印制和贴放条码。出口货物包装应注意的问题（见图 9－1 和图 9－2）：

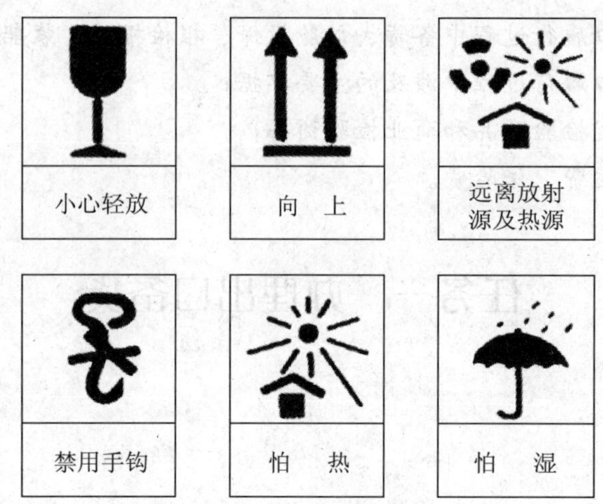

图 9－1　商品外包装上常见指示性标志

图 9－2　商品外包装上常见危险性标志

1. 必须适应货物的特性

每一种货物都有自己的特性，水泥怕潮湿，玻璃制品容易破碎，流体货物容易泄漏和流失等。这就要求运输包装相应具有防潮、防震和防漏等良好的性能；散装的石油、矿砂、粮食、煤炭等类货物，可用专门设计的运输工具和装卸设备进行载运和装卸。

2. 必须适应不同运输方式的要求

不同运输方式对运输包装的要求不同，例如，海运包装要求牢固，并具有防止挤压和碰撞的功能；铁路运输包装，要求具有不怕震动的功能；航空运输包装，要求轻便而且不宜过大。

3. 必须考虑进口国的法律规定和客户的要求

各国法律对运输包装的规定不一，如有些国家禁止使用柳条、稻草、棉花之类的材料做包装用料，因为这些国家怕因此将病虫害带进去；有些客户对包装标志和每件包装提出特定的要求时，也应根据需要和可能予以考虑。

4. 必须便于各环节有关人员进行操作

运输包装在流通过程中需要经过装卸、搬运、储存、保管、清点和查验，为了方便相关人员进行操作，包装的设计要合理，包装规格和每件包装的重量与体积要适当，适宜的重量和体积才便于港口工人的机械操作，减少人工费用。

5. 必须设计科学、合理

坚固的货物包装可以防止盗窃和减少损失，运输包装成本的高低和运输包装重量与体积的大小，都直接关系到费用开支和企业的经济效益。合理的货物包装可以节省运费。因此，在选用包装材料、进行包装设计和打包时，在保证包装牢固的前提下，应注意节约。此外，还要考虑进口国家的关税税则。

6. 必须有利于促进销售

货物的包装应该适宜推销，使货物美观、醒目，增加货物的附加值，促进顾客购买。货物的销售包装是“沉默的推销员”。良好的销售包装，应该是让消费者有新鲜感、艺术感、高贵感、直观感、方便感和安全感。

7. 有关货物外包装的运输标志问题

运输标志习惯上称“唛头”，它通常由一个简单的几何图形和一些字母、数字以及简单的文字组成。它具有便于运输、辨认货物、顺利完成交易以及防止错发、错运的作用。国际标准化唛头主要内容包括（见图 9－3）：

（1）收货人或买方名称的英文缩写字母或简称；

（2）参考号，如运单号、订单号或发票号；

（3）目的地；

（4）件号。

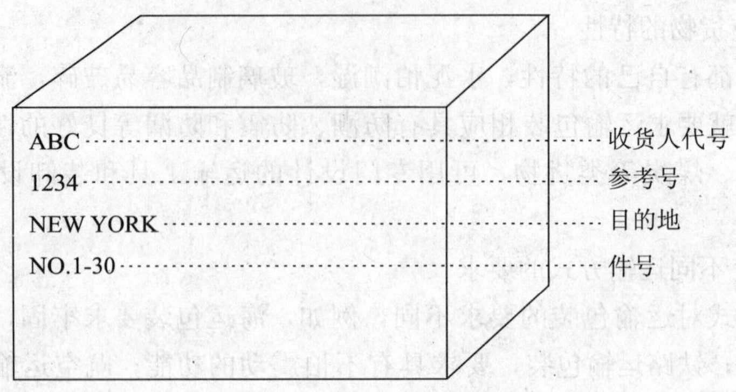

图 9-3 运输标志示意图

正确刷制运输标志的重要性主要反映在如下四个方面：一是符合运输要求和有关国家海关的规定；二是保证货物被适当处置；三是掩盖包装内货物的性质；四是帮助收货人识别货物。因此，包装上刷制运输标志应符合有关进出口国家的规定，应与所有出口单据上对运输标志的描述一致。运输标志应既简洁，又能提供充分的运输信息。

在备货环节，需要注意的是，凡出口合同规定收到买方信用证后若干天内交货的，为保证按时履行合同，防止被动，应督促买方按照合同规定期限开到信用证。收到信用证后，还必须抓紧时间审核，以便及时安排生产，组织进货和办理装运。

不适运输包装引发纠纷案

我方某公司与丹麦某公司于某年1月通过函电签订了一份销售合同。由我方向对方出售化工原料5000吨，订明价格条款为CIF哥本哈根港，总金额250万美元，包装条款为适于海运的包装，保险由卖方办理。索赔条款：货物到达目的港须经卖方同意的检验人员证明后，数量和规格问题应于15天之内，质量问题应于90天之内买方可向卖方提出索赔要求。

在货物发运之前，对方公司负责人到我方仓库查看了货物包装情况，表示满意。

从当年2月份起，我方开始向对方发货；船方出具了清洁提单，对袋装及托盘并无批注意见。货物运抵目的港后，对方发现两批货物中有部分拖盘和袋子损坏。于是，对方单方面聘请某公证检验货物，并将损坏的托盘自行更换为新的，以便继续在陆上运输。对方的检验报告表明破损原因是“由于托盘木条强度不够，不适宜海上运输，以及包装带捆扎不紧所致”。对方于5月写信给我方提出索赔，要求我方负责赔偿重新包装、破损货物，以及所使用的人力、铲车、制作新托盘、购买新袋子、监工、货物检验等费用，索赔金20万美元。我方答应负担有关损失的一半。希望贵公司能仔细考虑并将意见复告，并盼早日来人商谈具体事宜。

6月，我方同对方驻京代表进行洽谈。我方仍坚持按对方所提赔偿的60%理赔，

并要求对方补齐所缺的公证行证明。洽谈没有结果。对方于 8 月电传我方，要求我方赔偿金额的 80%，以求能友好解决。对此我方予以拒绝。

之后，我方又曾去电传要求对方再订购一定的货物作为我方理赔的条件。但对方未接受。10 月，对方向中国国际经济贸易仲裁委员会上海分会提出仲裁申请。

对方申诉书提出：

(1) 按 CIF 条款成交，卖方应该完整无缺地将货物交给对方；否则，与 FOB 条款无区别。

(2) 卖方发货包装不牢固，托盘木条强度不够，有潜在缺陷，不适宜海上运输。

(3) 卖方提出的有条件的赔偿，这个先决条件不公平。

我方答辩：

(1) 按国际贸易惯例，履行 CIF 销售合同。卖方的风险是货物越过船舷即转移给买方，货物的灭失与损坏均由买方负责。

(2) 我方货物的习惯包装是 25 千克一袋的塑料内包装和聚丙烯编织袋外包装，适合远洋运输，没有违反合同。托盘是运输工具，不是包装，托盘的结构和捆扎方式是一目了然的。经过承运人有专业经验的人员验收，出具了清洁提单，不存在“潜在缺陷”的问题。货物到达目的港后，托盘的作用已经结束，对方重新整理托盘是为了其本身业务的需要，较方便地将该批货物再由陆路转运，销售给其客户，这与本合同无关，我方不应该承担这项整理费用。

(3) 以前我们双方协商时，我方出于发展双方业务及友好关系，曾提出如果对方购买一定数量的化工原料。我方同意贴补争议费用的 60%，这纯系争取业务的优惠方法。贸易业务中的先决条件是否公平，接受与否，由贸易双方自行决定，绝非我方同意承担赔偿。

最后，在上海仲裁委员会的调解下，于当年 12 月通过协商，双方达成协议，对方撤诉，不再提及修理托盘的费用，我方则给予对方适当补贴，主要是对方直接以 25 千克的小包装装卸增加的费用。至此，本案了结。

任务讨论

1. 李明应于何时向服装厂下订单备货，为什么？

2. 李明在备货时应注意哪些问题？

【任务操作】

【第一步】李明根据销售合同要求，于 2011 年 9 月 26 日向国内工厂下达订单，要求订购女士长裤 500 条。下面为向工厂下达的订单，见样例 9-1。

样例 9－1 国内订单

To：北方工业有限公司 From：北方贸易公司

北方工业有限公司
购销合同

直	供
出	口

签约地点：天津 签约时间：2011.9.26 合同编号：E0611LTW118TY

型号	牌子	单位	数量	含税单价	含税总价	交货日期	备 注
女式长裤				天津指定仓库交货含税价		供方须最迟于 2011 年 10 月 30 日以前送货至需方指定上海仓库	价格含增值税、包装费、运费、商检费、为买断价
	LOYA	件	500		￥120.00		
备注：1. 质量：国家出口标准及国际相关标准							
2. 产品打字："AUTOLO"文字							
3. 包装：客户定牌包装，见提供的产品包装设计图片							
总计			500 件		￥120.00		
交货地点	需方指定天津仓库			总价	￥60000.00		
收货人	需方指定						

一、如供方未能按合同规定的条款交货，则需方有权拒收货物或拒付货款；由于供方延迟交货而产生的一切额外费用全部由供方承担，并按合同总价 1%/每日的金额补偿给需方。

二、因合同产品的质量问题而造成的国内外一切经济损失，均由供方负责。

三、技术要求：产品品质应符合 国家出口 标准以及国家规定的有关出口标准。

四、包装要求：1. 外包装为适合于远洋运输的木箱/瓦楞纸箱，然后托盘包装；（托盘尺寸：120 厘米×80 厘米×80 厘米）。

2. 所有包装箱内外（包括打包带及封口胶等）都不得有供方信息或其他未经需方同意的信息；同时供方不得与需方公司人员有任何未经需方公司书面许可的其他交易。若供方违反上述几项，供方须赔偿需方相当于合同货款两倍以上的罚款，且由此产生的一切其他费用、损失均由供方负担。

五、供方在每个包装箱外必须标明品名、规格（型号）、数量等规定的标识，对于直接送码头的，必须在托盘上刷写黑唛头及委运发票号（由我司提供）。

六、1. 供方应在本合同要求的交货日期前 10 天将详细装箱清单传至需方，如因未传而致使需方订仓延误，所产生的一切后果由供方承担。

2. 供方应在交货前办好商检，并将商检换证凭单或放行单及时寄/送交需方。

七、1. 货物发运前，供方须凭需方传真的有业务员和储运部同时签字的送货指示，及时送货至需方指定地点。

2. 货物发运后，供方应在 24 小时内将货物的到站、运单号及件数电告需方。

八、结算方式：合同签订后，需方预付定金 20%（￥10000.00），余款（￥40000.00）在供方交货 30 天内，需方凭供方提供的增值税发票付清。

九、除另有说明外，所有供方至需方指定仓库的一切运输费用均由供方自理。

十、本合同所有附件均为本合同的不可分割的组成部分，对本合同的任何修改均需双方书面确认。

需方	北方国际贸易有限公司		供方	北方工业有限公司	
通信地址	天津市滨海路 53 号	邮编	通信地址	邮编	
		电话	022－54862360	电话	

续 表

开户银行		账号		开户银行		账号	
代表签字				代表签字			
签字日期				运输方式			

10 月 20 日，北方工业有限公司生产完毕，按要求对货物进行了包装，并运往北方贸易公司的指定仓库。

任务二　办理出口托运与报检

10 月 30 日，北方贸易公司货物已经备妥待运。按照 CIF 术语应由出口商负责办理出口运输的相关手续。李明随即联系了国际货运代理公司办理托运手续，托运完毕后李明根据货运代理公司下发的配舱通知及装货单确定装运日期和相关运输事宜。

知识引导

一、出口货物托运

（一）国际货物运输的主要方式

在国际货物运输中，涉及的运输方式很多，其中包括海洋运输、铁路运输、航空运输、河流运输、邮政运输、公路运输、管道运输、大陆桥运输以及由各种运输方式组合的国际多式联运等。各国际运输服务公司的经营，大多以某一种或多种运输方式为主，较常见的是海运或空运，并辅以其他运输方式，从而实现服务范围较大化覆盖。现将我国常用的几种方式简略加以介绍。

1. 海洋运输

在国际货物运输中，运用最广泛的是海洋运输（ocean transport）。目前，海运量在国际货物运输总量中占 80%以上。海洋运输之所以被如此广泛采用，是因为它与其他国际货物运输方式相比，主要有以下明显优点：

（1）通过能力大。海洋运输可以利用四通八达的天然航道，它不像火车、汽车受轨道和道路的限制，故其通过能力很大。

（2）运量大。海洋运输船舶的运输能力，远远大于铁路运输车辆。如一艘万吨船舶的载重量一般相当于 250～300 个车皮的载重量。

（3）运费低。按照规模经济的观点，因为运量大，航程远，分摊于每货运吨的运输成本就少，因此运价相对低廉。

海洋运输虽有上述优点，但也存在不足之处。例如，海洋运输受气候和自然条件的影响较大，航期不易准确，而且风险较大。此外，海洋运输的速度也相对较低。

2. 铁路运输

在国际货物运输中，铁路运输（rail transport）是仅次于海洋运输的主要运输方式，海洋运输的进出口货物，也大多是靠铁路运输进行货物的集中和分散的。铁路运输有许多优点，一般不受气候条件的影响，可保障全年的正常运输，而且运量较大，速度较快，有高度的连续性，运转过程中可能遭风险也较小。办理铁路货运手续比海洋运输简单，而且发货人和收货人可以在就近的始发站（装运站）和目的站办理托运和提货手续。

3. 航空运输

航空运输（air transport）是一种现代化的运输方式，它与海洋运输、铁路运输相比，具有运输速度快、货运质量高、且不受地面条件的限制等优点。因此，它最适宜运送急需物资、鲜活商品、精密仪器和贵重物品。

4. 公路、内河和邮包运输

（1）公路运输。公路运输（road transportation）是一种现代化的运输方式，它不仅可以直接运进或运出对外贸易货物，而且也是车站、港口和机场集散进出口货物的重要手段。

（2）内河运输。内河运输（inlandwater transportation）是水上运输的重要组成部分，它是连接内陆腹地与沿海地区的纽带，在运输和集散进出口货物中起着重要的作用。

（3）邮包运输。邮包运输（parcelpost transport）是一种较简便的运输方式。各国邮政部门之间订有协定和合约，通过这些协定和合约，各国的邮件包裹可以相传递，从而形成国际邮包运输网。由于国际邮包运输具有国际多式联运和“门到门”运输的性质，加之，手续简便，费用也不高，故其成为国际贸易中普遍采用的运输方式中之一。

（二）租船订舱的主要流程

在CIF或CFR条件下，租船订舱是卖方的责任之一。如出口货物数量较大，需要整船载运的，则要对外办理租船手续，对出口货物数量不大，不需整船装运的，则安排洽订班轮或租订部分舱位运输。

进出口公司通常向货运代理公司办理托运手续。以向外运公司租船订舱为例，主要程序如下：根据合同或信用证中的有关规定，公司参照外运公司每月发来的船期表，认真填写托运单，并及时将托运单交外运公司，作为租船订舱的依据。承运人接受这一托运，并在托运单上签章，留存一份，退回托运人一份。至此，订舱手续即告完成，运输合同即告成立。外运公司收到托运单据后，会同中国外轮代理公司，根据配载原则，结合船期、货物性质、数量、目的港等具体情况安排船只和仓位。然后由外轮代

理公司签发“装货单”（SHIPPING ORDER），俗称下货纸作为通知船方收货装运的凭证。装货单或下货纸的作用有三个方面：一是通知托运人货物已配妥××航次××船以及装货日期，让其备货装船；二是便于托运人向海关办理出口申报手续，海关凭以验收货物；三是作为命令船长接受该批货物装船的通知。

（三）运输单据

海洋运输是我国货物出口的主要方式，在这里作为重点介绍。海洋运输过程中涉及托运单、装货单、海运提单、大副收据等多种运输单据，其中海运提单是核心单据。

海运提单，是指用以证明海上货物运输合同和货物已经由承运人接收或者装船，以及承运人保证据以交付货物的单证。提单中载明的向记名人交付货物，或者按照指示人的指示交付货物，或者向提单持有人交付货物的条款，构成承运人据以交付货物的保证。作用如下：

（1）货物收据。对于将货物交给承运人运输的托运人，提单具有货物收据的功能。

（2）物权凭证。对于合法取得提单的持有人，提单具有物权凭证的功能。

（3）合同成立的证明文件。提单上印就的条款规定了承运人与托运人之间的权利、义务，而且提单也是法律承认的处理有关货物运输的依据，因而常被人们认为提单本身就是运输合同。

海运提单的种类繁多，主要可以分为以下几种：

1. 按提单收货人的抬头

（1）记名提单（Straight B/L）记名提单又称收货人抬头提单，是指提单上的收货人栏中已具体填写收货人名称的提单。记名提单一般只适用于运输展览品或贵重物品，特别是短途运输中使用较有优势，而在国际贸易中较少使用。

（2）不记名提单（Bearer B/L，or Open B/L，or Blank B/L）提单上收货人一栏内没有指明任何收货人，而注明“提单持有人”（Bearer）字样或将这一栏空白，不填写任何人的名称的提单。这种提单不需要任何背书手续即可转让，或提取货物，极为简便。这种提单丢失或被窃，风险极大，若转入善意的第三者手中时，极易引起纠纷，故国际上较少使用这种提单。另外，根据有些班轮公会的规定，凡使用不记名提单。在给大副的提单副本中必须注明卸货港通知人的名称和地址。

（3）指示提单（Order B/L）在提单正面“收货人”一栏内填上“凭指示”（To order）或“凭某人指示”（Order of...）字样的提单。这种提单按照表示指示人的方法不同，指示提单又分为托运人指示提单、记名指示人提单和选择指示人提单。如果在收货人栏内只填记“指示”字样，则称为托运人指示提单。这种提单在托运人未指定收货人或受让人之前，货物所有权仍属于卖方，在跟单信用证支付方式下，托运人就是以议付银行或收货人为受让人，通过转让提单而取得议付货款的。指示提单在国际海运业务中使用较广泛。

2. 按货物是否已装船

（1）已装船提单（Shipped B/L，or On Board B/L）已装船提单是指货物装船后由承运人或其授权代理人根据大副收据签发给托运人的提单。如果承运人签发了已装船提单，就是确认他已将货物装在船上。这种提单除载明一般事项外，通常还必须注明装载货物的船舶名称和装船日期，即是提单项下货物的装船日期。

(2) 收货待运提单（Received for Shipment B/L）收货待运提单又称备运提单、待装提单或简称待运提单。它是承运人在收到托运人交来的货物但还没有装船时，应托运人的要求而签发的提单。签发这种提单时，说明承运人确认货物已交由承运人保管并存在其所控制的仓库或场地，但还未装船。所以，这种提单未载明所装船名和装船时间，在跟单信用证支付方式下，银行一般都不肯接受这种提单。但当货物装船，承运人在这种提单上加注装运船名和装船日期并签字盖章后，待运提单即成为已装船提单。同样，托运人也可以用待运提单向承运人换取已装船提单。

3. 按提单上有无批注

(1) 清洁提单（Clean B/L）在装船时，货物外表状况良好，承运人在签发提单时，未在提单上加注任何有关货物残损、包装不良、件数、重量和体积，或其他妨碍结汇的批注的提单称为清洁提单。使用清洁提单在国际贸易实践中非常重要，买方要想收到完好无损的货物，首先必须要求卖方在装船时保持货物外观良好，并要求卖方提供清洁提单。在以跟单信用证为付款方式的贸易中，通常卖方只有向银行提交清洁提单才能取得货款。清洁提单是收货人转让提单时必须具备的条件，同时也是履行货物买卖合同规定的交货义务的必要条件。承运人一旦签发了清洁提单，货物在卸货港卸下后，如发现有残损，除非是由于承运人可以免责的原因所致，承运人必须负责赔偿。

(2) 不清洁提单（Unclean B/L or Foul B/L）在货物装船时，承运人若发现货物包装不牢、破残、渗漏、玷污、标志不清等现象时，大副将在收货单上对此加以批注，并将此批注转移到提单上，这种提单称为不清洁提单。

4. 按提单内容的简繁

(1) 全式提单（Long Form B/L）全式提单是指提单除正面印就的提单格式所记载的事项，背面列有关于承运人与托运人及收货人之间权利、义务等详细条款的提单。由于条款繁多，所以又称繁式提单。在海运的实际业务中大量使用的大都是这种全式提单。

(2) 简式提单（Short Form B/L，or Simple B/L）简式提单，又称短式提单、略式提单，是相对于全式提单而言的，是指提单背面没有关于承运人与托运人及收货人之间的权利义务等详细条款的提单。这种提单一般在正面印有“简式”（Short Form）字样，以示区别。

5. 按签发提单的时间

(1) 倒签提单（Anti－dated B/L）倒签提单是指承运人或其代理人应托运人的要求，在货物装船完毕后，以早于货物实际装船日期为签发日期的提单。当货物实际装船日期晚于信用证规定的装船日期，若仍按实际装船日期签发提单，托运人就无法结汇。为了使签发提单的日期与信用证规定的装运日期相符，以利结汇，承运人应托运人的要求，在提单上仍以信用证的装运日期填写签发日期，以免违约。

(2) 顺签提单（Post－date B/L）指在货物装船完毕后，应托运人的要求，由承运人或其代理人签发的提单。但是该提单上记载的签发日期晚于货物实际装船完毕的日期。即托运人从承运人处得到的以晚于货物实际装船完毕的日期作为提单签发日期的提单。由于顺填日期签发提单，所以称为顺签提单。

(3) 预借提单（Advanced B/L）预借提单是指货物尚未装船或尚未装船完毕的情况下，信用证规定的结汇期（即信用证的有效期）即将届满，托运人为了能及时结汇，而要求承运人或其代理人提前签发的已装船清洁提单，即托运人为了能及时结汇而从承运人那里借用的已装船清洁提单。我国法院对承运人签发预借提单的判例，不但由承运人承担了由此而引起的一切后果，赔偿货款损失和利息损失，还赔偿了包括收货人向第三人赔付的其他各项损失。

(4) 过期提单（Stale B/L）过期提单有两种含义，一是指出口商在装船后延滞过久才交到银行议付的提单。按国际商会600号出版物《跟单信用证统一惯例》2007年修订本第三条规定："如信用证无特殊规定，银行将拒受在运输单据签发日期后超过21天才提交的单据。在任何情况下，交单不得晚于信用证到期日。"二是指提单晚于货物到达目的港，这种提单也称为过期提单。因此，近洋国家的贸易合同一般都规定有"过期提单也可接受"的条款（Stale B/L is acceptance）。

(四) 集装箱运输

1. 集装箱种类

(1) 普通集装箱，又称干货集装箱（dry container）。以装运件杂货为主，通常用来装运文化用品、日用百货、医药、纺织品、工艺品、化工制品、五金交电、电子机械、仪器及机器零件等。这种集装箱占集装箱总数的70%～80%。

(2) 冷冻集装箱（reefer container）。分外置和内置式两种。温度可在－28℃～26℃调整。内置式集装箱在运输过程中可随意启动冷冻机，使集装箱保持指定温度；而外置式则必须依靠集装箱专用车、船和专用堆场、车站上配备的冷冻机来制冷。这种箱子适合在夏天运输黄油、巧克力、冷冻鱼肉、炼乳、人造奶油等物品。

(3) 平台集装箱（platform container）。形状类似铁路平板车，适宜装超重超长货物，长度可达6米以上，宽4米以上，高4.5米左右，重量可达40公吨。且两台平台集装箱可以连接起来，装80公吨的货，用这种箱子装运汽车极为方便。

2. 集装箱规格

20′普柜:限重25TNE，限体积33 CBM

40′普柜:限重29TNE，限体积67 CBM

40′高柜:限重29TNE，限体积76 CBM

20′冻柜:限重21TNE，限体积27 CBM

40′冻柜:限重26TNE，限体积58 CBM

40′冻柜高:限重26TNE，限体积66 CBM

3. 集装箱货物的装箱方式

根据集装箱货物装箱数量和方式可分为整箱和拼箱两种。

（1）整箱（Full Container Load，FCL）。是指货方自行将货物装满整箱以后，以箱为单位托运的集装箱。这种情况在货主有足够货源装载一个或数个整箱时通常采用，除有些大的货主自己置备有集装箱外，一般都是向承运人或集装箱租赁公司租用一定的集装箱。空箱运到工厂或仓库后，在海关人员的监管下，货主把货装入箱内、加锁、铝封后交承运人并取得站场收据，最后凭收据换取提单或运单。

（2）拼箱（Less Than Container Load，LCL）。是指承运人（或代理人）接受货主托运的数量不足整箱的小票货运后，根据货类性质和目的地进行分类整理。把去同一目的地的货，集中到一定数量拼装入箱。由于一个箱内有不同货主的货拼装在一起，所以叫拼箱。这种情况在货主托运数量不足装满整箱时采用。拼箱货的分类、整理、集中、装箱（拆箱）、交货等工作均在承运人码头集装箱货运站或内陆集装箱转运站进行。

4. 集装箱货物交接方式

如上所述，集装箱货运分为整箱和拼箱两种，因此在交接方式上也有所不同，综观当前国际上的做法，大致有以下四类：

（1）整箱交，整箱接（FCL/FCL）。货主在工厂或仓库把装满货后的整箱交给承运人，收货人在目的地以同样整箱接货，换言之，承运人以整箱为单位负责交接。货物的装箱和拆箱均由货方负责。

（2）拼箱交、拆箱接（LCL/LCL）。货主将不足整箱的小票托运货物在集装箱货运站或内陆转运站交给承运人，由承运人负责拼箱和装箱（Stuffing，Vanning）运到目的地货站或内陆转运站，由承运人负责拆箱（Unstuffing，Devantting），拆箱后，收货人凭单接货。货物的装箱和拆箱均由承运人负责。

（3）整箱交，拆箱接（FCL/LCL）。货主在工厂或仓库把装满货后的整箱交给承运人，在目的地的集装箱货运站或内陆转运站由承运人负责拆箱后，各收货人凭单接货。

（4）拼箱交，整箱接（LCL/FCL）。货主将不足整箱的小票托运货物在集装箱货运站或内陆转运站交给承运人。由承运人分类调整，把同一收货人的货集中拼装成整箱，运到目的地后，承运人以整箱交，收货人以整箱接。

上述各种交接方式中，以整箱交、整箱接效果最好，也最能发挥集装箱的优越性。

（五）海运费

海运费的收取主要有两种方式：一是整箱货通常按照包箱费率；二是拼箱货通常按照班轮运价表的规定计算。为垄断性价格，不同的班轮公司或不同的轮船公司有不同的运价表，但它都是按照各种商品的不同积载系数，不同的性质和不同的价值结合不同的航线加以确定的。

班轮运费是由基本费率和附加费两个部分构成的。

（1）基本费率（BASIC RATE）是指每一计费单位（如一运费吨）货物收取的基本运费。基本费率有等级费率，货种费率，从价费率，特殊费率和均一费率之分。根

据不同商品班轮运费的计费标准通常分为下列几种：

①按重量吨（weight ton）计收。运价表上用“W”表示。按货物毛重（公吨）计算，吨以下取小数三位。适用于价值不高、体积小、重量大的货物。

②按尺码吨（measurement ton）计收。运价表上用“M”表示。按货物体积（立方米）计算，立方米以下取三位小数。适用于价值不高、重量轻、体积大的货物。重量吨和尺码吨统称为运费吨或计费吨（Freight Ton，FT）。

③按价格计收。俗称从价运费。运价表上用“Ad. Val”或“A. V.”表示。以货物价值作为运费计收标准，一般按FOB价收百分之零点几到五的运费。适用于黄金、白银、精密仪器、手工艺品等贵重商品。

④按重量吨或尺码吨计收。运价表上用W/M表示。这是常见的一种计收标准，由船公司选择其中数值较高的一种计收。

⑤按重量吨或尺码吨或从价运费计收。运价表上用W/M or A. V. 表示。由船公司从三种计收标准中选择收费最高的一种计收。

⑥按重量吨或尺码吨中收费较高的作为标准再另行加收一定百分比从价运费。运价表上用W/M plus A. V. 表示。

⑦按货物的件数（per unit /per head）计收。如卡车按辆，活牲畜按头计收。

⑧按议价（open rate）计收。临时商定运价，如粮食、矿石、煤炭等大宗货物。

⑨按起码运费（mini rate）计收。不足1运费吨（1重量吨或1尺码吨）的货物均按一级货收取运费，称之为起码运费。

（2）附加费（SURCHARGES）为了保持在一定时期内基本费率的稳定，又能正确反映出各港的各种货物的航运成本，班轮公司在基本费率之外，又规定了各种费用。主要附加费：

①燃油附加费（BUNKER SURCHARGE OR BUNKER ADJUSTMENT FACTOR，B. A. F.）：在燃油价格突然上涨时加收。

②货币贬值附加费（DEVALUATION SURCHARGE OR CURRENCY ADJUSTMENT FACTOR，C. A. F.）：在货币贬值时，船方为实际收入不致减少，按基本运价的一定百分比加收的附加费。

③转船附加费（TRANSHIPMENT SURCHARGE）：凡运往非基本港的货物，需转船运往目的港，船方收取的附加费，其中包括转船费和二程运费。

④直航附加费（DIRECT ADDITIONAL）：当运往非基本港的货物达到一定的货量，船公司可安排直航该港而不转船时所加收的附加费。

⑤超重附加费（HEAVY LIFT ADDITIONAL）超长附加费（LONG LENGTH ADDITIONAL）和超大附加费（SURCHARGE OF BULKYCARGO）。当一件货物的毛重或长度或体积超过或达到运价本规定的数值时加收的附加费。

⑥港口附加费（PORT ADDITIONAL OR PORT SUECHARGE）：有些港口由于设备条件差或装卸效率低，以及其他原因，船公司加收的附加费。

⑦港口拥挤附加费（PORT CONGESTION SURCHARGE）：有些港口由于拥挤，船舶停泊时间增加而加收的附加费。

当确定某商品装某船运往某港时，首先查该船公司的运价成本，查找所装商品等级和计费标准，再找出运往的目的港所属航线，然后用商品的单位包装重量或尺码乘以基本运费，加上附加费，得出单位包装重量或尺码的运费，再乘以计费总件数，即得出该批货物应付的运费总额。如果是从价运费，按规定的百分比乘以FOB货值即可。

在没有任何附加费的情况下，其计算公式为：

总运费＝基本费率×货运量

在有附加费的情况下，且附加费按基本费率的百分比收取，其计算公式为：

运费＝基本费率×（1＋附加费率）×总货运量

【算一算】

某批出口货物共1000箱，总体积为长47厘米、高26厘米、宽39厘米，总毛重为35公吨，运价表中规定的费率标准为M/W，单位运费为USD110，货币附加费为10%，燃油附加费为20%，请计算这批货物的运费应为多少？

计算：货物体积为47.66立方米，毛重为35公吨，运费率为M/W，体积大于毛重，故按体积计算。

运费＝110×（1＋10%）×（1＋20%）×47.66

＝110×1.32×47.66

＝6920.2（美元）

【资料卡】

集装箱整箱货费率与拼箱货的费用

船公司	S0119				
航线	Capetown-St. Petersburg				
起运港	Capetown	开普敦	South Africa	南非	
目的港	St. Petersburg	圣彼得堡	Russia	俄罗斯	
运费	20′	40′	40′高	散 LCL M（MTQ）	散 LCL W（TNE）
通用干货箱（USD）	4721.00	8331.00	8721.00	208.00	360.00
冷藏集装箱（USD）	5103.00	8993.00	9413.00	225.00	386.00
平台集装箱	0.00	0.00			
汽车集装箱	单层 0.00		双层 0.00		
时间（时）	20				

二、出口报检

出口报检即申请报验和领证工作。针对不同商品情况，对出口货物进行检验是不可缺少的重要环节。

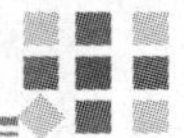

(一) 法定检验

根据《中华人民共和国进出口商品检验法》的规定，凡属法定检验的出口商品，出口商必须向商检机构办理检验或检疫申请。出口法定检验范围如下：

(1) 列入《商检机构实施检验的进出口商品种类表》的出口商品；

(2) 出口食品的卫生检验；

(3) 贸易性出口动物产品的检疫；

(4) 出口危险物品和（种类表）内商品包装容器的性能检验和使用鉴定；

(5) 装运易腐烂变质食品出口的船舱和集装箱；

(6) 有关国际条约、协议规定须经商检机构检验的出口商品；

(7) 其他法律、行政法规规定须经商检机构检验的出口商品。

凡列入《种类表》的出口商品和买卖合同中规定由商检机构出证的商品，均应在货物备齐后向商品检验局申报检验。只有取得商检局发给的检验合格证书，海关才予以放行。凡未列入《种类表》的出口商品，而且买卖合同中亦未规定由商检机构出证的出口商品，也应向商检局申报。经商检局在报关单上加盖放行印章后，海关才凭此放行。

(二) 商业检验

对于不属于法定检验的出口商品，如合同或信用证规定出口商须向进口商提交官方商检证书，出口商也应向商检机构申请办理货物的检验检疫。

(三) 出口报检的流程

1. 填表、申报

出口商填制《出境货物报检单》，随附商业发票、装箱单，最迟在出口报关前七天，向出入境检验检疫机构办理货物出境报检手续。

2. 检验、检疫

出入境检验检疫机构受理并收取检验检疫费后，对出口货物实施必要的检验、检疫、消毒等。

3. 发证

出口货物经检验合格后，出入境检验检疫机构对产地和报关地一致的出境货物，向出口商出具《出境货物通关单》和/或《商检证书》；对产地和报关地不一致的出境货物，则出具《出境货物换证凭单》，出口商凭此单向报关地出入境检验检疫机构换发《出境货物通关单》或《商检证书》。

(四) 免验

根据《商检法》及《商检法实施条例》的规定，对列入《检验检疫商品目录》的进出口商品和其他法律、行政法规规定须经检验检疫机构检验的进出口商品，经收货人、发货人或者其生产企业提出申请，国家质检总局审核批准，可免予检验。

1. 申请免验的进出口商品应当具备的条件

(1) 申请免验的进出口商品质量应当长期稳定，在国际市场上有良好的质量信誉，不属于生产企业责任而引起的质量异议、索赔和退货，检验检疫机构检验合格率连续 3 年达到百分之百；

(2) 申请人申请免验的商品应当有自己的品牌，在相关国家或者地区同行业中，产品档次、产品质量处于领先地位；

(3) 申请免验的进出口商品，其生产企业的质量管理体系应当符合 ISO 9000 质量管理体系标准或者与申请免验商品特点相应的管理体系标准要求，并获得权威认证机构认证；

(4) 为满足工作需要和保证产品质量，申请免验的进出口商品的生产企业应当具有一定的检测能力；

(5) 申请免验的进出口商品的生产企业应当符合进出口商品免验审查条件的要求。

2. 不能申请免验的商品涉及安全、卫生和有特殊要求的进出口商品不能申请免验

主要有：

(1) 食品、动植物及其产品；

(2) 危险品及危险品包装；

(3) 品质波动大或者散装运输的商品；

(4) 需出具检验检疫证书或者依据检验检疫证书所列重量、数量、品质等计价结汇的商品。

3. 申请免验的程序

出口商品的免验，申请人应当先向所在地直属检验检疫局提出申请，经所在地直属检验检疫局依照相关规定初审合格后，才能向国家质检总局提出正式申请。进口商品的免验，申请人向国家质检总局提出申请。国家局对受理的免验申请，组织专家审查组进行考核、审查。经专家审查组考核、审查后，对符合免验规定的，由国家局批准，予以公布。对审查不合格的，由国家局书面通知申请人，并说明理由。获准免验的进出口商品的生产企业应接受检验检疫机构的监督管理。

4. 免验商品的放行

获准免验的进出口商品的申请人，在免验有效期内，凭免验证书、外贸合同、信用证、该商品的品质证明和包装合格单等文件到检验检疫机构办理放行手续，并交纳放行手续费。对已获免验的进出口商品，需要出具检验检疫证书的，检验检疫机构应当对该批进出口商品实施检验检疫。

任务讨论

1. 李明须向检验检疫机构提交哪些单证？

2. 李明如何按照信用证要求租船订舱？

【任务操作】

【第二步】李明于 10 月 30 日收到了北方工业有限公司发来的 500 条女士长裤，向

鑫鑫国际货运代理有限公司办理了托运手续（缮制托运委托书），并取得了船公司签发的装货单。见样例 9－2。

样例 9－2　　　　　　　　　　**托运委托书**

Shipping Order

<table>
<tr><td colspan="2">SHIPPER'S NAME AND ADDRESS（发货方名址）
NORTHERN TRADING Co.
NO. 53，BINHAI ROAD，TIANJIN，CHINA</td><td rowspan="2">International xinxin Co.，Ltd.
天津鑫鑫国际货运代理有限公司
TEL：(8621) 61464108 / 61464078
FAX：(8621) 61460176</td></tr>
<tr><td colspan="2">CONSIGNEE'S NAME AND ADDRESS（收货方名址）
LESTER TRADING COMPANY LTD.
NO. 18 JALAN STREET，NEW YORK，USA</td></tr>
<tr><td colspan="2">NOTIFY PARTY 通知人
LESTER TRADING COMPANY LTD.
NO. 18 JALAN STREET，NEW YORK，USA</td><td>ACCOUNTING REF. 账号</td></tr>
<tr><td>PORT OF LOADING
装运港 TIANJIN</td><td>PORT OF DISCHARGE 卸货港
NEW YORK</td><td>OCEAN FRIGHT　PREPAID 预付√
COLLECT 到付□
OTHER CHARGES　PREPAID 预付√
COLLECT 到付□</td></tr>
<tr><td>FINAL DESTINATION
目的港 NEW YORK</td><td>VOYAGE /VESSEL 航次/船名</td><td>INSURANCE 是否购买保险
YES 是√　NO 否　□
AMOUNT OF INSURANCE 保险金额：</td></tr>
<tr><td colspan="2">NO. OF PACKAGE & MARKS（箱数 & 箱唛）
DESCRIPTION OF GOODS（品名描述）
LADIES PANTS
10 PAIRS PER CARTON
TOTAL 50 CARTONS</td><td>GROSS WEIGHT & MEASUREMENT
（毛重 & 体积）
19KG
16CBM</td></tr>
<tr><td>FCL 整柜：20GP √
40GP □　40HQ　□
LCL 散货：　□
AF（空运）：　□</td><td>M B/L NO. 主单号
H B/L NO 分单号
MAWB NO.
HAWB NO.</td><td>CARGO READY DATE：可交货时间
20111101</td></tr>
<tr><td colspan="2">SPECIAL INSTRUCTIONS（特别提示）</td><td>CLOSING DATE AND TIME 截关时间
20111125</td></tr>
<tr><td colspan="3">本人/我们在这里明确宣布由我所提供的上述资料/我们都是正确和完整本人/我们将完全这类声明的内容负责。
本人/吾等进一步承诺偿还所有费用和对上述货物发生的费用，并应承担你对本文提到的海运货物在被支付或在目的地，偿还已支付的任何货物的情况，你应该负全部责任。
Received for　　Signature and Stamp of shipper（签名 & 盖章）
By：张红　　Date：2011 年 11 月 01 日
All business accepted without engagement and subject to printed conditions of carries involved.</td></tr>
</table>

【任务操作】

【第三步】 2011 年 11 月 23 日李明向天津出入境检验检疫局办理报检，检验合格后取得出境通关单。见样例 9－3 和样例 9－4。

样例 9－3 出境报检单

中华人民共和国出入境检验检疫
出境货物报检单

报检单位（加盖公章）： ＊编 号010001010

报检单位登记号：TJ010134 联系人：李明 电话： 报检日期：2011 年 11 月 23 日

发货人	（中文）北方贸易公司
	（外文）NORTHERN TRADING Co.
收货人	（中文）＊＊＊
	（外文）LESTER TRADING COMPANY LTD.

货物名称（中/外文）	H. S. 编码	产地	数/重量	货物总值	包装种类及数量
女士长裤 LADIES PANTS	61072100	天津	500 条 19 千克	USD12500.00	纸箱 25 件

运输工具名称号码	FENJIN V. 001	贸易方式	一般贸易	货物存放地点	天津
合同号	NTR110937	信用证号	4028D223	用途	其他
发货日期	2011－11－26	输往国家（地区）	美国	许可证/审批号	
起运地	天津	到达口岸	纽约	生产单位注册号	
集装箱规格、数量及号码	1×20				

合同、信用证订立的检验检疫条款或特殊要求	标 记 及 号 码	随附单据（画“✓”或补填）	
	N/M	□合同 □信用证 □发票 □换证凭单 □装箱单 □厂检单	□包装性能结果单 □许可/审批文件 □ □ □ □

需要证单名称（画“✓”或补填）				＊检验检疫费	
□品质证书	__正__副	□植物检疫证书	__正__副	总金额（人民币元）	
□重量证书	__正__副	□熏蒸/消毒证书	__正__副		
□数量证书	__正__副	□出境货物换证凭单	__正__副	计费人	
□兽医卫生证书	__正__副	□			
□健康证书	__正__副	□		收费人	
□卫生证书	__正__副	□			
□动物卫生证书	__正__副	□			

报检人郑重声明：	领 取 证 单	
1. 本人被授权报检。 2. 上列填写内容正确属实，货物无伪造或冒用他人的厂名、标志、认证标志，并承担货物质量责任。 签名：李明	日期	
	签名	

注：有“＊”号栏由出入境检验检疫机关填写。 ◆国家出入境检验检疫局制

［1－2（2001.1.1）］

样例 9－4

出境货物通关单

中华人民共和国出入境检验检疫出境货物通关

编号：20111101002

<table>
<tr><td colspan="3">1. 发货人
北方贸易公司</td><td rowspan="3">5. 标记及号码
N/M</td></tr>
<tr><td colspan="3">2. 收货人
LESTER TRADING COMPANY LTD.</td></tr>
<tr><td>3. 合同/信用证号
NTR110937</td><td colspan="2">4. 输往国家或地区
美国</td></tr>
<tr><td>6. 运输工具名称及号码
＊＊＊＊＊＊＊＊＊＊</td><td colspan="2">7. 发货日期
＊＊＊＊＊＊＊＊＊</td><td>8. 集装箱规格及数量
＊＊＊＊＊＊＊＊＊</td></tr>
<tr><td>9. 货物名称及规格
女式长裤</td><td>10. H. S. 编码
6107210000</td><td>11. 申报总值
12500 美元</td><td>12. 数/重量、包装数量及种类
500 条/19 千克、25 纸箱</td></tr>
<tr><td colspan="4">13. 证明
上述货物业经检验检疫，请海关予以放行。
本通关单有效期至 2011 年 12 月 15 日
签字：张琳　　　　日期：2011 年 11 月 23 日</td></tr>
<tr><td colspan="4">14. 备注</td></tr>
</table>

运费询价有技巧

每当集装箱出口量大，舱位紧张时，船公司会采用各种手段不断提高运价，外贸企业的运输成本大大增加，出口核算经常发现问题。如何在签订贸易合同前，对运输成本能够作出合理判断，成为广大外贸货主最关注的事。其实，货主可以利用自己的货运量来降低运价，并注意部分航线运输的实际运价因货物种类而有所不同。

根据海运运价的组成，咨询运价时可有如下技巧：

某一航线可能有几家船公司经营，在选择合适船期的船公司后，要注意为你提供货运服务的货代企业是否与这家船公司签有协议运价，如有便可以享受到比较低的运价。

如果你有较稳定的长期货量，可以直接与船公司签订一个协议运价，由船公司指定它的代理为你提供货运服务。

PSS（旺季附加费）、GRI（综合费率上涨附加费），一般是南美航线、美国航线使用这两部分费用，如果你的运输计划正确性比较高，可以通过与船公司或货代的协商，达成一定程度的减免。

美国航线的货物，关于海运基本运价部分，一部分船东以采取 FAK 运价（所有货种同费率）方式，一部分船东则采取根据货物品名分级的费率方式，忽视这一点，询价的结果可能与实际运输的运价相差很大。

任务三　办理出口报关、投保与装船

经过努力李明终于办理好了出口报检手续，取得《出口货物通关单》。按照货运代理有限公司下发的装货单，李明抓紧时间准备资料，办理出口报关手续，同时办理海上运输保险，最终货物在 11 月 26 日顺利装船。

知识引导

一、出口报关

一般出口货物报关程序由申报、配合查验、缴纳税费、装运货物四个环节构成。

（一）申报

1. 申报的含义

申报是指进出口货物的收发货人、受委托的报关企业，依照《中华人民共和国海关法》以及有关法律、行政法规的要求，在规定的期限、地点，采用电子数据报关单和纸质报关单形式，向海关报告实际进出口货物的情况，并接受海关审核的行为。

2. 申报的地点

出口货物应当由发货人或其代理人在货物的出境地海关申报。经收发货人申请，海关同意，出口转关运输的货物可以在设有海关的货物起运地申报。

3. 申报的期限

出口货物的申报期限为货物运抵海关监管区后、装货的 24 小时以前。

4. 申报的日期

申报日期是指申报数据被海关接受的日期。

以电子报关方式申报的，申报日期为海关计算机系统接受申报数据时记录的日期。电子数据报关单经过海关计算机系统检查被退回的，视为海关不接受申报，进出口货物收发货人或其代理人应当按照要求修改后重新申报，申报日期为海关接受重新申报的日期。

在采用先电子数据报关单申报，后提交纸质报关单的方式下，海关以接受电子数据报关单申报的日期为准。

在不使用电子数据报关单只提供纸质报关单申报的情况下，海关关员在报关单上

作登记处理的日期为“海关接受申报”的日期。

（二）配合查验

海关查验是指为确定进出境货物的归类、价格、数量、原产地等真实状况是否与报关单上已申报的内容相符，对货物进行实际核查的行政执法行为。

海关通过查验，核实有无伪报、瞒报、申报不实等走私、违规行为，同时也为海关征税、统计、后续管理提供可靠的资料。

海关有权对所有进出口货物实施查验，但为方便合法进出，对大量正常货物不予查验。这样既能保证海关执法任务的完成，又能实现进出口货物方便快捷的通关。

根据《中华人民共和国海关法》的规定，经收发货人申请，海关总署批准，某些进出口货物可以免验。如享有外交特权和豁免权的外国机构或人员的公务用品或者自用物品。

（三）缴纳税费

《海关法》第二十九条规定：“除海关特准的外，进出口货物收发货人缴清税款或者提供担保后，由海关签印放行。”

进出口货物收发货人或其代理人将报关单及随附单证提交给货物进出境地指定海关，海关对报关单进行审核，对需要查验的货物先由海关查验，然后核对计算机系统计算的税费，开具税款缴款书和收费票据。进出口货物收发货人或其代理人在规定时间内，持缴款书或收费票据向指定银行办理税费缴付手续；在试行中国电子口岸网上缴税和付费的海关，进出口货物收发货人或其代理人可以通过电子口岸接收海关发出的税款缴款书和收费票据，在网上向指定银行进行电子支付税费。一旦收到银行缴款成功的信息，即可报请海关办理货物放行手续。

（四）装运货物

1. 装运

出口货物发货人或其代理人签收海关加盖“海关放行章”戳记的出口装货凭证（运单、装货单、场站收据等），凭以到货物出境地的港区、机场、车站、邮局等地的海关监管仓库办理将货物装上运输工具运离关境的手续。

2. 出口报关单证明联

（1）出口收汇证明。对需要到银行或外汇管理部门办理出口收汇核销的出口货物，报关员应向海关申请签发“出口货物报关单”付汇证明联。海关在“出口货物报关单”上签名、加盖海关验讫章，同时通过电子口岸执法系统向银行和外汇管理部门发送报关单证明联电子数据。

（2）出口收汇核销单。对需要办理出口收汇核销的出口货物，报关员应当在申报时向海关提交由国家外汇管理部门核发的“出口收汇核销单”。海关放行货物后，在出口收汇核销单上签字、加盖海关单证章。出口货物发货人凭“出口货物报关单”收汇证明联和“出口收汇核销单”办理出口收汇核销手续。

(3) 出口退税证因进出口货物所具有的特殊属性，容易因开启、搬运不当等原因导致货物损毁，需要查验人员在查验过程中予以特别注意的，进出口货物收发货人或者其代理人应当在海关实施查验前申明。在查验过程中，或者证实在径行开验中，因为查验人员的责任造成被查验货物损坏的，进出口货物的收发货人或其代理人可以要求海关赔偿。海关赔偿的范围仅限于在实施查验过程中，由于查验人员的责任造成被查验货物损坏的直接经济损失。直接经济损失的金额根据被损坏货物及其部件的受损程度确定，或者根据修理费确定。

以下情况造成的损失不属于海关赔偿范围：进出口货物的收发货人或其代理人搬移、开拆、封装货物或者保管不善造成的损失；易腐、易失效货物在海关正常工作程序所需时间内（含扣留或代管期间）所发生的变质或失效；海关正常查验时产生的不可避免的磨损；在海关查验之前已发生的损坏和海关查验。

二、投保

货物运输保险是投保人对某一特定的运输货物，按一定的险别和规定的费率，向保险公司办理投保手续，并交纳保险费，保险公司依约承保并发给投保人保险单作为凭证。保险公司对所承保的风险损失承担赔偿责任。CIF 交货条件下的出口合同，保险由卖方办理。

为了适应国际货物海运保险的需要，中国人民保险公司根据我国实际情况，并参照国际保险市场的习惯做法，早在 20 世纪 50 年代就制定自己的《中国保险条款》(CIC)。以后又修订多次，《海洋运输货物保险条款》是它的重要组成部分。我国海洋运输货物保险条款主要包括风险和损失、责任范围、除外责任、责任起讫、被保险人的义务及索赔期限等几个部分。

(一) 我国海运货物运输的风险和损失

1. 我国海运货物运输风险

根据中国人民保险公司 1981 年 1 月 1 日修订的“海洋运输货物保险条款”的规定，海运货物运输风险主要分两类：一类是海上风险；另一类是外来风险。

(1) 海上风险（perils of the sea）。海上风险，一般指船舶或货物在海上运输过程中发生的或随附海上运输所发生的风险。它包括自然灾害和意外事故。

①自然灾害（natural calamities）。它是指由于自然界的变化产生的破坏力量所造成的灾害。如被保险货物在运输途中遭遇恶劣气候、雷电、海啸、洪水等造成的损失。

②意外事故（fortuitous accidents）。它是指由于不能预料的原因或者偶然的原因造成的事故。如船舶搁浅、触礁、沉没、互撞与流冰或其他物体碰撞、火灾、爆炸等造成货物的损失。

由此可见，海上保险并非局限于海上发生的灾害和事故，还包括那些与海上航行有关的发生在陆上或海陆、海河或与驳船相连接之处的灾害和事故。

（2）外来风险（extraneous risks）。外来风险，是指偷窃、雨淋、短量、渗漏、破碎、受潮、受热、发霉、串味、玷污、钩损等除海上风险以外的外来原因造成的风险。此外，货物在运输过程中还可能遭受由于战争、敌对行为、罢工、进口国拒绝进口或没收以及拒绝提货等特殊外来原因造成的损失。

2. 损失和费用

（1）海上损失（sea damage）。海上损失简称海损，是指被保险的货物在海运过程中，由于海上风险所造成的损坏或灭失，根据损失程度，海上损失分为全部损失和部分损失。

①全部损失（total loss），又称全损，是指被保险货物由于承保风险造成的全部灭失或视同全部灭失的损害。根据情况不同又分为实际全损和推定全损。

实际全损（actual total loss）。是指保险标的物全部灭失或保险标的物损坏后不能复原，或标的物权丧失已无法复归于被保险人，或载货船舶失踪经过相当长时间仍无音讯等损失。

推定全损（constructive total loss）。是指被保险的货物实际全损已经不可避免，或者恢复、修复受损货物以及运送货物到原定目的地所花费的费用超过该目的地的货物价值。

在发生推定全损时，被保险人可以要求保险人按保险货物的部分赔偿，也可以要求按全损赔付。在按全损赔付时，必须向保险人提出委付，经保险人同意才能按全损赔付。所谓委付，是指保险标的发生推定全损的时候，被保险人自愿将保险标的的一切权利转移给保险人，请求保险人按保险标的全部保险金额予以赔偿的表示。

②部分损失（partial loss）。是指保险标的一部分毁损或灭失，可以分为共同海损和单独海损。

共同海损（general average，GA）。是指载货的船舶在航行途中遭遇自然灾害或意外事故，威胁到船、货等各方面的共同安全，船方为解除共同危险或使航程得以继续进行，有意识地采取措施所做出的一些特殊牺牲和支出的额外费用。例如，载货船舶在航行中搁浅，船长为了使船、货脱险，下令将部分货物抛弃，船舶浮起转危为安。被弃的货物就是共同海损的牺牲。

单独海损（particular average，PA）。是指共同海损以外的部分损失，或由各受损者单独负担的损失。例如，载货船舶在航行中遇到狂风巨浪，海水入舱造成部分货物受损。

它与共同海损的主要区别是：一是造成海损的原因不同。单独海损是承保风险所直接导致的船、货损失。共同海损，则不是承保风险所直接造成的损失，而是为了解除或减轻共同危险而人为地造成的一种损失。二是承担损失的责任不同。单独海损的损失一般由受损方自行承担，而共同海损的损失则应由受益的各方按照受益大小的比例共同分摊。

（2）海上费用（maritime charges）。海上费用，是指海上风险造成的费用损失，包括施救费用和救助费用。

①施救费用（sue and labour charges）。是指当被保险货物遭受保险责任范围内的自然灾害和意外事故时，被保险人或其代理人或其受雇人等为抢救被保险货物，防止损失继续扩大所支付的费用。保险人对这种施救费用负责赔偿。

②救助费用（salvages charges）。是指被保险货物遭受承保范围内的灾害事故时，除保险人和被保险人以外的无契约关系的第三者采取救助措施，获救成功，依据国际上的法律，被救方应向救助的第三者支付的报酬。救助费用应由保险人负责赔偿。保险人在赔付时，必须要求救助成功。国际上，这一般称为“无效果——无报酬”。

除上述损失外，货物在运输途中，还有由于外来风险引起的种种损失，可分为一般外来风险的损失和特殊外来风险的损失。例如，由于偷窃行为所遭受的损失和因战争所遭受的损失等。

（二）保险险别及承保责任范围

根据中国人民保险公司1981年1月1日修订的《海洋运输货物保险条款》的规定，保险人的承保责任范围——保险险别，包括基本险和附加险两大类。

1. 基本险（basic insurance）

基本险，也称主险，是可以独立承保的险别。海洋货物运输保险的基本险包括平安险、水渍险和一切险。

（1）平安险（Free from Particular Average，F. P. A.）平安险的承保责任范围是：

①被保险货物在运输途中由于恶劣气候、雷电、海啸、地震、洪水自然灾害造成整批货物的全部损失或推定全损。当被保险人要求赔付推定全损时，须将受损货物及其权利委付给保险公司。被保险货物用驳船运往或运离海轮的，每一驳船所装的货物可视作一个整批。推定全损是指被保险货物的实际全损已经不可避免，或受损货物残值，如果加上施救、整理、修复、续运至目的地的费用之和超过其抵达目的地的价值时，视为已经全损。

②由于运输工具遭搁浅、触礁、沉没、互撞，与流域一其他物体碰撞以及失火、爆炸等意外事故造成被保险货物的部分损失。

③只要运输工具曾经发生搁浅、触礁、沉没、焚毁等意外事故，不论这个意外事故发生之前或者以后曾在海上遭恶劣气候、雷电、海啸等自然灾害所造成的被保险货物的部分损失。

④在装卸转船过程中，被保险货物一件或数件落海所造成的全部损失或部分损失。

⑤运输工具遭自然灾害或意外事故，在避难港卸货所引起被保险货物的全部损失或部分损失。

⑥运输工具遭自然或灾害或意外事故，需要在中途的港口或者在避难港口停靠，因而引起的卸货、装货、存仓以及运送货物所产生的特别费用。

⑦发生共同海损所引起的牺牲、公摊费和救助费用。

⑧发生了保险责任范围内的危险，被保险人对货物采取抢救、防止或少损失的各种措施，因而产生合理施救费用。但是保险公司承担费用的限额不能超过这批被救货

物的保险金额。施救费用可以在赔款金额以外的一个保险金额限度内承担。

(2) 水渍险（with particular average，WPA）。水渍险的责任范围除了包括上列平安险的各项责任外，还负责被保险货物在运输过程中由于恶劣气候、雷电、海啸、地震、洪水等自然灾害所造成的部分损失

(3) 一切险（all risks）。一切险的责任范围除包括上列水渍险的所有责任外，还包括货物在运输过程中，因一般外来风险所造成保险货物的损失。如被窃、雨淋、渗漏、碰损、破碎、串味、受潮受热、钩损等。不论全损或部分损失，除对某些运输途耗的货物，经保险公司与被保险人双约定在保险单上载明的免赔率外，保险公司都给予赔偿。

2. 附加险（additional risk）

附加险是不能单独承保的险。它必须依附于基本险项下，即只有投保某种基本险之后，才可增加附加险，并须另外支付一定的保险费。附加险分为一般附加险和特殊附加险。

(1) 一般附加险（General additional risk）。一般附加险包括偷窃提货不着险、淡水雨淋险、短量险、混杂玷污险、渗漏险、碰损破碎险、串味险、受潮受热险、钩损险、包装破裂险、锈损险等11种险别。它们包括在一切险范围内。

(2) 特殊附加险（Special additional risk）。包括战争险、罢工险、交货不到险、进口关税险、舱面险、拒收险、黄曲霉素险、出口到港澳存舱火险等。

附加险不能单独投保、可在投保一种基本险的基础上，根据货运需要加保其中的一种或若干种。投保了一切险后，因一切险中已包括了所有一般附加险的责任范围，所以只需在特殊附加险中选择加保。

(三) 伦敦保险业协会货物条款

伦敦保险业协会货物条款（Institude Cargo Clause，I. C. C.）最早制定于1912年。为了适应不同时期国际贸易、航运、法律等方面的变化和发展，该条款已先后多次补充和修改。

由于该条款是在S. G. 保险单的基础，随着国际贸易和运输的发展，不断增添有关附加或限制某些保险责任的条文，后来经过对这些加贴条文加以整理，从而成为一套伦敦协会货物保险条款，但因该条款条理不清，措辞难懂，又缺乏系统的文字组织，被保险人难以正确理解，因而不能适应日益发展的国际贸易对保险的需要。为此，伦敦保险业协会对此进行了修改。修订工作于1982年1月1日完成，并于1983年4月1日起正式实行。同时，新的保险单格式代替原来的S.G. 保险单格式，也自同日起使用。

在国际保险市场上，各国保险组织都制定有自己的保险条款。但最为普遍采用的是英国伦敦保险业协会所制订的《协会货物条款》，我国企业按CIF或CIP条件出口时，一般按《中国保险条款》投保，但如果国外客户要求按《协会货物条款》投保，一般可予接受。

《协会货物条款》共有 6 种险别，它们是：

（1）协会货物条款（A）［ICC（A）］；

（2）协会货物条款（B）［ICC（B）］；

（3）协会货物条款（C）［ICC（C）］；

（4）协会战争险条款（货物）（IWCC）；

（5）协会罢工险条款（货物）（ISCC）；

（6）恶意损害险（Malicious Damage Clause）。

以上六种险别中，（A）险相当于中国保险条款中的一切险，其责任范围更为广泛，故采用承保“除外责任”之外的一切风险的方式表明其承保范围。（B）险大体上相当于水渍险。（C）险相当于平安险，但承保范围较小些。（B）险和（C）险都采用列明风险的方式表示其承保范围。六种险别中，只有恶意损害险，属于附加险别，不能单独投保，其他五种险别的结构相同，体系完整。因此，除（A）、（B）、（C）三种险别可以单独投保外，必要时，战争险和罢工险在征得保险公司同意后，也可作为独立的险别进行投保。

（四）保险费的计算

（1）保险金额。所谓保险金额，是指一个保险合同项下保险公司承担赔偿或给付保险金责任的最高限额，即投保人对保险标的的实际投保金额；同时又是保险公司收取保险费的计算基础。计算公式如下：

保险金额＝CIF×（1＋投保加成率）

＝CFR/（1－保险费率）×（1＋投保加成率）

＝（FOB＋运费）/（1－保险费率）×（1＋投保加成率）

（2）保险费。保险费是指被保险人参加保险时，根据其投保时所订的保险费率，向保险人交付的费用。当保险财产遭受灾害和意外事故造成全部或部分损失，或人身保险中人身发生意外时，保险人均要付给保险金。计算公式如下：

保险费＝保险金额×保险费率

【算一算】

某公司出口一批货物，CFR 纽约价为 1980 美元，现外商来电要求改报 CIF 纽约价，并要求按 CIF 价加 20％投保一切险并加保战争险，假定一切险的保险费率为 0.8％，战争险的费率为 0.03％。

请问：（1）我方应向外商报 CIF 纽约价为多少？

（2）我方应向保险公司支付多少保险费？

（1）CIF ＝CFR÷［1－（1＋投保加成率）×保险费率］

＝1980÷（1－120％×0.83％）

＝1999.92（美元）

（2）保险费＝CIF×（1＋投保加成率）×保险费率

＝1999.92×1.2×0.0083

＝19.92（美元）

三、装船

轮船到港后，由外贸公司或外运公司将货物送至码头，经海关查验后放行，然后凭装箱单装船。货被装船后，由船长或大副签发大副收据。托运人凭大副收据向外运公司交付运费后换取正式提单。需要特种舱位（如冷藏舱、通风舱、油舱等）运输的货物，外贸公司应尽早通知外运公司，以便及时安排舱位。

【任务操作】

【第四步】 2011 年 11 月 25 日李明按要求办理了出口报关手续，缴纳了税费，取得了加盖海关放行章的装船单，装船后取得船长签发的大副收据，以换取海运提单。见样例 9－5。

样例 9－5　　**出口报关单**

中华人民共和国海关出口货物报关单

预录入编号：　　　　　　海关编号：

出口口岸 天津新港（0202）	备案号		出口日期 20111126	申报日期 20111126
经营单位 北方贸易公司 3218947700	运输方式 江海运输		运输工具名称 FENJIN V. 001	提运单号 CY349
发货单位 北方贸易公司 32189477000	贸易方式 一般贸易		征免性质 一般贸易	结汇方式 L/C
许可证号	运抵国（地区） 美国		指运港 纽约	境内货源地 天津
批准文号 HX010212	成交方式 CIF	运费 502/1/2000	保费 502/1/200	杂费
合同协议号	件数 25	包装种类 纸箱	毛重（千克） 19	净重（千克） 17
集装箱号	随附单据 B：20111101002			生产厂家
标记唛码及备注				

项号	商品编号	商品名称、规格型号	数量及单位	最终目的地（地区）	单价	总价	币制	征免
01	61072100	女士长裤	500 条	美国	25	12500.00	美元	照章征税

续 表

<table>
<tr><td colspan="2">税费征收情况</td></tr>
<tr><td rowspan="3">录入员　录入单位　兹声明以上申报无讹并承担法律责任
报关员
王新　　　申报单位（签章）
单位地址　　　天津鑫鑫报关行
邮编　　电话　　填制日期 20111126</td><td>海关审单批注及放行日期（签章）
审单　　　审价</td></tr>
<tr><td>征税　　　统计</td></tr>
<tr><td>查验　　　放行</td></tr>
</table>

【任务操作】

【第五步】李明在装船前按照信用证要求向中国平安财产保险有限公司进行了投保，并顺利取得保险单。见样例 9-6。

样例 9-6　　**投保单**

海运出口货物投保单

<table>
<tr><td colspan="2">1. 保险人
中保财产保险有限公司</td><td colspan="2">2. 被保险人
北方贸易公司</td></tr>
<tr><td>3. 标记</td><td>4. 包装及数量</td><td>5. 保险货物项目</td><td>6. 保险货物金额</td></tr>
<tr><td>N/M</td><td>50 CARTONS</td><td>LADIES PANTS</td><td>USD13750</td></tr>
<tr><td colspan="4">7. 总保险金额（大写）
SAY US DOLLARS THIRTEEN THOUSAND SEVEN HUNDRED AND FIFTY ONLY</td></tr>
<tr><td colspan="4">8. 运输工具　（船名）FENJIN　（航次）V. 001</td></tr>
<tr><td colspan="2">9. 装运港
TIANJIN</td><td colspan="2">10. 目的港
NEW YORK</td></tr>
<tr><td colspan="2">11. 投保险别
COVERING RISKS AS PER PICC DATED 1981/1/1</td><td colspan="2">12. 货物起运日期　AS B/L</td></tr>
<tr><td colspan="2">13. 投保日期
20111125</td><td colspan="2">14. 投保人签字
李明</td></tr>
</table>

任务讨论

1. 李明在办理报关的过程中要提交哪些单证？
2. 李明最晚的申报期限是什么时候？
3. 李明该如何进行投保？

宁波海关查获一批假冒多个国际名牌商标的化妆品和护肤品

2012 年 10 月，宁波海关查获了约 5 万件假冒的化妆品和护肤品，这是该关查获的又一起多品牌侵权或近似侵权案件，共侵犯了 5 个商标权，分别为“CHANEL”（香奈儿）、“LANCOME”（兰蔻）、“MAC 及图形”（魅可，雅诗兰黛旗下商标）、“shiseido”（资生堂）、“赫莲娜 HELENA RUBINSTEIN 及图形”（近似侵权），都是在国际上响当当的名牌。涉及的货物有眼影、眼霜、口红、指甲油、粉底、香水、睫毛膏、面霜套装、BB 霜，基本包含了护肤和化妆所需物品。

据查验关员介绍，这 100 多箱侵权货物是分散藏在集装箱中的，报关单申报的品名是“梳子”。查验时，关员发现梳子变成了拉杆箱，货物的包装规格又不统一，根据查获历史判断，不排除有其他猫腻，遂逐箱检查，最终查出了这 5 万件冒牌货。

任务小结

出口备货、托运及出口的报关报检是出口业务操作中的重要组成部分，办理好以上内容对于完成一笔出口业务至关重要。备货中主要涉及的问题是核对与包装；托运中主要涉及的问题是托运委托书的缮制，托运及投保手续的办理，运费及保险费的计算等；出口报检主要由申报、检验和出证三部分构成；出口报关则由申报、配合查验、缴纳税费、装运四部分构成。

一、单项选择题

1. “唛头”在运输包装中是指（　　）。

A. 主要标志　　B. 目的地标志　　C. 原产地标志　　D. 件号标志

2. 国际贸易中最主要的贸易方式是（　　）。

A. 海洋运输　　B. 铁路运输　　C. 航空运输　　D. 邮包运输

3. 目前大多数商品的包装采用（　　）。

A. 裸装　　B. 局部包装　　C. 全部包装　　D. 特殊包装

4. 承运人收到托运货物，但尚未装船时向托运人签发的提单是（　　）。

A. 已装船提单　　B. 指示提单　　C. 备运提单　　D. 舱面提单

5. 出口货物的发货人或其代理人除海关特准的外，根据规定应当在货物运抵监管区后，（　　）向海关申报。

A. 装货前 24 小时　　B. 装货的 24 小时以前

C. 货物运抵口岸 24 小时内　　D. 承载的运输工具起运（或起航）的 24 小时前

二、多项选择题

1. 唛头的主要内容包括（　　）。

A. 目的地名称和代号　　B. 收货人代号

C. 参考号　　D. 件号　　E. 危险品符号

2. 下列属于一般进出口货物的特征的是（　　）。

A. 在进出境时按有关的法律法规的规定向海关缴纳应当缴纳的税费

B. 进出口时如需提交许可证的，提交相关的许可证

C. 海关放行即办结了海关手续

D. 暂不纳税

三、简答题

1. 简述出口备货过程中应注意的问题。

2. 简述一般进口货物的报关程序。

四、技能实训

【资料 1】

2010 年 10 月安徽绩溪县人民医院利用德国贷款购买了一套进口医疗设备，包括 CT 机、500mAX 光机、C 形臂 X 光机，均为德国某公司生产。

2010 年 7 月 11 日，这批货物由中外运安徽分公司的两辆厢式货车从上海运出，车厢外用雨布防潮。途中突遇暴雨。到达目的地时，德国公司、运输公司、医院三方同时在场监视卸货。当场发现一部货车的货物外包装被雨水淋湿。当日，检验检疫人员赶到现场，勘察后发现，这个车厢装有 4 只包装箱：2 只木箱、2 只纸箱。纸箱被雨水淋湿变形，内部设备可以窥见。其中一只纸箱内无任何防潮保护设施，另一只只有塑料膜保护。

随后安徽检验检疫局人员对这批货物开箱检验，确认木质包装中的 500mAX 光机、C 形臂 X 光机外包装虽然受潮，但内部有塑料真空包装并添加防潮剂，真空包装内还有两层密封包装，设备保存完好，可以开始进入安装检验程序。而纸箱包装内均为 CT 机的核心部件，价值占整套设备的三分之一。恰恰是最重要的部分，由于严重受潮，已无法安装。

经查，双方合同中有关于“能适用气候变化、防潮、抗震及防粗鲁搬运”的规定。鉴于德国政府贷款项目购买德国医疗设备的做法在全国还有多家，为帮助德国公司改进包装，防止此类事件再次发生，安徽检验检疫局立即将此事向国家质检总觉报告，建议对德国该公司的 Emotion 型 CT 的包装进行风险预警通告。同时，依法出具对外

索赔证书，支持进口单位对外索赔。

然而谈判并不轻松。德国公司坚持认为导致货物残损的原因是天灾，而不是人祸。损失应当由保险公司赔偿。为此，检验检疫人员从维护贸易各方合法权益的立场出发，多次与德国公司相关人员交流，宣传我国的法律和相关惯例，说明检验检疫部门处决证书的依据，坚持应由德国公司承担全部责任。

【要求】本案中货物的损失应由谁来赔偿，为什么？

【资料2】

我国出口公司原来对外报价为USD1890CFR鹿特丹，后外商来电要求改报CIFC5％鹿特丹。规定按发票金额的120％投保一切险及战争险，一切险的保险费率为0.6％，战争险保险费率为0.03％。

【要求】根据上述资料，试计算保险费。

项目十　出口结汇、核销和退税

【知识目标】

1. 了解出口结汇的方式、出口收汇核销和出口退税的有关规定；

2. 熟悉银行审单的依据及原则、出口收汇核销和出口退税的基本程序；

3. 掌握单据的审核方法、出口收汇核销和出口退税所需单证、出口善后的处理办法。

【能力目标】

1. 能够审核全套结汇单据；

2. 能够办理出口收汇核销和出口退税业务；

3. 能够书写善后函。

任务一　办理出口结汇

任务情境

北方贸易公司办理完托运手续、报检报关及投保手续，装船后取得海运提单。随后北方贸易公司业务员着手准备交单结汇，先后缮制了商业发票、装箱单、产地证、保险单、装运通知、汇票等全套议付单据后，按照信用证规定的有效期和交单期，委派李明继续负责后续业务，现李明需要持全套单据向中国银行天津分行办理交单结汇业务。

知识引导

一、出口结汇的含义

出口结汇是指出口商在完成装运后，按信用证或合同的规定，正确缮制各种单据，并在信用证规定的有效期和交单期内送交银行，由进出口双方银行进行核算、收取外汇账款，并按结汇之日中国银行人民币兑换外币的外汇牌价，结汇银行按照外币的汇率支付给等值人民币的一项工作。

我国规定：凡未有规定或未经核准可以保留现汇的经常项目项下的外汇收入必须办理结汇；凡未规定或核准结汇的资本项目项下的外汇收入不得办理结汇。境内机构

必须对其外汇收入区分经常项目与资本项目；银行按照外汇收入不同性质按规定分别办理结汇或入账手续。凡无法证明属于经常项目的外汇收入，均应按照资本项目外汇结汇的有关规定办理。

二、出口结汇方式

一般而言，我国的出口结汇方式主要有收妥结汇、出口押汇和定期结汇。

1. 收妥结汇

收妥结汇又称先收后结，是指出口地银行对受益人提交的单据进行审核无误后，将单据寄给付款方索偿。当付款行收到货款划给出口地银行后，由出口地银行按当日外汇牌价结算成人民币贷记受益人账户或交付受益人。

2. 出口押汇

出口押汇也称买单结汇或议付，是指议付行在审单无误的情况下，按信用证条款买入受益人的汇票和单据，从票面金额中扣除从议付日到估计收到票款之日的利息，将余款按议付日牌价，折成人民币拨给出口公司。议付行向受益人垫付资金，买入跟单汇票后，即成为汇票持有人，可凭票向付款行索取票款。银行同意做出口押汇，是为了对出口公司提供资金融通，有利于出口公司的资金周转。

3. 定期结汇

定期结汇是指议付行根据向国外付款行索偿所需时间，预先确定一个固定的结汇期限，到期后不管是否已收妥票款，主动将票款金额兑换成人民币转入受益人账户。

三、出口结汇单证

(一) 主要结汇单证的种类

出口结汇单证是出口贸易中必不可少的重要单证，用于出口结汇的单证主要有以下几大类：

(1) 商业单据：包括商业发票、装箱单、包装单等。

(2) 运输单据：包括各种提单、航空运单、铁路运单、邮包收据等。

(3) 保险单据：保险单、保险凭证、联合凭证等。

(4) 金融单据：最主要如汇票。

(5) 证明文件：商检证书、原产地证书、受益人证明等。

(二) 对出口结汇单证的要求

出口企业能安全、及时收汇的关键是提交的各种单据，必须与信用证或合同的规定一致，符合银行审单时的“严格相符原则”。因此，必须做到：

(1) 正确。即单单一致、单证一致、单货一致。

(2) 完整。必须按照信用证的规定提供各种单据，单据的种类和份数不能少，每种单据本身的项目，也必须填完整，不能短缺或漏列。

(3) 及时。必须及时备制单据，并在信用证的到期日和交单期限内送交银行办理付款、承兑或议付手续，以争取尽早结汇。此外，最好在货物装运之前先将有关单据送银行预审，使银行有较充裕的时间来检查单证、单单之间有无差错或问题。如发现一般差错，可提前更正；如有重大问题，也可及早由出口企业与开证人联系修改信用证。

(4) 简明。应按信用证的要求和国际惯例填写单据的内容，力求简明扼要，切勿加列不必要的内容。

(5) 整洁。缮制的单据要布局美观大方、文字规范清晰，更改处要加盖校对章。但一般来说，诸如提单、汇票的金额、数量、件数、重量等主要项目，不宜更改。

(三) 对“单证不符”的处理方式

实际业务中，由于主客观原因，议付行在审单中常常会发现单证不符的现象，可根据情况灵活处理，一般可采取以下几种做法。

(1) 对有问题商务单据必须进行及时更正和修正。在信用证规定的有效期和交单期内，将有问题的单据全部改妥。

(2) 采用担保议付的方法。有些单据由于种种原因不能按期更改或无法修改，可以向银行出具一份保函（通常为担保书），保函中交单人要求银行向开证行寄单并承诺如果买方不接受单据或不付款，银行有权收回已偿付给交单人的款项。议付行向国外寄单时，在随附单据的表盖上注明不符点和“凭保议付”字样。此种做法也称作表盖提出，简称表提。一般用于单证不符情况并不严重，或虽然是实质性不符，但事先已经开证人确认可以接受。

(3) 采用“电提”方式。为了尽快知道国外开证行对不符单据的态度，可以请银行向开证行拍发要求接受不符点并予付款的电传，在收到开证行的确认接受不符单据的电传后再寄送有关单据，俗称“打不符电”。这样收汇一般有保证，还可避免未经同意盲目寄单情况的发生。但开证行确认需要一定的时间，并且要承担由此产生的其他费用。

(4) 改为托收方式。在单证不符情况下，国内议付行不愿采用以上三种办法或虽已采用但国外开证行仍拒付时，出口企业只能采取托收方式委托国内银行作为托收行向国外开证行寄单收款。由于这种托收与原信用证有关，为使进口方易于了解该项托收业务的由来，托收行仍以原开证行作为代收银行，请其代为收款，这种做法成为“跟证托收”。

值得指出的是：上述几种处理办法，出口企业已经失去了开证银行在信用证上所做出的付款保证，从而使出口收汇从银行信用变成了商业信用，致使出口企业完全陷于被动地位。

【任务操作】

【第一步】北方贸易公司装船之后，缮制并整理汇总好全套单据准备到银行交单结汇。见样例 10－1 至样例 10－4。

样例 10－1

商业发票

北方贸易公司

NORTHERN TRADING Co.

NO. 53，BINHAI ROAD，TIANJIN，CHINA

COMMERCIAL INVOICE

To: LESTER TRADING COMPANY LTD.
NO. 18 JALAN STREET，NEW YORK，，USA

Invoice No.: TY8932
Invoice Date: Oct. 10，2011
S/C No.: NTR 110937
S/C Date: Sep. 25，2011

From: TIANJIN　**To:** NEW YORK

Letter of Credit No.: 4028D223　**Issued By:** CITY BANK NEW YORK

Marks and Numbers	Number and kind of package Description of goods	Quantity	Unit Price	Amount
				CIF NEW YORK
N/M	LADIES PANTS	500PAIRS	USD25	USD12500
	TOTAL：500PAIRS			USD12500

SAY TOTAL：SAY US DOLLARS TWEEN THOUSAND FIVE HUNDRED ONLY

NORTHERN TRADING Co.

LIMING

样例 10－2

装箱单

北方贸易公司

NORTHERN TRADING Co.

NO. 53，BINHAI ROAD，TIANJIN，CHINA

PACKING LIST

To: LESTER TRADING COMPANY LTD.
NO. 18 JALAN STREET，NEW YORK，，USA

Invoice No.: TY8932
Invoice Date: Oct. 10，2011
S/C No.: NTR 110937
S/C Date: Sep. 25，2011

From: TIANJIN　**To:** NEW YORK

Letter of Credit No.: 4028D223　**Date of Shipment:** Oct. 31，2011

Marks and Numbers	Number and kind of package Description of goods	Quantity	Package	G. W	N. W	Meas.
N/M	LADIES PANTS	500PAIRS	50CARTONS	19KGS	17KGS	16CBM
	TOTAL：500PAIRS		500CARTONS	19KGS	17KGS	16CBM

SAY TOTAL：PACKED IN FIFTY CARTONS ONLY

样例 10-3 **海运提单**

<table>
<tr><td colspan="2">Shipper
LESTER TRADING COMPANY LTD.
NO. 18 JALAN STREET, NEW YORK, USA</td><td colspan="3" rowspan="2">B/L No. CY349
SINOTRANS
中国外运天津公司
SINOTRANS TIAN JIN COMPANY
OCEAN BILL OF LADING</td></tr>
<tr><td colspan="2">Consignee or order
TO ORDER</td></tr>
<tr><td colspan="2">Notify address
LESTER TRADING COMPANY LTD.
NO. 18 JALAN STREET, NEW YORK, USA</td><td colspan="3" rowspan="4">SHIPPED on board in apparent good order and condition (unless otherwise indicated) the goods or packages specified herein and to be discharged at the mentioned port of discharge or as near thereto as the vessel may safely get and be always afloat.
The weight, measure, marks and numbers, quality, contents and value, being particulars furnished by the Shipper, are not checked by the Carrier on loading.
The Shipper, Consignee and the Holder of this Bill of Lading hereby expressly accept and agree to all printed, written or stamped provisions, exceptions and conditions of this Bill of Lading, including those on the back hereof.
IN WITNESS whereof the number of original Bills of Lading stated below have been signed, one of which being accomplished the other (s) to be void.</td></tr>
<tr><td>Pre-carriage by</td><td>Port of loading
TIANJIN</td></tr>
<tr><td>Vessel
FENJIN V. 001</td><td>Port of transshipment</td></tr>
<tr><td>Port of discharge
NEW YORK</td><td>Final destination</td></tr>
<tr><td>Container. seal No. or marks and Nos.</td><td>Number and kind of package</td><td>Description of goods</td><td>Gross weight (kgs.)</td><td>Measurement (m^3)</td></tr>
<tr><td>N/M</td><td>50 CARTONS</td><td>LADIES PANTS</td><td>19KGS</td><td>16CBM</td></tr>
<tr><td colspan="2">Freight and charges

FREIGHT PREPAID</td><td colspan="3">REGARDING TRANSHIPMENT INFORMATION PLEASE CONTACT</td></tr>
</table>

<table>
<tr><td rowspan="2">Ex. rate</td><td>Prepaid at
TIANJIN</td><td>Freight payabte at</td><td>Place and date of issus
TIANJIN NOV. 26, 2011</td></tr>
<tr><td>Total prepaid</td><td>Number of original Bs/L
THREE</td><td>Signed for or on behalf of the Master

As Agent</td></tr>
</table>

样例 10－4　　**保险单**

中保财产保险有限公司

The People's Insurance (Property) Company of China, Ltd

发票号码　　　　　　　　　　　　　保险单号次
Invoice No.　TY8932　　　　　　　　Policy No.　PLY2597

海洋货物运输保险单

MARINE CARGO TRANSPORTATION INSURANCE POLICY

被保险人：

LESTER TRADING COMPANY LTD.

Insured：

中保财产保险有限公司（以下简称本公司）根据被保险人的要求，及其所缴付约定的保险费，按照本保险单承担险别和背面所栽条款与下列特别条款承保下列货物运输保险，特签发本保险单。

This policy of Insurance witnesses that the People's Insurance (Property) Company of China, Ltd. (hereinafter called "The Company"), at the request of the Insured and in consideration of the agreed premium paid by the Insured, undertakes to insure the undermentioned goods in transportation subject to conditions of the Policy as per the Clauses printed overleaf and other special clauses attached hereon.

保险货物项目 Descriptions of Goods	包装　单位　数量 Packing　Unit　Quantity	保险金额 Amount Insured
LADIES PANTS	50 CARTONS 500PAIRS	USD13750

承保险别　　　　　　　　　　　　　货物标记
Conditions　　　　　　　　　　　　Marks of Goods
COVERING RISKS AS PER PICC DATED 1981/1/1　　N/M

总保险金额：

Total Amount Insured：SAY US DOLLARS THIRTEEN THOUSAND SEVEN HUNDRED AND FIFTY ONLY

保费　　　　　　　　　载运输工具　　　　　　　　开航日期
Premium　AS ARRANGED　Per conveyance S. S　FENJIN V. 001　Slg. on or abt　AS B/L

起运港　　　　　　　　目的港
Form　TIANJIN　　　　To　NEW YORK

所保货物，如发生本保险单项下可能引起索赔的损失或损坏，应立即通知本公司下述代理人查勘。如有索赔，应向本公司提交保险单正本（本保险单共有______份正本）及有关文件。如一份正本已用于索赔，其余正本则自动失效。

In the event of loss or damage which may result in acclaim under this Policy, immediate notice must be given to the Company's Agent as mentioned hereunder. Claims, if any, one of the Original Policy which has been issued in original (s) together with the relevant documents shall be surrendered to the Company. If one of the Original Policy has been accomplished, the others to be void.

赔款偿付地点

Claim payable at NEW YORK

日期 在

Date Nov. 25, 2011 at TIANJIN

地址:

Address:

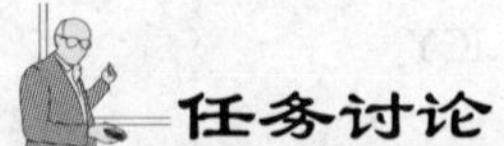

任务讨论

北方贸易公司在一笔出口贸易中收到国外进口商开来的信用证，来证中规定：Commercial invoice in duplicate duly singed by beneficiary and countersigned by Mr. Brown as applicant's legal representative，如果你是一名单证员，试讨论此条款要求你在缮制商业发票时要注意哪些事项？它对出口商安全、及时收汇有什么影响？

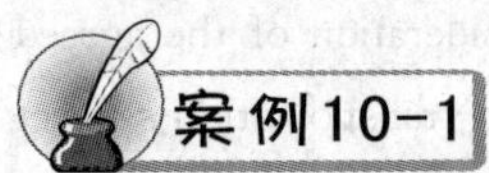

案例10-1

我某公司向英国某公司以CIF术语出口一批货物，合同规定9月装运，对方9月10日开来不可撤销信用证，此证规定按《跟单信用证统一惯例》办理。信用证规定：装运期不得晚于9月15日。此时我方已来不及办理租船订舱，于是立即要求对方公司将装运期延至10月15日。对方随后来电表示：同意延展船期，信用证有效期也顺延一个月。我方于10月10日装船，提单签发日为10月12日，并与10月14日将全套符合信用证规定的单据交银行办理议付。试问我国的公司能否顺利收汇？为什么？

任务小结

在竞争日趋激烈的国际贸易中博弈中，出口企业应灵活、恰当的选择结算方式，顺利结汇，以降低收汇风险。在信用证付款条件下，实行的是单据和货款对流的原则，单证不符、单单不符，都有可能遭到银行和进口商拒收单据及拒付货款。因此，提高单据的质量至关重要，在缮制单据时必须要做到正确、完整、及时、简明、整洁，争取顺利结汇。

拓展阅读

《出口收结汇联网核查办法》将阻击“热钱”

为加强跨境资金流动监管，完善出口与收结汇的真实性及其一致性审核，外汇局、商务部、海关总署联合颁布《出口收结汇联网核查办法》，决定自2008年7月14日起对出口收结汇实行联网核查管理。

我国外汇储备继续保持高速增长，与此同时，外汇储备扣除外贸顺差和外商直接投资的部分增速更为惊人，虽然很难说这部分全是“热钱”，但是肯定有一部分“热钱”藏匿其中。

经常项目下的贸易、收益和经常转移都可能成为“热钱”流入的渠道。“热钱”通过货物或服务贸易进入我国的方式多种多样。例如，境内外贸企业既可以通过低报进口、高报出口的方式引入“热钱”，又可以通过预收货款或延迟付款等方式将资金截留在国内，还可以通过编制假合同来虚报贸易出口。目前，“买单出口”已经成为“热钱”通过贸易渠道流入我国的重要方式，在国内已经出现了较大规模的买单出口市场。外汇核销单的申领失控与倒卖，造成了大量的虚假贸易以及相应的“热钱”流入。

实施出口收结汇联网核查，通过将企业出口收结汇情况与其海关货物出口情况加以核对，有效甄别货物贸易项下资金流入的实际贸易背景，以保证出口及其收结汇的真实性和一致性。联网核查以电子信息联网手段取代传统的纸质单证审核做法，实现对货物贸易外汇收结汇的监管。这一方式方便了银行和企业操作，节省了时间，提高了效率，同时改善了监管的有效性。为继续给合法规范经营企业的贸易活动提供便利，在确定出口与收结汇的真实性与一致性对应关系中，将充分考虑不同贸易类型和行业的特点，区别对待。

为配合实施出口收结汇联网核查，完善外债统计监测，严格管理短期外债规模，外汇局同时发布了《关于实行企业货物贸易项下外债登记管理有关问题的通知》，决定对企业出口预收货款和进口延期付款实行登记管理。海关方面也表示，加强预收货款与未来实际出口的跟踪监管，可防止无真实贸易背景的“热钱”借用贸易渠道流入境内投机获利；改进对进口延期付款的监督管理，可防止潜在的债务风险，防止未来资金集中大规模流出。在加强对贸易信贷管理的同时，将充分考虑大型成套设备、船舶等特殊行业和企业的实际需求。上述两项政策的实施，将进一步完善货物贸易外汇管理真实性审核手段，有利于改善我国对外贸易环境，规范货物贸易项下外汇资金流入和流出，解决出口与其收结汇背离的问题，有利于促进我国涉外经济平稳健康发展，防范国际经济风险。

任务二　办理出口收汇核销与退税

北方贸易公司收到了银行的收汇水单，开证行已如数付款，至此，该笔交易已安全收汇。于是由核销员向国家外汇管理局领取出口收汇核销单，按照合同、发票的有关内容进行填制，并持收汇水单（出口收汇核销专用联，经银行盖有“出口收汇核销专用章”）、出口收汇核销单（经出口海关盖章，第三联）、报关单（白色报关联，海关已盖章）、商业发票及核销单送审表（外汇管理局留存联）到外汇管理局办理核销手续。核销完毕，外汇管理局当场将加盖“已核销章”的核销单（出口退税联）退回给北方贸易公司。

随后，由公司的财务办税人员持该笔业务的外销发票、增值税专用发票、出口货物报关单（出口退税专用）、核销单（出口退税专用）等全套单据到国家税务局办理出口退税手续，及时获取出口退税金额，可加快公司的资金周转。

知识引导

一、出口收汇核销

（一）出口收汇核销的含义

出口收汇核销制度是国家为加强出口收汇管理，确保国家外汇收入，防止外汇流失而指定外汇管理部门对出口企业贸易项下的外汇收入进行监督检查的一种制度。

出口收汇核销是以出口货物的价值为标准，核对是否有相应的外汇收回国内的一种事后管理措施。

出口收汇核销的凭证是“出口收汇核销单”，由国家外汇管理局制发，货物报关时由出口企业填制提交，海关凭以受理报关、外汇管理部门凭以核销收汇。

（二）出口收汇核销的原则、对象与范围

1. 出口收汇核销的原则

属地管理原则。由出口单位向其注册所在地的外管部门申领核销单，在何地申领就在该地办理核销。

专单专用原则。核销单不得相互借用，其核销、作废、遗失和注销等手续也必须由原申领单位向其所在地的外管部门办理。

领用衔接原则。多用多发，不用不发，根据出口单位的业务量或出口量的大小，发给出口单位一定量的核销单。一般续发核销单与已用核销单以及已核销情况和预计出口用单的增减量相呼应。

单单对应原则。一份核销单对应一份报关单，报关单、核销单、发票、汇票副本上的有关栏目的内容应相一致，如有变动，应附有关更改单或凭证。

2. 出口收汇核销的对象

经外经贸部及其授权单位批准的具有进出口贸易业务经营权的公司或企业、外商投资企业都是出口收汇核销的对象。

3. 出口收汇核销的范围

一切出口贸易方式，如一般贸易、加工贸易、补偿贸易、易货贸易和寄售等都是出口收汇核销的范围。

（三）出口收汇核销的程序

1. 办理“中国电子口岸”入网手续

出口单位到海关办理“中国电子口岸”入网手续，并到有关部门办理“中国电子口岸”企业法人 IC 卡和企业操作员 IC 卡电子认证手续。

2. 办理出口收汇核销登记

出口单位初次申领《出口收汇核销单》时应随附以下材料到注册地外汇局办理登记：

(1) 单位介绍信。

(2)《中华人民共和国进出口企业资格证书》、《中华人民共和国外商投资企业批准证书》、《中华人民共和国港澳侨投资企业批准证书》正本及副本。

(3)《企业法人营业执照》或《企业执照》(副本) 及复印件。

(4)《中华人民共和国组织机构代码证》正本及复印件。

(5) 海关注册登记证明书正本及复印件。

(6) 外汇管理局要求提供的其他材料。

外汇管理局对上述材料审核无误后，为出口单位办理登记手续，建立出口单位电子档案信息。

3. 领单

出口单位上网向注册地外汇管理局申请所需领用核销单份数，然后凭本单位操作员 IC 卡、核销员证、出口合同 (初次申领时需提供) 到外汇管理局领取新版纸质核销单。使用时需加盖单位名称及组织代码条形章，在骑缝处加盖单位公章。

外汇管理局在发放纸质核销单的同时，将所发纸质核销单电子底账数据联网存放到公共数据中心。

4. 报关

出口单位在报关前，必须在网上向海关进行新版核销单使用的报关前备案，然后向海关提交已加盖印章的纸质核销单。海关审核无误后，在核销单和报关单上盖“放行章”或“验讫章”。

5. 交单

上网通过“中国电子口岸出口收汇系统”将已用于报关的核销单向外汇管理局交单。

6. 办理核销报告和出口收汇核销

货物出口后，出口单位应在不迟于预计收汇日期起 30 天内，持规定的核销单证向外汇管理局进行收汇核销报告。

即期收汇项下应在货物报关出口后 180 天收汇。出口单位在银行办理出口收汇后，要到外汇管理局办理出口收汇核销手续。远期收汇项下应在货物报关出口后 60 天向外汇管理局办理远期收汇备案，并在收汇期限内收汇核销。

外汇管理局为出口单位办理完核销手续后，应在核销单的出口退税专用联上签注净收汇额、币种、日期，并加盖“已核销章”，退还给出口单位作为退税依据。

二、出口退税

(一) 出口退税的含义

出口退税是一个国家或地区对已报送离境的出口货物，由税务机关将其出口前在生产和流通环节已征收的国内增值税和消费税等间接税返还给出口企业的一种制度。

目前出口退税已成为各国政府普遍采用的国际惯例。它是通过退还出口产品的国内纳税款来平衡国内的税收负担，使本国产品以不含税成本进入国际市场，与国外产品在同等条件下进行竞争，从而增强产品竞争力，扩大出口创汇。

（二）企业出口退税的有关规定

1. 出口退税的企业范围

（1）具有出口经营权的企业，是指经过商务部等主管部门的批准，拥有独立对外进出口经营权的企业。

（2）委托出口企业，是指委托有进出口经营权的企业办理出口业务，但仍由自己承担出口货物盈亏的企业。

（3）特定企业，如外轮公司和远洋运输供应公司等单位发生的一些特定业务后，也可办理出口退税。

2. 出口货物退税的范围

凡在进出口贸易中已征的产品税、增值税和特别消费税的产品，除国家明确规定不予退还以外，都予以退税。但须具备下列条件：

（1）属于增值税和消费税征税范围的货物。

（2）经出口报关离境的货物，以加盖海关验讫章的出口报关单和出口销售发票为准。

（3）出口货物必须已经结汇（部分货物除外）。

（4）已在财务会计上做出口销售处理。

（5）提供退税机关规定的有关单据。

同时，国家也明确规定了少数出口产品即使具备上述条件，也不予退税。其出口货物主要有：出口的原油；援外出口产品；国家禁止出口的产品；出口企业收购出口外商投资的产品；来料加工、来料装配的出口产品；军需工厂销售给军队系统的出口产品；军工系统出口的企业产品；齐鲁、扬子、大庆三大乙烯工程生产的产品等。

（三）出口退税的程序

1. 有关证件的送验及登记表的领取

企业在取得有关部门批准其经营出口产品业务的文件和工商行政管理部门核发的工商登记证明后，应于30日内向当地税务机关办理出口企业退税登记。领取并填写《出口企业退税登记表》。

2. 退税登记的申报和受理

企业领到《出口企业退税登记表》后，即按登记表及有关要求填写，加盖企业公章和有关人员印章后，连同出口产品经营权批准文件、工商登记证明等证明材料一起报送税务机关，税务机关经审核无误后，即受理登记。

3. 填发出口退税登记证

税务机关接到企业的正式申请，经审核无误并按规定的程序批准后，核发给企业

"出口退税登记证"。

4. 出口退税登记的变更或注销

当企业经营状况发生变化或某些退税政策发生变动时，应根据实际需要变更或注销退税登记。

(四) 出口退税所需单证

1. 两单三票

(1) 出口货物报关单（出口退税专用联）。

(2) 出口收汇核销单（出口退税专用联）。

(3) 购进货物税务增值税发票（抵扣联）或普通发票。

(4) 税收（出口货物专用）缴款书（第二联）或出口货物完税分割单（第二联），简称专业税票。

(5) 出口商业发票。

2. 出口货物退税申报表

(1) 出口退税进货凭证申报表。

(2) 出口退税申报明细表。

(3) 出口退税汇总申报表。

3. 出口货物销售明细账

经核准实行"免、抵、退"税管理的生产企业，其出口货物和内销货物的销售收入必须分别进行核算。生产企业应设置出口货物销售明细账，及时、准确地反映出口货物的销售收入。具体入账时间以生产企业取得货运提单并向银行办妥交单手续的日期为准。不通过银行办理交单手续的，以取得提单的日期作为出口货物销售收入的入账时间。出口发票是生产企业记载出口货物销售明细账的记账依据。

(五) 出口退税申报时限

(1) 30天。出口单位在国内购进供出口的货物后，应及时索取增值税专业发票或普通发票，属于防伪税控增值税发票，必须在开票之日起30天内办理认证手续。

(2) 90天。出口单位应在货物报关出口之日起90天内，向税务部门申报办理出口退税手续。逾期不申报的，除另有规定者和确有特殊原因经地市以上税务机关批准外，不再受理。

(3) 180天。出口单位应在货物报关出口之日起180天内，向税务部门提交出口收汇核销单（远期收汇除外）。经退税部门审核，对审核有误和到期未提供核销单的，出口货物已退（免）税款一律追回。未办理退（免）税的，不再受理。

(4) 3个月。出口单位出口货物纸质退税凭证丢失或内容填写有误，按有关规定可以补办会更改的，出口单位需提出延期申请，经批准后，可延期三个月申报。

【任务操作】

【第二步】 北方贸易公司在出口地银行办理完出口结汇，到天津市外汇管理局办理出口核销：见样例 10－5。

样例 10－5 **出口收汇核销单**

出口收汇核销单 存根 （津）编号：	（出口单位盖章）	出口收汇核销单 监制章 （津）编号：					（出口单位盖章）	出口收汇核销单 监制章 （津）编号：			未经核销此联不得撕开
出口单位： 北方贸易公司		出口单位： 北方贸易公司						出口单位： 北方贸易公司			
单位编码：19276393		单位编码：19276393						单位编码：19276393			
出口币种总价：USD12500		银行签注栏	类别	币种金额	日期	盖章		货物名称	数量	币种总价	
收汇方式：L/C								女士长裤	500 条	USD 12500	
预计收款日期：年　月　日											
报关日期：2011 年 11 月 26 日											
备注：		海关签注栏：						报关单编号：			
此单报关有效期截至		外汇局签注栏 年　月　日（盖章）						外汇局签注栏 年　月　日（盖章）			

任务讨论

货物出口后，应当按照出口合同约定的收汇时间和方式以及出口货物报关单注明的成交总价及时、足额收回出口货款，并在规定的收汇时间后 30 天内向外汇管理部门办理出口收汇核销手续。但是，近年来由出口核销引发的贸易纠纷日益增多，一些地方法院在审理贸易纠纷案件时，经常涉及企业出口收汇的滚动核销，并因此而败诉。目前滚动核销、批量核销在企业中相当普遍，特别是少数企业寅吃卯粮，打出口收汇核销的时间差，用本不是该笔出口的收汇骗取核销手续，实行所谓“滚动核销”，这似乎已成为一种约定俗成的核销方式。请查阅相关资料，思考企业为何要采取这种方式呢？这种现象反映出什么问题？

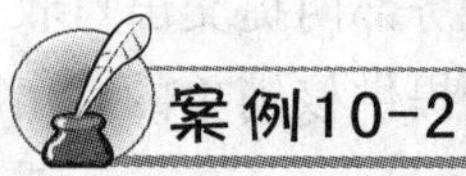

案例10-2

A 公司在 2010 年委托其客户指定的船公司出口近 50 万美元的货物，涉及 50 多万元的出口退税。具体情况是，由于 A 公司采购时是以“盒”为单位采购的，A 公司提供的报关单上也是注明“506000 BOXES”，所以工厂的增值税发票开的单位也是以“506000 盒”为单位。由于船公司在重新填写报关单时却将“BOXES”漏打，只标明

"6000KGS"，因此海关计算机上该产品的数量为6000千克，导致报关单上的内容与发票上的数量和单位不同，A公司不能正常退税。A公司要求船公司办理改单（修改报关单据），就是要在品名下注明"506000 BOXES"，但是由于船公司的一再拖延，导致A公司无法办理退税手续。A公司不断催促船公司办理改单，考虑到手续麻烦需要较长时间，要求对方必须在3个月内将改后的单据退还给A公司，否则要其承担由于不能正常退税造成的相关经济损失。通过此案，我们应吸取什么教训？

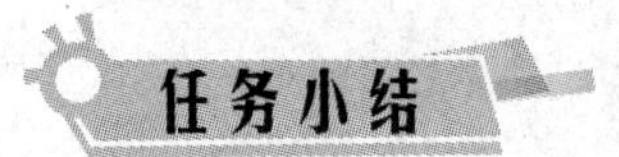

任务小结

这一部分主要介绍了出口收汇核销和出口退税的基本知识、办理流程及业务中所需的相关单证。通过学习，同学们可熟悉出口收汇核销和出口退税的有关国家规定，掌握业务的办理和时限，能够识别所涉及的相关单证及使用，对出口收汇核销和出口退税工作有更深的了解。

拓展阅读

税制改革以来中国历次出口退税政策调整

1994年税制改革以来，中国出口退税政策历经多次大幅调整。

1995年和1996年进行了第一次大幅出口退税政策调整，由原来的对出口产品实行零税率调整为3%、6%和9%三档。

1998年为促进出口进行了第二次调整，提高了部分出口产品退税率至5%、13%、15%、17%四档。

此后，外贸出口连续三年大幅度、超计划增长带来了财政拖欠退税款的问题。

2004年1月1日起国家进行了第三次调整，出口退税率为5%、8%、11%、13%和17%五档。

2005年进行了第四次调整，中国分期分批调低和取消了部分"高耗能、高污染、资源性"产品的出口退税率，同时适当降低了纺织品等容易引起贸易摩擦的出口退税率，提高重大技术装备、IT产品、生物医药产品的出口退税率。

2007年进行了第五次调整，调整共涉及2831项商品，约占海关税则中全部商品总数的37%。经过这次调整以后，出口退税率变成5%、9%、11%、13%和17%五档。

2008年8月进行了第六次调整，部分纺织品、服装的出口退税率由11%提高到13%；部分竹制品的出口退税率提高到11%。

2008年11月进行了第七次调整，此次调整涉及3486项商品，约占海关税则中全部商品总数的25.8%。主要包括两个方面的内容：一是适当提高纺织品、服装、玩具等劳动密集型商品出口退税率；二是提高抗艾滋病药物等高技术含量、高附加值商品的出口退税率。届时，中国的出口退税率将分为5%、9%、11%、13%、14%和17%

六档。

2009年进行了第八次调整，提高了航空惯性导航仪、纺织品、部分机电等产品的出口退税率。

2012年进行了第九次调整，从延长出口货物劳务申报期、扩大出口退税范围等角度加大了对出口企业税收方面的扶持力度。

任务三　业务善后

北方贸易公司的业务员李明在业务临近结束之时，提前利用工作之余整理本笔交易的有关资料，对整笔业务进行回顾，并给美国李斯特贸易公司的业务经理 Jehad Bukamal 写了一封业务善后函，一方面表示感谢，另一方面附上公司最新的价格清单希望有新的合作。

知识引导

如果买方或开证行对单据没有提出异议，说明卖方已得到买方或开证行的付款保证。买方在目的港接受货物后，本笔交易即为顺利完成。但如果买方或开证行认为货物与单证不一致，就会拒付。收到拒付通知后，卖方首先要确定拒付原因，与银行相互配合，做好应变工作，共同把无法正常收汇的风险和损失降至最低点。同时迅速与买方联络，寻求解决办法，尽量说服买方接受货物。

一、顺利结汇后的善后

当买方或开证行接受单据后，在善后阶段，卖方业务员通常就本笔业务的相关情况与买方进行交流，向对方寄送善后函，以感谢对方所作的努力，对增进双方的了解，并展望未来，希望能继续扩大合作，收到更多的订单，同时借此推荐新产品。

例如：We are glad to know that the issuing bank has honored our draft against L/C No. AB001234. We hope this deal will be the basis of the further development of our business relationships. We can ensure that you will find the goods shipped to your entire satisfaction . We are looking forward to your repeat orders.

二、遭到拒付后的业务善后

在业务中，遭到买方或开证行拒付是经常遇到的事情。遇到此类问题，首先应与买方联系，弄清每一笔拒付的背景情况，对症下药。

对于开证行的拒付（有理拒付和无理拒付），应具体分析，采取对策。如果是货物

出现品质差异或单据出现不符点时，要针对问题，积极采取措施或配合银行修改单据，挽回损失。如果是买方或开证行为了拖延付款时间进行验货，或者为了要求降价而提出拒付，这时，一要据理力争；二要随时关注货物和买方的动向。如拒付是由于买方对货物不满意或卖方原因引起的，可适当让步。如拒付确属买方损害了卖方的利益，除了与银行联系反驳事宜以外，还要向船公司了解买方是否已借单提货。如果已经提货，收款就有可能了，因为，提单被拿去提货，开证行已无法退回全套单据，只能全额付款。对于一些明显超出处理时限的拒付可以不予理会，许多不符点都是拖延付款时间而已。所以遇到拒付时，不要先否定自己，更不要因为害怕收不到货款而草率同意降价要求。

遭到拒付时，卖方处于极为不利的地位，这时，交流的语气应当诚恳、委婉，并且具有说服力，以赢得买方的谅解，比如回顾双方以往的愉快合作等。重要的是应当强调单证不符点是细微的，并不影响货物的品质，不会给买方的利益造成损害。当然，有时做出一些具体的让步，如适当减价，也是必要和明智的。

三、买方违约的业务善后

（一）出口索赔和理赔

索赔（Claim）是指遭受损害的一方在争议发生后，向违约方提出赔偿要求的行为。

理赔（Settlement of Claim）是指违约方对受害方所提出赔偿要求的受理与处理。

索赔与理赔是一个问题的两个方面，对受害方是索赔，对违约方是理赔。

在出口合同履行过程中，如因买方违约，致使卖方遭受损失，卖方可根据不同对象、不同原因以及损失程度，实事求是地向买方提出索赔。但大多数情况下，往往由于卖方所交货物的品质、数量、包装不符合合同规定，或延迟发货，或在发货时出现错发、错运等问题而引起买方索赔的情况居多。如确实因卖方违约引起买方索赔，卖方则应积极做好理赔工作。无论是哪一方的索赔，都应该深入细致地做好调查工作，弄清事实，分清责任，实事求是地予以解决，既要做好维护受损方的正当利益，又不影响双方的贸易关系。

（二）出口理赔应注意的问题

（1）要认真细致地审核国外买方提出的单证及出证机构的合法性。对其检验的标准和方法都要一一核对，以防买方串通检验机构弄虚作假或国外的检验机构检验有误。一旦发现问题，应予以查明或拒赔。

（2）要认真做好调查，对造成货物损失的原因进行仔细研究，在弄清事实的基础上分清责任。在调查中要会同生产部门和运输部门对商品的品质、包装、储存、装卸、运输等方面进行周密的核实取证，查清货物发生损失的环节、原因，并确定责任属于何方。如果属于船公司或保险公司的责任范围，由船公司或保险公司处理；如确实属于卖方的责任，就应实事求是的予以赔偿。对索赔方提出的不合理要求，应予以耐心解释，对无理的要求，必须根据可靠的资料，坚决予以拒绝。

(3) 要合理确定损失程度、金额和赔付方法，向买方提出合理的理赔方案。赔付办法，可以采取赔付部分货物、退货、换货、补货或修理或赔付一定金额，对索赔货物给予价格折扣或按残次货物百分比对全部货物降价等。无论货物是否投保，损失原因怎样，都应先向承运人索偿，如果不是船方原因，他会拒绝偿付，这时，再向保险人索偿，保险公司在处理索赔时，一般都要求提供投保人与承运人的往来函件副本作为支持索赔的文件。

对应赔付金额应分不同情况进行计算：

如属卖方延期交货，应赔偿金额＝（国际市场价－合同价）×应交的数量；

如属卖方数量短缺，应赔偿金额＝国际市场价（或合同价）×短量；

如属卖方所交货物低于合同规定品质，应赔偿金额＝品质差价×合同数量。

(4) 理赔工作完结时，对索赔来往的函电和各种记录应认真进行系统登记，以备查阅，从中吸取经验和教训。

总之，索赔和理赔是一项政策性很强的工作，这不仅是个经济问题，而且也关系到我对外贸易企业的信誉和经营作风问题，我们必须高度重视和严肃对待这项工作。

任务讨论

在出口贸易中，经常会遇到国外买主以我方所交货物的品质不符贸易合同规定而提出索赔，其中除部分确因我方商品有缺陷理应按实际情况进行理赔外，也有不少是由于国外商人借口挑剔，甚至弄虚作假，企图骗取赔款和非法利润。请思考，在实际业务中，应该如何区别真伪，正确做好理赔工作。

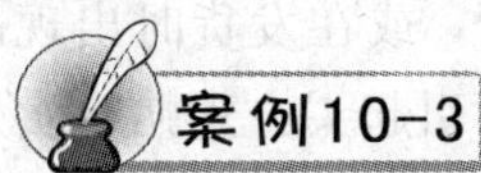

案例10-3

广交会上我国某公司A与科威特客户B签订出口合同，客户欲购买A公司的玻璃餐具（品名：GLASS WARES)，我司报价FOB WENZHOU，温州出运到科威特，海运费到付。合同金额达USD25064.24，共1×40’集装箱，支付条件为全额信用证，客人回国后开信用证到A公司，要求6月份出运货物。

A公司按照合同与信用证的规定在6月份按期出运了货物，并向银行交单议付，但在审核过程发现两个不符点：①发票上：GLASS WARES错写成GLASSWARES，即没有空格；②提单上：提货人一栏，TO THE ORDER OF BURGAN BANK，KUWAIT错写成了TO THE ORDER OF BURGAN BANK，即漏写KUWAIT。A公司认为这两个是极小的不符点，根本不影响提货，就不符点担保出单了。但A公司很快就接到由议付行转来的拒付通知，银行就以上述两个不符点作为拒付理由拒绝付款。A公司立即与客户取得联系，原因是客户认为到付的运费（USD2275.00）太贵（原来A

公司报给客户的是5月份的海运费，到付价大约是USD1950.00，后6月份海运费价格上涨，但客户并不知晓）拒绝到付运费，因此货物滞留在码头，A公司也无法收到货款。

后经A公司人员多方协调，与船公司联系要求降低海运费，船公司将运费降到USD2100.00，客户才勉强接受，到银行付款赎单，A公司被扣了不符点费用。整个解决纠纷过程使得A公司推迟收汇大约20天。你如何看待此事，在今后的业务中应该注意什么？

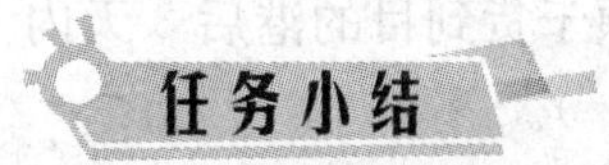

任务小结

出口业务的善后处理要掌握三点：一是收回货款后，与客户共同回顾在交易过程中那些令人难忘的事件，以便增进相互间的感情，借机推销新产品，希望能继续扩大合作；二是货款未收回，要寻找原因，与对方商讨解决办法；三是一旦对方违约，都应本着实事求是的原则，认真、妥善地处理，该索赔的一定要索赔。

任务检测

一、单项选择题

1. 下列能够顺利结汇的是（　　）。

A. 按照交单期到银行办理结汇手续，即使不在信用证的有效期内也无妨

B. 只要在信用证的有效期内，即使超出了交单期也一样可以顺利结汇

C. 只要制单完成后就可到银行办理结汇手续，不用理会信用证的有效期和交单期

D. 出口方在信用证的有效期和交单期内到银行办理结汇手续

2. 关于结汇单证，以下说法正确的是（　　）。

A. 结汇单证是指国际贸易中，为解决货币收付问题所使用的单据、证明和文件

B. 结汇单证就是商业单证：以商业发票、包装单据、运输单据、保险单等为主

C. 仅指国家外汇管理需要的单证：出口收汇核销单

D. 结汇单证就是金融单证：主要指汇票

3. 国际贸易业务中，装运期和结汇期的确定最好是（　　）。

A. 不可同一日期　　B. 可以在同一日期

C. 结汇期应该早于装运期　　D. 结汇期应该晚于装运期

4. 出口收汇核销单是由（　　）制发。

A. 中国银行　　B. 中国人民银行　　C. 外汇管理局　　D. 海关

5. 出口收汇单位应当在预计外汇日期起（　　）内持规定的核销单证向外汇管理局进行收汇核销报告。

A. 60天　　B. 30天　　C. 100天　　D. 90天

6. 一般情况下，出口单位应在出口报关之日起（　　）内向主管出口退税的税务机关提供“出口收汇已核销证明”。

A. 3 个月　　B. 6 个月　　C. 9 个月　　D. 10 个月

7. 凡经营出口产品的企业，均应填具（　　），报经所在地主管出口退税的税务机关审核后批准执行。

A. 出口货物报关单　　B. 出口产品退税鉴定表

C. 出口货物退（免）税申报表　　D. 出口收汇已核销证明

8. 如果合同中检验条款规定；如买方有品质/质量异议，须于货到目的港后 3 天内向卖方提出索赔，则一旦发生货损，买方最佳索赔顺序为（　　）。

A. 卖方、保险公司、船方　　B. 船方、保险公司、卖方

C. 保险公司、船方、卖方　　D. 卖方、船方、保险公司

9. 我方与外商按 CIF 条件成交某商品 1000 打，允许卖方有 5%溢短装幅度，我方实际装了 1000 打（提单也载明 1000 打），货抵目的港后，买方即来函反映仅收到 948 打，并已取得船公司短少证明，向我方索赔。我方正确答复应是（　　）。

A. 同意补装 52 打

B. 同意退 2 打货款

C. 请与海运公司和中国人民保险公司或其代理联系

D. 与海运公司联系

10. 国际贸易中出现的索赔为（　　）。

A. 贸易索赔　　B. 运输索赔　　C. 保险索赔　　D. 三者均为

二、多项选择题

1. 为了使出口企业能够安全收汇，在制单时应该做到（　　）。

A. 正确　　B. 完整　　C. 及时　　D. 简明和整洁

2. 我国主要的结汇方式有（　　）。

A. 买单结汇　　B. 收妥结汇　　C. 定期结汇　　D. 电汇

3. 导致出口商结汇困难的原因有（　　）。

A. 出口商没有按合同规定的质量、时间交货

B. 出口商制单不认真，致使单证不符或过期

C. 出口商没有严格审核信用证，对不利于安全结汇的内容没让对方修改

D. 出口商没有对进口商进行资信调查，对方不具有付款偿债能力

4. 出口收汇核销单分为（　　）。

A. 存根　　B. 正联　　C. 退税联　　D. 银行联

5. 出口收汇核销的对象有（　　）。

A. 经外经贸部批准的经营出口业务的公司

B. 生产型的企业

C. 有对外贸易经营权的企业

D. 外商投资企业

6. 出口退税主要是退（　　）。

A. 关税　　B. 消费税　　C. 增值税　　D. 产品税

7. 办理出口退税的重要凭据是“两单三票”，其中两单是指（　　）。

A. 出口货物报关单（退税联）　　B. 出口收汇核销单（退税联）

C. 出口商业发票　　D. 增值税发票

8. 卖方提出索赔的原因有哪些（　　）。

A. 遭到开证行拒付　　B. FOB 术语下不按时派船接货

C. 买方不按时开立信用证　　D. 商品短量

9. 当买方向卖方索赔时，卖方可采取（　　）。

A. 赔付部分货物、退货、换货、补货

B. 对受损货物进行修理

C. 赔付一定金额

D. 对索赔货物给予价格折扣或按残次货物百分比对全部货物降价处理

10. 出口业务善后函的作用有（　　）。

A. 梳理整笔业务，总结经验　　B. 加强联系，有利于今后的业务发展

B. 希望能继续扩大合作，收到更多的订单　C. 借此推荐新产品

三、简答题

1. 办理出口退税需要哪些单证?

2. 信用证项下结汇方式有哪几种？哪种结汇方式对出口方有利？为什么?

3. 出口结汇单证都有哪些?

4. 试述办理出口收汇核销的程序。

四、技能实训

【资料 1】

单位名称：广东箱包有限公司

单位代码：54324782－3

电话：020－32897264

贸易方式：一般贸易，采用批次核销

该公司于 2010 年 5 月 21 日报关出口 2300 件手提箱，采用即期信用证方式收汇，报关金额 351000 美元，预计 6 月 17 日收汇，出口收汇核销单编号 728638291，实际收汇日期为 6 月 10 日，收汇金额不变，核销申报号为 6893000002347389B340。

该公司核销员于 6 月 15 日到外汇管理局办理核销，其证号为 AF5634。

【要求】

根据以上资料，填制如下出口收汇核销单。

样例 10－6

<table>
<tr><td>出口收汇核销单
存根
（粤）编号：</td><td rowspan="9">（出口单位盖章）</td><td colspan="5">出口收汇核销单
监制章
（粤）编号：</td><td rowspan="9">（出口单位盖章）</td><td colspan="3">出口收汇核销单
监制章
（粤）编号：</td><td rowspan="9">未经核销此联不得撕开</td></tr>
<tr><td>出口单位：</td><td colspan="5">出口单位：</td><td colspan="3">出口单位：</td></tr>
<tr><td>单位编码：</td><td colspan="5">单位编码：</td><td colspan="3">单位编码：</td></tr>
<tr><td>出口币种总价：</td><td rowspan="4">银行签注栏</td><td>类别</td><td>币种金额</td><td>日期</td><td>盖章</td><td>货物名称</td><td>数量</td><td>币种总价</td></tr>
<tr><td>收汇方式：</td><td rowspan="3"></td><td rowspan="3"></td><td rowspan="3"></td><td rowspan="3"></td><td rowspan="3"></td><td rowspan="3"></td><td rowspan="3"></td></tr>
<tr><td>预计收款日期：</td></tr>
<tr><td>报关日期：</td></tr>
<tr><td>备注：</td><td colspan="5">海关签注栏：</td><td colspan="3">报关单编号：</td></tr>
<tr><td>此单报关有效期截至</td><td colspan="5">外汇局签注栏
年　月　日（盖章）</td><td colspan="3">外汇局签注栏
年　月　日（盖章）</td></tr>
</table>

【资料 2】

我们已收到你方 7 月 20 日的传真，对将次等品发给你方表示道歉，我们一直引以为豪的是：我们的质量管理不比任何人的差。但是看来在你方这批货上我们肯定出了疏漏。

为纠正错误，我们已将所有的你方不满意货物安排了替代品，并把这些替代品装上了船，同时，我们要求你方把“Softouch”牌衬衫和“Warmild”牌衬衫各一件，及“Smartex”牌和“Colorich”牌衬衫各两件用快件邮寄过来，交由我们厂家检验，费用由我方支付。我们同意你方在传真中说的，将剩余的衬衫按低于 20%的价格出售。

【要求】

根据以上资料的内容，写一篇索赔善后函。

拓展阅读

出口贸易中应对客户索赔策略之拒绝赔偿

在国际贸易中，由于涉及面比较广，操作环节比较多，国际市场上的情况复杂多变，因而，在进出口合同的履行过程中，任何一个环节出现问题，都有可能影响合同的履行，导致合同的一方违约、毁约，给合同的另一方造成损害，从而导致索赔事件的发生。其中，以买方向卖方提出索赔的居多。在我们的出口贸易中，不可避免地会面临索赔的问题，进口客户可能会因各种原因向我方提出索赔。由于国际市场竞争的

激烈，出口业务拓展的艰难，为了不得罪客户，拉拢客户，不少业务人员在处理索赔案件时，往往过于迁就客户过多地采用了赔付。以至于该赔的赔，不该赔的也赔，甚至于还有仅凭一纸信函就对客户进行赔付。如此轻率、软弱的处理方式，让少数不法商人有机可乘，他们为了获取额外收益，谎称受损，要求赔偿。这给企业的发展带来极大的负面影响，不利于出口贸易的扩大与发展。我们的出口企业在让进口客户满意的同时，也应该保护自身的合法权益，理性处理客户的索赔根据具体情况，灵活处理，适当合理地采用拒绝赔偿的方式，对索赔依据不齐全的拒绝赔偿。

第三部分

进口贸易实务

项目十一　拟订进口贸易合同与签约

【知识目标】

1. 了解进口贸易准备工作的基本内容；
2. 熟悉进口许可证的办理要求及程序；
3. 掌握交易磋商和签订合同的基本要求。

【能力目标】

1. 能够掌握市场调查和客户开发的基本技巧；
2. 能够与客户进行磋商，并拟订进口贸易合同；
3. 能够根据业务需要办理进口许可证。

进口贸易可以分为自营进口业务和代理进口业务。自营进口业务是指外贸企业自己经营进口业务，进口商品用于本企业生产，或在本国市场销售获取差价利润。代理进口业务是指外贸企业接受国内购货企业或国外供货企业的委托，利用自己的进口经营资格和进口业务优势，代理进口相关业务，并收取进口代理费用。本书中的进口贸易主要是指自营进口业务。

任务一　进口贸易准备工作

任务情境

天津滨海进出口公司成立于2010年，具有进出口经营权，主要从事纺织服装、轻工业品、日用品、五金产品、电子办公用品等产品的进出口业务。由于外贸出口行情受到人民币汇率升值、国家出口退税率调整、原材料价格上涨等因素影响，加之国家外贸战略调整，该公司计划开拓进口业务市场。目前公司拟从加拿大进口一批矽鼓。公司业务员赵杰利用因特网和各种商务网站对国际及加拿大矽鼓市场进行调研，查阅了主要供应商的经营情况，收集各种信息，以便掌握产品的质量规格、供求信息及价格动态，并与加拿大多家公司建立业务联系，针对拟购产品进行充分沟通。

知识引导

一、市场调查

进口交易前的市场调查，是进口商在进口贸易准备工作中面临的重要任务，通常

可以按照地区区域划分为国际市场调查和国内市场调查两大部分。

(一) 国内市场调查

为了最大限度地降低进口商品在国内市场上所面临的销售风险，确保适销对路，并为进口商开展进一步的国际市场调查和选择供应商提供依据，进口商进行国内市场调查的主要内容包括：

(1) 国内市场上该商品的需求情况和用户信息；

(2) 进口商品在国内同类商品的生产情况和市场供应情况；

(3) 国内用户对进口商品的具体要求，包括商品质量、规格、技术数据、价格水平、包装要求、产品的季节需求特点等；

(4) 进口商品在国内的竞争力调查；

(5) 与进口该产品相关的政策和管理规定等。

一般来说，企业对于国内市场的调查比国际市场相对容易一些，因为进口商对于国内市场更为熟悉，获取信息的渠道更多，成本更低，方式更加灵活多样。

(二) 国际市场调查

进口商在明确了其采购任务的基本要求后，就要在国际市场上寻找合适的供应国（地区）和供应商。对于进口商品国际市场调查的主要内容包括：

(1) 主要供应国和主要供应厂商的情况及比较；

(2) 拟进口商品的国际市场价格水平和具体质量标准；

(3) 拟建交客户的资信状况和业务经营能力；

(4) 供应国与我国的政治和贸易关系；

(5) 供应国距离远近、关税税率等情况。

以上信息可通过下列渠道收集：网络（专业搜索引擎、专业电子商务网站）；专业展会和市场（中国进出口商品交易会等）；专业报纸、杂志（国际商报等）；进出口国家政府机构（如海关、商务部、外管局等）；其他组织机构（如驻外使馆、领事馆、银行、商会、行业协会、学会、咨询机构等）；国际组织（如国际商会、WTO、IMF等）。

二、寻找客户

对于从事外贸行业的专业人员来说，在最短的时间寻找到有价值的客户，是整个对外贸易流程中最重要的一个环节。寻求客户的渠道有很多种，包括原来的参加海外展会等单一方式，发展到现在的运用电子商务和网络渠道等多元化方式，直至在国外设立分公司直接寻求市场等。其多样性和现代化都为外贸行业提供了更便捷的方式和更为广阔的发展空间。

(一) 进口贸易寻找客户的主要方法

1. 介绍寻找法

业务员通过他人的直接介绍或者提供的信息进行顾客寻找，可以通过业务员的熟人、朋友等社会关系，也可以通过企业的合作伙伴、客户等进行介绍，主要方式有电话介绍、口头介绍、信函介绍、名片介绍、口碑效应等。

这个方法的关键在于业务员必须注意培养和积累各种关系，为现有客户提供满意的服务和可能的帮助，乐于虚心请教。德能兼备、客户关系融洽，被人信任的业务员一般都能取得有效的突破。这种方式有案例依据，成功的可能性大，销售费用低，业务员需要重视。

2. 资料查阅寻找法

业务员要有较强的信息处理能力，通过资料查阅寻找客户，既能保证一定的可靠性，也能提高工作效率。尤为重要的是展开先期的客户研究，了解客户特点状况，提出适当的针对性策略。

需要注意的是资料的时效性和可靠性，此外，注意对行业或客户的资料日积月累可以使得工作事半功倍。

业务员经常利用的资料：政府部门提供的资料，行业和协会的资料、国家和地区的统计资料、企业黄页、工商企业目录和产品目录、电视、报纸、杂志、互联网等媒体或客户发布的消息、产品介绍等。

3. 交易会寻找法

国际国内每年都有不少交易会、展览会，如广交会、华交会、中小企业博览会等，进口企业应充分利用这些绝好的商机，企业应该全面学会并利用这一有效途径。

在选择展会方面，进口商应优先选择参加国内的国际性著名行业展览和综合展览，其次选择参加国外的行业展览。这些展会应该是行业内最为专业的展览或者行业影响力和国际性很强。（可参考展会的举办次数、行业知名商家是否参与、历届参展人数等）。参加展会时，收集出口商名片并做有效交流，做必要记录，注重展位设计。

4. 咨询寻找法

行业组织、技术服务组织、咨询单位等通常集中了大量的客户资料和资源以及相关行业和市场信息。通过咨询的方式，不仅是个寻找高质量出口商的有效途径，有时还能获取这些组织的服务、帮助和支持，比如在客户联系、介绍、市场进入方案等方面的建议。

5. 网络寻找法

目前大部分企业主要通过网络平台进行客户寻找与开发。企业选择什么样的平台要视企业情况而定。专业营销型外贸网站对于每一个外贸企业都是很重要的，一个专业的外贸网站至少应该包括：公司简介、新产品信息、产品说明、证书展示、宣传公司服务、联系方式、收集用户反馈信息等内容。外贸网站更多的是用于在我们采用其他方式主动出击寻找客户，如：利用搜索引擎营销或者发送外贸推广信时，引导外贸客户通过浏览企业外贸网站进一步了解公司情况。另外可以通过 B2B 平台，如阿里巴巴、环球资源等，或者通过知名会展网站、行业协会网站等，或者在国际知名搜索引擎上进行搜索。

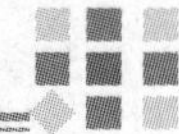

（二）建立业务关系

企业通过各种渠道找到国外客户后，须先对客户资信情况进行调查，然后考虑选择客户与之建立业务联系。选择客户时必须对客户的资金信誉、经营管理状况、技术水平等方面进行综合进行分析，选择商业信誉好、经营能力强的客户作为我们的基本客户并建立业务联系。

国际贸易中，买卖双方业务关系的建立，往往是由交易一方，通过主动向对方写信、发传真或E-mall形式进行。

任务讨论

矽鼓这一产品在进口贸易中有什么需要注意的问题吗？你能通过什么途径获取相关产品信息及供应商信息呢？请同学们查阅资料后进行讨论。

忽视海关监管条件变化造成进口巨额损失案

2010年10月，A进出口有限公司与法国供应商就进口三丁基氧化锡达成一笔进口合同，数量500同，鉴于双方有长久的业务合作关系，供货商同意采用30%T/T预付，70D/P即期付款，最迟交货期为2010年12月30日。进口商A公司按照合同要求如期将30%的货款电汇至供货商指定账号，供货商收妥预付款后抓紧投产，按照合同要求如期将500桶商品备妥，并于12月20日将货装上“清河”轮，该载货船舶于2011年1月10日抵达天津港，进口商A付清余款后，将全套单据交远洲货代公司委托其办理提货手续，但被告知海关不放行，原因是三丁基氧化锡2011年被列入《中国严格限制进出口的有毒化学品目录》，自2010年起进口商向环境保护部申请办理有毒化学品进口环境管理登记证和有毒化学品进口环境管理放行通知单，海关凭放行通知单放货。

为此，进口商不得不重新向环境保护部申请办理上述手续，货物被暂时放在海关监管仓库，国内用货部门停工一个月之久，进口商不仅支付了高额的仓储费，而且支付了一笔可观罚金给国内厂家。通过上述案例我们可以得到哪些启示？进口业务中如何避免发生类似的情况？

任务二 拟订进口贸易合同与签约

天津滨海进出口公司赵杰经过与加拿大多家公司的充分磋商沟通后，最终确定与

CANADA TRADING CO.，LTD 订立购货合同，采用 D/P AT 30 DAY'S AFTER SIGHT 结算方式及海洋运输方式。我国矽鼓被纳入《进口许可证管理货物分级发证目录》，进口前需要向许可证事务局等机关申请《进口许可证》。

知识引导

一、进口货物许可证

进口许可证是指商务部及其授权发证机构依法对实行数量限制或其他限制的进口货物颁发准予进口的许可证件，是国家管理货物进口的法律凭证，也是进口通关的必备单据—。凡属于进口许可证管理的货物，除国家另有规定外，对外贸易经营者（以下简称经营者）应当在进口前按规定向指定的发证机构申领进口许可证，海关凭进口许可证接受申报和验收。

我国由商务部配额许可证事务局（以下简称许可证局）和商务部授权的地方商务主管部门发证机构（以下简称地方发证机构）负责签发相应货物的进口许可证。凡纳入《进口许可证管理货物分级发证目录》范围内的商品，都必须向以上部门申领。一般在每年年末，商务部会同海关总署制定、调整和发布年度《进口许可证管理货物目录》，商务部负责制定、调整和发布年度《进口许可证管理货物分级发证目录》。

2011 年 12 月 31 日，我国商务部公布了《2012 年进口许可证管理货物分级发证目录》，实行进口许可证管理的货物共两种，分别是重点旧机电设备和消耗臭氧层物质，许可证局负责签发重点旧机电产品的进口许可证，地方发证机构负责签发消耗臭氧层物质的进口许可，在京中央企业的进口许可证由许可证局签发。消耗臭氧层物质的进口许可证实行“一批一证”制。

二、进口许可证申请流程

（一）提出申请，填写进口许可证申请表

经营者申请进口许可证时，应当认真如实填写《中华人民共和国进口许可证申请表》，并加盖印章。属于网上申请，请通过商务部许可证局的电子钥匙进行，详情请浏览许可证局“办事指南”项下“电子钥匙申请流程”（http://www.licence.org.cn/Web/bszn/386.htm）。

（二）经营者申请进口许可证时提交材料

（1）主管机关签发的进口批准文件。

（2）进口合同正本复印件。

（3）进口商与收货人不一致的，应当提交《委托代理协议》正本复印件。

（4）商务部规定的其他应当提交的材料。

网上申请的，领取进口许可证时提交上述材料；书面申请的，申请时提交。

属于年度内初次申请进口许可证的，还应提交以下材料的复印件：

(1)《企业法人登记营业执照》。

(2) 加盖对外贸易经营者备案登记专用章的《对外贸易经营者备案登记表》或《中华人民共和国进出口企业资格证书》；经营者为外商投资企业的，应当提交《外商投资企业批准证书》。

上述材料如有变化，经营者须及时向当地发证机构提交变更后的材料。

(三) 审核与签发进口许可证

经审核符合规定的，发证机构工作人员网上点击通过或在申请表审核意见栏注明审核意见；不符合规定的，须在申请表审核意见栏注明不予通过的原因，并将申请材料退还经营者。

发证机构自收到符合规定的申请之日起 3 个工作日内发放进口许可证。特殊情况下，最多不超过 10 个工作日。发证机构凭加盖经营者公章的申请表取证联和领证人员本人身份证明材料发放进口许可证。发证机构依据国家发展和改革委员会颁发的《收费许可证》中有关收费项目和收费标准的规定收取证件费。

三、注意事项

(一) 进口许可证的有效期

有效期为发证之日起至当年 12 月 31 日，进口许可证应在有效期内使用，逾期自行失效；进口许可证只能延期一次，延期最长不得超过 3 个月。特殊情况需要跨年度使用时，有效期最长不得超过次年 3 月 31 日。

(二) 进口许可证的更改与延期

进口许可证一经签发，任何机构和个人不得擅自更改证面内容。因故需要更改、延期时，发证机构应受理经营者在进口许可证有效期内提出的申请。

受理进口许可证更改、延期申请时，发证机构应要求经营者提交加盖本单位公章的《中华人民共和国进口许可证更改申请表》、进口许可证原件以及上述“2”的相关材料，并经审核程序换发新证。

对未使用的进口许可证，发证机构在办理更改、延期时，在进口许可证发证系统中删除原证，换发新证。

(三) 证书使用

进口许可证实行“一证一关”管理，即进口许可证只能在一个直属海关报关。一般情况下进口许可证为“一批一证”，实行“非一批一证”的，进口许可证备注栏内打印“非一批一证”字样。“一批一证”指进口许可证在有效期内一次报关使用。“非一批一证”指进口许可证在有效期内可多次报关使用，但最多不超过 12 次，海关在许可证背面“海关验放签注栏”内逐批签注，核减进口数量。其中，每次报关数，是指同一运输工具的同批货物，海关可对同批货物加总后在“非一批一证”进口许可证上作一次批注，以此类推 12 次后，即使该证尚有余量也不可再使用。海关在第 12 次批注后，进行总量核注，并将纸面许可证（海关留存联）正本随附报关单归档。

【资料卡】

自动进口许可证

自动进口许可证，即对申请一律予以批准签发的进口许可证。凡是列入许可证项下商品清单中的货物，进口商只要申请，就可进口。这种许可证一般不限制有关产品的进口，而主要是为国家统计进口贸易提供数据。

更多关于进口许可证与自动进口许可证的知识可以查阅：中华人民共和国商务部配额许可证事务局网站：http://www.licence.org.cn/。

【任务操作】

【第一步】我国矽鼓属于商务部下发的《进口许可证管理货物分级目录》中所列商品。2011 年 6 月 18 日，天津滨海进出口公司业务员赵杰向天津市商务委提出申请，在网上填写申请表，提交审批。市商务委在网上进行初审、复审。申请通过审批后，我公司打印申请表，加盖企业公章，并带相关文件到天津市行政许可服务中心进行申领《进口许可证》。见样例 11－1 至样例 11－3。

CANADA TRADING CO.，LTD 于 2011 年 6 月 10 日签发的形式发票如下。

样例 11－1

CANADA TRADING CO.，LTD

123，MAIN ROAD，VANCOUVER，CANADA

TEL：03－3333－2053　FAX：03－3333－2793

PROFORMA INVOICE

(WITHOUT ENGAGEMENT)

CONSIGNEE：TIANJIN BINHAI IMP&EXP CO.，LTD.

FROM　VANCOUVER，CANADA　TO XINGANG，CHINA

DELIVERY：LATEST DATE OF SHIPMENT 090930

PARTIAL SHIPMETN ALLOWED TRANSSHIPMENT NOT ALLOWED

MARKS & NOS	DESCRIPTIONS OF GOODS	QUANTITY	UNIT PRICE	AMOUNT
T. T. C XINGANG C//NO 1－UP	SELENIUM DRUM S151090	1000PCS	CIF XINGANG, CHINA USD90.00	USD90000

SAY U. S. DOLLARS NINTY THOUSAND ONLY
PAYMENT TERMS：D/P AT 30 DAY' S AFTER SIGHT

THIS INVOICE IS SUPPLIED TO ENABLE YOU TO APPLY CANADA TRADING CO.，LTD
FOR THE NECESSARY LICENCE TO BE VALID UP TO SEPT30，2011 J. M. PARK

样例 11－2　　进口许可证申请表

中华人民共和国进口许可证申请表

<table>
<tr><td colspan="3">1. 进口商：天津滨海进出口公司</td><td colspan="3">3. 进口许可证号：</td></tr>
<tr><td colspan="3">2. 收货人：天津滨海进出口公司</td><td colspan="3">4. 进口许可证有效截止日期：
年　月　日</td></tr>
<tr><td colspan="3">5. 贸易方式：一般贸易</td><td colspan="3">8. 出口国（地区）：加拿大</td></tr>
<tr><td colspan="3">6. 外汇来源：银行购汇</td><td colspan="3">9. 原产地国（地区）：加拿大</td></tr>
<tr><td colspan="3">7. 报关口岸：新港海关</td><td colspan="3">10. 商品用途：自营内销</td></tr>
<tr><td colspan="3">11. 商品名称：矽鼓</td><td colspan="3">商品编码：84439990</td></tr>
<tr><td>12. 规格、型号</td><td>13. 单位</td><td>14. 数量</td><td>15. 单价（USD）</td><td>16. 总值（USD）</td><td>17. 总值折美元</td></tr>
<tr><td>S151090</td><td>个</td><td>1000</td><td>90</td><td>90000</td><td>90000</td></tr>
<tr><td></td><td></td><td></td><td></td><td></td><td></td></tr>
<tr><td>18. 总计：</td><td>个</td><td>1000</td><td></td><td>90000</td><td>90000</td></tr>
<tr><td colspan="2">19. 领证人姓名：赵杰
联系电话：022－85665679</td><td colspan="4">20. 签证机构审批（初审）：</td></tr>
<tr><td colspan="2">申请日期：2011 年 6 月 18 日
下次联系日期：</td><td colspan="4">终审：</td></tr>
</table>

中华人民共和国商务部监制　　　　第一联（正本）签证机构存档

样例 11－3 **进口许可证**

中华人民共和国进口货物许可证

IMPORT LICENCE THE PEOPLE' S REPUBLIC OF CHINA

<table>
<tr><td colspan="3">1. 我国对外成交单位 编码
Importer 天津滨海进出口公司</td><td colspan="3">3. 进口许可证编号
License No. B2－20090031</td></tr>
<tr><td colspan="3">2. 收货单位
Consignee 天津泰佛贸易公司</td><td colspan="3">4. 许可证有效期
Validity 2011 年 12 月 25 日</td></tr>
<tr><td colspan="3">5. 贸易方式
Terms of trade 一般贸易</td><td colspan="3">8. 进口国家（地区）
Country of destination 加拿大</td></tr>
<tr><td colspan="3">6. 外汇来源
Terms of foreign exchange 银行购汇</td><td colspan="3">9. 商品原产地
Country of origin 加拿大</td></tr>
<tr><td colspan="3">7. 到货口岸
Port of destination 天津新港</td><td colspan="3">10. 商品用途
Use of commodity 自营内销</td></tr>
<tr><td colspan="3">11. 唛头——包装件数
Marks & numbers - number of packages</td><td colspan="3">T. T. C
XINGANG
C//NO 1－UP</td></tr>
<tr><td colspan="6">12. 商品名称 商品编码
Description of commodity SELENIUM DRUM Commodity No. 84439990</td></tr>
<tr><td>13. 商品规格、型号
Specification</td><td>单位
Unit</td><td>14. 数量
Quantity</td><td>15. 单价
(USD)
Unit Price</td><td>16. 总值
(USD)
Amount</td><td>17. 总值折美元
Amount in USD</td></tr>
<tr><td>S151090</td><td>个</td><td>1000</td><td>90</td><td>90000</td><td>90000</td></tr>
<tr><td>18. 总计
Total</td><td>个</td><td>1000</td><td></td><td>90000</td><td>90000</td></tr>
<tr><td colspan="3">19. 备注
Supplementary details</td><td colspan="3">20. 发证机关盖章
Issuing authority's stamp
发证日期
Signature Date 2011 年 6 月 25 日</td></tr>
</table>

商务部监制 本证不得涂改，不得转让

【任务操作】

【第二步】 2011 年 7 月 12 日天津滨海进出口公司与 CANADA TRADING CO.，LTD 经过多次交易磋商，最终签订购货合同。见样例 11－4。

样例 11－4

PURCHASE CONTRACT

The buyer：TIANJIN BINHAI IMP&EXP CO.，LTD. CONTRACT NO.：TTC2009712

NO. 600，XUEYUAN ROAD，TIANJIN，CHINA DATE：JULY 12，2011

FAX：00862285665678 Tel. 00862285665679

The seller：CANADA TRADING CO.，LTD

NO. 123，MAIN ROAD，VANCOUVER，CANADA

TEL：03－3333－2053 FAX：03－3333－2793

THE SELLER AGREES TO SELL AND THE BUYER AGREES TO BUY THE UNDERMENTIONED COMMODITY ACCORDING TO THE TERMS AND CONDITIONS STATED BELOW：

DESCRIPTIONS OF GOODS	QUANTITY	UNIT PRICE	AMOUNT
SELENIUM DRUM S151090	1000PCS	CIF XINGANG，CHINA USD90.00	USD90000
TOTAL VALUE：SAY US DOLLARS NINTY THOUSAND ONLY			

1. COUNTRY OR ORIGIN AND/OR MANUFACTURED：CANADA TRADING CO.，LTD
2. PACKING：SHIPPING MARK：PACKED IN ONE CARTON OF 4 PCS EACH.

SHIPPING MARK：T. T. C

XINGANG

C//NO 1—UP

3. TERMS OF PAYMENT：BY D/P AT 30 DAYS AFTER SIGHT.
4. PORT OF LOADING：VANCOUVER，CANADA.
5. PORT OF DESTINATION：XINGANG，TIANJIN，CHINA.
6. TERMS OF SHIPMENT：NOT LATER THAN SEPT. 30，2011. PARTIAL SHIPMENT AND TRANSSHIPMENT ALLOWED.
7. INSURANCE：TO BE EFFECTED BY THE SELLER FOR 110% OF INVOICE VALUE COVERING ALL RISKS AND WAR RISK AS PER OCEAN MARINE CARGO CLAUSE OF PICC DATED 1/1/1981.

QUALITY/QUANTITY DISCREPANCY：IN CASE OF QUANLITY DISCREPANCY，CLAIM SHOULD BE FILED BY THE BUYER WITHIN 60 DAYS AFTER THE ARRIVAL OF THE GOODS AT PORT OF DESTIONATION. WHILE FOR QUANTITY DISCREPANCY，CLAIM SHOULD BE FILED BY THE BUYER WITHIN 30 DAYS AFTER THE ARRIVAL OF THE GOODS AT PORT OF DESTIONATION. IT IS UNDERSTOOD THAT THE SELLER SHALL NOT BE LIABLE FOR ANY DISCREPANCY OF THE GOODS SHIPPED DUETO CAUSES FOR WHICH THE INSURANCE COMPANY，SHIPPED COMPANY，OTHER THANSPORTATION ORGANAZATION POST OFFICE ARE LIABLE.

THE SELLER SHALL NOT BE HELD LIABLE FOR FAILURE OF DELIVERY OF THE ENTER LOT OR A PORTION OF THE GOODS UNDER THIS CONTRACT IN CONSEQUENCE OF ANY FORCE MAJEURE INCIDENTS.

Seller	Buyer
CANADA TRADING CO.，LTD	TIANJIN BINHAI IMP&EXP CO.，LTD.
J. M. PARK	Zhao Jie

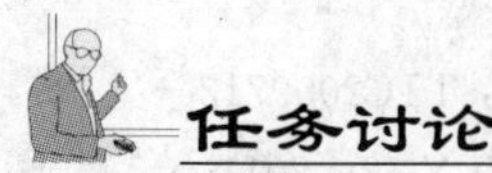

任务讨论

本业务中的形式发票起什么作用，与结汇时所用的商业发票有什么区别吗？

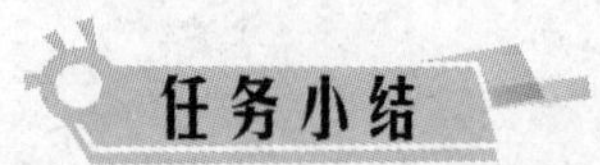

任务小结

在进口贸易开始之前，进口商首先要做好交易前的准备工作，包括企业进口备案登记手续的办理、市场调查和客户开发、建立业务关系和资信调查，根据我国对进口商品的相关规定办理相关进口手续等。其中在做好市场调研的基础上，寻找适合企业需求的客户并建立业务关系更是尤为重要。

进口许可证是国际上普遍采用的进口贸易实施管理的措施。凡属于进口许可证管理的货物，除国家另有规定外，对外贸易经营者（以下简称经营者）应当在进口前按规定向指定的发证机构申领进口许可证，海关凭进口许可证接受申报和验放。确定商品是否属于进口管理商品及是否属于减免范围，是外贸业务人员办理进口证件时应该明确的问题。需要注意的是，要及时关注年度最新的修订版本。有时申请进口许可证时还需要出口商出具形式发票，用于办理相关手续。

进口贸易的准备工作完成之后，进口贸易的双方就主要交易条件进行磋商，意见达成一致之后，签订进口贸易合同。

任务检测

一、单项选择题

1. 进口许可证有效期为（　　），特殊情况需要跨年度使用的，有效期最长不得超过次年（　　）。

A. 1年；3月31日　　B. 6个月；2月底

C. 3个月；1月31日　　D. 9个月；3月31日

2. （　　）负责制定、调整和发布年度《进口许可证管理货物分级发证目录》。

A. 海关总署　　B. 商务部　　C. 检验检疫总局　　D. 贸促会

3. “非一批一证”指进口许可证在有效期内可多次报关使用，但最多不超过（　　）次。

A. 10　　B. 11　　C. 12　　D. 13

4. 市场调查属于下列（　　）业务程序。

A. 进口贸易前的各项准备工作　　B. 进口贸易磋商

C. 进口合同的签订　　D. 进口合同的履行

5. 一方在报刊杂志或广播电视中所做的内容明确完整的商业广告属于（　　）。

A. 邀请发盘　　　B. 询盘　　　C. 发盘　　　D. 还盘

二、判断题

1. 我国进口企业在订立进口合同时常用书面形式、口头形式和行为形式。（　　）

2. 进口贸易可以分为自营进口业务和代理进口业务。（　　）

3. 进口许可证只能延期一次，延期最长不得超过6个月。（　　）

4. 一般来说，企业对于国内市场的调查比国际市场相对容易一些。（　　）

5. 形式发票（Proform Invoice）在某些国家也可以供买方作为申请进口许可证或申请外汇额度的证件，也作为买方向银行申请向卖方支付货款，开立信用证等的依据。（　　）

三、技能实训

【资料1】蓝星贸易有限公司拟从新加坡贸易公司进口五金产品，下面是新加坡贸易公司提供的形式发票和相关补充资料。见样例11－5。

样例11－5　SINGAPORE TRADE CORPORATION

＃07－09 ORCHARD PLAZA 150 ORCHARD ROAD SINGAPORE，

PROFORMA INVOICE

（WITHOUT ENGAGEMENT）

CONSIGNEE：BLUE STAR TRADING COMPANY LTD

FROM SINGAPORE TO SHANGHAI，CHINA

DELIVERY：LATEST DATE OF SHIPMENT 0901030

PARTIAL SHIPMETN ALLOWED TRANSSHIPMENT NOT ALLOWED

MARKS & NOS	DESCRIPTIONS OF GOODS	QUANTITY	UNIT PRICE	AMOUNT
BSTC SHANGHAI C//NO 1－60	WRENCH HEX DEYS WRECH DOUBLE RING OFFSET WRENCH CONBINATION WRENCH ADJUSTABLE WRENCH	1000SETS 1500SETS 2000SETS 1500SETS	FOB SINGA-PORE USD10.00 USD10.00 USD20.00 USD20.00	USD10000.00 USD15000.00 USD40000.00 USD30000.00
TOTAL		6000SETS		USD95000.00

SAY U.S. DOLLARS NINTY FIVE THOUSAND ONLY

PAYMENT TERMS：D/P AT SIGHT

THIS INVOICE IS SUPPLIED TO ENABLE YOU TO APPLY <u>SINGAPORE TRADE CORPORATION</u>

FOR THE NECESSARY LICENCE TO BE VALID UP TO

DAVID

注：

（1）商品编码：8204.1200

（2）报关口岸：浦江海关

（3）外汇来源：银行购汇

（4）商品用途：自营内销

（5）申请日期：2009 年 3 月 10 日

（6）代　　码：3018712462

【要求】请根据上面形式发票和补充信息，填制进口许可证。见样例 11－6。

样例 11－6　　**中华人民共和国进口货物许可证**

IMPORT LICENCE THE PEOPLE'S REPUBLIC OF CHINA

<table>
<tr><td colspan="3">1. 我国对外成交单位　　编码
Importer</td><td colspan="3">3. 进口许可证编号
License No.</td></tr>
<tr><td colspan="3">2. 收货单位
Consignee</td><td colspan="3">4. 许可证有效期
Validity　　年　月　日</td></tr>
<tr><td colspan="3">5. 贸易方式
Terms of trade</td><td colspan="3">8. 进口国家（地区）
Country of destination</td></tr>
<tr><td colspan="3">6. 外汇来源
Terms of foreign exchange</td><td colspan="3">9. 商品原产地
Country of origin</td></tr>
<tr><td colspan="3">7. 到货口岸
Port of destination</td><td colspan="3">10. 商品用途
Use of commodity</td></tr>
<tr><td colspan="3">11. 唛头——包装件数
Marks & numbers－number of packages</td><td colspan="3"></td></tr>
<tr><td colspan="4">12. 商品名称
Description of commodity</td><td colspan="2">商品编码
Commodity No.</td></tr>
<tr><td>13. 商品规格、型号
Specification</td><td>单位
Unit</td><td>14. 数量
Quantity</td><td>15. 单价（USD）
Unit Price</td><td>16. 总值（USD）
Amount</td><td>17. 总值折美元
Amount in USD</td></tr>
<tr><td></td><td></td><td></td><td></td><td></td><td></td></tr>
<tr><td>18. 总计　Total</td><td></td><td></td><td></td><td></td><td></td></tr>
<tr><td colspan="3">19. 备注
Supplementary details</td><td colspan="3">20. 发证机关盖章
Issuing authority's stamp
发证日期
Signature Date
年　月　日</td></tr>
</table>

商务部监制　　　　本证不得涂改，不得转让

【资料 2】河北万源公司业务员需要办理进口四台播种机（SPACED SEEDER）和一台数控机床的进口许可证申请。商务部配额许可证事务管局网站（http://www.licence.org.cn）。

【要求】请根据以上资料，登录相关网站，下载进口许可证申请表；查找播种机、数控机床是否属于见面货物范畴。

拓展阅读

“百岁”白炽灯逐步禁止进口和销售

从2012年10月1日起，我国按功率大小分阶段逐步禁止进口和销售普通照明白炽灯，首当其冲的是100瓦及以上普通照明白炽灯。沿用了100多年的白炽灯要说“再见”了。

2011年11月，国家发改委等部门联合印发《关于逐步禁止进口和销售普通照明白炽灯的公告》，中国将按照功率大小分五个阶段，逐步禁止进口和销售普通照明白炽灯。具体的步骤为，2011年11月1日至2012年9月30日为过渡期；2012年10月1日起禁止进口和销售100瓦及以上普通照明白炽灯；2014年10月1日起禁止进口和销售60瓦及以上普通照明白炽灯；2015年10月1日至2016年9月30日为中期评估期；2016年10月1日起禁止进口和销售15瓦及以上普通照明白炽灯，或视中期评估结果进行调整。

尽管该公告自10月1日起已经生效，但不少消费者和经营户对此不甚了解。一些灯具市场和建材商场看到，不少经营户里还在销售各种型号的白炽灯，100瓦及以上的白炽灯也能买到。在一些建筑工地，工人们还是愿意选择价格相对低廉的白炽灯。也有一些消费者出于对节能灯频闪及辐射等方面的考虑，仍选择白炽灯。

“白炽灯虽亮却耗电，同样亮度的节能荧光灯用电量不足白炽灯的1/4，今后替代白炽灯的，将是节能型荧光灯和LED灯。”业内人士指出，从白炽灯转向节能灯、LED灯是国际节能的大趋势。

项目十二 对外付汇操作

【知识目标】

1. 熟悉托收项下进口业务流程，掌握托收进口业务中单据种类及内容；
2. 掌握托收项下进口单据审核方法和技巧；
3. 了解开立信用证的程序、要求和基本内容。

【能力目标】

1. 能够根据购货合同及惯例正确审核付汇单据；
2. 能够正确办理托收项下进口付汇、报检、报关等手续，并正确缮制进口单据；
3. 能够基本按照合同要求进行信用证申请书的办理。

任务一 托收项下对外付汇操作

签订合同后，出口商 CANADA TRADING CO.，LTD 按时发货，并在当地加拿大皇家银行（ROYAL BANK OF CANADA）银行办理托收手续，代收行为上海浦发展银行天津分行（SHANGHAI PUDONG DEVELOPMENT，TIANJIN BRANCH）。不久，我公司作为进口商收到进口来单代收通知书，在审单并确认无误后，向代收行做出在到期日付款的承诺，代收行在到期日前向我方提示付款，我方到期付款赎单。

知识引导

一、托收项下对外付款操作

在托收项下，卖方委托银行以向买方交单为条件，向买方收取货款或取得付款承诺。

1. 托收项下对外付款/承兑需要办理的手续

采用托收支付方式的货物买卖中，卖方交货后，把单据委托其当地的银行（托收行）转到买方所在地的银行（代收行）时，代收行确定托收委托书及所附汇票与单据无误，如果接受托收行的委托，同意代为收款时，代收行会缮制进口来单代收通知书，凭以通知买方验单付款或承兑。代收通知书一般一式多份，除代收行自留备查和作为

回单寄托收行以外，还送交买方两份，一联作为进口来单代收通知书，另一联作为进口来单代收确认书，与来单通知书一并交给买方的还有一套单据复印件。买方收到相关材料后，应做好以下工作：

（1）审单

托收项下的进口单据，银行只是转交，没有审单的义务，所以买方在接到代收行转来的单据复印件后，应该谨慎地审核单据已决定是否接受单据并对外付款或承兑。审单主要是看发票、运输单据上记载的货物是否一致，是否与合同要求的货物一致，转来的单据是否包含了进口清关所必需的应由卖方提供的全部文件；另外非常重要的就是判断运输单据的真伪，可以通过委托银行进行船情调查或向船公司在进口地的代理咨询提单上注明船只的动态。

（2）付款/承兑需提交的文件

如果买方同意付款或承兑，应该在代收银行的进口来单确认书上明确表示同意付款或者承兑，并加盖全套财务专用章或者其他约定印鉴，填写银行格式化的对外付款/承兑通知书，加盖银行预留的印鉴。除了这两份文件要交给银行以外，一并提交的还有进口合同（如为代理进口，还需要提交代理协议）以及其他可能要求的资料，如对外付款/承兑通知书、购汇申请书、进口付汇备案表、进口许可证、进口证明等。

（3）付汇赎单

付款交单（D/P）：以付款交单方式结算的，买方在提交上述单据办妥付款手续后，即以其自有外汇支付的，代收行已从其外汇账户中划款支付，使用银行贷款支付的，由银行有关信贷部门提供资金支付，核减买方相应授信额度；需要银行售汇的，进口商将足额人民币购汇资金划至银行，按结售汇有关规定办理售汇支付。之后，买方可以从银行索取全套进口货物单据进行清关提货。

即期付款交单（D/P AT SIGHT）：以即期付款交单方式结算的是指卖方发货后开具即期汇票连同货运单据，通过银行向买方提示，买方在审单并确认无误的前提下，见票后立即付款，在付清货款后向银行领取全套进口货运单据。

远期付款交单（D/P AFTER SIGHT）：以远期付款交单方式结算的，买方在审单并确认无误后，应向代收行做出在到期日付款的承诺，代收行在到期日前向买方提示付款，买方在付款后取得全套进口货物单据。

付款交单凭信托收据借单（D/P. T/R）：借取单据先行提货的做法，称为付款交单凭信托收据借单。信托收据，是一种书面信用担保文件，是买方向代收行出具的表示愿意以代收行的受托人身份代为提货、报关、存仓、保险、出售并承诺货物的所有权仍属银行，并保证在汇票到期日向银行付清货款。凭信托收据借单也称进口押汇，在付款交单条件下，其做法是由进口人在承兑汇票后出具信托收据，凭以向代收行借取货运单据，并提取货物。货物售出后所得货款在汇票到期日偿还代收行，收回信托收据。使用信托收据借单，是代收行对于其资信较好的往来客户提供的一种融资安排，与出口人、托收行无关，不会改变付款交单的性质。如果代收行借出单据后，在汇票到期时不能收到货款，则代收行应对委托人承担全部责任。

承兑交单（D/A）：以承兑交单方式结算的，买方在代收行交来的进口代收来单确认书上明确表明其同意承兑，加盖全套财务专用章或者约定印鉴并签署日期后交代收银行。来单中带有远期汇票的，买方还要按照《中华人民共和国票据法》的规定，在远期汇票注明“无条件承兑”字样。在买方承兑后，银行即向买方交付全套进口货物单据。买方即可办理入境报检报关等手续。

2. 托收项下买方对外拒绝付款/拒绝承兑的处理

（1）审单时的拒付

买方在审核单据后决定不予付款或者不予承兑以换取单据时，要在进口来单代收确认书上说明拒绝付款或者拒绝承兑的理由，加盖约定印鉴并签署日期后，在银行规定的时间内将确认书返回银行，以便代收行能根据托收委托书的指示以快捷的方式通知托收行。接到托收行退单指示后，代收行将全套正本单据退还托收行并收取银行费用，如与下列不同情况则做不同处理：①如代收行发出付款人拒绝付款或拒绝承兑的通知60天后仍未得到托收行关于处理单据的指示，代收银行可主动退单；②如托收行授权无偿放单，代收行应在计收有关费用后向进口商放单；③若买方提出部分拒付，则须在取得托收行同意后，再按同意支付金额办理付款手续。

（2）提货后货物与合同不符的处理

托收项下买方凭提单取货（或在空运、陆运、邮寄等其他运输方式下，凭相应机构的到货通知提货）后，如果发现货物质量与合同规定不符，在付款交单条件下，买方只能根据合同向卖方提出索赔；在承兑交单条件下，尽管做了承兑，买方仍然可以拒付。

二、合同中常见的托收支付条款及释疑

1. Under D/A terms of payment, just time (usance) draft is used. The draft usually ranges from 30 to 150 days.

【中文】在承兑交单项下，只使用远期汇票，汇票付款期限通常从30天到150天。

【释疑】承兑交单对于进口商而言可以承兑后即取得进口单据、提货，等远期汇票到期后再行付款，不占压资金，有利于资金融通。

2. Upon first presentation the Buyer shall pay against documentary draft drawn by the Seller at sight. The Shipping documents are to be delivered against payment only.

【中文】买方应凭卖方开具的即期跟单汇票于见票时立即付款，付款后交单。

【释疑】采用即期付款交单时，买方应在代收行进行付款提示即见票时立即付款，随后取得全套货运单据。

3. 50% of the value of goods by irrevocable letter of credit and remaining 50% on collection basis at sight, the full set of shipping documents are to accompany the collection item. All the documents are not to be delivered to buyer until full payment of the

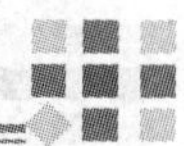

invoice value

【中文】货款 50%应开具不可撤销信用证，其余额 50%见票付款交单，全套货运单据应附在托收部分项下。于到期时全数付清发票金额后方可交单。

【释疑】采用不可撤销信用证与跟单托收相结合的支付方式，其优点是：对进口商来讲，可减少开证保证金，用少数的资金可作大于投资几倍的贸易额，有利于资金的周转，而且可节约银行费用。对出口商来讲，采用部分使用信用证部分托收，虽然托收部分须承担一定的风险，但以信用证作保证，这是一种保全的办法。除此之外，还有保全措施，即全部货运单据须附在托收汇票项下，开证银行或付款银行收到单据与汇票时，由银行把住关口，须由进口商全部付清货款后才可把提单交给进口商，以策安全收汇，可防止进口商于信用证项下部分货款付款后，取走提单。

4. Payment available by D/P at sight with a Stand - by L/C in favour ofseller for the amount of ______ as undertaking. The stand - by L/C should bear the cause: In case the drawee of the documentary collection under credit No. ________ fails to honour the payment upon due date, the Beneficiary has the right to draw under this L/C by their draft with a statement stating the payment on credit No. ________ was not honoured.

【中文】凭即期付款交单与备用信用证相结合为付款方式，在备用信用证中应列明以卖方为受益人，如果跟单托收付款人到期拒付，备用信用证受益人有权凭本信用证签发汇票和出具证明书，收回托收所拒付的款项。

【释疑】采用备用信用证与跟单托收相结合作为支付方式，是出口商为了防止跟单托收项下的货款一旦遭到进口商拒付时，可利用备用信用证的功能追回货款。

5. Most of our suppliers are drawing on us at 30 days after sight, documents against payment. It would help to conclude the transaction for us if you would accept D/P or D/A instead.

【中文】我们大部分的供应商现采用见票后 30 天付款交单的付款方式。假如你们能接受付款交单或承兑交单，这会有利于我们达成交易。

【释疑】托收支付方式有利于买方资金融通，卖方承担风险大，买方承担风险小，故一般对于进口商比较具有吸引力。

【任务操作】

【第一步】2011 年 8 月 30 日，CANADA TRADING CO.，LTD 发货于 9 月 8 日将商业发票、装箱单、提单、保险单和汇票等全套单据备齐提交加拿大皇家银行委托收款，加拿大皇家银行将单据转寄浦东发展银行天津分行代为收款。2011 年 9 月 25 日，我公司收到浦东发展银行天津分行的进口来单通知书及单据复印件，我方进行认真谨慎地审核。见样例 12 - 1 至样例 12 - 5。

样例 12－1 商业发票

CANADA TRADING CO.，LTD

NO. 123，MAIN ROAD，VANCOUVER，CANADA

COMMERCIAL INVOICE

Invoice No.： CTL－CN063 **Date：** JULY 20，2011

Contract No.： TTC2009712 **L/C No.：**

Seller： CANADA TRADING CO.，LTD
NO. 123，MAIN ROAD，VANCOUVER，CANADA

Buyer： TIANJIN BINHAI IMP&EXP CO.，LTD.
NO. 600，XUEYUAN ROAD，TIANJIN，CHINA

From VANCOUVER，CANADA **To** XINGANG，TIANJIN，CHINA

Marks and No.	Description of goods	Quantity	Unit Price	Amount
T. T. C XINGANG C//NO 1－250	CIF XINGANG，CHINA SELENIUM DRUM S151090	1000PCS	USD90.00	USD90000
	TOTAL：	1000PCS	USD90000	
SAY TOTAL：	US DOLLARS NINTY THOUSAND ONLY			

CANADA TRADING CO.，LTD

样例 12－2 装箱单

CANADA TRADING CO.，LTD

NO. 123，MAIN ROAD，VANCOUVER，CANADA

PANCKING LIST

Invoice No.： CTL－CN063 **Date：** JULY 20，2011

Seller： CANADA TRADING CO.，LTD
NO. 123，MAIN ROAD，VANCOUVER，CANADA

Buyer： TIANJIN BINHAI IMP&EXP CO.，LTD.
NO. 600，XUEYUAN ROAD，TIANJIN，CHINA

From VANCOUVER，CANADA **To** XINGANG，TIANJIN，CHINA

Marks and No.	Description of goods	Quantity	Package	G. W	N. W	Meas.
T. T. C XINGANG C//NO 1－250	SELENIUM DRUM S151090	1000PCS	250CARTONS	6250KGS	5750KGS	50M3
TOTAL：		1000PCS	250CARTONS	6250KGS	5750KGS	50M3

SAY TOTAL： TWO HUNDRED AND FIFTY CARTONS ONLY

CANADA TRADING CO.，LTD

样例 12－3　　　　　　　　　　**提　单**

<table>
<tr><td colspan="2">1. Shipper Insert Name，Address and Phone</td><td>B/L No.　3456789007</td></tr>
<tr><td colspan="2">CANADA TRADING CO.，LTD
NO. 123，MAIN ROAD，VANCOUVER，CANADA</td><td rowspan="3">中远集装箱运输有限公司
COSCO CONTAINER LINES
COSCO
TLX：33057 COSCO CN
FAX：＋86（021）6545 8984
ORIGINAL</td></tr>
<tr><td colspan="2">2. Consignee Insert Name，Address and Phone</td></tr>
<tr><td colspan="2">TO ORDER</td></tr>
<tr><td colspan="2">3. Notify Party Insert Name，Address and Phone
(It is agreed that no responsibility shall attsch to the Carrier or his agents for failure to notify)</td><td rowspan="9">Port-to-Port or Combined Transport
BILL OF LADING
RECEIVED in external apparent good order and condition except as other-Wise noted. The total number of packages or unites stuffed in the container，the description of the goods and the weights shown in this Bill of Lading are furnished by the Merchants，and which the carrier has no reasonable means of checking and is not a part of this Bill of Lading contract. The carrier has Issued the number of Bills of Lading stated below，all of this tenor and date，One of the original Bills of Lading must be surrendered and endorsed or signed against the delivery of the shipment and whereupon any other original Bills of Lading shall be void. The Merchants agree to be bound by the terms and conditions of this Bill of Lading as if each had personally signed this Bill of Lading.
SEE clause 4 on the back of this Bill of Lading (Terms continued on the back hereof，please read carefully).
* Applicable Only When Document Used as a Combined Transport Bill of Lading.</td></tr>
<tr><td colspan="2">TIANJIN BINHAI IMP&EXP CO. LTD.
NO. 600，
XUEYUAN ROAD，TIANJIN，CHINA</td></tr>
<tr><td>4. Combined Transport *</td><td>5. Combined Transport *</td></tr>
<tr><td>Pre-carriage by</td><td>Place of Receipt</td></tr>
<tr><td>6. Ocean Vessel Voy. No.</td><td>7. Port of Loading</td></tr>
<tr><td>BIN BO V. 991</td><td>VANCOUVER，CANADA</td></tr>
<tr><td>8. Port of Discharge
XINGANG，CHINA</td><td>9. Combined Transport *</td></tr>
<tr><td></td><td>Place of Delivery</td></tr>
</table>

Marks & Nos. Container / Seal No.	No. of Containers or Packages	Description of Goods (If Dangerous Goods，See Clause 20)	Gross Weight Kgs	Measurement
T. T. C XINGANG C//NO 1－250	250CARTONS 1X40'CONTAINER FCL－FCL	SELENIUM DRUM S151090 **FREIGHT COLLECT**	6250KGS	50M3
		Description of Contents for Shipper's Use Only (Not part of This B/L Contract)		

10. Total Number of containers and/or packages (in words)

续表

<table>
<tr><td colspan="2">Subject to Clause 7 Limitation</td><td colspan="5">TWO HUNDRED FIFITY CARTONS ONLY</td></tr>
<tr><td colspan="2">11. Freight & Charges</td><td>Revenue Tons</td><td>Rate</td><td>Per</td><td>Prepaid</td><td>Collect</td></tr>
<tr><td colspan="2"></td><td rowspan="3"></td><td rowspan="3"></td><td rowspan="3"></td><td rowspan="3"></td><td rowspan="3"></td></tr>
<tr><td colspan="2">Declared Value Charge</td></tr>
<tr><td colspan="2"></td></tr>
<tr><td>Ex. Rate:</td><td>Prepaid at</td><td colspan="2">Payable at</td><td colspan="3">Place and date of issue</td></tr>
<tr><td></td><td>VANCOUVER</td><td colspan="2"></td><td colspan="3">AUG. 30, 2011 VANCOUVER</td></tr>
<tr><td></td><td>Total Prepaid</td><td colspan="2">No. of Original B (s) /L</td><td colspan="3">Signed for the Carrier</td></tr>
<tr><td></td><td></td><td colspan="2">THREE (3)</td><td colspan="3">COSCO CONTAINER LINES AS CARRIER</td></tr>
<tr><td colspan="7">LADEN ON BOARD THE VESSEL</td></tr>
<tr><td>DATE</td><td></td><td>BY</td><td colspan="4"></td></tr>
</table>

样例 12-4　　　　**保险单**

PICC　中国人民保险公司　　分公司

The People's Insurance Company of China　　Branch

总公司设于北京　　　一九四九年创立

Head Office Beijing　　　Established in 1949

货物运输保险单

CARGO TRANSPORTATION INSURANCE POLICY

发票号（INVOICE NO.）CTL-CN063　　　　保单号次

合同号（CONTRACT NO.）TTC2009712　　　POLICY NO. NO. 09405986

信用证号（L/C NO.）

被保险人：

Insured:　　　CANADA　TRADING　CO.,　LTD

中国人民保险公司（以下简称本公司）根据被保险人的要求，由被保险人向本公司缴付约定的保险费，按照本保险单承保险别和背面所列条款与下列条款承保下述货物运输保险，特立本保险单。

THIS POLICY OF INSURANCE WITNESSES THAT THE PEOPLE'S INSURANCE COMPANY OF CHINA (HEREIN AFTER CALLED "THE COMPANY") AT THE REQUEST OF THE INSURED AND INCONSIDERATION OF THE AGREED PREMIUM PAID TO THE COMPANY BY THE INSURED, UNDERTAKES TO INSURED THE UNDERMENTIONED GOODS IN TRANSPORTATION SUBJECT TO THE CONDITIONS OF THIS POLICY AS PER THE CLAUSES PRINTED OVERLEAF AND OTHER SPECIAL CLAUSES ATTACHED HEREON.

标　记 MARKS & NOS.	包装及数量 QUANTITY	保险货物项目 DESCRIPTION OF GOODS	保险金额 AMOUNT INSURED
T. T. C XINGANG C//NO 1 - 250	250CARTONS 1000PCS	SELENIUM DRUM	USD90000

总保险金额：

TOTAL AMOUNT INSURED：US DOLLARS NINTY　THOUSAND ONLY

保费：　　　　　　　　起运日期　　　　　　　　　　　　　装载运输工具：

PREMIUM：AS ARRANGED DATE OF COMMENCEMENT AUG 30，2009 PER CONVEYANCE：BIN BO V. 991

自经至 FROM VANCOUVER，CANADA VIA ____________ TO XINGANG，CHINA

承保险别：

CONDITIONS：

COVERING ALL RISKS AND WAR RISK AS PER OCEAN MARINE CARGO CLAUSE OF PICC　DATED 1/1/1981.

所保货物，如发生保险单项下可能引起索赔的损失或损坏，应立即通知本公司下述代理人查勘。如有索赔，应向本公司提交保单正本（保险单共有一份正本）及有关文件。如一份正本已用于索赔，其余正本自动失效。

IN THE EVENT OF LOSS OR DAMAGE WHICH MAY RESULT IN A CLAIM UNDER THIS POLICY，IMMEDIATE NOTICE MUST BE GIVEN TO THE COMPANY'S AGENT AS MENTIONED HEREUNDER. CLAIMS，IF ANY，ONE OF THE ORIGINAL POICY WHICH HAS BEEN ISSUED IN　2　ORIGINAL TOGETHER WITH THE RELEVENT DOCUMENTS SHALL BE SURRENDERED TO THE COMPANY. IF ONE OF THE ORIGINAL POLICY HAS BEEN ACCOMPLISHED，THE OTHERS TO BE VIOD.

中国人民保险公司天津分公司

The People's Insurance Company of China Tianjin Branch

赔款偿付地点

CLAIM PAYABLE AT TIANJIN，CHINA

出单日期　　　　　　　　　　　　　　　　　　　　J. M. PARK

ISSUING DATE AUG. 28，2011　　　　　　　　　　Authorized Signature

地址：　　　　　　　　　　　　　　　　　　　　　电话（TEL）：

ADD：　　　　　　　　　　　　　　　　　　　　　传真（FAX）：

邮编（POST CODE）：

保单顺序号：PICC　NO. 02405986

样例 12-5 汇 票

<table>
<tr><td colspan="6">BILL OF EXCHANGE</td></tr>
<tr><td>No.</td><td colspan="3">CTL-CN063</td><td colspan="2"></td></tr>
<tr><td>For</td><td colspan="2">USD90000</td><td></td><td colspan="2">SEPT 8, 2011 VANCOUVER</td></tr>
<tr><td></td><td colspan="2">(amount in figure)</td><td></td><td colspan="2">(place and date of issue)</td></tr>
<tr><td>D/P At</td><td>30 DAYS AFTER</td><td colspan="4">sight of this FIRST Bill of exchange (SECOND being unpaid)</td></tr>
<tr><td>Pay To</td><td colspan="4">ROYAL BANK OF CANADA, VANCOUVER BRANCH</td><td>or order the sum of</td></tr>
<tr><td colspan="6">US DOLLARS NINTY THOUSAND ONLY</td></tr>
<tr><td colspan="6">(amount in words)</td></tr>
<tr><td>Value received for</td><td>500 CARTONS</td><td>of</td><td colspan="3">SELENIUM DRUM</td></tr>
<tr><td></td><td>(quantity)</td><td></td><td colspan="3">(name of commodity)</td></tr>
<tr><td>Drawn under</td><td colspan="5"></td></tr>
<tr><td>L/C No.</td><td colspan="2"></td><td colspan="2">dated</td><td></td></tr>
<tr><td>To:</td><td colspan="2">SHANGHAI PUDONG DEVELOPMENT, TIANJIN BRANCH BLOCK D BOHAI DEVELOPMENT CENTER, NO. 9 BINSHUI ROAD, HEXI DISTRICT, TIANJN</td><td colspan="3">For and on behalf of
CANADA TRADING CO., LTD
(Signature)
J. M. PARK</td></tr>
</table>

【任务操作】

【第二步】经审核，天津滨海进出口公司发现单据存在一些不符点，填写审单记录，并通知出口商即刻修改并替换单证。见样例 12-6。

样例 12-6 进口来单审单记录

<table>
<tr><td colspan="5">发票号
CTL—CN063</td><td colspan="5">船名/航班
BIN B V. 991</td><td colspan="3">提/运单号
3456789007</td></tr>
<tr><td colspan="10">进口商
TIANJIN BINHAI IMP&EXP CO., LTD.</td><td colspan="3">装运期
SEPT30. 2011</td></tr>
<tr><td colspan="5">付款方式
D/P AT 30DAYS SIGHT</td><td colspan="5">金额
USD90 000.00</td><td colspan="3">交单期</td></tr>
<tr><td>单据名称</td><td>汇票</td><td>发票</td><td>保险单</td><td>产地证</td><td>检验证</td><td>GSP产地证</td><td>海关发票</td><td>船行证明</td><td>受益人证明</td><td>提单</td><td>提单副本</td><td>其他</td></tr>
</table>

续　表

单据份数	2	3	3	2						3		

存在问题及处理意见	
	发票： 金额的大写叙述拼写不正确，九十大写是 NINETY，而不是 NINTY
	提单： 运费应该是已付，而不是到付，因为是 CIF 贸易术语
	保险单： 保险金额漏加一成，金额的大小写不正确
	汇票： 付款人应该是进口商，而不是银行，托收属于商业信用
其他应注意事项	

单证员	审单员	银行复审	付汇日期

【任务操作】

【第三步】经再次审核，天津滨海进出口公司确认 CANADA TRADING CO., LTD 所提交的进口单据无误，在 2011 年 9 月 30 日予以承兑。2010 年 10 月 30 日汇票到期，天津滨海进出口公司填写购汇申请书购买外汇，办理进口付汇即对外付款手续，填写对外付款/承兑通知书，随后取得全套货物单据。见样例 12－7 至样例 12－9。

样例 12－7　　**承兑汇票**

BILL OF EXCHANGE			
No.	CTL-CN063		
For	USD90000		SEPT 8，2011 VANCOUVER
	(amount in figure)		(place and date of issue)
D/P　At	30 DAYS AFTER	sight of this FIRST Bill of exchange (SECOND being unpaid)	
Pay To	ROYAL BANK OF CANADA，VANCOUVER BRANCH		or order the sum of
US DOLLARS NINTY THOUSAND ONLY			
	(amount in words)		
Value received for	500 CARTONS	of	SELENIUM DRUM
	(quantity)		(name of commodity)
Drawn under			
L/C No.		dated	

续 表

To:	TIANJIN BINHAI IMP&EXP CO., LTD. NO. 600, XUEYUAN ROAD, TIANJIN, CHINA	For and on behalf of CANADA TRADING CO., LTD (Signature) J. M. PARK

样例 12-8 购汇申请书

购买外汇申请书

<table>
<tr><td colspan="6">中国银行：
我公司现按国家外汇管理局有关规定向贵行提出购汇申请，并随附有关单证，请审核并按实际转账日牌价办理售汇</td></tr>
<tr><td>单位名称</td><td colspan="2">天津滨海进出口公司</td><td>人民币账号</td><td colspan="2">095013658101500</td></tr>
<tr><td>购汇金额
（大小写）</td><td>USD90000.00</td><td>当日
汇率</td><td>（不写）</td><td>折合人民币
（大小写）</td><td>（不写）</td></tr>
<tr><td>购汇支付方式</td><td colspan="5">□支票 □银行汇票 □银行本票 ☑扣账 □其他</td></tr>
<tr><td>购汇用途</td><td colspan="5">☑进口商品 □从属费用 □索赔退款 □还贷 □其他</td></tr>
<tr><td>对外结算方式</td><td colspan="5">□信用证 ☑代收 □汇款 （□货到付款 □预付货款）</td></tr>
<tr><td rowspan="4">业务参考</td><td>商品名称</td><td colspan="2">SELENIUM DRUM</td><td>数量</td><td>250CARTONS</td></tr>
<tr><td>合同号</td><td colspan="2">TTC2009712</td><td>发票号</td><td>CTL-CN063</td></tr>
<tr><td>合同金额</td><td colspan="2">USD90000.00</td><td>发票金额</td><td>USD90000.00</td></tr>
<tr><td>核销单号</td><td colspan="2">5237411809</td><td>信用证号</td><td></td></tr>
<tr><td>进口商品类型</td><td colspan="5">□一般进口商品
☑控制进口商品，批文随附如下：
□进口证明 ☑许可证 □登记证明 □其他批文
批文号码：B2-20090031 批文有效有效期：2011 年 6 月 25 日</td></tr>
<tr><td>附件</td><td colspan="5">□售汇通知单 ☑进口付汇核销单 □正本报关单
☑合同/协议 ☑发票 □正本运单
□保险费收据 □运费单/收据 □佣金单
□付款委托书 □开证申请书 □其他</td></tr>
<tr><td colspan="6">申请单位：天津滨海进出口公司

联系人：赵杰 电话：022-85665679 2011 年 10 月 20 日</td></tr>
<tr><td colspan="6">银行审核意见：

经办人： 复核人： 审批：

年 月 日</td></tr>
</table>

样例 12-9 　　**对外付款/承兑通知书**

银行业务编号： 　　日期：2011-09-20

结算方式	□信用证 □保函 ☑托收 □其他	信用证/保函编号	
来单币种及金额	USD90000.00	开证日期	
索汇币种金额	USD90000.00	期限 即期 到期日	2011-10-30
来单行名称	BANK OF CHINA，TIANJIN BRANCH	来单行编号	
收款人名称	CANADA TRADING CO.，LTD		
收款行名称及地址	ROYAL BANK OF CANADA，VANCOUVER BRANCH 4639 ORKNEY BENCH RD，ORILLIA ON.. L3VGH7.		
付款人名称	TIFERT TRADING COMPNY LTD.		
☑对公 组织机构代码 7825879-1		□对私	□个人身份证号码
扣费币种及金额			□中国居民个人 □中国非居民个人
合同号	TTC2009712	发票号	CTL-CN063
提运单号	3456789007	合同金额	USD9000.00
银行附言（各银行可根据本行业务要求规定其内容及格式）			
申报号码	333311 111122 192345 G098	实际付款币种及金额	USD90000.00
付款编号	2222T123456578	若为购汇支出、购汇汇率	
收款人常驻国家名称及代码	加拿大 124	是否为进口核销项下付款	☑是 □否
是否为预付款	□是 ☑否	最迟装运期 090930	外汇局批件/备案表号
付汇币种及金额	USD90000.00	金额大写	玖万美元整
其中 购汇金额		账号	
其中 现汇金额		账号	
其中 其他金额		账号	
交易编码	204210	相应币种及金额 USD90000.00	交易附言
□同意即期付款 ☑同意承兑并到期付款 □申请拒付 联系人及电话 赵杰 022-85665679 申报日期 2011-09-30	付款人印鉴（银行预留印鉴） 天津滨海进出口公司	银行业务章 经办 复核 负责人	

任务讨论

办理托收业务的进口手续时需注意哪些问题？如何办理进口付汇手续？

拓展阅读

表 12－1　　单据常见差错

单据种类	常见差错
商业发票 Commercial Invoice	①发票名称与信用证规定不符 ②发票的抬头人与信用证要求不符 ③发票上起运港或目的港与提单不一致 ④发票的货描与信用证的货描不符或拼写错误 ⑤发票中的数量、单价和金额没有如实反映所装运的货物 ⑥发票上的金额超过信用证规定的金额或不在允许增减的机动幅度内 ⑦对佣金和折扣的处理不符合信用证的规定 ⑧发票上遗漏信用证要求表明和证明的内容，或缮制发票时机械照搬信用证中的证明词，没有作相应的变更
包装单据 Packing List	①装箱单据的名称不符合信用证规定 ②装箱单据的各项内容与发票、提单内容不符 ③装箱单据中误现单价和总金额，泄露了进口商的底价 ④装箱单的日期填写不合理 ⑤装箱单的内容与货物实际包装内容不完全相符 ⑥装箱单据的具体缮制要求不符合信用证规定
商检证书 Inspection Certificate	①检验证书的种类不符合信用证要求 ②检验证书的出证机构不符合信用证要求 ③检验证书的商品名称、数量与发票、提单等其他单据不符 ④唛头与信用证或其他单据不符 ⑤检验结果有瑕疵者不符合信用证或合同规定的要求 ⑥检验日期晚于提单日期，鲜活、易腐易烂商品检验过早 ⑦漏授权人签署或漏检验部门签章 ⑧附页漏盖骑缝章 ⑨证书更改处漏“更改章”及授权人签字
原产地证书 Certificate of Origin	①产地证的出证机构不符合信用证要求 ②产地证出口商不符合信用证要求 ③产地证收货人不符合信用证要求 ④原产地标准引用不正确 ⑤原产地证上的日期顺序不合理 ⑥产地证中货物件数的大小写不符 ⑦产地证中货物描述太笼统，导致在海关编码中找不到对应的编码 ⑧遗漏信用证中对产地证的其他要求

续　表

单据种类	常见差错
海运提单 Ocean Bill of Lading	①运输单据提交的种类与信用证要求不符 ②运输单据正本的份数与信用证证要求不符或漏填运输单据正本的份数 ③运费支付批注不规范或漏注 ④收妥待运海运提单漏装船批注或批注内容不完整 ⑤提单上记载的包装件数与信用证或其他单据不符 ⑥提单上包装件数大小写不一致或漏填大写 ⑦提单没有按照信用证要求正确背书或遗漏背书 ⑧提单日或装船日超过信用证规定的装运期 ⑨托运人与信用证规定不符 ⑩收货人与信用证规定不符 ⑪被通知人与信用证规定不符或填写不完整 ⑫正本提单漏注签发日期和签发地点
保险单 Insurance Policy	①保险单据的种类与信用证要求不符 ②保险单抬头人填写有误 ③保险金额不符合信用证规定 ④保险金额大小写不一致或大写金额不正确 ⑤保险金额所使用货币与信用证金额所使用货币不一致 ⑥保险单的投保险别与信用证规定险别不符或有遗漏 ⑦保险单上的船名与发票或提单上的船名不相符 ⑧保险单的出单日期晚于提单日期 ⑨漏注赔付地点或赔付货币 ⑩遗漏背书或背书错误
其他单据 Other Documents	①单据的名称与信用证要求不符 ②单据的内容不详尽 ③单据的出单日期不符合信用证或惯例规定 ④证明文句的内容照抄信用证原句 ⑤遗漏签署
汇票 Bill of Exchange	①汇票的金额与发票或信用证规定不符 ②汇票上金额大小写不一致或大写金额填写不正确、不规范 ③汇票上货币币别与信用证上货币币别不相符 ④汇票上付款期限不符合信用证或合同规定或即期、远期的填写不规范 ⑤汇票漏出票人签汇票 ⑥汇票的出票条款内容与信用证不符 ⑦汇票的付款人与信用证规定不符 ⑧汇票提交的份数不正确

任务二　进口商开立信用证

美国李斯特贸易公司和北方贸易公司在合同中约定采用信用证支付方式。在合同

规定的开证时间内，美国李斯特贸易公司通过美国纽约花旗银行向北方贸易公司开出不可撤销即期跟单信用证。对此，需要先向银行填写开证申请书，银行根据开证申请书的内容，开立正式的信用证，并通过通知行中国银行北京分行转给北方贸易公司。由于该公司在纽约花旗银行有较好的信用，每次开证时只需缴纳 30%的保证金。所以李斯特贸易公司的开证手续办得非常顺利。

知识引导

一、信用证的开立申请

当进出口双方在贸易合同中确立以信用证为结算方式后，进口商必须在规定的开证时间内向当地的银行申请开立信用证，填写开证申请书。这样，进口商即成为开证申请人，开证申请书就是银行开具信用证的依据，也是银行与进口商之间的契约。

申请开立信用证的手续：

1. 递交有关合同的副本及附件

进口商向银行申请开证时，需向银行递交进口合同的副本以及所需附件，如进口许可证、进口配额证、某些审批文件等。

2. 填写开证申请书

进口商根据银行规定的统一开证申请书格式填写，一式三份。填写开证申请，必须按合同条款的具体规定写明信用证的各项要求，内容要明确、完整。

3. 缴纳保证金

按照国际贸易的习惯做法，进口商向银行申请开立信用证，应向银行缴付一定比例的保证金，其金额的百分之几到百分之几十，一般根据进口商的资信情况而定。

二、信用证的开立形式

信用证主要通过信开本形式和电开本形式开立。

（一）信开本（Mail Credit）

信开本是指开证行通过采用印就的信函格式信用证，开证后以航空邮寄送通知行。目前，通过这种形式开立的信用证已经很少。

（二）电开本（Cable Credit）

电开本是指开证行使用电报、电传、SWIFT 等各种电讯方法将信用证条款传达给通知行。电开本信用证分为以下几种：

（1）简电本（Brief Cable）。即开证行只是通知已经开证，将信用证主要内容，如信用证号码，受益人名称、地址，开证人名称、金额，货物名称、数量、价格、装运期以及信用证有效期等预先通告通知行，详细条款将另外航寄通知行。值得注意的是，简电本信用证不具有法律效力，不足以作为交单议付的依据。简电本有时注明“详情

后告”(Full Details to Follow)等类似词语。

(2)全电本(Full Cable)。开证行以电讯方式开证,把信用证全部条款传达给通知行。全电本信用证是一个内容完整的信用证,可以作为交单议付的依据。

【资料卡】

信用证密押(Test Key)是两家银行事先约定的专用代码,由代表月份、日期、金额、货币、次数等的一系列数字组合而成,属机密性极强的数字,一般由可靠人员管理。密押可以经过双方约定共同使用,也可由双方银行互换密押。许多银行为确保安全,数年更换一次密押。印鉴包括手签(Signature)和印章(Stamp),代理银行间往往互相留有不同权力等级的有权签字人的签字样本(Booklet of Authorized Signature),当文件上的签字与签字样本相符即可判定文件的真实性。

通知行经核验,若印鉴或签字相符,密押正确,可分别在信用证上加盖“印符”“押符”戳记,并由检验人员签名或盖印。如果通知行与开证行无地理关系,可通过当地与开证行有代理关系的银行验印、押,或将不能核实该证表面真实性的事实通知受益人和开证行。

【任务操作】

【第四步】以下是李斯特贸易公司交齐所有手续,向纽约花旗银行填写的开证申请书。

样例 12-10　IRREVOCABLE DOCUMENTARY CREDIT APPLICATION

(Please mark × in appropriate boxes)

(1) TO: CITY BANK NEW YORK　　(2) Date: OCT. 8, 2011

(3) Credit to be issued by ☒Full Teletransmission ☐Airmail ☐With A Preliminary Advice by Teletransmission	Irrevocable Documentary Credit No. (4) Date and Place of Expiry Date: DEC 20, 2011 Place: AMERICA
(5) Advising Bank BANK OF CHINA TIANJIN BREACH	(6) Beneficiary (Name and Address) NORTHERN TRADING Co. NO. 53, BINHAI ROAD, TIANJIN, CHINA
(7) Applicant (Name and Address) LESTER TRADING COMPANY LTD. NO. 18 JALAN STREET, NEW YORK, USA	(8) Currency Code and Amount In Figures USD12500.00 In Words SAY US DOLLARS TWEEN THOUSAND FIVE HUNDRED ONLY

续 表

<table>
<tr><td>(9) Partial Shipments
☐allowed ☒not allowed</td><td>Transshipment
☐allowe ☒not allowed</td><td colspan="2" rowspan="2">(11) Credit available with
☒any bank ☐Issuing Bank
☐by sight payment☐by acceptance ☒by negotiation ☐by deferred payment
Against presentation of the documents detailed herein and ☒beneficiary's draft for 100% of invoice value
At ☒sight ☐days sight ☐days after date of shipment drawn on ☒ Issuing Bank</td></tr>
<tr><td colspan="2">(10) Loading on board/dispatch/taking in charge at /from TIANJIN, CHINA
For transportation to NEW YORK, USA
Latest Date of Shipment NOV 26, 2011</td></tr>
<tr><td colspan="2">(12) Trade Term:
☐FOB ☐CFR ☒CIF
☐other term (please specify):</td><td>(13) Form of L/C
☐Transferable
☒Not Transferable</td><td>(14) Confirmation
☐Confirm
☒ Without</td></tr>
<tr><td colspan="4">(15) Documents Required: (marked with ×)
①☒Signed Commercial Invoice in 3 originals and 3 copies indicating L/C No. and Contract No.
②☒Full set ☐2/3 set (including 3 originals and 3 non-negotiable copies) of clean on board ocean Bills of Lading made out to order and blank endorsed, marked Freight ☐Collect ☒Prepaid, ☒ notifying Applicant with full name and address
③☐Airway Bill consigned to ☐Applicant☐Issuing Bank and notify☐Applicant ☐Issuing Bank, marked Freight ☐Collect ☐Prepaid and indicating actual flight date
④☐Railway Bill showing Freight☐Collect☐Prepaid and consigned to
⑤☒Full set (including ______ originals and ______ copies) of Insurance Policy/Certificate for at least 115% of the invoice value showing claims payable in China in currency of the draft, blank endorsed, covering ☐ocean marine transportation☐air transportation ☐overland transportation all risks, war risks and ______
⑥☒Packing List/Weight Memo in 3 originals and 3 copies indicating ______
⑦☐Certificate of Quantity in ______ originals and ______ copies issued by ______ indicating ______
⑧☐Certificate of Origin in ______ originals and ______ copies issued by ______
⑨☐Certificate of Quality in ______ originals and ______ copies issued by beneficiary indicating ______
⑩☐Beneficiary's Certified Copy of Fax /E-mail dispatched to the applicant within ______ hours after shipment advising name of vessel /flight No. /wagon No., B/L No., loading port /airport of departure, date of shipment, contract No., L/C No., commodity, quantity, weight and value of shipment
⑪☐Beneficiary's Certificate certifying that extra copies of all documents required in this Credit have been sent to the Applicant within ______ days after shipment
⑫☐Other documents:</td></tr>
<tr><td colspan="4">(16) Description of the goods:
COMMODITY: LADIES PANTS
QUANTITY: 500 PIARS
UNIT PRICE: USD 25 PERPAIR CIF NEW YORK TOTAL AMOUNT: USD12500.00
CONTRACT NO. NTR110937
PACKING: IN CARTONS</td></tr>
</table>

续　表

<table>
<tr><td colspan="2">(17) Additional Conditions
① ☒All Banking charges and interest, if any, outside Issuing Bank and our reimbursement charge are for account of the Beneficiary
② ☒Documents to be presented within __5__ days after the date of shipment but within the validity of the Credit
③ ☐Third party as shipper/consignor in transport documents not acceptable
④ ☒Short form/blank back B/L not acceptable
⑤ ☒Both quantity and amount __10__ % more or less are allowed
⑥ ☒All documents should be forwarded to the Issuing Bank in one lot by courier
⑦ ☒All documents must be issued in English
⑧ ☐Other terms:</td></tr>
<tr><td>(18) Signature and Seal of the Applicant

Contact Person: John Smith

Tel. No.　　　　Fax No.</td><td>(19) For bank user only</td></tr>
</table>

美国李斯特贸易公司在开证行纽约花旗银行申请开立信用证后，通过中国银行北京分行通知北方贸易公司。北方贸易公司在审核信用证后发现存在一些不妥之处，并及时与美国李斯特公司进行沟通，最终由李斯特公司向开证行办理了改证，以确保后续业务环节顺利进行。

任务讨论

1. 美国李斯特贸易公司在向花旗银行申请开立信用证时，应做好哪些准备工作？
2. 美国李斯特贸易公司应完成那些信用证开立的程序？

案例

某民营企业通过进出口公司与国外某公司签订了出口化工产品的合同，合同总金额为100万美元，外方要求我方必须先支付10万美元的履约保证金，方能开立信用证。我方为利润所诱，出口心切，给外方指定的账户汇付了10万美元。不久，对方开出信用证，条款规定：“以FOB计价，由开证申请人指定船公司，指定检验，由开证申请人在装运口岸验货，出具质量检验证书，并经开证行在证明书上签字。”一个月后，我方公司的货物运抵装运口岸，通知外方公司派人检验并派船装货，但外方一再借故拖延时间，致使信用证逾期。无奈之下，我方只好终止合同，但20万美元的履约保证金却打了水漂，直接经济损失达15万美元以上。你如何看待此案？

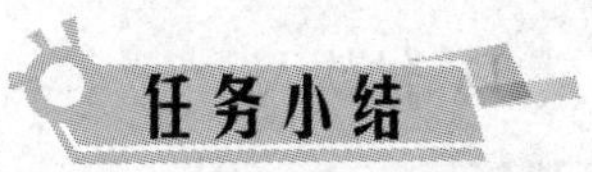

任务小结

在托收项下，卖方委托银行以向买方交单为条件，向买方收取货款或取得付款承诺。托收项下的进口单据，银行只是转交，没有审单的义务，所以买方在接到代收行转来的单据复印件后，应该谨慎地审核单据以决定是否接受单据并对外付款或承兑。

付款交单（D/P）可以分为即期付款交单（D/P AT SIGHT）和远期付款交单（D/P AFTER SIGHT）两种；承兑交单（D/A）中，买方承兑后，银行即向买方交付全套进口货物单据。托收项下，CIF 贸易术语的进口合同买方的主要业务流程包括：签订进口合同、办理相关证件、租船订舱、办理保险、付款赎单、报检报关、进口核销等。

如果在合同中双方约定采用信用证结算方式，进口商应及时向开证行申请开立信用证。进口商需要注意在开证申请书中不能加列与买卖合同不符的内容，否则极有可能造成交货困难。所需单据的名称、份数以及传递方法等，均应本着既完整、明确、又简单、适用的原则，不要把与信用证无关的内容和买卖合同中过多的细节写入开证申请书，更不能将含糊不清、模棱两可、可弹性解释的或容易产生歧义的内容写入申请书。开证行审核无误后，开出信用证，通知通知行，传递给出口商。

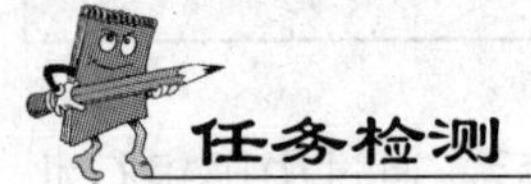

任务检测

一、单项选择题

1. 买卖双方以 D/P. T/R 条件签订合同，货到目的地后，买方凭 T/R 向代收行借单提货，事后收不回货款（　　）。

A. 代收行应负责向卖方偿付　　B. 由卖方自行负担

C. 由卖方与代收行协商共同负担　　D. 托收行应负责向卖方偿付

2. 在一笔出口业务中，付款方式采用信用证和 D/P 即期各半，为收汇安全，应在合同中规定（　　）。

A. 开两张汇票，各随附一套等价的货运单价

B. 开两张汇票，信用证下采用光票，托收下使用跟单汇票

C. 开两张汇票，信用证下采用跟单汇票，托收下使用光票

D. 开一张汇票，随附在托收项下

3. 托收方式下的 D/P 和 D/A 主要区别（　　）。

A. D/P 属于跟单托收，D/A 属于光票托收

B. D/P 是付款后交单，D/A 是承兑交单

C. D/P 属于即期付款，D/A 属于远期付款

D. D/P 是银行信用，D/A 是商业信用

4. 在托收结算方式下，一旦贷款被买方拒付，在进口地承担货物的提货、报关、存仓转售等责任的当事人是（　　）。

A. 委托人　　B. 托收银行　　C. 代收银行　　D. 付款人

5. 承兑交单方式下开立的汇票是（　　）。

A. 即期汇票　　B. 远期汇票　　C. 银行汇票　　D. 银行承兑汇票

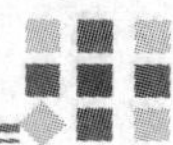

6. 在合同规定的有效期，（　　）负有开立信用证的义务。

A. 卖方　　B. 买方　　C. 开证行　　D. 议付行

7. 关于信用证的有效期，除特殊规定外，银行将拒绝接受迟于运输单据出单日期（　　）天后提交的单据。

A. 20　　B. 25　　C. 30　　D. 21

8. 根据 UCP600 规定，开证申请人必须向开证行偿付，除非能够证明（　　）。

A. 货物是有缺陷的　　B. 货物不符合销售合同

C. 收到的单据无法使货物清关　　D. 收到的单据与信用证条款不符

二、多项选择题

1. 开立信用证的形式主要有（　　）。

A. 电开本　　B. 信函　　C. 信开本　　D. 简电本

2. 根据 UCP600 规定，信用证方式下要使开证行履行付款义务，受益人必须（　　）。

A. 履行了合同的规定　　B. 履行了信用证的要求

C. 提交了符合信用证规定的单据　　D. 按合同规定履行了信用证的内容

3. 根据 UCP600 规定，关于通知行责任的叙述正确的是（　　）。

A. 决定通知时要核验信用证的表面真实性

B. 决定不通知时必须告知开证行以免误码率事

C. 对内容不全，条款不清的信用证或修改书，可以预先通知受益人仅供参考而不承担责任

D. 如果开证行授权通知行对信用证加具保兑，通知行必须根据开证行指示事

4. 对于信用证与合同关系的表述正确的是（　　）。

A. 信用证的开立以买卖合同为依据

B. 信用证的履行不受买卖合同的约束

C. 有关银行只根据信用证的规定办理信用证业务

D. 合同是审核信用证的依据

5. 根据 UCP600 规定，有信用证业务银行的免责范围有（　　）。

A. 对单据的真伪不负责任

B. 对单据表面相符不负责任

C. 对文电传递中的事故不负责任

D. 对于灾人祸等不可抗力造成信用证业务不能正常进行不负责任

三、简答题

1. D/Pat 60 Days After Sight 和 D/A At60 Days After Sight 有何区别？各有何风险？

2. 信用证和托收都是通过银行办理货款的收付，为什么这两种方式的性质不同？

3. 办理开立信用证的程序主要包括什么？

四、技能实训

【资料】

佛山市南亮玻璃有限公司与加拿大温哥华贸易公司签订了一份玻璃购货合同，采用即期跟单信用证付款，中方于2011年7月2日前往中国银行广州分行办理开立信用证业务，请根据合同及补充信息填制开证申请书中部分内容。

合同资料：

买方：佛山市南亮玻璃有限公司佛山市胜利路25号 TEL：0757—7623673

卖方：VANCOUVER TRADING CO．，LTD.

NO. 100 FLOWER STREET，VANCOUVER，CANADA

TEL：03—3333—2053　FAX：03—3333—2759

品名：玻璃

单价：每标箱60美元CIF广州

数量：100标箱

总价：6000美元

装运时间：2011年9月31日前，不准分批装运和转运

装运港：加拿大温哥华

目的港：中国广州

开证方式：电开

支付：不可撤销即期跟单信用证

保险：按发票金额加一成投保一切险和战争险

单据条款：商业发票一式五份，注明合同号/信用证号

装箱单一式四份

全套清洁已装船正本提单，做成空白抬头、空白背书，并注明运费预付

检疫检验机构出具的品质检验证书一份

保险单正本一式两份，空白背书

合同号：HTD3571　合同日期：2011年4月20日

开户行及账号：中国银行6721945311

申请时间为2011年7月2日

【要求】根据以上信息，填制下面的开证申请书。

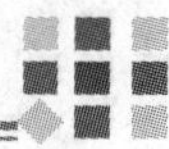

样例 12－11　IRREVOCABLE DOCUMENTARY CREDIT APPLICATION

<table>
<tr><td colspan="3">**To**：BANK OF CHINA</td><td>**Date**：</td></tr>
<tr><td colspan="3">□Issue by airmail　□With brief advice by teletransmission
□Issue by express delivery
XIssue by teletransmission (which shall be the operative instrument)</td><td>Credit No.

Date and place of expiry</td></tr>
<tr><td colspan="3">Applicant</td><td>Beneficiary (Full name and address)</td></tr>
<tr><td colspan="3">Advising Bank</td><td>Amount</td></tr>
<tr><td>Partial shipments
□allowed　□not allowed</td><td colspan="2">Transhipment
□allowed　□not allowed</td><td rowspan="3">Credit available with
ANY BANK IN CANADA
By
□sight payment　　□acceptance
X negotiation
□deferred payment at
against the documents detailed herein
□and beneficiary's draft (s) for 100% of invoice value
at ________ sight
drawn on US</td></tr>
<tr><td colspan="3">Loading on board/dispatch/taking in charge at/from

not later than
For transportation to：</td></tr>
<tr><td colspan="3">□FOB　□CFR　XCIF
□or other terms</td></tr>
<tr><td colspan="4">Documents required：(marked with ×)
1. (×) Signed commercial invoice in __5__ copies indicating L/C No. and Contract No.
2. (×) Full set of clean on board Bills of Lading made out to order and blank endorsed, marked "freight [ ] to collect / [X] prepaid [ ] showing freight amount" notifying APPLICANT.
( ) Airway bills/cargo receipt/copy of railway bills issued by ________________ showing "freight [ ] to collect/ [ ] prepaid [ ] indicating freight amount" and consigned to ________________.
3. (×) Insurance Policy/Certificate in __________ copies for __________% of the invoice value showing claims payable in ________________ in currency of the draft, blank endorsed, covering All Risks, War Risks and ________________.
4. (×) Packing List/Weight Memo in __4__ copies indicating quantity, gross and weights of each package.
5. ( ) Certificate of Quantity/Weight in ________ copies issued by ____________.
6. (×) Certificate of Quality in __ONE__ copies issued by [ ] manufacturer/ [×] public recognized surveyor ________________.
7. ( ) Certificate of Origin in ________ copies.
8. ( ) Beneficiary's certified copy of fax / telex dispatched to the applicant within ________ days after shipment advising L/C No., nameof vessel, date of shipment, name, quantity, weight and value of goods.
Other documents, if any
Description of goods：
Additional instructions：
1. (×) All banking charges outside the opening bank are for beneficiary's account.
2. (×) Documents must be presented within __15__ days after date of issuance of the transport documents but within the validity of this credit.
3. ( ) All documents must be sent to issuing bank by courier/speed post in one lot.
( ) Other terms, if any.</td></tr>
</table>

拓展阅读

知名大银行开立信用证更加有保证

信用证的原理就是"银行做中间担保人"，那么首先这个担保人就要可靠。与国内银行不同，国外的银行很多都是私营的，规模有大有小，其信用度自然良莠不齐。有一夜间倒闭关门的，与客户（信用证申请人）勾结、设圈套坑害出口商的也不乏其例。而知名大银行因为历史悠久、讲究信誉，在信用证操作上基本能做到公平合理，对买卖双方的服务也比较周到。一般说来，欧美等发达国家的银行信誉较好，因为欧美国家市场经济体制健全，金融监管也相对较为完善。在网上不难查找到世界排名前100位的银行名称，可以直接以银行名称为关键字在Google中进行搜索，看看客户的开证行是否在名单之列。另外查证银行信誉还有一个小技巧，比如根据开证行所在国家地区去查阅中国驻该国的大使馆官方网站。网站上偶尔会介绍该国主要银行（大多数在经济商务参赞处网页或当地经济概况栏目）。不过东南亚、非洲、南美洲等地区的客商，有时确实无法经由知名银行开立信用证的，为促进交易，也能接受杂牌小银行的信用证，条件是"经保兑（confirmed)"，加了保兑的信用证，就有了第三方的保证。

项目十三　进口货物的报检、报关和接货操作

【知识目标】

1. 了解进口商品检验的主要方式；
2. 熟悉进口商品检验的签证和放行程序；
3. 掌握进口报关申报的期限和地点；
4. 掌握进口报关申报所需的单证。

【能力目标】

1. 能够完成进口货物的报检和报关作业；
2. 能够准确计算滞报金；
3. 能够做好接货准备，成功提取货物。

任务情境

天津滨海进出口公司在付款后取得全套进口货物单据，缮制相关单据，办理报检、报关、提货等相关手续。

任务一　办理进口报检

知识引导

进口商品检验是维护国家安全，保护人类和动植物生命健康，保护环境，防止欺诈行为的重要措施，也是国家主权的体现，对保护我国对外贸易顺利进行和持续发展具有重要作用。

一、进口商品的检验方式

（一）进口商品的自验

进口商品的收货人或其代理人，按照《中华人民共和国进出口商品检验法》的规定，向检验检疫机构报验列入《检验检疫商品目录》内的进口商品和其他法律法规规定，须经检验检疫机构检验的进口商品和对外贸易合同中指明凭检验检疫机构检验的品质、重量检验结果进行结算的进口商品，由检验检疫机构自行派人执行抽样检验或鉴定，并出具检验证单，称为商检自验。进口商品经检验检疫机构检验、鉴定后，对符合合同、标准及有关法律法规规定的安全、卫生、健康、环境保护、防止欺诈等要求以及相关的品质、数量、重量等技术条件的，签发《入境货物检验检疫合格证明》；如果进口商品经检验检疫机构检验、鉴定后，不符合合同、标准规定的，签发检验检疫证书，由对外贸易关系人在索赔有效期内，向责任方提出索赔；对于外贸合同规定凭检验检疫证书结算的进口商品，经检验检疫机构检验后，出具检验检疫证书供买卖双方结算货款用。

（二）进口商品的共同检验

检验检疫机构受理对外贸易关系人提出的对进口商品进行安全、卫生、健康、环境保护、防止欺诈等要求以及相关的品质、数量、重量、残损等项目的检验或鉴定申请后，检验检疫机构确定与有关单位各派检验人员共同执行检验，或者由检验检疫机构指定有关单位承担进口商品的部分项目检验、鉴定，检验检疫机构承担抽样和其余部分项目的检验、鉴定，共同完成该批商品的全部项目检验、鉴定，由检验检疫机构确认有关单位的检验结果，汇总对外出具检验检疫证单，称为共同检验。对进口商品执行共同检验，不论有关单位承担检验项目多少，进口商品的收货人或其代理人都要按规定向检验检疫机构办理正式的报验手续，并提交有关单证、资料。进行共同检验时，必须严格按照合同、标准规定，对检验中出现的问题由检验检疫机构按照规定解决，作出最后结论。

如果有关单位不能按合同、标准和检验检疫机构的规定要求进行检验、鉴定，检验检疫机构可视情况，将共同检验改为商检自验。

（三）装运前检验

国际贸易中通常称装运前检验为（PSI），是国际贸易中经常采用的一种检验方式，主要是指按照各进口国或进口商的要求，由第三方检验机构对进口商品在出口国进行发运前的检验，以保证进口商品的品质、数量、包装等符合进口国规定和合同要求。我国一般对重要的进口商品和大型的成套设备，订货公司在签订合同时，应约定在该合同项下的商品或设备的生产、制造国进行监造或者在装运前进行预检验、监装。收货人应该依据外贸合同的约定，组织实施装运前的预检验、监造或监装。检验检疫机构将根据需要和对外贸易关系人的申请派出技术人员参加这项工作。检验检疫机构派检验人员参与装运前预检验，但这种检验不能代替买卖双方对商品进口后按合同规定所进行的最终检验和验收，也不能免除卖方按合同规定和国际贸易惯例所应承担的风险，买方仍保有对外索赔的权利。

根据合同规定对进口商品实施装运前的预先检验、监造或监装，有以下好处：

（1）可以防止质量低劣和不合格的商品进口，是一种对商品质量把关的积极做法；

（2）装运前预先进行检验、监造，可以将商品可能出现的一些问题，在商品的生产国得到解决，可以避免经济损失，保障人民的身体健康和安全。

除了上述装运前检验的一般规定外，根据我国商检法及商检法实施条例的规定，国家对进口可用做原料的固体废物，以及对于价值较高、涉及人身财产安全、健康、环保项目的高风险进口旧机电产品实行装运前检验制度。进口时，收货人或其代理人应当提供出入境检验检疫机构或者经国家质检总局指定的检验机构出具的装运前检验证书，口岸检验检疫机构凭此证书和相关证明方可受理其报检。

二、进口商品的督促验收

进口商品在口岸卸货后，口岸检验检疫机构将《入境货物到货通知单》（流向单），及时寄送给到货地的检验检疫机构。到货地的检验检疫机构接到“流向单”后，即通过发通知、电话、电报或派人等方式督促收货部门及时按规定报验。

《检验检疫商品目录》以外的进口商品到货后，收用货部门持货运单据到当地检验检疫机构办理申报，经检验检疫机构审核编号登记备案，由收用货部门在索赔有效期内组织检验，并将检验结果报告给检验检疫机构，检验检疫机构凭收用货部门验收报告销案；当收用货部门检验后发现商品品质、规格与合同规定不符，重量、数量短少，以及商品有残、损、渍、毁等情况，需要向国外提出索赔的，对外贸易关系人应及时申请检验检疫机构复验出证，向责任方提出索赔。

三、进口商品的签证与放行

法律、行政法规、规章或国际公约规定必须经检验检疫机构检验检疫的入境货物，检验检疫机构接受报检后，先签发《入境货物通关单》，海关据此验放货物后，经检验检疫机构检验检疫合格的，再签发《入境货物检验检疫证明》等合格证单，不合格的对外签发检验检疫证书，供有关方面对外索赔。需异地实施检验检疫的，口岸检验检疫机构办理异地检验检疫手续。主要包括：

（一）入境货物通关单

《入境货物通关单》是出入境检验检疫机构受理报检或者实施检验后，依法签发的供海关验放货物的法律文书。《入境货物通关单》的主要作用是：证明出入境检验检疫机构已经受理所载明商品报检；为海关验放货物提供凭证；对需要实施异地检验的进口商品，告知收货人向目的地出入境检验检疫机构申请检验，并通知目的地出入境检验检疫机构实施检验。因此，虽然进口商品报检后，出入境检验检疫机构已签发了《入境货物通关单》且海关已放行入境，但并不意味着已检验完毕，进口商品仍处于检验过程和监督管理之下，收货人或者其代理人仍然应当配合出入境检验检疫机构实施检验接受管理。

（二）检验检疫证书

适用于经检验不符合要求的入境货物和报检人要求或交接、结汇、结算需要的入境货物。

（三）其他证书、凭单及证单

如《入境货物检验检疫情况通知单梓》，适用于入境货物分港卸货或集中卸货分拨数地的检验检疫情况通知；进境成套设备数量清点以后同意安装调试等情况。《入境货物检验检疫证明》，适用于经检验合格后同意销售、使用或安装的法定检验目录内的商品，作为入境货物检验合格准予销售或使用的凭证。《进口机动车辆检验证明》，适用于检验合格的进口机动车辆，供进口机动车辆换领行车牌证。《卫生证书》，适用于经检验合格的入境食品、食品添加剂、食品容器、包装材料和食品用工具及设备。

【任务操作】

【第一步】天津滨海进出口公司依据进口单据缮制入境货物报检单，办理货物进口入境报检，取得入境货物通关单。见样例13-1和样例13-2。

样例13-1 **入境货物报检单**

中华人民共和国出入境检验检疫

入境货物报检单

报检单位（加盖公章）：	天津滨海进出口公司			*编　号	
报检单位登记号：	联系人：赵杰	电话：		报检日期：2011年10月8日	
收货人	（中文）天津滨海进出口公司		企业性质（画"√"）	□合资　□合作　□外资	
	（外文）TIANJIN BINHAI IMP&EXP CO.，LTD.				
发货人	（中文）				
	（外文）CANADA TRADING CO.，LTD				
货物名称（中/外文）	H.S.编码	原产国（地区）	数/重量	货物总值	包装种类及数量
SELENIUM DRUM	84439990	加拿大	1000个	84439990	250箱
运输工具名称号码	BIN BO V. 991		合同号	TTC2009712	
贸易方式	一般贸易	贸易国别（地区）	加拿大	提单/运单号	3456789007
到货日期	2011.09.30	起运国家（地区）	加拿大	许可证/审批号	B2-20090031
卸货日期	2011.09.30	起运口岸	温哥华	入境口岸	天津
索赔有效期至	2013.09.30	经停口岸		目的地	天津
集装箱规格、数量及号码	1X40'CONTAINER UNHB122455				
合同、信用证订立的检验检疫条款或特殊要求				货物存放地点	仓库
				用　途	自营内销
随附单据（画"√"或补填）		标记及号码	*外商投资资产（画"√"）		□是□否
☑合同 ☑发票 ☑提/运单 □兽医卫生证书 □植物检疫证书 □动物检疫证书	□到货通知 ☑装箱单 □ 质保书 □理货清单 □磅码单 □验收报告	T.T.C XINGANG C//NO 1-250	*检验检疫费 总金额 （人民币元） 计费人		

续　表

<table>
<tr><td></td><td></td><td></td><td>收费人</td><td></td></tr>
<tr><td colspan="3" rowspan="3">报检人郑重声明：
1. 本人被授权报检。
2. 上列填写内容正确属实。
签名：赵杰</td><td colspan="2">领 取 证 单</td></tr>
<tr><td>日期</td><td></td></tr>
<tr><td>签名</td><td></td></tr>
<tr><td colspan="2"></td><td colspan="3"></td></tr>
</table>

注：有“*”号栏由出入境检验检疫机关填写　　◆国家出入境检验检疫局制

［1-2（2008.1.1）］

样例 13-2　**入境货物通关单**

中华人民共和国出入境检验检疫

入境货物通关单

编号：XT090811

<table>
<tr><td colspan="3">1. 收货人
天津滨海进出口公司</td><td rowspan="3">5. 标记及唛码
T. T. C
XINGANG
C//NO 1-250</td></tr>
<tr><td colspan="3">2. 发货人
CANADA TRADING CO.，LTD</td></tr>
<tr><td>3. 合同/提（运）单号
3456789007</td><td colspan="2">4. 输出国家或地区
加拿大</td></tr>
<tr><td>6. 运输工具名称及规格
BIN BO V. 991</td><td colspan="2">7. 目的地天津</td><td>8. 集装箱规格及数量
1x40′</td></tr>
<tr><td>9. 货物名称及规格
SELENIUM DRUM</td><td>10. H. S 编码
84439990</td><td>11. 申报总值
USD90000</td><td>12. 数/重量、包装数量及种类
250CARTONS
1000PCS
6250KGS</td></tr>
<tr><td colspan="4">13. 证明

上述货物业已报检/申报，请海关予以放行。
日期：2011 年 10 月 12 日</td></tr>
<tr><td colspan="4">14. 备注</td></tr>
</table>

任务讨论

进口商品应如何办理进口检验检疫？需注意哪些问题？是否所有的进口商品都需要办理进口检验检疫手续呢？

入境货物报检单 Vs 入境货物通关单

入境货物报检单是国家检验检疫部门根据检验检疫、鉴定工作的需要，为保证检验检疫工作规范化和程序化而设置的。它是报检人根据有关法律、行政法规或合同约定申请检验检疫机构对其某种货物实施检验检疫、鉴定意愿的书面凭证，它表明了申请人正式向检验检疫机构申请检验检疫、鉴定，以取得该批货物合法进口销售、使用的合法凭证。入境货物报检单同时也是检验检疫机构对出入境货物实施检验检疫启动检验检疫程序的依据。

入境货物通关单是我国出入境检验检疫管理制度中，对列入《法检目录》中属进境管理的商品在办理进口报关手续前，口岸检验检疫机构依照有关规定接受报检后签发的单据，同时也是进口报关的专用单据，是海关验放该类货物的重要依据之一。入境货物通关单实行"一批一证"制度，证面内容不得更改。

任务二　办理进口报关

知识引导

一般进口货物报关程序由进口申报、配合查验、缴纳税费、提取货物四个环节构成。

一、申报

（一）申报的含义

申报是指进出口货物的收发货人、受委托的报关企业，依照《中华人民共和国海关法》以及有关法律、行政法规的要求，在规定的期限、地点，采用电子数据报关单和纸质报关单形式，向海关报告实际进出口货物的情况，并接受海关审核的行为。

（二）申报的地点

进口货物应当由收货人或其代理人在货物的进境地海关申报；经收发货人申请，海关同意，进口转关运输的货物可以在设有海关的货物指运地申报；以保税、特定减免税和暂准进境方式申报的货物，因故改变使用目的从而改变货物性质转为一般进口时，进口货物的收货人或其代理人应当在货物所在地的主管海关申报。

（三）申报的期限

进口货物的申报期限为自装载货物的运输工具申报进境之日起 14 日内。申报期限的最后一天是法定节假日或休息日的，顺延至法定节假日或休息日后的第一个工作日。

经海关批准准予集中申报的进口货物，自装载货物的运输工具申报进境之日起 1 个月内办理申报手续。

经电缆、管道或其他特殊方式进出境的货物，进出口货物收发货人或其代理人应当按照海关的规定定期申报。

进口货物自装载货物的运输工具申报进境之日起超过 3 个月仍未向海关申报的，货物由海关提取依法变卖处理。对属于不宜长期保存的货物，海关可以根据实际情况提前处理。所得价款在扣除运输、装卸、储存等费用和税款后，尚有余款的，自货物依法变卖之日起 1 年内，经收货人申请，予以发还；其中属于国家限制管制货物的，还应当提交许可证件，不能提供的，不予发还。逾期无人申请或者按规定不予发还的，上缴国库。

（四）申报的日期

申报日期是指申报数据被海关接受的日期。

进出口货物收发货人或其代理人的申报数据自被海关接受之日起，其申报的数据就产生法律效力，即进出口货物收发货人或其代理人应当向海关承担“如实申报”“按期申报”等法律责任。

（五）滞报金

进口货物的收货人或其代理人未按规定期限向海关申报产生滞报的，海关将依法征收滞报金。

滞报金的起征日期为自运输工具申报进境之日起第 15 日开始，截止日为海关接受申报之日（即申报日期）。起始日和截止日均计入滞报期间（滞报天数从运输工具申报日的第二天开始计算，即运输工具申报日不计入）。

进口货物收货人在向海关传送报关单电子数据申报后，未在规定期限或核准的期限内递交纸质报关单，海关予以撤销电子数据报关单处理、进口货物收货人重新向海关申报产生滞报的，滞报金的征收，以自运输工具申报进境之日起第 15 日为起征日，以海关重新接受申报之日为截止日。

进口货物收货人申报并经海关依法审核，必须撤销原电子数据报关单并且重新申报从而产生滞报的，经进口货物收货人申请并经海关审核同意，滞报金的征收，以撤销原电子数据报关单之日起第 15 日为起征日，以海关重新接受申报之日为截止日（滞报天数从撤销原电子数据报关单当日的第二天开始计算，即撤销原电子数据报关单的当日并不计入）。

进口货物因收货人在运输工具申报进境之日起超过三个月未向海关申报，被海关提取作变卖处理后，收货人申请发还余款的，滞报金的征收，以自运输工具申报进境之日起第15日为起征日，以该3个月期限的最后一日为截止日。

滞报金按日征收，日征收额为进口货物完税价格的0.15‰，滞报金的起征点为50元。滞报金以人民币“元”计收，不足人民币1元的部分免收。滞报金的计征起始日如遇法定节假日，则顺延至其后第一个工作日。

收滞报金公式：滞报金金额＝进口货物完税价格×0.15‰×滞报天数

（六）滞报金的减免

1. 减免滞报金

以下几种特殊情况下，进口货物的经营单位或实际收货人可向海关提出申请减免滞报金，并提交有关证明文件：

政府主管部门有关贸易管理规定变更，要求收货人补办有关手续或政府主管部门延迟签发许可证件，导致进口货物产生滞报的；产生滞报的进口货物属于政府间或国际组织无偿援助和捐赠用于救灾、社会公益福利等方面的进口物资的或其他特殊货物的；因不可抗力导致收货人无法在规定期限内申报，从而产生滞报的；因海关及相关执法部门工作原因致使收货人无法在规定期限内申报，从而产生滞报的；其他特殊情况经海关批准的。

2. 免收滞报金

有下列情形之一的，海关不予征收滞报金：

收货人在运输工具申报进境之日起超过三个月未向海关申报，进口货物被依法变卖处理，余款按《海关法》第三十条规定上缴国库的；进口货物收货人在申报期限内，根据《海关法》有关规定向海关提供担保，并在担保期限内办理有关进口手续的；进口货物收货人申报并经海关依法审核，必须撤销原电子数据报关单重新申报，因删单重报产生滞报的；进口货物经海关批准直接退运的；进口货物应征收滞报金金额不满人民币50元的。

（七）申报所需的单证

申报单证可以分为主要单证、随附单证两大类，主要单证就是报关单（证），随附单证包括基本单证、特殊单证和预备单证。

基本单证是指进出口货物的货运单据和商业单据，主要有进口提货单据、出口装货单据、商业发票、装箱单等。

特殊单证是指涉及各类国家管制的进出口货物以及适用不同报关程序项下的货物在进出境环节必须向海关出具的单证。主要包括进出口许可证件、加工贸易货物的《登记手册》（包括电子账册和纸质手册）、特定减免税货物的《征免税证明》、作为特殊货物进出境证明的原进出口货物报关单证、出口收汇核销单、原产地证明书等。

预备单证主要是指贸易合同、工商营业执照以及企业的其他有关证明文件等。这些单证，海关在审单、征税时可能需要调阅或者收取备案。

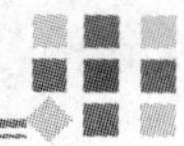

进出口货物收发货人或代理人应向报关员提供基本单证、特殊单证、预备单证，报关员审核这些单证后据此填制报关单向海关申报。

二、配合查验

海关查验是指为确定进出境货物的归类、价格、数量、原产地等真实状况是否与报关单上已申报的内容相符，对货物进行实际核查的行政执法行为。

海关通过查验，核实有无伪报、瞒报、申报不实等走私、违规行为，同时也为海关征税、统计、后续管理提供可靠的资料。

海关有权对所有进出口货物实施查验，但为方便合法进出，对大量正常货物不予查验。这样既能保证海关执法任务的完成，又能实现进出口货物方便快捷的通关。

根据《中华人民共和国海关法》的规定，经收发货人申请，海关总署批准，某些进出口货物可以免验。如享有外交特权和豁免的外国机构或人员的公务用品或者自用物品。

三、缴纳税费

《海关法》第二十九条规定："除海关特准的外，进出口货物收发货人缴清税款或者提供担保后，由海关签印放行。"

进出口货物收发货人或其代理人将报关单及随附单证提交给货物进出境地指定海关，海关对报关单进行审核，对需要查验的货物先由海关查验，然后核对计算机系统计算的税费，开具税款缴款书和收费票据。进出口货物收发货人或其代理人在规定时间内，持缴款书或收费票据向指定银行办理税费缴付手续；在试行中国电子口岸网上缴税和付费的海关，进出口货物收发货人或其代理人可以通过电子口岸接收海关发出的税款缴款书和收费票据，在网上向指定银行进行电子支付税费。一旦收到银行缴款成功的信息，即可报请海关办理货物放行手续。

四、提取货物

1. 海关进境现场放行

海关进境现场放行一般由海关在进口货物提货凭证上签盖"海关放行章"。进口货物收货人或其代理人签收进口提货凭证以提取进口货物。

2. 提取货物或装运货物

进口货物收货人或其代理人签收海关加盖"海关放行章"戳记的进口提货凭证（提单、运单、提货单等），凭以到货物进境地的港区、机场、车站、邮局等地的海关监管仓库提取进口货物。

3. 申请签发报关单证明联

进口货物收货人或其代理人在办理完提取进口货物手续以后，如需要海关签发有关的货物进口证明联的，可向海关提出申请。

常见的证明主要有：

（1）进口付汇证明。对需要到银行或外汇管理部门办理进口付汇核销的进口货物，报关员应向海关申请签发“进口货物报关单”付汇证明联。海关在“进口货物报关单”上签名、加盖海关验讫章，同时通过电子口岸执法系统向银行和外汇管理部门发送报关单进口付汇证明联电子数据。

（2）进口货物证明书。对进口汽车、摩托车等，报关员应当向海关申请签发“进口货物证明书”，进口货物收货人凭以向国家交通管理部门办理汽车、摩托车的牌照申领手续。海关放行汽车、摩托车后，向报关员签发“进口货物证明书”。同时，将“进口货物证明书”上的内容通过计算机系统发送给海关总署，再传输给国家交通管理部门。

【任务操作】

【第二步】 天津滨海进出口公司已经办理好了该批硒鼓的进口报检手续，取得《进口货物入境通关单》后，向天津海关申报从而完成进口通关，并向船公司换单提货。见样例 13－3。

样例 13－3　　进口货物报关单

中华人民共和国海关进口货物报关单

	预录入编号：		海关编号：	3106547878	
进口口岸	新港海关 0202	备案号	进口日期 2011.10.20	申报日期 2011.10.15	
经营单位	天津滨海进出口公司 0387124555	运输方式 江海 2	运输工具名称 BIN BO V.991	提运单号 3456789007	
收货单位	天津滨海进出口公司 0387124555	贸易方式 一般贸易	征免性质 一般征免	征税比例	
许可证号	B2—20090031	起运国（地区） 加拿大	装货港 天津新港	境内目的地 天津	
批准文号		成交方式 CIF	运费 502/1200/3	保费 502/40/3	杂费
合同协议号	TTC2009712	件数 250	包装种类 箱	毛重（千克） 6250	净重（千克） 5750
集装箱号	UNHB122455	随附单据 A：XT090811		用途 自营内销	
标记唛码及备注 T.T.C XINGANG C//NO 1—250	1x40’ CONTAINER				

续　表

<table>
<tr><td>项号</td><td>商品编号</td><td>商品名称、规格型号</td><td>数量及单位</td><td>最终目的国（地区）</td><td>单价</td><td>总价</td><td>币制</td><td>征免</td></tr>
<tr><td>1</td><td>84439990</td><td>SELENIUM DRUM
（矽鼓）
S151090</td><td>1000件
6250千克</td><td>加拿大</td><td>90</td><td>90000.00</td><td>美元</td><td>照章</td></tr>
<tr><td colspan="9">税费征收情况</td></tr>
<tr><td colspan="9"></td></tr>
</table>

<table>
<tr><td>录入员</td><td>录入单位</td><td>兹声明以上申报无讹并承担法律责任</td><td colspan="2">海关审单批注及放行日期（签章）</td></tr>
<tr><td></td><td></td><td></td><td>审单</td><td>审价</td></tr>
<tr><td rowspan="2">报关员</td><td rowspan="2">李一</td><td>天津泰佛贸易公司</td><td rowspan="2">征税</td><td rowspan="2">统计</td></tr>
<tr><td>申报单位（签章）</td></tr>
<tr><td>单位地址</td><td>天津市学苑路600号</td><td></td><td>查验</td><td>放行</td></tr>
</table>

邮编	300222	电话	022—85665679	填制日期	2011年10月14日	

任务讨论

1. 天津滨海进出口公司要向海关提交哪些单证以便进口报关？
2. 天津滨海进出口公司的最晚申报期限是什么时候？
3. 天津滨海进出口公司业务员凭什么单据提取货物？

拓展阅读

放行与结关

“办结海关手续”简称结关，对货物而言，是指报关单位已经在海关办结进出口货物所有报关手续，完全履行了法律规定的与进出口有关的义务，包括纳税、提交许可证件及其他单证等，进口货物可以进入国内市场自由流通，出口货物可以运出境外。按照这一概念，一般进出口货物放行即结关；暂准进出境货物、保税货物、特定减免税货物，经审单、查验、放行后仍处于未办结海关手续的状态，即后续管理阶段，依然属于海关监管货物。海关监管货物是指进境尚未办结海关手续的进口货物和已向海关申报尚未出境的出口货物。可见，海关监管上的货物结关与货物放行是不同的概念。

《海关法》规定：“进口货物自进境起到办结海关手续止，出口货物自海关申报起到出境止，过境、转运和通运货物自进境起到出境止，应当接受海关监管。”

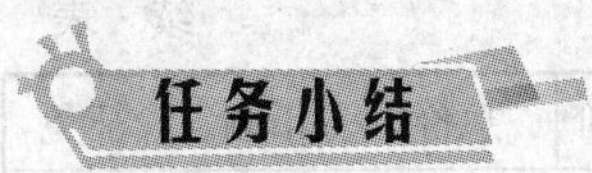

任务小结

进口的报检和报关是进口货物通关的重要组成部分，办理好以上内容对于完成一笔进口业务至关重要。进口报检主要由申报、检验和出证三部分构成；进口报关则由申报、配合查验、缴纳税费、装运四部分构成。

任务检测

一、单项选择题

1. 根据《中华人民共和国海关法》的规定，进口货物的收货人向海关申报的时限是（　　）。

A. 自运输工具申报进境之日起 7 日内　　B. 自运输工具申报进境之日起 10 日内

C. 自运输工具申报进境之日起 14 日内　　D. 自运输工具申报进境之日起 15 日内

2. 进口货物的收货人自运输工具申报进境之日起，超过（　　）时间未向海关申报的，其进口货物由海关提取依法变卖处理（　　）。

A. 1 个月　　B. 3 个月　　C. 6 个月　　D. 1 年

3. 申报日期是指（　　）。

A. 向海关提交电子数据报关单的日期

B. 向海关提交纸质报关单的日期

C. 申报数据被海关接受的日期

D. 海关放行日期

4. 运载进出口货物的运输工具 5 月 9 日申报进境，收货人 5 月 15 日向海关传送报关单电子数据，海关当天受理申报并发出现场交单通知，收货人于 5 月 27 日提交纸质报关单时发现海关已于 5 月 26 日撤销电子数据报关单，遂于 5 月 30 日重新向海关申报，海关当天受理申报并发出现场交单通知，收货人 5 月 31 日提交纸质单位，如以上日期均不涉及法定节假日，滞报天数应为（　　）。

A. 0 天　　B. 6 天　　C. 7 天　　D. 8 天

二、多项选择题

1. 一般进出口货物在向海关申报时，应提交单据的是（　　）。

A. 贸易合同　　B. 商业发票　　C. 装箱单　　D. 加工贸易手册

2. 下列（　　）情形海关可以复验。

A. 经初次查验未能查明货物的真实属性，需要对已查验货物的某些性状做进一步确认的

B. 货物涉嫌走私违规，需要重新查验的

C. 进出口收发货人对海关查验结论有异议，提出复验要求并经海关同意的

D. 其他海关认为必要的情形

三、简答题

1. 简述一般进口货物的报关步骤。

2. 简述进口货物检验的方式。

四、技能实训

【资料】

2010 年 1 月，某电视机厂为生产电视机内销，通过外贸公司向 A 国定购了 100 吨卷钢、50 吨 PVC 粒子、10 吨盐酸，并委托某货运报关公司 B 办理报关手续。卷钢进口后，经检验只到货 96 吨，而且其中有 7 吨与合同规定的质量不符。与 A 方商人协商后，A 商答应退还 11 吨卷钢的货款，并没要求退运 7 吨质量不符的卷钢。

【要求】

作为 B 公司的报关员，应当办理哪些海关手续？（注：国家临时决定 A 国产 PVC 粒子暂不准进口）

项目十四　进口善后工作

【知识目标】

1. 了解进口付汇核销的含义及核销范围；
2. 掌握进口付汇核销的流程以及所需的单据；
3. 了解争议的产生原因及违约的认定；
4. 掌握索赔基本要求和实际操作。

【能力目标】

1. 能够办理进口付汇核销业务；
2. 能够填制和审核业务单据；
3. 能够处理商品的索赔。

任务一　进口付汇核销

任务情境

天津滨海进出口公司在办理完报关手续并提取货物后，到天津市外管局办理进口付汇核销手续。

知识引导

一、进口付汇核销的含义

进口付汇核销制度就是外汇管理局在海关的配合和外汇指定银行的协助下，以跟"单"（核销单）的方式对进口单位的进口付汇直至报关到货的全过程进行监管、核查的一种管理制度。国家外汇管理局是对整个国家的外汇收支情况和企业使用外汇情况进行宏观管理的政府职能部门。

二、进口付汇核销的范围

进口付汇核销的范围包括以下三种类型：

（1）进口商品货款：主要包括进口货物及用于转口贸易而对外支付的外汇款项。

（2）预付款：不超过合同总价值的15％或绝对金额不超过10万美元的预付外汇

货款。

(3) 尾款及其他：因多次付汇造成的余款，是原进口付汇总额的一部分。

下列情况不在核销范围内：

(1) 非贸易项下的付汇；

(2) 无须付汇而到货的；

(3) 保税区进口单位的付汇。

三、进口付汇核销的流程

进口单位的进口付汇核销流程，从申请对外付汇开始到办完核销手续为止，整个付汇核销工作可以分为三个阶段：第一阶段，是付汇前办理的“名录”和备案表；第二阶段，是付汇时申领核销单和付汇；第三阶段，付汇后到货办理核销手续。

1. 办理“名录”

进口单位在进口付汇前持商务部或其授权单位的有关批件、工商行政管理部门制发的营业执照和技术监督部门颁发的企业代码证书，到所在地外汇管理局办理列入“对外付汇进口单位名录”，以确定其进口付汇权，并接受外汇管理局的付汇核销监督。在“名录”上的进口单位可直接到外汇指定银行办理进口付汇。

“名录”并不是每次进口付汇都要办理的手续，进口单位一次办妥“名录”后，只要遵照《贸易进口付汇核销监管暂行办法》和有关外汇管理条例的规定行事，以后的进口付汇就不必再次办理该项手续。

2. 办理备案表

当进口单位不在“对外付汇进口单位名录”上，或需由外汇管理局审核付汇真实性的，或远期到货付汇的，或异地付汇情况的，进口单位需向所在地外汇管理局申请办理“进口付汇备案表”手续。进口单位按规定如实填写备案表，填妥的备案表经所在地外汇管理局审核无误后，加盖“进口付汇核销”专用章方为有效。一份备案表只可凭以办理一次进口付汇。

进口付汇备案表（见样例 14-1），简称备案表，是由国家外汇管理局印制，进口单位向所在地外汇管理局申办，外汇指定银行凭此办理进口付汇手续，外汇管理局办理进口付汇核销手续的有顺序编码的凭证。一份备案表只可办理一次进口付汇。

3. 申领核销单

进口单位进口付汇时，应到外汇指定银行领取进口付汇核销单（见样例 14-2），并按规定如实填写核销单（一式三联）。当结算方式为货到汇款的，还应填写有关进口货物报关单编号和报关币种金额；如付汇性质属远期付汇、异地付汇或真实性审查付汇的，还应填写有关备案表号码。一份核销单只可凭以办理一次付汇。

4. 付汇

进口单位将填妥的核销单连同其他付汇单证一并交外汇指定银行审核。外汇指定银行审核无误后，及时填写核销单上应由银行填写的项目，并按核销单上进口单位的实际付汇情况或从进口单位现汇账户对外支付，或从进口单位人民币账户购汇对外支付。

外汇指定银行在办理付汇手续后，将核销单第二联退交进口单位；第三联与其他付汇单证银行留存备查；第一联将按周向进口单位所在地外汇管理局报送。

外汇指定银行对凭备案表付汇的，将备案表第一联与核销单第三联一并留存备查；将第二联与核销单第二联退交进口单位；将第三联与核销单第一联报送该银行所在地外汇管理局。

5. 办理核销手续

进口单位付汇后，且以货到后或明了货物的“去向”时，方可持核销凭证办理核销。在进口付汇核销具体操作中，一般有以下几种核销方式：

（1）同步核销。货到付款项下的进口付汇核销，是由进口单位凭正本进口货物报关单（付汇核销联）向外汇指定银行办理进口付汇的同时，视已办妥核销手续。外汇指定银行在报关单上标注“已供汇”字样，并将正本报关单留存。

（2）跟踪核销。在信用证、托收、预付货款结算方式项下，进口单位在外汇指定银行办理付汇后，凭进口付汇核销单、备案表、正本进口货物报关单直接向外汇管理局办理核销报审手续。

（3）其他核销。转口贸易项下的进口付汇，凭转口所得的有关结汇水单向外汇管理局办理核销手续。

四、进口付汇核销报送的单证

进口单位向所在地外汇管理局办理核销手续的，应在办理有关进口货物报关手续后1个月内，根据当月实际到货和未到货情况，依据核销单和备案表及相应栏目的有关数据，如实填写贸易进口付汇到货核销表和贸易进口付汇未到货核销表，并及时（按月）报送所在地外汇管理局审查。报送的单证有：

（1）贸易进口付汇到货核销表一式两联；

（2）贸易进口付汇核销单第二联；

（3）进口付汇备案表第二联（若有）；

（4）进口货物报关单正本；

（5）贸易进口付汇未到货核销表一式两联。

【任务操作】

样例 14－1

进口付汇备案表

编号：120107467881

<table>
<tr><td colspan="7">备案类别
☑不在名录 □90 天以上信用证 □90 天以上托收 □异地付汇
□90 天以上到货 □转口贸易 □境外工程使用物资 □真实性审查</td></tr>
<tr><td colspan="2">进口单位名称</td><td colspan="2">天津滨海进出口公司</td><td>进口单位代码</td><td colspan="2">7864532034</td></tr>
<tr><td colspan="2">付汇银行名称</td><td colspan="2">中国银行天津分行</td><td>收汇人国别</td><td colspan="2">加拿大</td></tr>
<tr><td colspan="2">预计到货日期</td><td>2011－09－30</td><td colspan="2">进口批件号</td><td>合同/发票号</td><td>TTC2009712</td></tr>
<tr><td rowspan="5">结算方式</td><td colspan="2">信用证□</td><td>付汇日期</td><td>期限 天</td><td>信用证号</td><td></td></tr>
<tr><td colspan="2">托收☑</td><td>付汇日期/2011/10/30</td><td>期限 30 天</td><td>AB 单号</td><td></td></tr>
<tr><td rowspan="2">汇款</td><td>预付货款□</td><td colspan="2">付汇日期</td><td>保函号</td><td></td></tr>
<tr><td>货到付款□</td><td colspan="4">付汇日期</td></tr>
<tr><td>其他□</td><td colspan="5">付汇日期</td></tr>
<tr><td colspan="2">付汇币种 USD</td><td colspan="2">付汇金额 USD90000.00</td><td colspan="3">金额大写 SAY US DOLLARS NINTY THOUSAND ONLY</td></tr>
<tr><td colspan="7">本笔付汇已经我局备案，请按规定办理付汇手续。
本备案表有效期至 2011 年 10 月 31 日。

国家外汇管理局 天津分（支）局
2011 年 10 月 30 日</td></tr>
<tr><td colspan="7">银行备注栏
实际付汇币种金额： 业务编号： 备注：

年 月 日（签章）</td></tr>
</table>

注：本备案表一式四联； 第三联 由付汇银行报送其所在外汇局

本备案表由国家外汇管理局统一印制。

样例 14－2

贸易进口付汇核校销单

贸易进口付汇核销单（代申报单）

印单局代码：120107

核销单编号：0985241137

<table>
<tr><td>单位代码：7864532034</td><td>单位名称 天津滨海进出口公司</td><td>所在地外汇局名称：</td></tr>
<tr><td>付汇银行名称 中国银行天津分行</td><td>收汇人国别 加拿大</td><td rowspan="2">交易编码 101010</td></tr>
<tr><td>收款人是否在保税区：是□ 否☑</td><td>交易附言</td></tr>
</table>

续 表

对外付汇币种 USD　　对外付汇总额 USD90000.00 其中：购汇金额 USD90000.00　　现汇金额　　其他方式金额 人民币账号 095013658101500　　外汇账号			
付汇性质 □正常付汇 ☑不在名录　□90 天以上信用证　□90 天以上托收　□异地付汇 □90 天以上到货　□转口贸易			
备案表编号			
预计到货日期　//2009－09－30	进口批件号	合同/发票号 TTC2009712	
结算方式			
信用证　90 天以内□　90 天以上□　承兑日期　付汇日期　期限 0　天			
托收　90 天以内☑　90 天以上□　承兑日期　付汇日期 2009/10/30　期限 30 天			
汇款	预付货款□　　货到付汇（凭报关单付汇）□　　付汇日期		
	报关单号	报关日期	报关单币种　金额
	报关单号	报关日期	报关单币种　金额
	报关单号	报关日期	报关单币种　金额
	报关单号	报关日期	报关单币种　金额
	报关单号	报关日期	报关单币种　金额
	（若报关单填写不完，可另附纸。）		
其他□　　付汇日期			
以下由付汇银行填写 申报号码：□□□□□□ □□□□ □□ □□□□□□□ □□□□ 业务编号：　　审核日期：　　（付汇银行签章）			

进口单位签章：天津滨海进出口公司

任务讨论

请查阅相关资料，思考货到付款项下如何办理核销；信用证、托收、预付货款项下如何办理核销；异地付汇应该如何办理核销。

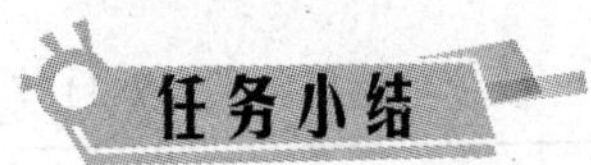

任务小结

进口付汇核销和出口收汇核销都是我国防止外汇流失、管理外汇的方法。本节任务主要介绍了进口收汇核销的基本概念，重在讲授进口付汇核销业务的办理流程，能够识别所涉及的相关单证及使用，要与出口付汇核销业务相区别。

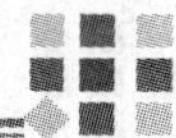

一、单项选择题

1.（　　）是对整个国家的外汇收支情况和企业使用外汇情况进行宏观管理的政府职能部门。

A. 税务局　　B. 中国人民银行
C. 海关　　D. 国家外汇管理局

2. 核销应在进口报送后（　　）内报送外汇管理局审查。

A. 3 个月　　B. 1 个月　　C. 6 个月　　D. 2 个月

3. 下列关于外汇管理的表述不正确的是（　　）。

A. 国家外汇管理局以《出口外汇核销单》的方式，跟踪、监督出口单位出口货物后收汇
B. 国家外汇管理局以《贸易进口付汇核销单》方式，监督付汇进口情况
C. 海关凭《进口付汇核销单》接受进口单位报关
D. 进口付汇核销工作由国家外汇管理局指定银行办理核销付汇

4. 下列关于进口付汇表述不正确的是（　　）。

A. 进口单位将填妥的核销单连同其他付汇单证一并交外汇指定银行审核
B. 外汇指定银行审核无误后，填写核销单上应由银行填写的项目
C. 从进口单位现汇账户对外支付
D. 从出口单位人民币账户购汇对外支付

5. 进口付汇核销报送的单证不包括（　　）。

A. 贸易进口付汇到货核销表一式两联　　B. 贸易进口付汇核销单第二联
C. 进口付汇备案表第二联（若有）　　D. 进口货物报关单副本

二、多项选择题

1. 对于下列哪些货物要办理进口付汇核销（　　）。

A. 进口商品货款　　B. 预付款
C. 尾货　　D. 非贸易项下的付汇

2. 进口付汇核销有（　　）方式。

A. 同步核销　　B. 逐步核销
C. 跟踪核销　　D. 转口贸易下的进口付汇核销

3. 下列对进口企业向外汇管理局指定银行办理外汇核销手续的凭证表述正确的是（　　）。

A. 贸易进口付汇核销单
B. 盖有海关验讫章的贸易进口付汇核销单
C. 相关发票、合同

D. 盖有海关验讫章的报关单进口付汇核销专用联

4. 申请列入对外付汇进口单位名录需提供的材料正确的是（　　）。

A. 对外经贸部（委、厅）的进出口经营权的批件

B. 工商管理部门颁发的营业执照

C. 技术监督部门颁发的企业代码证书

D. 外汇管理局要求提供的其他材料

5. 整个付汇核销工作可分为（　　）阶段。

A. 第一阶段，付汇前办理“名录”和备案表

B. 第二阶段，付汇时申领核销单和付汇

C. 第三阶段，付汇后到货办理核销手续

D. 第四阶段，退税

三、简答题

1. 办理进口付汇核销与进口收汇核销手续有什么区别？

2. 简述进口付汇核销的流程。

我国对核销单的使用严格监控

出口单位从外管局申领的每一份核销单最后都要送交回外管局，对于错填作废的核销单也要退回外管局注销，对于未在有效期内使用的核销单，出口单位应当在失效之日起一个月内将未用的核销单退回外汇局注销。如出口单位将核销单丢失，必须立即向发放核销单的外汇管理部门报告所丢失的核销单编号，并通过报纸发表声明，该核销单即行作废。核销单遗失需要补办的，应由出口单位在遗失核销单后15天之内向外管局书面说明情况（加盖公章、法人签字），申请挂失，外汇局核实后，统一登报声明作废。

任务二　争议与索赔的处理

情境案例

国内某公司与香港一公司签订了一个进口香皂生产线合同，设备是二手货，共18条生产线，价值100多万美元。合同规定，出口商保证设备在拆卸之前均正常运转，否则更换或退货。设备运抵目的地后发现，这些设备在拆运前早已停止使用，在目的地装配后也因设备损坏、缺件根本无法马上投产使用。但是，由于合同规定如要索赔需商检部门在“货到现场后14天内”出证，而实际上货物运抵工厂并进行装配就已经

超过 14 天，无法在这个期限内向外索赔。这样，工厂只能依靠自己的力量进行加工维修，经过半年多时间，花了大量人力物力，也只开出了 4 套生产线。请对该案例进行分析，我们应吸取什么教训？

案例点评

该案例的要害问题是合同签订者把引进设备仅仅看做是订合同、交货、收货几个简单环节，完全忽略了检验、索赔这两个重要环节。特别是索赔有效期问题，合同质量条款订得再好，索赔有效期订得不合理，质量条款就成为一句空话。大量事实说明，外商在索赔有效期上提出不合理意见，往往表明其质量上存在问题，需要设法掩盖。如果你只注重质量条款，不注意索赔条款，就很可能发生此类事故。

知识引导

一、争议与违约

国际货物买卖过程复杂、涉及的当事人众多，任何一个环节出现差错或任何一个当事人由于某种原因不能履行责任，都会影响合同的顺利履行。加之，市场行情千变万化，如出现对合同当事人不利的变化，就可能导致一方当事人违约或毁约，而给另一方当事人造成损害，从而产生争议。

(一) 争议的含义及产生原因

争议（Dispute）是指交易的一方认为另一方没有履行合同规定的责任或义务而引起的纠纷。

在合同履行过程中由于卖方不按合同规定的交货期交货或不交货；或所交货物的品质、规格、数量、包装等与合同（或信用证）规定的不符；或所提供的货运单据种类不全、份数不足等都构成了卖方违约。但有时是由于买卖双方在订立合同时对合同条款规定得不明确、不详尽，致使双方理解或解释不统一，造成一方违约，引起纠纷。

(二) 违约的认定

争议产生的主要原因是由于违约，所谓违约（Breach of Contract）是指买卖双方之中任何一方未能履行或未能全部履行合同义务的行为。违约的行为不同，所引起的法律后果及应承担的责任也有所不同。各个国家在法律上的规定不完全统一。

1. 英国的法律规定

英国的法律把违约分为违反要件（Breach of Condition）和违反担保（Breach of Warranty）两种。违反要件指违反合同的主要条款，受害方有权因此解除合同并要求损害赔偿。违反担保指违反合同的次要条款，受害方有权要求损害赔偿，但不能解除合同。一般认为与交易标的物直接相关的品质、数量、包装、交货期等条件属于要件，与标的物不直接联系的为担保。

2. 美国的法律规定

美国法律把违约分为重大违约（Material Breach）和轻微违约（Minor Breach）两种。一方当事人违约，致使另一方无法取得该交易的主要利益，则是重大违约。在此情况下，受损的一方有权解除合同，并要求损害赔偿。如果一方违约情况较为轻微，并未影响对方在该交易中取得主要利益，则为轻微违约，受损的一方无权解除合同，只能要求损害赔偿。

3. 我国的法律规定

我国的《合同法》规定，当事人一方不履行合同义务或者履行合同义务不符合约定的，应当承担继续履行、采取补救措施或者赔偿损失等违约责任。当事人一方不履行合同义务或者履行合同义务不符合约定的，在履行义务或者采取补救措施后，对方还有其他损失的，应当予以赔偿。

4.《联合国国际货物销售合同公约》的规定

《联合国国际货物销售合同公约》把违约分为根本性违约（Fundamental Breach of Contract）和非根本性违约（Non-fundamental breach of contract）。根本性违约是指："一方当事人违反合同的结果，如使另一方当事人蒙受损害，以至于实际上剥夺了他根据合同规定有权期待得到的东西，即为根本违反合同，除非违反合同的一方并不预知而且一个同等资格、通情达理的人处于相同情况下也没有理由预知会发生这种结果。"所以，根本性违约是由于当事人的主观行为造成的，以致给另一方当事人造成实质性的损害，如卖方完全不交付货物，或买方无理拒收货物、拒付货款等。如果由于当事人不能预知，而且处于相同情况的另外一个通情达理的人也不能预知会发生这种结果，那么就不构成根本性违约。《公约》还规定：如果一方当事人根本性违约，另一方当事人可以宣告合同无效，并要求损害赔偿；如果是非根本性违约，则不能解除合同，只能要求损耗赔偿。

二、进口索赔

在国际货物贸易中，进口货物若经进口检验后，发现卖方所交货物与合同规定不符，买方为维护自身的政治和经济利益，应及时向有关方面提出索赔。

索赔（Claim）是指遭受损害的一方在争议发生后，向违约方提出赔偿要求的行为。

（一）造成索赔的原因和索赔对象

进口商的索赔对象主要有卖方、承运人、保险人以及其他可能的人。他们根据各自的责任范围，承担相应经济责任。

1. 向卖方索赔

进口商向卖方索赔的情况主要有：疏忽或故意少装货物，致使交付的货物数量或重量短少；无法按照合同约定交货，卖方实际交货的质量低于合同约定；包装不良造

成的货物短失或损坏；延迟交货，造成收货人经济损失；因合同签订后市场价格上涨或资金困难等因素，故意违约，不按期装运货物；错发货物，给收货人造成丧失市场机会和经济上的损失，增加仓储运输费用或其他损害。这些都应依法向卖方及时提出索赔。这是由于有些不法商人唯利是图、不守信用，实际业务中此类案例甚多，我们必须提高警惕，认真对待。

2. 向承运人索赔

凡属下列情况者均可向承运人索赔：在卸船交货时，由于船方工作失误造成货物数量或重量少于提单所列；误将应货物卸错目的港（地）；发货人确实已将货物按照发票、装箱单所列交付运输部门，但由于运输途中货物被盗等造成损失；运输中人为因素造成的货物破损。

3. 向保险公司索赔

进口商向保险公司索赔主要是因为：由于自然灾害、意外事故或运输中其他事故的发生致使货物受损，并且属于承保险别范围内的；凡轮船公司不予赔偿金额不足抵补损失的部分，并且属于承保范围内的，等等。

向其他人索赔可能是这样一些情况，如因银行工作人员未按信用证条件议付货款，或因误寄、错开、遗失单证等原因，而导致进口商利益受到损害，由银行承担责任。此外还有可能是装卸、搬运、港口等部门承担责任。

（二）索赔证明文件

及时做好对进口货物的检验和鉴定，一旦发现问题要及时制备有关方面证明文件作为索赔证据。进口索赔所要求的证明文件主要有检验机构签发的证明货物实际状态的检验鉴定证书、索赔账单或索赔要求函件、提单、正式商业发票、装箱单或重量单。另外，对不同的索赔对象还应附加其他证明文件，如向卖方索赔，若采用 FOB、CFR 价格条件，须另附保险单一份；向船公司索赔，须另附船长、理货员签字的短缺或残损证明；向保险公司索赔时，须另附保险公司与买方的联合检验报告。还要注意的是，在索赔问题尚未解决之前，索赔的商品应当保持原状，有的还要拍照以便必要时作举证之用。如果索赔货物易腐烂变质，买方应先请公证部门检验并出具证明文件，然后再处置货物。

（三）索赔的有效期

进口索赔要在规定的有效期内提出，否则对方有权不予受理。根据索赔对象的不同，提出索赔的有效期限也有所不同。向卖方索赔时，应在合同规定的索赔期限内提出，倘若商检工作需要更长的时间，可向对方要求延长索赔期限，或提出保留索赔权。如果合同中未规定索赔期限，根据《联合国国际货物销售合同公约》的规定，买方向卖方索赔的最长期限自实际收到货物起不超过两年。向船公司索赔时，按《海牙规则》的规定，最长期限为货物到达目的港交货后一年内。向保险公司索赔的期限，根据中国人民保险公司《海运货物保险条款》的规定，为被保险货物在卸载港全部卸离海轮后两年。

（四）索赔金额

对不同对象进行索赔，索赔金额的计算不尽相同。根据国际贸易惯例，买方向卖方索赔的金额，应与卖方违约所造成的实际损失相等，即根据商品的价值和损失程度计算，另外还应包括支出的各种费用，如商品检验费、装卸费、银行手续费、清关费用、税捐、仓储费、利息等，合理的预期利润也应计入索赔金额。向船公司索赔时，应按照提单或租船公约的有关规定计算索赔金额。如果向保险公司索赔，应根据保险合同中规定的方法计算索赔金额。

目前，我国对外贸易中的进口索赔工作，属于船方和保险公司责任的由外运公司代办；属于卖方责任的由进口公司直接办理。为了做好索赔工作，要求进口公司、外轮公司、订货部门、商检局等各有关单位密切协作，要做到检验结果正确、证据属实、理由充分、赔偿责任明确，并要及时向有关方面提出，力争使货物所受到的损失得到如数赔偿。

任务讨论

上海金立贸易公司从美国进口一批货物，在买卖合同中订明如果出口方未能于10月底以前交货，则出口方应赔付货款3%的违约金，后来工厂交货时间延迟了6天，请思考，进口商是否可以按合同约定向出口方索赔？

在国际货物买卖过程中，由于卖方、船方或其他方造成的种种原因导致不能履行或不能完全履行合同，给买方造成损失，买方有权向责任方提出索赔。但要注意索赔的时限、索赔金额的确定以及提供必要的索赔证明文件，防止对方借故推卸责任。这就要求进口方、外轮公司、订货部门、商检局等各有关单位密切协作，不但要有维护国家和企业权益的责任心，还要熟悉国际惯例和有关法律的规定，使损失得到如数赔偿。当拒绝赔偿时，也可将争议诉诸仲裁或诉讼，避免争议悬而不决。

任务检测

一、单项选择题

1.（　）是对整个国家的外汇收支情况和企业使用外汇情况进行宏观管理的政府职能部门。

A. 税务局　　B. 中国人民银行　　C. 海关　　D. 国家外汇管理局

2. 核销应在进口报关后（　）内报送外汇管理局审查。

A. 3个月　　B. 1个月　　C. 6个月　　D. 2个月

3. 下列关于外汇管理的表述不正确的是（　　）。

A. 国家外汇管理局以《出口外汇核销单》的方式，跟踪、监督出口单位出口货物后收汇

B. 国家外汇管理局以《贸易进口付汇核销单》方式，监督付汇进口情况

C. 海关凭《进口付汇核销单》接受进口单位报关

D. 进口付汇核销工作由国家外汇管理局指定银行办理核销付汇

4. 下列关于进口付汇表述不正确的是（　　）。

A. 进口单位将填妥的核销单连同其他付汇单证一并交外汇指定银行审核

B. 外汇指定银行审核无误后，填写核销单上应由银行填写的项目

C. 从进口单位现汇账户对外支付

D. 从出口单位人民币账户购汇对外支付

5. 进口付汇核销报送的单证不包括（　　）。

A. 贸易进口付汇到货核销表一式两联

B. 贸易进口付汇核销单第二联

C. 进口付汇备案表第二联（若有）

D. 进口货物报关单副本

6. 交易的一方认为对方未能全部或部分履行合同规定责任与义务而引起的纠纷是（　　）。

A. 争议　　B. 违约　　C. 索赔　　D. 理赔

7. 会导致国际货物贸易争议发生的原因是（　　）。

A. 物价变动　　B. 包装破裂　　C. 汇率变动　　D. 政策变动

8. 在 FOB 合同的履行中，由于港口设备问题导致数件货物的包装在码头仓库包装破损，买方收获后发现货物受损，应该向（　　）索赔。

A. 卖方　　B. 船方　　C. 买方　　D. 保险公司

9. 在 CIF 合同的履行中，码头工人违反规定装运，导致数件货物包装破损买方收货后发现货物受损，应该向（　　）索赔。

A. 卖方　　B. 船方　　C. 买方　　D. 保险公司

10. 按照国际惯例，索赔都有一定期限，超过期限的索赔为（　　）。

A. 无效　　B. 有效　　C. 双方协商后确定　　D. 由理赔双方决定

二、多项选择题

1. 对于下列哪些货物要办理进口付汇核销（　　）。

A. 进口商品货款　　B. 预付款

C. 尾货　　D. 非贸易项下的付汇

2. 进口付汇核销有（　　）方式。

A. 同步核销　　B. 逐步核销

C. 跟踪核销　　D. 转口贸易下的进口付汇核销

3. 下列对进口企业向外汇管理局指定银行办理外汇核销手续的凭证表述正确的是（　　）。

A. 贸易进口付汇核销单

B. 盖有海关验讫章的贸易进口付汇核销单

C. 相关发票、合同

D. 盖有海关验讫章的报关单进口付汇核销专用联

4. 申请列入对外付汇进口单位名录需提供的材料正确的是（ ）。

A. 对外经贸部（委、厅）的进出口经营权的批件

B. 工商管理部门颁发的营业执照

C. 技术监督部门颁发的企业代码证书

D. 外汇管理局要求提供的其他材料

5. 整个付汇核销工作可分为（ ）阶段。

A. 第一阶段，付汇前办理"名录"和备案表

B. 第二阶段，付汇时申领核销单和付汇

C. 第三阶段，付汇后到货办理核销手续

D. 第四阶段，退税

6. 索赔的对象主要有（ ）。

A. 卖方 B. 买方 C. 保险公司 D. 承运人

7. 货到目的港后，发现货物短失，买方可以向（ ）索赔。

A. 卖方 B. 承输人 C. 保险公司 D. 目的港仓储企业

8. 公约认为违约的形式可分为（ ）。

A. 非根本性违约 B. 违反要件

C. 根本性违约 D. 违反担保

9. 下列哪些情况可向保险公司索赔（ ）。

A. 由于自然灾害、意外事故的发生致使货物受损，并且属于承保险别范围以内的

B. 凡轮船公司不予赔偿金额不足抵补损失的部分，并且属于承保范围内的

C. 货物质量不符合合同规定

D. 清洁提单下的货物受损

10. 买方向卖方索赔时，索赔金额应如何计算（ ）。

A. 根据商品的价值计算

B. 根据损失程度计算

C. 包括商品检验费、装卸费、银行手续费、清关费用、税捐、仓储费、利息等

D. 包括合理的预期利润

三、简答题

1. 办理进口付汇核销与出口收汇核销手续有什么区别?

2. 简述进口付汇核销的流程。

3. 进口索赔的对象和造成索赔的原因都有哪些?

4. 简述在国际货物买卖中争议产生的原因?

四、技能实训

将下列索赔条款翻译成中文：

1. In case of any discrepancy in Quality，claim should be filed by the Buyer within 30 days after the arrival of the goods at port of destination，while for quantity discrepancy，claim should be filed by the Buyer within 15days after the arrival of the goods at port of destination.

2. The seller shall not hold liable foe non-delivery or delay in delivery of the entire lot or a portion of the goods hereunder by reason of natural disasters，war or other cause of Force Majeure，However，the seller shall notify the Buyer as soon as possible and furnish the Buyer within 15 days by registered airmail with a certificate issued by the China Council for the Promotion of International Trade attesting such event（s）.

进出口索赔必学“验货”方法

验货前准备工作最主要的是带好工具。要量长度和厚度，带好尺（卷尺，游标卡尺，螺旋测微器等）。要称重量带天平或者电子秤。要测温度带温度计。要测湿度带测湿仪等。产品不一样，要带的工具也不一样。

正式开始操作之后主要内容包括：第一，拿出笔，验货报告，验货工具，合同，看看总共有几箱，然后进行搬货抽验，一般抽验比例达到5%～8%就够了，验货的目的是了解产品的情况，挑的时候最好范围广一点，加强随机性。第二，将挑出来的箱货，先记下箱号，然后看看纸箱有没有破损，纸箱是不是专用的外贸纸箱（有专门的商检号），纸箱是无订的还是有订的（欧洲的喜欢用无订的，美国的一般用有订的），有没有打包带，打包带是人工打的还是自动的（欧洲人喜欢用自动的，因为自动打包机是无订的，人工的都是要铁扣的），最后看看封箱的胶带客人有没有要求（黄色胶带，透明胶带，牛皮纸胶带等）是不是要求工字型封箱。看完纸箱看唛头，一个字一个字地对，不能有错误。第三，确定纸箱没问题之后，打开纸箱，还有内盒，拿出合同继续较对，看看内盒上面是否需要印刷、标贴，如果有条码还要找扫描机来扫描。内盒如果客户对封箱胶带有要求则按客要求，没有要求则按惯例办。对于彩盒一般在生产前都已经跟客户确认，要较对的是色差问题。第四，先看单个产品的包装，封口严不严，吊卡订正不正，印刷的内容有没有错误，要注意与合同一致，所有与客户不一致的地方都要修改。第五，看完包装以后看产品，拿出确认样进行对照，原则上是要同确认样一致。

参考文献

[1] 杨金玲，朱蕾．外贸单证实务与操作［M］．北京：对外经济贸易大学出版社，2011.

[2] 杜丹．国际贸易理论与实务［M］．北京：中国出版集团，现代教育出版社，2011.

[3] 曹岚．国际贸易项目化教程［M］．天津：南开大学出版社，2010.

[4] 陈国武．解读《跟单信用证统一惯例》第 600 号出版物［M］．天津：天津大学出版社，2007.

[5] 徐宣全．国际贸易理论与实务［M］．杭州：浙江大学出版社，2008.

[6] 王斌．国际贸易理论与实务［M］．2 版．北京：立信会计出版社，2008.

[7] 鲁丹萍．国际贸易理论与实务［M］．西安：西安电子科技大学出版社，2009.

[8] 黄蕾．国际贸易理论与实务［M］．重庆：重庆大学出版社，2011.

[9] 天津市商务委．天津市对外贸易指南［M］．天津：南开大学出版社，2009.

[10] 余世明．进口贸易操作实务［M］．广州：暨南大学出版社，2009.

[11] 王铮．国际贸易理论与政策措施［M］．北京：北京大学出版社，2005.

[12] 傅龙海．国际贸易理论与实务［M］．北京：对外经济贸易大学出版社，2011.

[13] 冷柏军．国际贸易理论与实务［M］．北京：中国财政经济出版社，2000.

[14] 王小兰．国际贸易实务［M］．2 版．北京：科学出版社，2009.

[15] 戴海珊，吴安南．国际贸易实务［M］．3 版．大连：大连理工大学出版社，2011.

[16] 李红伟，刘莉．国际贸易理论与实务［M］．西安：西北大学出版社，2007.

[17] 孙玲，谷静，黄婷．新编国际贸易理论与实务［M］．北京：北京大学出版社，2010.

[18] 王力军，张莉娜．国际贸易理论［M］．天津：天津大学出版社，2010.

[19] 吴百福．进出口贸易实务教程［M］．4 版．上海：世纪出版集团，上海人民出版社，2006.

[20] 孙国忠．国际贸易实务［M］．北京：机械工业出版社，2006.

[21] 王晓明，孙韶华．国际贸易实务［M］．北京：中国人民大学出版社，2006.

[22] 王秋红．国际贸易实务［M］．兰州：兰州大学出版社，2006.

[23] 幸理．国际贸易实务［M］．武汉：华中科技大学出版社，2006.

[24] 黎孝先．国际贸易实务［M］．北京：对外经济贸易大学出版社，2007.

［25］肖天生．国际贸易实务［M］．武汉：华中科技大学出版社，2005.

［26］赵小云．实用国际贸易实务［M］．南京：东南大学出版社，2007.

［27］张晓明．国际贸易实务与操作［M］．北京：高等教育出版社，2008.

［28］叶德万．国际贸易实务［M］．4 版．广州：华南理工大学出版社，2012.

［29］冷柏军．国际贸易实务（教学课件）［M］．北京：高等教育出版社，高等教育电子音像出版社，2006.

［30］2012 年上半年中国 B2B 电子商务市场特征．中国电子商务研究中心，http://www.100ec.cn，2012 年 8 月 10 日．

［31］浅谈电子商务在国际贸易中的应用及影响．中国电子商务研究中心，http://www.100ec.cn，2011 年 7 月 29 日．

［32］戴裕崴，孙海梅．国际贸易实务［M］．北京：机械工业出版社，2008.

［33］安徽．国际贸易实务［M］．北京：北京大学出版社，2009.

［34］杨金玲．进出口单证实训教程［M］．天津：天津大学出版社，2009.

［35］吕时礼．外贸单证实务［M］．北京：高等教育出版社，2010.

［36］陈岩．国际商务制单［M］．北京：对外经济贸易大学出版社，2008.

［37］李廷．商检概论与进出口纺织品检验［M］．上海：东华大学出版社，1999.

［38］刘耀威．进出口商品的检验与检疫［M］．北京：对外经济贸易大学出版社，2006.

［39］黄进．最新进出口商品检验检疫与海关通关实用全书［M］．北京：中国对外经济贸易出版社，2001.

［40］郑俊田．中国海关通关实务［M］．北京：中国商务出版社，2008.

［41］李玲玲．国际贸易实务［M］．重庆：重庆大学出版社，2009.

［42］衔海菁．国际货运代理实务［M］．北京：对外经济贸易大学出版社，2007.